国家社会科学基金重大项目"多卷本《中国宗族通史》"
（项目编号：14ZDB023）阶段性成果
教育部人文社会科学研究重点研究基地南开大学中国社会史研究中心资助
中央高校基本科研业务费专项资金资助

中国日常生活史研究丛书

丛书主编 常建华

日常生活视野下的中国宗族

常建华 夏炎／主编

科学出版社

北京

内 容 简 介

本书从日常生活的视野观察历史上的中国宗族，凸显了宗族的共同体性质，深化了对于宗族诸多基本问题的认识，特别是对宗族的概念、结构的分合、生活形态、制度规训、历史变迁提出了一些新的看法。书中既有对于宗族词汇、郡望制度、性别姓氏、婚姻生育的考察，特别是呈现了唐宋家族日常生活的细节；更有从儒教化、分"门"与联宗、生存与死葬、族规家训论述明清以来宗族生活形态的变化。书中强调地域性宗族的形态，集中考察了山东、徽州、苏州以及浙江宗族。本书学者不仅重视对于宗族问题的理论剖析，还努力挖掘如铜器铭文、家族墓志、文书账簿、刑科题本等新资料。收录论文不少出自多年研究宗族的学者之手，也有年轻学者的新探索，来自日本、韩国三位学者的专论，为本书锦上添花。

本书适合对中国古代社会日常生活史和中国宗族相关问题感兴趣的读者阅读。

图书在版编目（CIP）数据

日常生活视野下的中国宗族 / 常建华、夏炎主编. —北京：科学出版社，2019.11

（中国日常生活史研究丛书）

ISBN 978-7-03-063082-7

Ⅰ.①日⋯　Ⅱ.①常⋯　Ⅲ.①宗族-制度-中国-学术会议-文集　Ⅳ.①K820.9-53

中国版本图书馆 CIP 数据核字（2019）第 244580 号

责任编辑：耿　雪　李秉乾 / 责任校对：韩　杨
责任印制：师艳茹 / 封面设计：黄华斌
联系电话：010-64005207
电子邮箱：gengxue@mail.sciencep.com

科 学 出 版 社 出版
北京东黄城根北街16号
邮政编码：100717
http://www.sciencep.com

三河市春园印刷有限公司印刷

科学出版社发行　各地新华书店经销
*

2019 年 11 月第 一 版　开本：720×1000　1/16
2019 年 11 月第一次印刷　印张：21
字数：346 000
定价：119.00 元

（如有印装质量问题，我社负责调换）

前　言

　　2007 年 8 月 28—31 日，南开大学中国社会史研究中心举办了"宋以后宗族形态与社会变迁"国际学术研讨会，会议颇为成功。[①]此后，中国宗族史研究仍在继续进展，经过了十年的历程，面临着新的学术挑战。以往的宗族研究比较偏重于制度史的探讨，相对缺乏生活史的视野，有鉴于此，我们举办"日常生活视野下的中国宗族史"学术研讨会，希望对宗族史的研究有所推进。这次会议于 2017 年 11 月 10—13 日举行，由南开大学中国社会史研究中心与国家社会科学基金重大招标项目"多卷本《中国宗族通史》"课题组合办，本次研讨会增加邀请宋以前宗族的研究者，以加强中古乃至先秦与宋以后宗族史的比较研究和学者间的交流。来自中国、日本、韩国三国多所院校的 43 位学者出席了会议。

　　常建华教授为会议致开幕辞，南开大学历史学院讲座教授徐泓致辞，大阪市立大学副校长井上徹教授、上海师范大学人文与传播学院钱杭教授及常建华教授做特别演讲。杜靖、李志生、王善军、远藤隆俊、安光镐诸位专家先后还就宗族语汇、唐代女性家庭生活、辽代字辈、宋代范氏家族、清人的郡望看法等做了大会报告。本次会议设两个分会场，分六个专题展开讨论：商周秦汉的家族、中古时期的家族、宋以来的近世家族、明清徽州宗族社会与生活、明清南方宗族及其他、明清以来的华北宗族等。[②]与会学者围绕"日常生活史"这一新兴学术理念，对传统的中国宗族史研究进行了多层次、多角度的探讨，讨论范围涉及中国历史上的各个时期与多个地域，除了官书正史，还使用了诸如墓志、文集、方志、刑科题本等各类资料，有的问题引起讨论，会议气氛活

---

　　① 　常建华：《继往开来：进入新世纪的宋以后宗族研究——"宋以后宗族形态与社会变迁国际学术研讨会"综述》，《史林》2007 年第 5 期。
　　② 　参见梁轩：《"日常生活视野下的中国宗族史"学术研讨会概述》，《中国史研究动态》2018 年第 3 期。

跃。与会学者于 12 日下午前往天津静海区台头镇孙氏、郝氏等族的祠堂考察，增进了对于华北宗族的直观认识。

为了集中展示这次研讨会的论文，经过与作者的协商，我们将未在刊物发表过的参会论文选入本书（个别论文为作者替换）。遗憾的是，由于各种原因一些文章另外发表，本书只好割爱。

收入本书的论文共计 16 篇，分为 5 组介绍如下：

第一组 3 篇论文，主要讨论宗族词汇、周代宗族与郡望问题。具有文学、人类学背景的杜靖教授《对使用频率较高的几个宗族词汇的语言学思考》一文，对使用频率较高的几个宗族词汇进行了语言学思考，并以此探索中国宗族实践中的稳定性和连贯性。他认为，语言背后潜藏着集体的心理结构和认知模式，宗族语词反映出一种历史心性：往上，面对祖先；往下，面对后代，由此追求世系的不间断与繁衍。这种世系结构特点也折射出一种独特的时间观，即由现在来连接过去与未来。而语言的实践又反过来型塑了人们的宗族社会建设及历史观，乃至中国历史。先秦史专家陈絜教授《叔犀父盨与周代宗族祭祀权》一文强调，叔犀父盨是一条关乎周代宗族形态与宗族经济及祭祀支配权等问题的重要新材料，应该引起学界的关注。从事中韩宗族制度比较研究的韩国学者安光镐博士提交的《清朝方东树（1772—1851 年）眼中的郡望制度》一文指出，中国清代的氏族存在形态不仅与中国唐末以前的氏族存在形态不同，而且与清代同时期的朝鲜时代的氏族存在形态也不相同。

第二组 3 篇论文，属于唐宋时期的家族生活研究。妇女史专家李志生教授《唐崔暟家妇女的日常生活——基于性别视角与日常生活史的考察》一文，将妇女的主体性与能动性纳入复杂、多元的日常生活语境，呈现了维护家族稳定的活动。谢宇荣、胡耀飞《唐代墓志所见姓氏与家族——基于〈新编唐代墓志所在总合目录〉的统计》一文，通过对姓氏分布情况的梳理，分析了一些中古家族史上较为普遍性的问题。比如，世家大族的人口发展主要基于自然增长和因社会政治地位而膨胀两个因素，又如复姓、胡姓等特殊姓氏逐渐汉化和简化的共同命运，赐姓、改姓等姓氏变迁的意义，乃至姓氏之间的结合所反映的家族联姻情况。以研究宋代范氏著名的日本学者远藤隆俊教授在《宋代范氏的人口推移和婚姻、生育——与宗族日常生活相关联》一文中，将家庭、家族与宗族合为一体来考察，统计分析了对于范氏日常生活有着紧密关联的人口推移和家族构成、婚姻、生育的问题，认为在日常性这一点上还是以家庭、家族为中心，宗族的作用是相对较小的。

第三组 2 篇论文，均是有关明代宗族的专论。日本宗族史专家井上徹教授《"华"何以化"夷"——明代广东傜（瑶）族的儒教化》一文强调，华和夷界线在于是否接受汉族精致的文化和是否登记在王朝户籍之中，作者把这个变成华的过程称为汉化，即儒教化。明代儒教化的主要指标在于科举官僚制，通过被纳入以科举官僚制为核心的汉族单一性儒教文化，使得汉化即儒教化得以最终完成。上海交通大学人文学院硕士研究生田艺与导师章毅教授合作的《万历吕侍郎祠诉讼案与晚明徽州的社会竞争》一文，研究了地方社会中商业与宗族的关系，以及不同社会力量之间的竞争。该文认为，晚明徽州社会的商业与宗族有着复杂的互动，商业发展可以为宗族建设提供资金支持，但商业活动的流动性特征也可能刺激宗族成员外迁，减弱宗族在本地的影响。晚明各种社会力量存在着交错的竞争关系，宗族是其中重要的一种，但并不必然占据优势。

第四组 4 篇论文，主要讨论日常生活与制度的关系。宗族史专家钱杭教授的宗族世系学研究颇具特色，他的《分"门"与联宗——读山东〈莱芜吕氏族谱〉》一文，讨论 2012 年问世的《莱芜吕氏族谱》，这是一部跨乡、县（市）、省联宗谱，指出以若干名同辈兄弟为门祖的"门"型系谱，一旦合编为总谱，就是旁系世系清晰的联宗谱，具有鲜明的"自然"特色；若在不立"门"的房支之间进行联宗，其对共同世系的认定绝非易事；无"门"宗族若与有"门"宗族联宗，需要克服的困难更大，其拟制特色必将更为显著。山东运河区域社会史专家吴欣教授《流动的关系：明清时期鲁西区域宗族的生存与死葬》一文认为，明清时期鲁西区域宗族流动频繁，不同宗支在近距离范围内形成了分散式的分布状态和多姓氏村落。作者注重从空间角度分析宗族宗支的横向流动和纵向发展，以宗族的流动及其所带来的宗族的生存与死葬为内容，讨论区域社会的发展脉络和社会组织特点。常建华《共同体与社会：清中叶浙江的宗族生活形态——以乾嘉时期刑科题本为基本资料》一文强调，刑科题本资料可提供认识宗族生活形态的特性，选取宗族基本问题的祭祖、服制与同族以及同族观念、祠堂、族长与房分、祭田与坟山等加以讨论，加深对于宗族经济、宗族组织、宗族共同体的认识，并对日本学者仁井田陞教授的宗族"共同体"观点、滨岛敦俊教授的"江南无宗族论"有所回应，进一步阐明了宗族的共同生活的属性。董乾坤博士《徽州宗族组织在个人日常生活中的管理及其意义——以徽州胡廷卿账簿为核心》一文别开生面，利用晚清、民国时期徽州低级士绅胡廷卿留下的二十多年的家庭日用账簿，考察日常生活中个人与宗族组织之间的多重关系以及这些组织在个人日常生活中的意义。

第五组 4 篇文章，主要讨论宗族规范与日常生活的关系。上海师范大学硕士研究生弓嘉羽与导师徐茂明教授尝试新文化史的情感研究，在《清代宗族情感的诉求与表达——以苏州文化世族为例》一文中提出，儒学思想中的核心概念"礼"和"仁"是构建传统宗族组织的两项基本原则，其中"仁"的概念具体表现为敦亲睦族的宗族情感，五服九族的宗族制度体现了儒家核心观念"礼"的等级性精神。吴建华教授《"忠厚王家"——苏州莫釐王氏的家训家风》一文亦论述苏州文化家族，指出莫釐王氏子孙都能秉承忠厚为本、莫忘治生的家风，并且把它发扬光大，奉献社会，报效国家，创造并贻留了一笔珍贵的精神财富。于秀萍教授《清代以来华北府县家谱中的家训与家族日常生活》一文从日常生活的角度提出，除了教戒族人懂规矩，民生教育、保持平和的心态也是家族育人的重要组成部分。这些与家族、国家的"教忠教孝"思想教育同出一理，也是为了形成秩序意识，以加强统治。此外，王春红博士《从宗祠古戏台看明清时期温州宗族戏曲观演的日常——以永嘉县为例》一文，通过对永嘉县祠堂古戏台位置、形制、规模、装饰等相关数据信息的统计、分析，力图展现明清时期温州宗族戏曲观演的日常情况。

在大学、科研机构考核多要求核心刊物发表论文的当下，出版未发表过的论文集殊为不易，我们仍坚持出版这样的论文集，是因认为专题性文集便于读者阅读，有助于推动学术讨论。在此衷心感谢为本书提供论文的学者！我们也相信，本书的出版，会引起宗族与日常生活史研究者与爱好者的兴趣。

此外，鉴于夏炎教授《士族社会史研究范式重建及其理论意义》一文从日常生活的视野思考士族社会史，反映了近期学者的新思维，我们将这篇发表过的文章作为附录收入本书。附录中还有梁轩写的《"日常生活视野下的中国宗族史"学术研讨会概述》，以便读者更多地了解会议情况。

常建华　夏　炎

2018 年 7 月 4 日

目　　录

对使用频率较高的几个宗族词汇的语言学思考

杜　靖*

关于中国宗族的研究，向来较侧重历史学和人类学的观察，然而，这两个学科过去太沉耽于经验世界的材料中，且受了自然科学范式的影响而主要做归纳的思考。这样的研究，容易发现宗族的时代性、区域性和变迁性的内涵，往往看不见沉积在集体潜意识中的一些稳定因素。相反，语言学却有这个优势，因为语言现象是不容易随着时代和区域的变化而发生变化的，特别是其中深藏着的词法结构、语法逻辑和集体心理状态及认知模型等。

在汉人宗族实践及相关的学理研究中，"祖""宗""神龛""瓜瓞绵绵""水有源兮木有本"等是使用频率较高的语词或句子。本文的工作主要是探讨其中所蕴含的古人的想法以及某些认知的过程，以此了解中国汉人对待祖先信仰以及所处群体，即宗族的态度与感受。

本文所用材料零散地来自笔者数十年读书、田野考察之累积。在研究观念上，本文把宗族视作一个象征体系，看中国人民如何在父系亲属体系中借助符号表征自己。在研究方法上使用阐释（interpret）技术，而不是解释（explain）。

---

* 杜靖（1966—），男，文化人类学博士，古人类学博士后，青岛大学法学院教授，青岛大学中国法律人类学研究中心主任。

一、"祖"与"宗"

　　爱德华·萨丕尔（Edward Sapir）在研究中美洲和北美洲土著语言时曾提出一个概念，即"多式综合语"。其具体的内涵是指，在多式综合语中，一个单词包含多个具体程度不同的概念，而在大多数语言中，这需要通过一个句子才能实现，即需要通过句中多个单词的组合来表达。[①]

　　中国古老的汉字"祖"和"宗"就属于这样一种现象。[②]透过这两个字的甲骨文和金文构型，我们可以看到：（子孙们）用手捧着肉，展示在祖先神主或灵魂面前，请祖先品尝。

　　具体来说，"祖"包含了三层七个概念。第一层是具体的静态物象：①祖先的神主或牌位，即"且"；②一块供奉给祖先的"肉"，即"示"字上面的"二"（即"月"肉的省略）；③子孙的"手"，即"小"，实际上它是"爪"字，即"手"。这些名词性概念全部是可视的，即从视觉出发而造字构词。然而，这仅是该字所透露出的第一层次语义，即感性的概念，若进一步分析，便可呈现第二层次语义。第二层次语义也包含了三个概念：①用手持肉；②展示在祖先神主面前；③请祖先歆享。这一组概念反映的是一连串的动作，在语义滑动上极为流畅，几乎没有什么停顿。第三层如果从行动者的内心体验中跳出来观察，我们就会看到，"祖"字反映出的是一种父系祖先崇拜。郭沫若把"且"释为"雄征"，即男根或男性生殖器。古人通过对男根的崇拜寄希望于"祖孙绳绳"，一方面扩大父系集团的规模；另一方面延续父系群体的存在。只是后世渐行渐远，已经无从知道牌位或神主最初是祖先的阴茎罢了。

　　从这番剖析中可以看出，"祖"最初不是一个名词，而是一个动词，表达的是一连串动作及背后的心意。又，对男性生殖器的崇拜蕴含人群的分类原则或方式，即按照父系去构造社会团体。

　　许慎《说文解字》曰："祖，始庙也。从示，且声。"许慎在此说"祖"是庙，我们从文字造型上丝毫看不出。但标"祖"为"且"声是至当的（图1）。

---

　　① 　[美]爱德华·萨丕尔：《萨丕尔论语言、文化与人格》，高一虹等译，北京：商务印书馆，2011年，第114页。
　　② 　在古汉语中并没有"词"这个概念，每一个"字"实际上就是西方语言学中的"词"。

按照上古音，当属鱼部精母字——tzia。按唐代守温"三十六字母"①，亦当归在精母字里边。当后世"且"逐渐虚化并被借用为表达顺承或递进关系的连词时，古人又移用了另一个音近的字来表示祖先牌位。这个字就是"主"，即"神主"之"主"。这类现象在古文字中是普遍存在的，如"来"最初表示小麦，后来被动词"来往"之"来"借去，遂又造一新字"麦"做指号（sign）。由此看出，许慎说"祖"是始祖庙，毫无根据。

图 1　字形演变②

需要说明的是，这里的"示"即"祭"。"祭"字，甲骨文写作 （甲 3319），左边 乃一块流着血的肉；右边 乃"又"，即手或爪，表示手持鲜肉。有的甲骨文写作 （前 2.38），明显加了"示"（ ），构成双重语义表达。金文写作 （义楚嵩），即将甲骨文的"肉"字写成 ，明显是从甲骨文 而来。篆文 （《说文解字》）承续了金文字形。不过，"祭"乃后起之字。盖"示"字获得泛指意义后，即"显示""出示"之语义后，为了表达其原初

---

①

	全清	次清	全浊	次浊	清	浊	
	帮	滂	并	明			
轻唇音	非	敷	奉	微			
舌音	舌头音	端	透	定	泥		
	舌上音	知	彻	澄	娘		
齿音	齿头音	精	清	从		心	邪
	正齿音	照	穿	床		审	禅
牙音	见	溪	群	疑			
喉音	影			喻	晓	匣	
半舌音				来			
半齿音				日			

② 　见"象形字典"，http://www.vividict.com/WordInfo.aspx?id=3855，2017 年 10 月 2 日。

意义，又单独造了"祭"字。

接下来，让我们看"宗"字。

窃以为，"宗"字也是"祖"字。从该字的甲骨文和金文字形来看，其上部是一个"且"，下部是一个"示"，只不过是在汉字书写的定型化过程中，"且"字内部的"两横"①和"示"字上面的"两横"发生了重叠。同一构字部件"兼挑"现象反映了古人的节约精神，在甲骨文中实属常见，不妨称之为第二种"省文"现象，即造字中的省文。

该字所蕴含的多层级概念同"祖"。不过，"祖"字是左右结构，而"宗"字是上下结构，二者互为异体。古文字偏旁部首放在什么位置，具有很大的随意性与灵活性，这在甲骨文中颇为常见，如"群"字，亦可写成"羣"。

甲骨文中的宗：∏（前 4.38），①∩+示，②（前 1·9）或（后下 38·6）或（前 1·36）+（乙 4522）或，即金文的（三形爵）、篆文∏（《说文解字》）。

金文（何尊），篆文（《说文解字》），二者承续了甲骨文字形。

另外，甲骨文里宗还有两个写法：（前 5.8）和（乙 766），从中可以看出，"示"字有不同省略写法。

但是，这一文字后世广泛流行的解释却是在房子中祭祀祖先。②这一说法最早来自汉代许慎的《说文解字》："宗，尊祖庙也。从宀从示。"清代段玉裁解释说："示谓神也，宀谓屋也。"陈梦家认为，甲骨卜辞中的"示"字，即后世所说的"主"。张光直沿着陈梦家的思路进一步分析道："在甲骨刻辞中，有一组新的分组往往呈线状方式出现，即'大宗'和'小宗'。另外，还有一种称谓为'大示'和'小示'。学术界普遍认为，这两组概念具有相同的含义。从字形上看，甲骨文'示'字明显表示为祖先牌位，而'宗'则表示为屋下之牌位，代表着供置牌位的宗庙。"③钱杭认为"宗"字的"宀"乃一建筑物，"示"是象征了父系世系的神位。④

---

① 实际上即男性生殖器官上的横纹。

② 徐扬杰：《家族制度与前期封建社会》，武汉：湖北人民出版社，1999 年，第 24—33 页；徐扬杰：《中国家族制度史》，武汉：武汉大学出版社，2012 年，第 87—93 页；冯尔康、常建华、朱凤瀚，等：《中国宗族史》，上海：上海人民出版社，2009 年，第 80—94 页。

③ ［美］张光直：《商文明》，张良仁、岳红彬、丁晓雷译，陈星灿校，沈阳：辽宁教育出版社，2002 年，第 179 页。

④ 钱杭：《宗族的世系学研究》，上海：复旦大学出版社，2011 年，第 90—91 页。

　　我们可以接受上述诸家对"宀"的解释，但实在不敢苟同于对"示"字的解释。《说文解字》把"示"解释为"呈现"："示，天垂象，见吉凶，所以示人也。从二，三垂，谓日月星也。观乎天文，以察时变。示神事也。凡示之属皆从示。"许慎的解释里强调的是人与自然或人与宇宙的关系。许慎在此揭示出的这个语义是后起的，并非本初之意或原始意义。本初的意义应该处理的是亲属间的关系。许慎的逻辑思路是"自上而下"的，其直接引自《易·系辞传》和《易·贲传》，受到许久以来"上天垂象"宗教信仰的影响。①但不能排除与当时（汉代）谶纬学流行有关。至于陈梦家、张光直、钱杭等学者认为"示"字乃"主"或牌位，值得再做一番检讨。

　　有趣的是，许慎在《说文解字》中并没有把"宗"归于"示"部，而是放置在"宀"部。这一归类，反映出他侧重于把"宗"当作建筑物来对待。从该字的甲骨文和金文造型来看，确是像房屋之形，而且是人字坡建筑。若是如此，我们也不难揣摩远古人类的心智活动，即在一个房间里，他们（或子孙）用手捧着一块肉。但这里缺乏供奉的对象，即"且"或"主"。我们从字形似乎看不出子孙们把肉给谁吃。但是，如若往细腻处推敲，便会发现，远古人们仍然使用了"兼挑"或"省文"的造字技巧。问题的关键在于对"宀"字的解释上。它既可以被释读为人字坡房屋，也可以被识读为"且"或"主"上顶部的三角形锐角或半馒头形的圆角。由此，两种语义便可兼容于一体。

　　"且"最初是男性生殖器之图画或象征，久而久之，演化成"主"或牌位（这已获得如上述音位学上的证明），生殖器一意，古人遂渐渐忘记。当把祖先名字书写在神主或牌位上的时候，带三角形顶部的"且"字慢慢也会被想象成一个人字坡房屋之形，这样就可以让祖先的灵魂居住在房子里了。这是随着时间流逝发生的自然而然的事情。

　　从造字的逻辑顺序推，当先有"示"字，之后才有"祖"字和"宗"字，因为"祖"字和"宗"字都是借助"示"字这一集成部件来建造的，它们只是在"示"字基础上的第二次不同组装而已。"祖"字表示供奉的对象，而"宗"字侧重展示在哪里供奉（当把"宗"看作一种建筑物的时候）。从考古学证据上来说，中国境内最初的祖先信仰应该先有埋葬形式（如山顶洞人用赤铁

---

　　①　臧克和：《说文解字的文化解说》，武汉：湖北人民出版社，1995年，第255页。

矿即三氧化二铁粉末来处理祖先的尸体①），而后才建造专门的房屋祭拜。我们从早期且最简单的墓葬习俗制度来看，陪葬品大多是放置在死者身体两边的，即紧挨着胳膊的地方，大意是让死者能够得着。也许是这个原因，"祖"字才造成了左右结构的形状。但到了有建筑物，即庙的时候，拜祭祖先就要一步步地步入殿堂来拜祭祖先灵魂；而殿堂很可能被建筑在一个高出地面的地方（受祭坛启发），所以怀着崇敬的心情，"宗"字被造成了上下结构，或上下且包围结构。"祖"字应该先被造出来，"宗"字乃后起，故有"祖宗"一说，但从未见"宗祖"一说。

不论怎么说，许慎把"宗"解释为在房子里祭祀祖先，这一语言观念对后世影响很大。本着世界是由语言制造的这个观念出发，我们着重考察在房子里祭拜祖先的情况。

二、"龕"

在周代，根据活着的子孙等级身份来决定祖先的供奉范围以及是否享有庙宇及庙宇的多寡。祖先的庙宇要和社神的庙宇在空间里呈对称布置，一个在左（东），一个在右（西）。这个左右是背南面北②所呈现出来的空间认知分类，它反映了祖先和土地两样东西对中国人生存的意义和价值。这个左右是背南面北所呈现出来的结构，其面对的是处于空间下位的子孙的居住区域。③而祖庙及其祭仪必须遵循一定的昭穆制度，即左昭右穆，因而使得庙宇前的祭祀空间和仪式操作流程也变成了活着的子孙社会秩序的一种文化投射。但在这种仪式的场域中，仪式的实践者是背北面南的，恰与屋内的祖先构成 face-to-face 的空间交流模式，即二元结构：一个活着，一个已死；一个表示现在，一个表示过往，典型地反映出古人关于时间的宇宙观念。到了朱熹以后，祖先的庙宇才被

---

① 裴文中：《中国石器时代》，北京：中国青年出版社，1954 年，第 36 页。
② 徐扬杰说，古人以南为贵，以北为下，所以祖先庙宇在南面，活着的子孙的寝室在北面（详见徐扬杰：《中国家族制度史》，第 88—89 页）。到了北宋时期，张载和程颐就把祖先庙宇设计成坐西向东（参见徐扬杰：《中国家族制度史》，第 295 页注释②；冯尔康、常建华、朱凤瀚，等：《中国宗族史》，第 166 页）。
③ 徐扬杰：《中国家族制度史》，第 89 页。最早见于《左传》昭公十八年："子太叔之庙在道南，其寝在道北。"

设计成坐北面南①，相应地，子孙与祖先在仪式上交流的方向也发生了转换。就庙宇内部空间分享方面而言，出现了两种情况：一种情况是一个祖先享有一个庙宇，另一种情况是多位祖先共享一个庙宇，前者叫"每庙一主"，后者叫"祫祭"。②"祫"这个字很明白地透露出祖先共处一庙而接受祭拜的情形。那么，庙宇内部，祖先的神主怎么摆放呢？据徐扬杰的研究，摆放祖先神主的是一块叫作"宗祏"或"主祏"的正矩形的石墩子。徐扬杰说类似后来家族祠堂中的神主牌位，上面刻写着祖先名讳，背面刻谥号。但到后来改用了木质材料来做，就成了木主，由于怕火，便用一个石雕盒子（石函）盛放着，藏于庙的北壁之内的坑下。祭祀时开函请出，祭祀完毕，又藏于函中。③而《现代汉语词典（修订本）》解释"祏"为："古代宗庙中藏神主的石室。"④

　　到了宋代以后，我们看到祖先的神主放在神龛里是很普遍的现象。但从上面的介绍来看，春秋战国时期，祖先的神主并不是放置在神龛里面的，而是放在石函或石室中保存。甲骨文中没有"龛"这个字符，到了金文时代才有，写作 ，即 合+亞 （墙盘）。篆文写作 （《说文解字》）。从字形看， 合 应当是一个人字坡建筑，类似"京"字上部。在甲骨文中，"京"字写作 （甲 2132），或： （前 2.38）。前者像一个筑在高处的亭台；后者略有变形，表示该建筑物多柱、无墙。而 字又与甲骨文中的 （"高"字，前 1.34）、古陶文中的 （"亭"字，古陶）两字在形义上接近，甚或一致。从字形和字义来看，"龛"、"京"、"高"和"亭"四字应该构成一个语族。据此推断，金文 字表示：在一个高高的人字坡建筑⑤里放置了一条"龙"，而不是祖先的神主。估计应该是龙氏族或部落的图腾物。这是华夏人群而非东夷部落的图腾，因为东夷的图腾物是鸟，如凤或玄鸟。将图腾物放在"高高的人字坡建筑"里，足可见出人们对图腾物的尊敬态度。那么，盛放世俗祖先牌位的神龛来自哪里呢？

---

① （宋）朱熹著，杨复附注，刘垓孙增注：《文公家礼集注》（一）第一卷《通礼第一祠堂》，北京：北京图书馆出版社，2005 年，第 2 页。

② 有时候，附祭也会造成众祖共占一庙宇的情况。但这种情况下，该庙宇有一位主供的祖先神灵，其余是沾了这位主神的恩光。

③ 徐扬杰：《中国家族制度史》，第 89—90 页。

④ 中国社会科学院语言研究所词典编辑室编：《现代汉语词典（修订本）》，北京：商务印书馆，1996年，第 1148 页。

⑤ 如果把 合 解释成"盒"字，那么，这将接近徐扬杰对"宗祏"或"主祏"的解释。

古建筑学家刘致平在《中国建筑类型及结构》（第三版）一书中把"佛道帐"列入"神龛"之内。他说："佛道帐是宋代名词，图样见《营造法式》[①]，即是后代的神龛。它里面供着神佛祖先等，因为是供神的所以雕刻得特别讲究，是小木作精华之所在。一般制度仍是下为基座（常用须弥座），中为柱身，内供神佛，上为屋顶（常刻有斗拱或卷棚）。最讲究的神龛则是屋顶上还有平座及天宫楼阁（即较龛更小的楼阁，如在天宫一样）等物。清代常见的则更有作牌楼式的神龛。"[②]照刘致平的说法，汉人祖先信仰中的神龛当来自佛教。为了勘验这个说法，笔者于 2017 年暑期到云冈石窟[③]、响堂山石窟（图2、图3）及晋南陵川二仙观等地进行了实地考察。

（a）

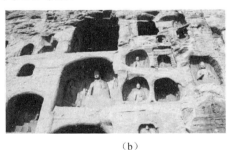
（b）

图 2 云冈石窟及其佛龛[④]

（a）

（b）

图 3 响堂山石窟及其佛龛[⑤]

---

① 梁思成：《梁思成全集》第七卷，北京：中国建筑工业出版社，2001 年，第227—232 页。

② 刘致平：《中国建筑类型及结构》（第三版），北京：中国建筑工业出版社，2000 年，第82 页。

③ 杜靖：《丁酉年八月晋省游录》，《民族论坛》2017 年第 6 期，第94—112 页。

④ https://image.so.com/i?q=山西大同云岗石窟图片&src=srp#/，2017 年 10 月 5 日。

⑤ https://image.so.com/i?q=响堂山石窟&src=srp#/，2017 年 10 月 5 日。

　　云冈石窟在山西大同境内的武周山①南麓，是北魏时期的佛窟造像群。它的开凿从文成帝和平初年（460 年）起，一直延续至孝明帝正光五年（524 年）止，前后共 60 余年。从石窟形制、造像内容和样式的发展可以看出，大约分早期、中期、晚期三个阶段开凿而成。早期的"昙曜五窟"和中期的佛窟及造像由皇家经营，以气势恢宏著称；晚期，即北魏迁都洛阳后，凿窟造像之风在社会中下层人群中蔓延开来，亲贵、中下层官吏以及地域性信众在云冈开凿了大量的中小型洞窟，中、小型窟龛从东往西挂满崖面。②响堂山石窟在河北邯郸西南的鼓山上，为北朝晚期北齐一代的石刻，分北响堂、南响堂、小响堂三处，现存大小石窟 30 余座，佛像 5000 余尊。那里也有大量佛龛，形制与规模上基本雷同于云冈晚期。这些佛龛均为小方龛，雕有单檐，内供一尊小佛像。到隋唐时期这种小龛依然很流行。

　　宋代《营造法式》卷 9《小木作制度四》专门介绍了"佛道帐"，见图 4。

图 4　宋代《营造法式》中的佛道帐③　　图 5　晋东南陵川县二仙观宋代佛道帐④

　　晋东南陵川县二仙观有宋代木作佛道帐，是目前中国保存最早的佛道帐（图 5）。从制式上来看，陵川县二仙观中的佛道帐的样式与《营造法式》中的不太一样。这表明，宋代佛道帐具有多种样式。但一些基本特点又是一样的，如卷棚等装饰物。那么，宋以后汉人祠堂里的神龛又是怎样一个样式呢？见图 6—图 11。

①　《魏书·释老志》记作"武州"，当时是一个塞口，即武州塞。
②　主要分布在第 20 窟以西，还包括第 4 窟、第 14 窟、第 15 窟和第 11 窟以西崖面上的小龛，有 200 余座中小型洞窟。
③　梁思成：《梁思成全集》第七卷，第 471 页。
④　https://image.so.com/i?q=陵川二仙庙&src=srp#/，2017 年 10 月 5 日。

图6　湖北鄂州市夏氏宗祠九甲祠神龛①

图7　山东鱼台县大闵村闵氏宗族祠堂神龛

图8　山西阳城陈廷敬陈氏宗祠神龛

图9　天津津南区孙氏祠堂神龛

图10　天津津南区郝氏祠堂神龛

图11　福建厦门海沧青礁颜氏祠堂神龛②

从图6—图11中可以看出，宋以后祖先庙宇中的神龛样式的确来自佛道信

---

① http://www.xiu.jukoo.com/xgt/20161202h142021.html，2017年10月5日。

② http://bbs.tianya.cn/post-no04-2765225-1.shtml，2017年10月5日。

仰中的佛道帐。比较来说，后世祠堂里的神龛在装饰效果上有繁复变化。湖北鄂州市夏氏宗祠九甲祠神龛、山东鱼台县大闵村闵氏宗族祠堂神龛、山西阳城陈廷敬陈氏宗祠神龛、福建厦门海沧青礁颜氏宗祠神龛（原属于漳州府海澄县）以及天津当下两处祠堂中的神龛，有的追求繁饰，有的追求简朴。又，湖北鄂州市夏氏宗祠九甲祠、山西阳城陈廷陈氏宗祠、福建厦门海沧青礁颜氏宗祠以及天津运河流域中两处祠堂反映出的均是祫祭方式，所祭为始迁祖和先祖（有的是各房支祖先）；而山东鱼台县大闵村闵氏宗族祠堂反映出的是"一庙一主"，供奉的只有始祖一人。黄淮流域十数个区域性闵姓世系群所建设的闵子祠都是这样的。

当然，如今民间祫祭的方式也有不用神龛的，如山西阳城沁水柳氏祠堂。他们把先祖牌位放置在一层层的神坛上，而不是委于平地。具体可见图12。

图12　山西阳城沁水柳氏祠堂祫祭

宋淳熙六年（1179年），朱熹知南康军，看到庐山白鹿洞书院满目荒废，大发感慨"老佛之居以百十计，其废坏无不兴葺"，而儒家的建筑物则"一费累年不复振起"，儒佛形成了鲜明对比。这一年，陆九龄拜访朱熹，咨询如何做小学规矩，朱熹回答说："只做禅院清规样，亦自好。"（《朱子语类》卷13）据此，张小军结合功德寺的研究指出："这使得他按照佛寺来设计书院和祠堂，形成了集教育、祭祀并能自养和有规矩的书院和宗祠模式。"①虽然张小军

① 张小军：《再造宗族：福建阳村宗族"复兴"的研究》，香港中文大学博士学位论文，1997年，第79页。

重点讨论的是祭田制和勤行保持两个方面的问题，但不排斥他在祠堂建筑样式上也吸取了佛教的智慧或建筑语素。

朱文公在《家礼·通礼·祠堂》中云："祠堂之内，以近北一架为四龛。每龛内置一卓大宗，及继高祖之小宗，则高祖居西，曾祖次之，祖次之，父次之。继曾祖之小宗，则不敢祭高祖，而虚其西龛一。继祖之小宗，则不敢祭曾祖，而虚其西龛二。继祢之小宗，则不敢祭祖，而虚其西龛三。若大宗，世数未满，则亦虚其西龛，如小宗之制。神主皆藏于椟中，置于卓上，南向。龛外各垂小帘，帘外设香卓于堂中，置香炉、香盒于其上。"[①]

上段文字告诉我们，朱熹在祠屋内设置了神龛，而且是一室多主的规制。尤其从"龛外各垂小帘"一句，我们明显可以判断，他设计的祖先神龛无疑来自佛龛或佛道帐。

韩愈认为，佛教乃夷狄之法，不知君臣之义、父子之情。[②]石介也认为，忘祖宗、去父母，释老乃怪说。[③]其实，佛教神龛等基本上都是世俗为父母等亲人荐福或祈福所建造。拿云冈石窟早期的"昙曜五窟"来说，全都是后世的帝王为前一任皇帝，即死去的父亲及其配偶荐福所凿刻。太原市内有崇善寺，即晋恭王朱棡为其父朱元璋祝寿而造。其碑文曰："恰以梵修香火，祝延圣寿……"从佛窟神龛、佛道帐到宗族庙宇内神龛的演变来看，这与上述刻板印象相反。中国汉人儒家所奉行的亲属伦理关系得到了贯彻。只不过有的时代直接由儒家来做，有的时代借助于佛家推行，实外佛而内儒。

因而，我们不能排除中国本土智慧所发挥的作用，将其解释成一个完全外来文化因子的采借。从古老的金文 字到魏晋南北朝以迄隋唐北宋的佛教神龛和佛道帐，到北宋以后的祠堂神龛，有着相贯通的意识，即不论是图腾还是佛教神明或祖灵，这些神圣物都保存在或生活在龛中。中古时期的人们雕凿佛窟神龛或做寺院道观中的神龛及佛道帐时，很难彻底摆脱集体潜意识的东西。

---

① （宋）朱熹著，杨复附注，刘垓孙增注：《文公家礼集注》（一）第一卷《通礼第一祠堂》，2005年，第2页。

② （唐）韩愈：《论佛骨表》，见陆学艺、王处辉主编：《中国社会思想史资料选辑》（秦汉魏晋南北朝隋唐卷），南宁：广西人民出版社，2006年，第355—356页。

③ 曾枣庄、刘琳主编：《全宋文》第29册，上海：上海辞书出版社，合肥：安徽教育出版社，2006年，第289—290页。

图腾是一个部落的祖先，尽管它们不是人类，但人类往往认为他们与这些动植物或日月星辰等存在血缘关系。① 而崇信佛教的人，往往也把佛祖视为祖宗。至于祠堂内供奉的牌位更是现实中的血缘祖先。所以，就这一层意思来讲，中国人对"龛"的解读和使用，保持了语义的连贯性和稳定性。思维模式实际上在很大程度上是语言模式。②

三、师法自然的宗族语言陈述

在宋代以来中国各地族谱中，具体说是序言中，有一组语词特别惹眼，这组语词多与动植物等有关，它们构成了一个特定的语言家族。从语言学角度来论，它们起初都是一个句子，但后来从形式上渐趋固定下来，便成了语词或句子。计有：

（1）螽斯振振；

（2）子孙绳绳；

（3）瓜瓞绵绵；

（4）水有源兮木有本。

前面的两个语词皆出自《诗经·周南》，即《螽斯》篇。该诗在音乐节奏上共有三个反复与循环："螽斯羽，诜诜兮。宜尔子孙，振振兮。螽斯羽，薨薨兮。宜尔子孙，绳绳兮。螽斯羽，揖揖兮。宜尔子孙，蛰蛰兮。"

螽斯，《尔雅·释虫》作"蜙蝑"，即"蝈蝈"。雄虫在求偶时一直震动翅羽，发出响亮叫声，以吸引异性，从而繁衍子孙后代。法国汉学家葛兰言（Marcel Granet）认为这首描写动物求偶的诗歌包含一种愿望和咒语，以提高物质（人和动物）的繁衍。③而自汉代以来的解释里，古代的学问家都把螽斯

---

① 芮逸夫主编：《云五社会科学大辞典·人类学》，台北：商务印书馆，1980年，第270—271页。

② [美]爱德华·萨丕尔：《萨丕尔论语言、文化与人格》，高一虹等译，第91页。

③ [法]葛兰言：《古代中国的节庆与歌谣》，赵丙祥、张宏明译，赵丙祥校，桂林：广西师范大学出版社，2005年，第20—21页。

看成雌的，认为"她"品性仁厚，不嫉妒，有"后妃之德"，容易维持良好的秩序，因而能繁育出很多子孙后代。①无论怎样的解释都突出了生殖的意义，这与"祖"这个字崇拜祖先生殖器的道理是一样的。

这首诗中的"绳绳"，《毛传》解释为"戒慎"。这是儒家学者从维持社会秩序角度所给出的一个答案。但笔者认为，这里的"绳绳"应该解释成"子孙像绳索那样绵续不断"，流露出的是对世系的追求，因而后世也把这个语词说成"子孙仍仍"。"仍者"，"频仍"也。

第三个语词"瓜瓞绵绵"或"绵绵瓜瓞"来自《诗经·大雅·绵》②，意思是"子孙像瓜蔓上结瓜一样，绵绵不绝衰"。这里追求的也是世系的绵延，甚至在后世的风水里也不断追求这种思想，如"金线葫芦穴"或"贯鱼葬法"。明十三陵就是这样的埋葬安排。所有的墓葬都分布在一个龙脉（有时是一条地理绵延不绝的山脉，有时是一条蜿蜒流淌的河流或山谷）的两边，这些墓穴就像一个个葫芦或瓜，左一个，右一个，悬结在主脉延伸出的侧脉或侧枝上。这样的追求实际上也蕴含"昭穆"的秩序。

"水有源兮木有本"有时也被说成"木有根兮，根深而叶茂；水有源兮，渊源而流长"，乃至简练成"水源木本"或"木本水源"（图13）。《左传·昭公九年》："我在伯父，犹衣服之有冠冕，木水之有本源，民人之有谋主也。"③张载《经学理窟·宗法》篇云："'天子建国，诸侯建宗'，亦天理也。譬之于木，其上下挺立者本也，若是旁枝大段茂盛，则本自是须抵摧；又譬之于河，其正流者河身，若是泾流泛滥，则自然后河身转而随泾流也。"④南宋另一位哲学家胡宏在《知言》（四）之《好恶篇》中言："水有源，故其流不穷；木有根，故其生不穷；氪有性，故其运不息。"

①　[法]葛兰言：《古代中国的节庆与歌谣》，赵丙祥、张宏明译，赵丙祥校，第20—21页。

②　宋元人注：《四书五经》（中册·诗经），天津：天津古籍出版社，1988年，第122页。

③　宋元人注：《四书五经》（下册·春秋三传），第434页。

④　陆学艺、王处辉主编：《中国社会思想史资料选辑》（宋元明清卷），南宁：广西人民出版社，2007年，第87页。

图 13　天津津南区《葛沽郭氏宗谱》（罗艳春提供）

宗族的世系在外形上非常像河流和树木。河流有主流，有支流；树木有本，有侧枝。若沿着支流可以归并到主流，若沿着侧枝可以追到树本。"水源木本"的说法典型地反映了汉人对祖先的归属感及万流归宗的想法，而且指明了其中的嫡系与旁系的世系结构特征。

这种以植物或水系来表征亲属世系的想法与实践至今仍在民间流行。山东费县闵村闵姓人口在丧葬仪式上使用的哀杖必须出自同一棵树木的同一枝干上：

> ……前文说过哭丧棒多用柳树，近来柳树渐少，亦有用杨树代替者。不过，执客选料时要有个特别讲究，即所有哭丧棒必须出自一个枝股，不能选两个大树枝来分别截取。也就是说，先看好一根树枝，然后伐下，然后再逐一截取其亚层次的枝股。显然，这是一个象征隐喻：即他们虽相分支，但来自同一个源头，同脉同本，实为一体，手足相连。①

这一组语句皆使用了隐喻（metaphor）的造词方式，并呈主谓结构。隐喻是建立在相似性基础上的表述或交流方式。②古人生活在自然界之中，与天地万物相悠游，受到自然万物的启发与感化，并从自然的"理"之中提炼出智慧

---

① 杜靖：《九族与乡土——一个汉人世界里的喷泉社会》，北京：知识产权出版社，2012 年，第 182 页。

② ［英］埃德蒙·利奇：《文化与交流》，郭凡、邹和译，上海：上海人民出版社，2000 年，第 13 页。

以搭建父系亲属秩序，即宗族社会。

这类取法自然的思维，是中国古代哲学所取得的杰出成就之一。《左传·昭公二十五年》云："夫礼，天地之经也，地之义也，民之行也。天地之经，而民实则之。"①《周易·系辞传》云："与天地相似，故不违；知周乎万物而道济天下，故不过。"②汉代有天人感应说。宋儒张载曰："理不在人皆在物，人但物中之一物耳，如此观之方均。故人有见一物而悟者，有终身而悟之者。"（《张子语录》上）③又如《河南程氏遗书》卷 18 提出"观物理以察己"的思想。④自宋儒而后，"格物致知"便成为中国学人思考社会建设的一个知识型。⑤

最著名的例子是五行学说、星象学说和十二属相学说。中国人根据金木水火土、星象和一组动物对人及社会进行分类与设计。但是，涂尔干和莫斯并不这样认为。相反，他们觉得自然界事物的分类是现实社会关系的投射，人们的社会关系是事物之间逻辑关系的基础，分类的外在形式是由社会提供的。⑥虽然罗德尼·尼达姆没有从《原始分类》一书的角度反对涂尔干和莫斯，但他认为，涂尔干和莫斯在论证时缺乏因果逻辑的基础，并坚持"没有一个重要领域是另一个领域得以组织起来的原因和模型"⑦。

《旧约圣经·利未记》记载：陆地上凡是蹄子分成两瓣且反刍的走兽都可以吃。但骆驼不能吃，因为它虽反刍但蹄子不分瓣。猪也不可吃，因为猪的蹄子分两瓣却不反刍。有鳍有鳞的可以吃。但无鳍无鳞的不可以吃。凡有翅膀并用四足爬行的动物，都不许碰。为什么呢？这与他们的宇宙分类观念有关：①空中是用翼飞行的动物的世界；②陆地是四足动物和爬行动物的世界；③水

---

① 宋元人注：《四书五经》（下册·春秋三传），第 471 页。

② 转引自张岱年：《文化与哲学》，北京：教育科学出版社，1988 年，第 144 页。

③ 陆学艺、王处辉主编：《中国社会思想史资料选辑》（宋元明清卷），第 91 页。

④ 陆学艺、王处辉主编：《中国社会思想史资料选辑》（宋元明清卷），第 100 页。

⑤ [法]米歇尔·福柯：《知识考古学》，谢强、马月译，顾嘉琛校，北京：生活·读书·新知三联书店，2003 年，第 214 页；杜靖：《林耀华汉彝社会研究中的联锁体系理论和亲属观中的知识型》，《思想战线》2017 年第 6 期，第 17—28 页。

⑥ [法]爱弥尔·涂尔干、马塞尔·莫斯：《原始分类》，汲喆译，渠敬东校，北京：商务印书馆，2012 年，第 1—9、77—94 页。

⑦ [英]罗德尼·尼达姆：《〈原始分类〉的英译本导言》，见[法]爱弥尔·涂尔干、马塞尔·莫斯：《原始分类》，汲喆译，渠敬东校，第 104—157 页。

里则是有鳞有鳍的动物世界。每一个类别都有清晰的边界，以此构成了宇宙的秩序。但是有些动物却破坏了这样的边界和秩序，如四足飞行的动物、无鳍无鳞的水中动物、反刍而不分蹄和分蹄却不反刍的动物。这些动物无法归类，故被视为"脏"的东西而不能食用。同样，人类学家道格拉斯（Mary Douglas）在扎伊尔的莱勒人（Lele）那里也发现了类似现象。在莱勒社会里，事物的干净与肮脏跟事物本来的卫生问题无关，而是与其被摆放的位置有关。如果某事物放在了它不该被放置的地方，那么这个事物就是脏的。①在这里，自然的秩序实际上是被社会建构出来的。也就是说，自然界的秩序是社会秩序的一个象征性投射。这与中国的宗族社会相反。

汉字是象形文字，是充分发挥了人类的视觉功能而制造出的符号系统。先民们对大自然的敏锐观察使得他们很好地琢磨了自然之理，即天道，由此去建构人类自己所栖存的社会秩序。

四、讨 论

"祖""宗""龕""子孙绳绳""瓜瓞绵绵""水有源兮木有本"，是一组从视觉出发的语言现象；"螽斯振振"也开发了听觉的潜力。之所以造成这种现象，有两个原因。首先，"祖""宗""龕"都与拜祖仪式有关（有的直接就是一种仪式），而仪式的目的主要在于观瞻。其次，"螽斯振振""子孙绳绳""瓜瓞绵绵""水有源兮木有本"与远古早期先民们的生产生活有密切关系，是他们在劳动生活中观察的结果。

但是，在视觉背后，每个语词或句子后面又密集了丰富的集体心理感觉。人们在言说"祖""宗""龕""水有源兮木有本"这四个语词或语句的时候，内心充满了对祖先深厚的敬仰之情和感激之情。这是一个由下看上或拜上的心态，但由于祭拜的对象——牌位或神主之深远背影是祖先的生殖器官，因而在做仪式或言说这些语词、语句时，内心也沉潜了一种向下或面向未来的感情和

---

① Mary Douglas，*Purity and Danger：An Analysis of Concepts of Pollution and Taboo*，New York：Praeger Publishers，1966，p.64.

期盼，即希望家族或宗族人口获得繁衍。由此与"螽斯振振""子孙绳绳""瓜瓞绵绵"这三个语词或语句产生了密切联系，因为这三个语词的集体心态是面向将来的。这种向下延续的期盼心理不仅属于语言的言说者和仪式上的祭拜者，也属于死去的祖先。死去的祖先总是期盼着自己身后能留下大量的子孙，由此血食可继。

如果我们从语言实践者或仪式参与者的集体心理中跳出来观察，就会发现他们处在一个中间状态：往上，面对祖先；往下，面对后代，由此锻造了世系链（上有源头和根本，下有绳绳和绵绵）。在这世系链环中，中国人追求的是把自己放在祖先和子孙所共在的世系体系里。这种世系结构特点也折射出他们独特的时间观，即由现在连接过去和未来。同时，在与环境的交流中，他们又把自己置于整个自然结构之中。不放大自己，尤其是不放大个体的自己，避免了个体主义扩张的无限可能性。在这个逻辑基础上，搭建中国社会。

从语义学演变角度看，祖先崇拜大致经历了从"生殖崇拜"到"世系绵续"，再到"尊祖敬宗"的一个语义引申过程。后世学者大多认为，祖先信仰的目的在于尊祖敬宗，其实，这只不过是后起的意义而已，即语汇的引申义，而非基本意。

历史学的分期分时代研究类似"切香肠"，以探索历史的演变为目的。它实际上已经事先预设了一个逻辑，即每一历史阶段必有每一历史阶段的特征和属性，因而从一个历史阶段到达另一历史阶段，就会发生社会或文化的变迁。而人类学家在研究中国经验时，也有许多学者选择了变迁的观察视角，包括近来有人提"转型"概念。但是，若从语言视角入手似乎不是这样一个状态。语言是相对稳定的东西，尤其是深层次的认知模式和语法逻辑体系没有足够的时间无法改变。祖先崇拜、世系延续等构成了中国汉人宗族社会的最基本语法逻辑，几千年来都没有放弃追求，由此造成了中国社会在深层次上的连贯性。这也许是连续的中国由来之根源。

当然，这种连贯性是由两方面造就的。首先，沉淀进语言中的认知图式在集体潜意识中是自觉往前滑行的（在语言训练阶段悄然不知地接受），一代代人并不觉知。其次，语言还是一个自足的、创造性的符号系统，它不仅指称那些基本独立于它的帮助而获得的经验，而且由于其形式的完整性及我们不自觉地将语言暗含的预期投射于经验领域，语言还为我们界定了经验。①由此，语言制造了我们栖存的生活世界。就本文议题而言，"祖""宗""夋""瓜瓞绵绵""水源木本"等不仅指示了我们存在的经验世界，而且也一代代地影响并塑造了我们的经验。就语言的指称而言，这些语词或语句是中国社会（Chinese society）、中国文化（Chinese culture）的象征符号或象征体系。在此，这些语词或语句是主项，而中国人（汉人，即 Chinese）是谓项，主项通过谓项去陈述自己，呈现自己，表征自己。就语言的制造能力而言，"祖""宗""夋""瓜瓞绵绵""水源木本"是主人，而我们是它们的制造物。语言按照自己的意向一代代再生产了我们，无论我们意志的选择空间有多大，无论我们遇到怎样的外部环境世界。也许我们会根据身处的外部环境与世界去选择一些物事去表征自己，但这只是些外部指号的更替。我们应该谛听内心深处的绵延②，否则便会被各种光怪陆离的表面现象所蒙欺。

　　放眼全球各地现生人群，实践世系群亲属制度的有很多，但能了解到几千年前实践状况的，怕只有中国的汉家，这全赖于我们的文字所保存下来的信息。尽管进化论人类学家根据不同地区的文化"残留"以推敲早期的亲属制度模式③，但无法进行准确的年代断定。这一点不能不感激祖先所创造的甲骨文、金文和篆文。这些文字和语句实在是我们父系继嗣社会的符号。

　　附注：南开大学陈絜教授与笔者讨论"夋"字，本文吸取了他的智慧。天津师范大学罗艳春教授为本文提供了天津津南区《葛沽郭氏宗谱》中的图片。在此感谢二位的慷慨。

---

①　[美]爱德华·萨丕尔：《萨丕尔论语言、文化与人格》，高一虹等译，第103页。

②　[法]柏格森：《时间与自由意志》，吴士栋译，北京：商务印书馆，1989年，第50—95页。

③　[美]路易斯·亨利·摩尔根：《古代社会》（上下册），杨东莼、马雍、马巨译，北京：商务印书馆，1977年，第381—530页；[芬]韦斯特马克：《人类婚姻简史》，刘小幸、李彬译，李毅夫校，北京：商务印书馆，1992年，第1—210页。

附　　图

附图 1　山西沁县开村刘氏宗族的"影"

附图 2　山西曲沃靳氏祠堂"一室多主"

附图 3 江苏沛县闵氏祠堂
供奉祖先画像图

附图 4 陕西子长县民间家堂轴子

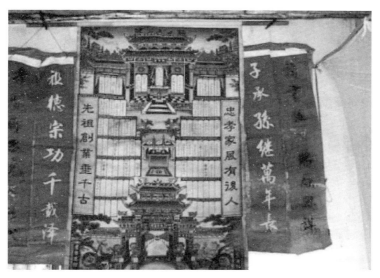

附图 5 山东兰山区闵家寨家堂轴子

叔犀父盨与周代宗族祭祀权[*]

陈　絜^{**}

吴镇烽先生曾在《文博》杂志发表《近年新出现的铜器铭文》一文①，集中公布了 17 件过去未曾著录的殷周时期的有铭青铜器，如隔（乱）王尊、叔驹父簋等周代器物，其铭文均具有较高的史料价值，对周代古国古族的方位地望及国家形态诸问题的研究，定会产生很好的推动作用。而笔者比较感兴趣的则是吴镇烽先生所定名的"伯甗父盨"（图 1），因为我们主张叔犀父为器物实际使用者，故依照通例，本文改称"叔犀父盨"。该器铭文虽说简短，但其"用某人为"之特殊句式，可与西周晚期著名的六年琱生簋铭 [《商周青铜器铭文暨图像集成》（以下简称《集成》）4293] 相关文句互相发明，亦有助于对琱生诸器铭文所涉及的复杂的人物关系之清理。更可注意的是，这也是一条关乎周代宗族形态与宗族经济及祭祀支配权等问题的重要新材料，应该引起学界的关注。

叔犀父盨，椭方形，附耳，腹部饰瓦纹，口沿处则为重环纹，盖之纹饰与器同，唯重环的朝向与器腹异。该盨形制、纹饰均体现出两周之际的时代特征，吴镇烽先生以为是西周晚期的器物，似可从。下面，笔者将就其铭文的句读、该器的定名及其所反映的历史现象等问题作一简单的讨论。不妥之处，祈请同行斧正。

＊　本文为国家社会科学基金重大项目"多卷本《中国宗族通史》"（项目编号：14ZDB023）阶段性成果之一。

＊＊　陈絜，南开大学中国社会史研究中心、出土文献与中国古代文明研究协同创新中心教授。

①　吴镇烽：《近年新出现的铜器铭文》，《文博》2008 年第 2 期。

图 1　叔㾕父盨及铭文拓本（采自《集成》5570）

叔㾕父盨器、盖对铭（图 1），计 3 行 13 字，今依其行款隶释如下：

白（伯）竆（富）父乍（作或祚）宝

盨邁（万）人（年）用

弔（叔）㾕父为

铭文首行第二字，为此前字书未收的新见文字。窃以为殆可分析为从宝、畐声，或即"富"字之初文。按：《郭店简·缁衣》简 20 有云："大臣之不亲也，则忠信不足而富贵已过也。"其中的"富"字从贝、畐声而作"䝔"。宝字较早形构从宀、从玉、从贝会意，而货贝即贵重物的一种，故富字从宝或从贝，可视为形声字中的同义换旁。而现代文字中的从宀、畐声之"富"，殆金文"竆"字的省形结构，套用《说文解字》的解释术语即从宝省、畐声的省声字。"乍"可径读为"作"，当然亦可以读作"祚"，赏赐之谓，比较后文所引的再簋甲、乙二器铭文"遣伯乍（祚）再宗彝""遣伯、遣姬易（锡）再宗彝"云云之辞即可知也。此外，"邁人"即"万年"，金文习见，如蝇乎簋铭（《集成》4157）、叔姜壶铭（《集成》9609）、季姒罍铭（《集成》9827）、甫人父匜铭（《集成》10206）等铭文中的"邁人"或"万人"者即是。按年字古以人作谐声偏旁，故"人""年"二字经常假借无别。例如，《清华简·金縢》载周公祝告先王之辞，其中有"是年若丂（巧），能多才多艺"之语，其"年"

字当读为"人"。①此亦为很好的佐证。

　　吴镇烽先生认为，该器铭文当依"叔犀父为伯𣄰父作宝盨，万年用"之顺序而读。这当然不失为一种颇具新意的读法。不过，此中也存有两点疑问。其一，迄今为止，在周代金文中还没有发现过其他的可以串行颠倒而读的例子。且铭文唯短短三行，当时的工匠完全可以直接在内范上写刻相关文字，似不存在分制陶范加以拼接而致误的可能。加之器、盖对铭，也不会发生一错再错之事。其二，目前所知的商周甲骨与金文资料中，基本不见"为某人作某器"之类的辞例，笔者目力所及，仅有的一例其年代已晚至春秋晚期，能否作为立论参考依据，尚待探讨。②当然最为要紧的是，在先秦文献中也缺乏相关的佐证。窃以为，如若依照自上而下、自右向左的习惯顺序，同样可以将铭文读通，具体似可读为"伯𣄰父作（或祚）宝盨，万年用叔犀父为"，或者是"伯𣄰父作（或祚）宝盨，万年，用叔犀父为"。当然，以前一种读法更为简洁明了。此中须作重点解释的就是"用叔犀父为"一句。

　　按六年琱生簋铭文中有如下一段文字：

　　……召伯虎告曰："余告庆！曰：公厥禀贝，用狱諆（扰）为。伯取（贤）祇又（有）成，亦我考幽伯、幽姜令（命）。余告庆！余以邑讯有司，余典勿敢封。今余既讯，有司曰：'厉令。'今余既一名典，献伯氏。"（《集成》4293，西周晚期）

其中"公厥禀贝，用狱諆（扰）为"一句，若从字面上直白地解释，即是说公族缴纳了货贝、以用作狱讼纷争之需。③就语法而言，"用狱諆（扰）为"与"用叔犀父为"完全一致。按周代金文中，"用为"一词是一个非常习见的半虚化的复合型动词，例如：

　　（1）内史令𢽦事，锡金一钧。非余曰："内史龚朕天君，其万年用为

---

①　参拙文《清华简札记二则》，《中原文化研究》2013 年第 4 期。

②　春秋晚期的曾子原彝簋铭文（《随州出土文物精粹》120）有曰："唯九月初吉庚申，曾子原彝为孟姬郜铸滕簋。"这是目前所知的唯一一条依据，不过年代偏晚。

③　参拙文《琱生诸器铭文综合研究》，见朱凤瀚主编：《新出金文与西周历史》，上海：上海古籍出版社，2011 年，第 98 页。

考障彝。"（非余鼎，《集成》2696，西周中期）

（2）虢宣公子白作障鼎，用孝享于皇祖考，用□①眉寿，子子孙孙永用为宝。（虢宣公子白鼎，《集成》2637，西周晚期）

（3）郑伯大司工召叔山父作旅簠，用享用孝，用匄眉寿，子子孙孙用为永宝。（叔山父簠，《集成》4601，两周之际）

（4）曾伯陭铸戚戉（钺），用为民釁（刑），非历殹井（型），用为民政。（曾伯陭钺，《枣阳郭家在曾国墓地》22，两周之际）

（5）大师子大孟姜作盘匜，用享用孝，用薪眉寿，子子孙孙用为元宝。（大孟姜匜，《集成》10274，春秋）

上引诸器铭文中的"用为"，其含义相当于"以为""以作""以铸"等，相关语句的基本语法结构便是动词"用为"+宾语。而从传世的先秦文献看，"用（或'以'）为……"句式中的宾语，还可以前置于"用（或'以'）""为"二字之间，从而形成"用（或'以'）"+宾语+"为"之特殊句式，例如：

（1）民之轻死，以其上求生之厚，是以轻死。夫唯无以生为者，是贤于贵生。（《老子》七十五章）

（2）许由曰："子治天下，天下既已治也。而我犹代子，吾将为名乎？名者实之宾，吾将为宾乎？……归休乎君，予无所用天下为。"（《庄子·逍遥游》）

（3）君子以督为有无君之心，而后动于恶，故先书弑其君。（《左传》桓公二年）

按："以""用"二字可以互训②，故"以……为"也即"用……为"。"以生为"大致可以理解为"以为生"的倒装形式。同样，"用天下为"者便是"用为天下"之倒装，"以督为"即"以为督"之倒置。叔犀父盨"用叔犀父为"一句，是否也可以视为"用为叔犀父"之倒装句式，是一个值得认真考虑的问题。总之，依余之拙见，"用叔犀父为"一句最为简洁的解释就是为叔犀父作

① 依照金文惯例，此当为"祈"字或"匄"字之残。
② 王引之：《经传释词》卷1"以""用"二条目，长沙：岳麓书社，1985年，第6、17页。

器的意思。

不过，铭文中的"叔屖父"究竟是生称抑或死称，倒是颇可探讨。笔者主张是生称。按："伯富父"与"叔屖父"均属冠字，从文献与周代金文资料看，"屖"字可训作"平"①，故"富父"与"屖父"在寓意上是互为牵涉的，也即富贵平安之谓。由此判断，此二人属兄弟行的可能性较大，甚至可以是同父兄弟。长兄以行字称其弟，似乎又不太符合当时的称名习俗。不过，联系琱生诸器铭文所记载的、大宗宗妇"君氏"尊称其分族之长琱生为"伯氏"的情况看②，大致还是可以说通的。也就是说，伯富父为叔屖父作器之时，后者尚在人世。

对于叔屖父铭文所蕴含的信息，我们可以理解伯富父是在为自己的弟弟叔屖父铸造祭祀用的青铜礼器。至于叔屖父在宗族内的地位大致有以下两种可能。

其一，叔屖父所处家族刚从宗族中离析而出，成为独立的宗支。

按：大宗为新立小宗铸造祭祀礼器，或者说大宗赐赠小宗宗庙礼器，西周金文中不乏记载，例如：

（1）遣伯乍（祚）再宗彝，其用夙夜享卲文神，用襓（万）旂（祈）眉寿。朕文考其坙遣姬、遣伯之德音，其竞余一子，朕文考其用乍（祚）厥身，念再哉！亡匄（害）！（再簋甲，《史学集刊》2006 年第 2 期，又《集成》5213，西周中期）

（2）遣伯、遣姬易（锡）再宗彝，眔（逮） ■（逆？）小子■倗以（与）友卅人，其用夙夜享卲文神，用襓（万）旂（祈）眉寿。朕文考其坙遣姬、遣伯之德音，其竞余一子，朕文考其用乍（祚）厥身，念再哉！亡匄（害）！（再簋乙，《集成》5214，西周中期）

（3）遣伯乍（祚）再宗彝，其用夙夜享卲文神，用襓（万）旂（祈）眉寿。朕文考其坙遣姬、遣伯之德音，其竞余一子，朕文考其用乍（祚）厥身，念再哉！亡匄（害）！（再甗，《集成》5666，西周中期）

---

① 拙文《琱生诸器铭文综合研究》，见朱凤瀚主编：《新出金文与西周历史》，上海：上海古籍出版社，2011 年。

② 林沄：《琱生簋新释》，见中华书局编辑部编：《古文字研究》第 3 辑，北京，中华书局，1980 年；拙文《琱生诸器铭文综合研究》，见朱凤瀚主编：《新出金文与西周历史》，上海：上海古籍出版社，2011 年。

（4）惟九月初吉癸丑，公酌祀，雩（越）旬又一日辛亥，公啻酌辛公祀，衣（卒）事亡尤。公蔑繁曆，易（锡）宗彝一牆（肆）、车马两。繁拜手稽首，对扬公休，用作文考辛公宝障彝，其万年宝。或。（繁卣，《集成》5430，西周中期）

再簋甲乙及再盨三器均为盗掘品，其铭文有繁简之别，但主体内容是一致的。所以，三器殆为同人所铸、同墓或同窖藏所出。结合三器铭文，大致是说，遣伯、遣姬夫妇赏赐器主再宗庙祭祀礼器，以及一个31家规模的血缘团体，作为其附属人口，以供遣使。从中可知，遣伯与再之文考为兄弟行的可能性更大一些，而再则属遣伯的子侄辈，其中遣伯乃遣氏大宗之长，而再则为遣氏之下的某分族之首领。①例4繁卣铭文所记也比较有意思，"公啻酌辛公祀"一句，说明施动者"公"为辛公之子，而繁的祭祀对象亦为"文考辛公"，据此似可推定，"公"与繁殆属兄弟关系，其中"公"是大宗首领，而繁则自立分族，成为新立宗支之长。由于繁在公族助祭活动中表现上佳，故得到大宗子的赞扬，并获得祭器与车马等赐品，而宗庙之器的获得，大概就是小宗子繁获得祭祀权的一种表征。繁卣铭文所体现的大小宗祭祀体系中有相同的祖神之现象，适与西周王族与其分支族属的宗庙祭祀神灵体系相契合，二者可以互证。②

其二，宗子对宗氏内部个别个体家庭独立祭祀权的赐予。众所周知，"支子不祭，祭必告于宗子"乃西周及春秋时期的通则。但在特定情况下，宗子可以将祭祖权部分让渡于宗氏内部的支庶家庭，而最有名的例子就是西周早期的由氏器，其铭文曰：

（1）龟。由伯曰："矩御，作尊彝。"曰："母（毋）入于公。"曰由伯子曰："矩为厥父彝，丙日唯母（毋）入（纳）于公。"（尊，《集成》5998）

（2）龟。由伯曰："胙，作父丙宝尊彝。"（卣，《集成》5356）

这两件器物均为由氏宗族器，其一是族长由伯命令矩所铸造，其二则为由伯令胙所造，祭祀对象均为父丙，此外还有一个人物就是由伯之子。个中人物

---

① 吴振武：《新见西周再簋铭文释读》，《史学集刊》2006年第2期。
② 参拙文《应公鼎铭与周代宗法》，《南开学报（哲学社会科学版）》2008年第6期。

关系即如下所示:

即是说,族长由伯与矩及胹为兄弟关系,悉属父丙之子,而由伯与由伯子则为
父子关系。过去通常认为,由父丙、由伯及由伯子三代组成的一支为龟族大
宗,器物持有者矩与胹则为龟氏的两支分族,所以由伯命令他们作祭祀父丙之
器,且准许矩所作之器可以"毋纳于公"。但大宗小宗的说法是可以再讨论
的,理解为嫡长子及宗氏内部的庶子关系或许更为合适。也就是说,矩与胹在
当时并未分宗立氏,所以祭祀父丙得由族长由伯恩准。类似的例子还有朱凤瀚
先生专文讨论过的卫器与伯狱器①,读者可以自行参考,于此不再展开。总
之,宗族内部的支庶子弟是不可私自祭祀的。

　　目前看来,叔犀父蝥铭文所体现的可能属于第一种情况,也即叔犀父业已
别族。长兄伯富父以冠字"叔犀父"称其弟,殆蕴含对新立宗支之尊重,或对
分宗立氏这一社会行为之重视。②与此同时,作为大宗宗子的长兄又以冠字
"伯富父"自名,则又充分体现出宗族内大小宗之间的等级性。至于赠送宗庙
祭祀礼器,大致就是周代宗族组织内的"友兄弟"精神的体现。

　　与叔犀父蝥相类似的例子还有山东滕州市安山村出土的、现藏于中国国家
博物馆的西周晚期郳伯鬲(凡 4 件),其铭文(《集成》591)曰:"時(郳)白
(伯)乍(作)時(郳)中(仲)□羞鬲。"按:郳为东土附庸小国,春秋时其
地在今山东平阴一带,即《左传》襄公十八年晋"魏绛、栾盈以下军克邿"之
邿。"郳伯"即晚周郳国之君,山东济南长清仙人台周代墓地曾出郳召簋、郳
子姜首盘等郳国国族器物。③"郳仲"殆即晚周郳伯之弟。按:山东济南长清
万德镇石都庄 M1 曾出土西周晚期的属于媵器性质的郳仲簋两件④,其铭文曰:

　　①　朱凤瀚:《卫簋与伯狱诸器》,《南开学报(哲学社会科学版)》2008 年第 6 期。

　　②　叔犀父是否可能为伯富父的长辈?这当然也是一种思路。但依照周代称名习惯,面对尊长而自称冠
字,显然有悖礼法,故不取。

　　③　任相宏、崔大庸:《山东长清县仙人台遗址发掘简报》,《考古》1998 年第 9 期;崔大庸、任相
宏:《山东长清县仙人台周代墓地》,《考古》1998 年第 9 期;方辉、崔大庸:《长清仙人台五号
墓发掘简报》,《文物》1998 年第 9 期。

　　④　昌芳:《山东长清石都庄出土周代铜器》,《文物》2003 年第 4 期。

"郜中（仲）媵孟🔣宝匜（簠），其万年眉宝，子子孙孙永宝用。"说明郜仲之家族有其独立的家财，可以自铸媵嫁之器，应该已是自立宗氏。故滕州市安上村出土的 4 件郜伯鬲（其实也应称"郜仲鬲"为是），乃郜国国君"郜伯"为其仲弟"郜仲"所作，是大宗对新立宗氏的一种赠赐行为。

最后需要再次强调的是，宗族祭祀权当然是宗子所独享的，但这种排他性的权力只体现在宗氏内部，一旦有庶子另立宗氏，其祭祀行为就不再受所谓的大宗宗子的控制。一言以蔽之，"庶子不祭"只在宗氏内部实施。

清朝方东树（1772—1851 年）眼中的郡望制度

安光镐*

中国魏晋南北朝到唐末时期的门阀士族为了表明自己所属的氏族，姓氏前面加上特定的地名，这种特定的地名在中国历史上被称为郡望。中国历史上的清河崔氏、博陵崔氏、陇西李氏、赵郡李氏、荥阳郑氏、范阳卢氏和太原王氏被称作"五姓七望"，其中清河、博陵、陇西、赵郡、荥阳、范阳和太原就是他们的郡望。

现代韩国指称氏族的名称也是由特定的地名和姓氏构成的，如光山金氏、安东金氏、潘南朴氏和全州李氏等。从构成形式上看，韩国氏族的名称与中国历史上门阀士族的名称极为相似，但是韩国现代氏族名称中的特定地名本称作"本贯"。韩国的本贯和中国历史上的郡望虽有一定的历史渊源，但是二者又分别表示不同的含义。郡望不仅与韩国的本贯有所区别，而且其含义在自身发展的过程中也发生了本质性的变化。为了深入探究韩国本贯的性质，有必要进一步了解中国历史上郡望的发展过程。因此，本文将通过阐述清代学者方东树（1772—1851 年）对中国郡望的见解，说明中国明清时期郡望制度的变化，同时还将阐述方东树的见解在研究中国氏族制度方面的重要意义。

一、对郡望内涵的理解

方东树出生在清代中期的桐城（现安徽省安庆市桐城市）。桐城位于中国

* 安光镐，韩国人，历史学博士，韩国古典翻译院研究员。

中部的安徽省南部，长江以北。桐城离安徽省省会合肥很近，是一个集中体现安徽地域文化的名城。清代时期，桐城出现了很多文化名人并形成了名为"桐城派"的学派。

桐城派是清代的一个以散文创作为主的学派，其成员追崇宋代程颢、程颐和朱熹创立的理学并主张模仿唐宋八大家的古文来作散文。这一学派由戴名世（1653—1713 年）、方苞（1668—1749 年）、刘大櫆（1698—1780 年）和姚鼐（1731—1815 年）等安徽桐城人创建，故名为"桐城派"。桐城派后来发展成为清代最大的散文学派，姚莹（1785—1853 年）、方东树和曾国藩（1811—1872 年）等清代名人都是桐城派的成员。方东树是桐城派的主导人物之一。

方东树师从于精通谱学的姚鼐。方东树认为，宋代的苏洵和欧阳修等人创制的族谱编纂方式已经不符合清代的社会习惯。他的老师姚鼐为了解决这个问题，研究出新的族谱编纂方式，方东树进一步完善了老师的新方式，并以这种方式编写了自己家族的族谱。①

清代的桐城地区居住着很多方氏，其中最有名的是桂林方氏、会宫方氏和鲁谼方氏。虽然这些方氏家族的祖上在不同的历史条件下从徽州移居到桐城，他们自认为的始祖也是不同的人物，但是他们都认为自己的郡望是河南，都认为自己的祖上是徽州地区方氏的分支。然而，他们在徽州地区方氏的族谱中找不到有关他们始祖先代的记录，因此他们认为他们并不是同一个氏族。清代学者马其昶（1855—1930 年）根据这种情况，在著书中说道："桐城之方最著者：曰桂林；曰会宫；曰鲁谼，皆自徽州来迁，然皆各自为族。"他还认为桐城的方东树是鲁谼方氏。②

清代桐城地区的方氏迁居到桐城的过程各不相同。其中，桂林方氏的始祖方德益首先在宋代末期移居到徽州休宁（现安徽省黄山市休宁县）的池口（现

---

① （清）方东树：《考槃集文录》卷 11《族谱序》，《续修四库全书》第 1497 册，上海：上海古籍出版社，2002 年，第 431—432 页。方东树编写完自己家族的族谱后，亲自撰写了族谱的序文，其内容如下："吾今为族谱，虽本欧苏之法，而亦小变通之，兼用乡先生姚姬傅先生谱法。"（"姬傅"是姚鼐的字）另外，方东树在族谱序文中指出了苏洵和欧阳修创制的族谱编写方式中存在两个问题，以及不符合清代社会习惯的七个方面，即"二失七不同"。相关内容可以参考（清）方东树：《考槃集文录》卷 11《族谱序》，具体内容参考以"不考欧苏所以为谱之意，与夫所以为谱之法，而曰吾法欧苏也"开始的内容。

② （清）马其昶：《桐城耆旧传》卷 10《方植之先生传》，《续修四库全书》第 547 册，第 645 页（"植之"是方东树的字）。

安徽省池口一带），然后在元末时期移居到桐城，定居在桐城的风仪坊，因此方德益的后代称自己为风仪方氏。明代吏部给事中王瑞（生卒年未详）为了彰表风仪方氏家族，借"蟾宫折桂者，比立如林"的章句，为风仪方氏题写了"桂林"二词，此后风仪方氏便自称为桂林方氏。

鲁𥕢方氏的始祖方芒在明代洪武年间（1368—1398年）从徽州婺源（现江西省上饶市婺源县）移居到桐城，并定居在桐城的鲁𥕢（现安徽省桐城市吕亭镇鲁𥕢村），因此方芒的后代称自己为鲁𥕢方氏。据说，方芒移居到桐城以后，他和他的后代都成了为官府打猎的役夫，直到方芒的九世孙方孟晙时才免除了这项服役。①

桂林方氏在清代初期就出了很多科举者，因而名声显赫。相比之下，鲁𥕢方氏后来才逐渐崭露头角②，即在1729年中举人后担任八旗军教习的优贡生（成绩最优秀的贡生）方泽（1697—1767年）和主导桐城派的方东树之后，鲁𥕢方氏才成为名声仅次于桂林方氏的家族。一般认为，清末的桐城地区有张氏、姚氏、马氏、左氏和方氏等五大姓氏，其中的方氏主要就是指桂林方氏和鲁𥕢方氏。③

桂林方氏和鲁𥕢方氏，还有会宫方氏都在不同的历史背景下移居到桐城。他们自认为各自的始祖不同，并分别编写自己的族谱，用不同的名称指称自己氏族。但是如前所述，这些人都认为自己的祖先是曾生活在徽州地区的方氏的

---

① 现在的鲁𥕢方氏主要居住在桐城吕亭镇鲁𥕢村和兴店镇杨河村，其中在鲁𥕢村有200余户，在杨河村有1000余户。鲁𥕢方氏先代的墓地位于鲁𥕢村内叫"方家半天"的地方。

② 丁超瑞详细地整理了桂林方氏科举的相关内容。他认为桂林方氏家族中，清代进士共有25人，举人共有45人，五贡（恩贡、拔贡、副贡、岁贡和优贡）共有31人。丁超瑞的以上数据是根据顾廷龙主编的《清代硃卷集成》（台北：成文出版社，1992年）中收录的方显允的举人硃卷和方铸的会试硃卷得出的，可参考丁超瑞：《清代科举家族桐城方氏研究》，辽宁大学硕士学位论文，2012年。与此相比，金卫国说桂林方氏中进士数27人，举人54人，此外，生员数百人（金卫国：《桐城桂林方氏家族与清朝政治及文化研究》，南开大学博士学位论文，2011年）。

③ 鲁𥕢方氏和桂林方氏的相关内容可参考以下研究：方金友：《〈鲁𥕢方氏族谱〉的历史社会学解读》，《合肥学院学报（社会科学版）》2013年第6期；陶善才、方宁胜、张勇：《桐城方氏：中国文化世家的绝唱》，《书屋》2011年第7期；金卫国：《从桐城桂林方氏家族看清朝前期满汉民族磨合》，《安徽史学》2009年第6期；宋豪飞：《明清桐城桂林方氏家族文化特征探析》，《安徽农业大学学报（社会科学版）》2014年第5期；金卫国：《桐城桂林方氏家族与清朝政治及文化研究》，南开大学博士学位论文，2011年；丁超瑞：《清代科举家族桐城方氏研究》，辽宁大学硕士学位论文，2012年。

分支，而且他们的祖上和徽州地区的方氏一样，都认为自己的郡望是河南，认为自己是河南方氏的后代。

　　作为研究谱学的学者，作为方氏家族的后代，方东树对河南方氏深信自己的郡望是河南这一事实有独到的见解。为了考察方东树的这种见解，首先要理解他在说明中国氏族制度以及在这种制度下出现的家系记录时，对郡望、地望和房望等用语所下的定义。

　　方东树在编写完自家的族谱后还写了"族谱后述"。他在"族谱后述"中说道："氏族谱牒之系，其称有三：曰郡望；曰地望；曰房望。"①他认为秦汉以后，有名的氏族为了说明自己是"来自某郡的名门望族"开始使用郡望，始祖最初定居地的地名是地望，地望相同的人们之间出现分支后就用房望区分彼此。②以方东树的家族为例来看，郡望是"河南"，地望是"鲁𬭤"，房望是"老二房"。③

　　方东树分析了很多姓氏书，这些姓氏书中虽然都把方氏的郡望记作河南，但是并没有明确地说明其根据，而且有关河南方氏的一些人物的记录都和历史事实不相符，方东树认为姓氏书中的内容不可信，也开始对自己家族自称为河南方氏的事实半信半疑。因此，方东树说："河南之望，吾且信之，且疑之。……信则信夫氏族书之云皆然矣，疑则疑夫其时地事迹之终莫可考也。"④

---

① （清）方东树：《考槃集文录》卷 11《族谱后述上篇》，《续修四库全书》第 1497 册，第 433 页。

② 方东树认为地望是始祖最初定居地的地名，然而中国历史文献中，地望一词的意义和方东树的定义不同。例如，宋代郑樵（1104—1162 年）在他的《氏族略》（《通志》卷 25）中写道："三代之后，姓氏合而为一，皆所以别婚姻，而以地望明贵贱。"这里所说的"地望"就是"郡望"。《汉语大词典》（上海辞书出版社，1998 年）对地望的定义是"魏晋以下，行九品中正制，士族大姓垄断地方选举等权力，一姓与其所在郡县相联系，称为地望"，这个定义也把"地望"解释成"郡望"。还可参考［韩］安光镐：《从两个知识人的角度来看传统时期韩中姓氏制度——以宋朝郑樵和朝鲜时代的刘馨远为中心》，《史学研究》第 113 号，果川：韩国史学会，2014 年。

③ 《桐城鲁𬭤方氏族谱》（安徽省图书馆藏本，1883 年刊）中将鲁𬭤方氏大概分为"老长房"、"老二房"和"老三房"，"老长房"是始祖方芒的大儿子方宣的后代，"老二房"是方芒二儿子方宪的后代，"老三房"是方芒三儿子方安的后代。方东树的家系是"老二房"中的"分支中二房"。方芒的四儿子方寯的相关记录为："始祖第四子，配索氏，生二子。长珑次珤，迁舒，复迁六安州毛坦厂。更名华，已别为一族。"（"舒"是指安徽省舒城县，"六安州"是指安徽省六安市）方寯一支没有被收录到鲁𬭤方氏的族谱内。

④ （清）方东树：《考槃集文录》卷 11《族谱序》，《续修四库全书》第 1497 册，第 428—429 页。

方东树还指出了《元和姓纂》、《秘笈新书》、《古今姓氏书辩证》、《通志》和《万姓统谱》等姓氏书记录上的错误。《元和姓纂》是唐代林宝编写的，其中并没有提到方氏，只是在"方叔氏"条中将方叔记录成鼓方叔。这里的方叔是西周时期的人物，是方氏成员自认为的祖先。① 《秘笈新书》是宋代谢枋得（1226—1289 年）编写的，其中也没有提到方氏，却将方氏的始祖方雷收录在"方雷姓"条。②

宋代邓名世编写的《古今姓氏书辩证》引用了《风俗通》的内容，主张方氏是方雷的后代，并介绍了方氏的代表人物唐代诗人方干。但是，《古今姓氏书辩证》没有记录《战国策》中的方回、西周时期的方叔、《后汉书》中的方赏，以及《后汉书》中的方望和方储等方氏唐代以前的祖先。③

郑樵在他的著书《通志》收录的《氏族略》中介绍了方氏。他认为方氏是方雷的后代，周朝大夫方叔的后代根据方叔的名字自称方氏。郑樵还介绍了汉代的方贤（方东树认为方贺和方赏是同一个人）和唐代的方干等方氏名人，他认为："宋朝方氏为著姓，闽中为多，望出河南。"④ 但是对于试图确认自己祖先的方东树来说，郑樵的记录也不够完整。

明代凌迪知（1529—1600 年）编写的《万姓统谱》也介绍了方氏。《万姓统谱》也说明了方氏是周朝大夫方叔的后代，其郡望是河南。但是在《万姓统谱》中，有很多人物记录和史实不相符，如有关方俦、方俨和方望的记录。在凌迪知的记录中，方俦和方俨是方望的兄弟，方望是晋朝时期的人物，但是方东树却认为这些记录都同历史事实不一致。⑤因此，方东树说："明人之陋，大抵若是不足辨矣。"

如上所述，方东树认为，中国姓氏书中有关方氏的记录都不可信，而且根据姓氏书很难确认自己的家族就是郡望为河南的河南方氏。因此，他开始分析

---

① （唐）林宝：《元和姓纂》卷 5《方叔》，《景印文渊阁四库全书》第 890 册，台北：商务印书馆，1986 年，第 604 页。

② （宋）谢枋得：《新锲簪缨必用增补秘笈新书别集》卷 2《雷》，《四库全书存目丛书》子部，第 200 册，第 566 页。方东树认为在《秘笈新书》《十五灰》篇中发现了"方雷姓"条，但是根据《四库全书存目丛书》收录本在卷 2 中记载了"雷姓"条。《四库全书存目丛书》收录本中收录的谢枋得编写的《秘笈新书》是明代吴道南的再编本。

③ （宋）邓名世：《古今姓氏书辩证》卷 13《十阳上·方》，《景印文渊阁四库全书》第 922 册，第 140 页。

④ （宋）郑樵：《通志》卷 27《氏族略·方氏》，《景印文渊阁四库全书》第 373 册，第 306 页。

⑤ （明）凌迪知：《万姓统谱》卷 49《七阳·方》，《景印文渊阁四库全书》第 956 册，第 749 页。

方氏家族自己编写的族谱，并关注其中有关方氏祖先的记录。

在分析方氏家族自己编写的族谱时，方东树发现这些族谱在介绍祖先时都提到了方紘、方储、方惠诚和方叔浒等人。方东树根据这些族谱了解到方紘担任过西汉的河南守，为了逃避王莽之乱移居到歙县；方储是方紘的曾孙，在东汉元和年间（84—87 年）被举荐为贤良方正，后来被封为黟侯；方惠诚在隋朝开皇年间（581—600 年）担任过歙令；方叔浒是方惠诚的儿子，因喜欢歙县的景色而定居在歙县。方东树还认为，从黟侯方储开始到定居在歙县的方叔浒为止共有十九代。①

方叔浒定居到歙县以后，方氏就一直生活在那里。后来这些方氏中的一部分人移居到婺源、环山（现湖南省湘潭市一带）、岩镇（现广东省河源市一带）和严州（现浙江省杭州市一带）地区。其中移居到严州一带的方氏最为繁盛，上文提到的唐代诗人方干就出身于严州。

在方东树所处的清代，方氏家族大多居住在福建、浙江、江苏、四川、湖北、湖南，以及广东和广西等地，他们都认为自己是曾居住在歙县、黟县、婺源、环山、岩镇和严州地区的方氏的分支。虽然他们都有自己的始祖，认为各自都是不同的氏族，但是他们都认为自己的郡望是河南。方东树认为，一直到唐宋以后这些方氏家族都一直称自己的郡望是河南。②

总之，方东树通过分析族谱得知方氏称自己的郡望是河南，其理由是西汉末期为了躲避"王莽之乱"迁居到歙县的方紘曾担任过河南守。也就是说，方东树从族谱的记录看出，由于方紘曾担任过河南守，因此即使在他定居到歙县后，他的后代仍用河南作为郡望。

但是，方东树深知隋代以前的姓氏书没有流传下来，所以对生活在隋以前方氏祖先无从所知，而且唐代以后编写的姓氏书中也没有明确地说明方氏的郡

---

①　方紘从河南迁入定居的歙县和方储受封的黟县具体位置是今天哪里考证起来有些困难的。其主要原因是方紘和方储所生活的汉朝的行政区域与现在行政区域有很大的差异。因此，朴元熇在他的著书里说道："汉代的歙县和黟县，还有晋代的新安郡比明清时代的徽州府所管辖区域大得多"，方紘所定居的歙县"不是明清时代的徽州地区，而是所对应的明代浙江省严州府淳安郡（县）"。关于此论述参见朴元熇：《明清徽州宗族史研究》，汉城：知识产业社，2002 年，第 52 页。同时也可参考唐力行：《徽州方氏与社会变迁——兼论地域社会与传统中国》，《历史研究》1995 年第 1 期。

②　（清）方东树：《考槃集文录》卷 11《族谱序》，《续修四库全书》第 1497 册，第 429 页："闽越吴蜀楚奥，皆有或本于黟歙，或本于婺源，或本于严州，或本于环山岩镇，不暇一一考要。莫不各本其始迁之祖，以著为族。而同以河南为望。盖自唐宋以来，未有或易之者也。"

望是河南。因此，方东树不认可方氏族谱中所记录的内容，他说："方氏在陈隋以前，不可详。而在唐以后，则可稽。其郡望者河南也，不可知。而其盛于黟歙严州，则信而可知也。何言之？河南之望，未详所由。"①

方东树之所以对自己家族的郡望是河南这一事实产生了怀疑，是因为他对中国郡望出现的历史背景有独到的见解。方东树认为，汉代各郡的望族移居关中地区的过程中出现了郡望。当时各郡的望族移居到关中地区以后，他们为了表明自己是"出身于某郡的名门望族"，用自己曾经居住过的郡的名称和姓氏一起称呼自己。汉代时期出现的这种习惯一直延续到唐代末期。②

从汉代到门阀崇尚的魏晋南北朝，方东树所说的郡望曾一度盛行。在方东树看来，地望随着始祖的定居地而变化，房望随着所属房的分类方式而变化，同样郡望也不是一成不变的，正所谓"非百年不迁远祖之望"。特别是在门阀社会，由于极度崇尚门阀，许多家族谎报自己的郡望。但是，方东树认为唐代的人不清楚这个事实，直接将郡望记在姓氏书中，致使后人错误地理解了姓氏书的记录。

实际上，方东树为了确认方氏族谱中的内容，特别是为了证明方储被封为黟侯是否是事实，他参考了《后汉书》中的《郡国志》。但是，在《郡国志》中并没有黟县地区有"侯国"的记录。另外，隋朝时期担任过歙令的方惠诚和他的儿子方叔泮的郡望究竟是河南还是其他地区，都无法通过历史文献来确认。

因此，方东树说："方氏尝有著姓在河南官氏志者，其后衰微。而其子孙有带望而迁于歙，袭河南之名。因凿空纮与储之爵位，以远属之汉世，为若家于其封，以夸荣当世。为氏族书者，不暇深考其本于魏收书名之伪，亦因相沿云尔。"③

如上所述，方东树没有找到可信的记录来证明自己家族的郡望是河南，因此他在编写自己家族的族谱时，遵循了"近而可信者，叙吾谱。而河南之望，

---

① （清）方东树：《考槃集文录》卷 11《族谱序》，《续修四库全书》第 1497 册，第 429 页。

② （清）方东树：《考槃集文录》卷 11《族谱序》，《续修四库全书》第 1497 册，第 429—430 页："郡望之始，起于汉徙豪右实关中。大姓各系其土，着以自别，若曰此某郡之着其耳。其后历代南北迁徙，一时着姓，亦各相沿此制，以为称。故陈隋以前姓氏书，因之。唐人不知，悉凭其私牒，撰为名字，以专其派。唐以后作姓氏书者，益昧其故，而相沿不改。"

③ （清）方东树：《考槃集文录》卷 11《族谱序》，《续修四库全书》第 1497 册，第 430 页。

则姑存而勿论可也"的原则。方东树还根据这样的原则说明了"吾族自婺源迁桐城，始居鲁谼。其后亦散衍他邑及各乡。而必以鲁谼系其望，不忘所自始也"，因此他称自己的家族是鲁谼方氏。[①]

二、郡望制度消亡的原因

方东树在中国历史文献中没有找到方氏来自河南的依据，虽然他在家谱中将自己家族的郡望记作河南，但同时他又怀疑自己家族的郡望是否就是河南。那么，方东树为什么没有在中国历史文献中找到方氏来自河南的根据呢？方东树用"世变"和"书失"（方东树称"书之失"）解释了这一点。

方东树所说的中国历史上的"世变"就是社会上发生巨大的变动，这些变动导致家系记录无法完整地传到后世。他认为中国历史上共有六次重大的"世变"，第一次是战国时代末期到秦统一中国期间的"世变"；第二次是汉朝统一中国以后各地方的豪族移居关中地区时期的"世变"；第三次是晋朝开始到南北朝时期的"世变"；第四次是唐朝建国后新支配阶层登场时期的"世变"；第五次是唐末开始到五代十国期间的"世变"；最后一次是南宋以后到元朝时期的"世变"。

方东树所说的"书失"是指在"世变"期间，可信的家系记录几乎丢失，而不可信的家系记录大量涌现。他认为中国古代时期曾经有很多可信的家系记录，但是经历了六次"世变"以后，这些家系记录都没有被完好地保存下来，取而代之的却是私人编写的不可信的家系记录，因此中国的氏族制度曾经一度混乱。

方东树认为，中国氏族制度的混乱出现在南北朝的北朝时期以后。早在魏国时期实施了"九品官人法"，家系记录由官府编写，所以此时期的家系记录比较可信。魏国的这种做法一直被沿用到南朝的晋、宋、齐和梁，因此在南北朝时期出现了应劭（约 153—196 年）的《风俗通》、杜预（222—285 年）的《公子谱》、王俭（452—489 年）的《百家谱》、何承天（370—447 年）的《姓

---

① （清）方东树：《考槃集文录》卷 11《族谱序》，《续修四库全书》第 1497 册，第 430 页。

苑》以及魏收（505—572 年）的《河南官氏志》等可信的家系记录。

　　但是到了北朝时期，代北人不再使用自己的姓氏而改用汉族姓氏，因此当时中国的姓氏十分混乱，分成了"中原古姓"和"代北姓"两部分。到了唐代，通过"赐姓"、"改姓"和"冒姓"等方式出现了很多新的姓氏，中国的姓氏不可避免地变得更加混乱。这些混乱使得从北朝到唐这一时期编写的姓氏书水准低下，与其称之为"姓氏书"，还不如称之为"字书"或"韵书"。方东树认为，尤其是林宝的《元和姓纂》虽然流传于后世并影响了后世姓氏书的编写，但是其中有关郡望的记录没有任何明确的依据。

　　总之，方东树认为，由于中国历史上经历了数次"世变"，这些"世变"又引发了"书失"，因此在中国历史上无法找到"千年可征之氏族"（方东树称此还为"千年可征之姓族"）。无"千年可征之氏族"是家系记录混乱而造成的，在这种混乱的情况下，如果过于强调有关祖先的历史，就很难维持宗族的体系。例如，方氏一族试图澄清他们的郡望是河南，可是却威胁到了其宗族的存在。①

　　事实上，在明清时期，除了方东树以外，还有其他学者也认为各个氏族所使用的郡望和历史事实不相符，如明代的杨慎（1488—1559 年）和清代的钱大昕（1728—1804 年）等。杨慎在他的著书《丹铅总录》中对郡望做了说明，他认为："姓氏书以姓配郡望，甚为无谓"，他在引用侯景（503—552 年）、薛宗起、韩显宗和李彪（薛宗起、韩显宗和李彪是魏孝文帝时期的人物）的事例后问道："今之百氏郡望，起于元魏胡房之事，何为据也？"（"元魏"就是指北魏。北魏皇室的姓氏本来是拓跋氏，但在孝文帝时改为元氏）②

　　钱大昕也认为传到清代的郡望没有事实依据。他认为，魏晋时期门阀较高的士大夫开始用郡望称呼自己，而唐代开始实施科举取士，五代十国的混乱状态使得族谱没能保存完好，到了宋代开始由私家编写族谱，以及士族移居频繁，郡望也就随之消失。因此，钱大昕下结论说："不知有郡望者，盖五六百年矣。"实际上，钱大昕亲自在历史文献中查找了吴中地区（历史上的吴郡，

---

　　①　以上内容是笔者根据方东树《族谱序》所做的整理，笔者主要参考了（清）方东树：《考槃集文录》卷 11《族谱序》，《续修四库全书》第 1497 册，第 428 页："以世变若彼，以书（失）若此，由是天下无复有千年可征之姓族矣。宗之亡，即由乎此，非亡于求详，正由夫求详之过而转亡焉。"

　　②　（明）杨慎：《丹铅总录》卷 10《人品类·郡姓》，《景印文渊阁四库全书》第 855 册，第 433 页。

吴兴郡，会稽郡地区）四大姓氏（朱氏、张氏、顾氏和陆氏）的郡望，他发现这些氏族的郡望记录都和历史事实不相符，他说："此习俗之甚可笑者也。"①

如上所述，明代杨慎和清代钱大昕都认为中国氏族所使用的郡望同历史事实不相符。笔者认为他们之所以得出这样的结论是因为他们和方东树一样，都认为中国历史上经历了多次"世变"，致使一些氏族无法记录其家系，"世变"也使得家系记录不能保存完好。笔者还认为方东树所说的"世变"，特别是唐代以后的"世变"使中国的氏族史出现了根本性的变化。

前文提到桂林方氏、会宫方氏和鲁谼方氏都认为自己是生活在徽州地区的方氏的分派且郡望是河南，他们在不同的历史条件下移居到桐城，他们的始祖不同，各自编写自己的族谱，指称自己所属氏族的名称也不同。实际上，居住在桐城地区的方氏编写的族谱主要有《桐城桂林方氏族谱》和《桐城鲁谼方氏族谱》。这两个族谱分别从桂林方氏的始祖方德益、鲁谼方氏的始祖方芒开始记录其家系。②另外，徽州地区的方氏和桐城地区的方氏的情况相似。例如，居住在徽州歙县问政山一带的方氏称自己为问政方氏并编写了《问政方氏族谱》（民国年间刊行），居住在歙县瀹川（也称瀹坑）的方氏称自己为瀹川方氏并编写了《瀹川方氏族谱》（明代万历年间手抄本），居住在歙县府前地区的方氏称自己为府前方氏并编写了《府前方氏族谱》（民国年间刊行），居住在徽州绩溪的城南地区的方氏编写了《绩溪城南方氏宗谱》（民国年间刊行）。③

清末有名的政治家彭玉麟（1817—1890 年）根据方东树所处时代的状况编写了鲁谼方氏族谱的序文，他在序文中说：

　　桐城为江南巨邑，名臣循吏硕儒文学，载史志显闻天下者，为最多。

---

① （清）钱大昕：《十驾斋养新录》卷 12《郡望》，《续修四库全书》第 1151 册，第 241 页："自魏晋，以门第取士，单寒之家，屏弃不齿。而士大夫始以郡望自矜。唐宋重进士科，士皆投牒就试，无流品之分。而唐世犹尚氏族，奉敕第其甲乙，勒为成书。五季之乱，谱牒散失，至宋而私谱盛行，朝廷不复过而问焉。士既贵显，多寄籍他乡，不知有郡望者，盖五六百年矣。唯民间嫁娶名帖，偶一用之。……此习俗之甚可笑者也。"

② 《桐城桂林方氏族谱》和《桐城鲁谼方氏族谱》均收藏在安徽省图书馆。

③ 《问政方氏族谱》《瀹川方氏族谱》《府前方氏族谱》《绩溪城南方氏宗谱》的复印本均收藏在安徽大学徽学研究中心资料室。除了这四种方氏家系资料以外，安徽大学徽学研究中心资料室还收藏了《祁门方氏宗谱》（清道光年间刊行）、《祁门方氏宗谱》（清同治年间刊行）、《安徽桐城金紫方氏族谱》（民国年间刊行）。其中的金紫方氏是居住在福建省莆田金紫地区的方氏。

而方氏尤称著姓，方氏在桐城者，虽皆以河南为郡望，世系俱本于黟侯。而自徽迁桐时代，有先后之不同。故自为族，而不相冒袭。①

方东树的儿子方闻在 1839 年编写鲁谼方氏族谱的"例言"时也说：

> 谱题鲁谼，示别也。有同县而非一族者，如桂林如会宫，是也。惟吾支谱牒残缺，其载于徽谱者，又未可追溯。故简端不敢谬附以招遥遥华胄之讥，独以始迁之祖，标鲁谼之望者。犹欧阳永叔，不望渤海；苏明允，不望武功；姚姬传先生，不望吴兴。皆慎之也（"永叔"是欧阳修的字，"明允"是苏洵的字，"姬传"是姚鼐的字）。②

总之，在方东树所生活的时期，一些姓氏和郡望相同的人们认为他们并不是同一个氏族集团，而在中国唐末以前的氏族和方东树同时期的韩国朝鲜时代却不会出现这种现象。换言之，如果桂林方氏、会宫方氏和鲁谼方氏（包括歙县问政方氏、瀹川方氏、府前方氏以及绩溪的城南方氏）所处的时期不是中国的清代，而是中国唐末以前，或是和他们同时期的韩国朝鲜时代的话，他们就不是不同的氏族。也就是说，如果这些方氏生活在中国唐末以前的社会，或生活在和他们同时期的韩国朝鲜社会，他们就不会分别称为桂林方氏、会宫方氏或鲁谼方氏，也不会成为以各自名称编写各自族谱的氏族，他们会成为河南氏族下的支派。

笔者这样认为的理由是：从中国唐代以前的郡望制度和韩国现在的本贯制度来看，一个氏族用来表示所属的郡望和本贯都和其居住地无关，不再使用郡望或本贯而用世居地地名称呼自己，使自己"分籍"成为另一个氏族的现象也是不存在的（"分籍"是韩国氏族史中的用语）。

从中国清河崔氏的情况来看，虽然他们已经从清河地区（现河北省南部和山东省北部一带）移居到荥阳（现河南省荥阳一带）、鄢陵（现河南省鄢陵县一带）、齐郡乌水（江苏省连云港市一带）、全节（现山东省济南市东北部一带）、青州（现江苏省扬州市一带）和蓝田（现山西省蓝田县一带）等地，但

---

① （清）彭玉麟：《桐城鲁谼方氏族谱·桐城鲁谼方氏族谱序》，安徽省图书馆收藏本。
② （清）方闻：《桐城鲁谼方氏族谱·例言》，安徽省图书馆收藏本。

是无论他们居住在哪里，都称自己的郡望是清河并认为自己是清河崔氏。同时，清河崔氏在表明自己所属的支派时，认为自己是所属于郑州崔氏、许州鄢陵房、乌水房（住在全节的清河崔氏也是乌水房的一派）、青州房或南祖崔氏等清河崔氏的支派。

再从韩国南阳洪氏的情况来看，他们并不居住在南阳，而是分成几个支派分别居住在积城湘水（现京畿道扬州市南面湘水里）、骊州梨浦（现京畿道骊州市金沙面梨浦里）、任实柯田（全罗北道任实郡青雄面玉田里柯田）、南原槐亭（现全罗北道淳昌郡赤城面槐亭里），以及任实基洞（现全罗北道任实郡云岩面基洞）一带。这些南阳支派虽然分别被称为湘水洪氏、梨浦洪氏、柯田洪氏、槐亭洪氏、基洞洪氏，但是这些支派从来没有从南阳洪氏中分籍出来。

然而，从徽州地区的方氏分派出来的桂林方氏、会宫方氏和鲁谼方氏却被看作是与徽州地区的方氏不同的氏族。因此，方东树编写完鲁谼方氏的族谱后说："方氏之大宗在歙，而他郡县所迁之族，概莫得叙支派焉。"清末学者马其昶也认为："桐城之方最著者：曰桂林；曰会宫；曰鲁谼，皆自徽州来迁，然皆各自为族。"[①]

方东树完成自己家族的族谱后对族人们说："务劝学修身积功累仁，上有以承其先德，下有以荫其子孙，久之不怠，后必有以鲁谼易河南之望者。而何荣如之！"正如前文所说，如果方东树生活在唐代以前，或是生活在和他同时期的韩国朝鲜时代，他就不会轻易地说出这样的话。[②]

三、结　论

在方东树所生活的时代，郡望并没有特别的社会意义。因此，当时的人们并不使用郡望来说明自己所属的氏族，也不会用郡望来划分氏族。方东树时期的郡望只不过是族谱中简单的记录，是类似婚姻文书上形式地记载的民间习俗。当时有很多氏族甚至都不知道自己的郡望。

---

① （清）钱大昕：《考槃集文录》卷 11《族谱后述上篇》，《续修四库全书》第 1497 册，第 433 页。马其昶的相关观点可参考前文。
② （清）钱大昕：《考槃集文录》卷 11《族谱后述下篇》，《续修四库全书》第 1497 册，第 433 页。

　　方东树时期出现这种现象的理由是：中国历史上的郡望制度虽然在魏晋南北朝到唐代时期十分盛行，但是到了宋代以后郡望逐渐消失。所以明代的杨慎说"姓氏书以姓配郡望，甚为无谓"。清代的钱大昕说"不知有郡望者，盖五六百年矣"。

　　方东树对郡望的见解同杨慎和钱大昕大致相同。方东树认为中国历史上经历了多次的"世变"，很多家系记录在"世变"的过程中丢失，即"书失"。由于这些"世变"和"书失"，在中国几乎已不存在"千年可征之氏族"。所以，方东树认为以自己所处的时代为背景来评论郡望并不妥当。

　　总之，方东树在整理桐城地区方氏（包括歙县和绩溪地区的方氏）的族谱时，发现清代时期的很多氏族虽然姓氏和郡望都相同，但他们并不是同一个氏族。中国清代的这种氏族存在形态不仅与中国唐末以前的氏族存在形态不同，而且与清代同时期的韩国朝鲜时代的氏族存在形态也不相同。正是由于这样的历史背景，方东树怀疑自己家族的郡望，也正是在这样的历史背景下，方东树认为自己的家族不是河南方氏的支派，而是桐城的鲁谼方氏。

唐崔暟家妇女的日常生活

——基于性别视角与日常生活史的考察

李志生*

崔暟，神龙元年（705 年）卒，享年七十四岁，"唐朝散大夫守汝州长史上柱国安平县开国男赠卫尉少卿"。出自山东五姓禁婚家之一①的博陵崔氏二房楷支②，"自博陵徙关中，世为著姓"③，"安平公之仕也，属乘舆多在洛阳，故家复东徙"④。自他之后，代以洛阳为居。因在他及其后的四代内，有多名家庭成员（图 1），特别是女性成员的墓志留存，故使我们考察这一家庭妇女的日常生活成为可能。

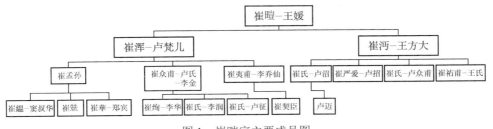

图 1　崔暟家主要成员图

---

*　李志生，北京大学历史系副教授。

① 关于唐代的山东五姓四十四子禁婚家，参见毛汉光：《中古山东大族著房之研究——唐代禁婚家与姓族谱》，《中国中古社会史论》，上海：上海书店出版社，2002 年，第 188—190 页。

② 见《新唐书》卷 72 下《宰相世系二下》，北京：中华书局，1975 年，第 2800 页。《新唐书·宰相世系表》（以下简称《新表》）"暟"作"晧"。

③ 《旧唐书》卷 188《孝友传·崔沔》，北京：中华书局，1975 年，第 4927 页。

④ 《有唐朝散大夫守汝州长史上柱国安平县开国男赠卫尉少卿崔公墓志》（以下简称《崔暟志》），周绍良主编：《唐代墓志汇编》，大历 062，上海：上海古籍出版社，1992 年，第 1802 页。

　　崔暟家人墓志的集中留存，主要得益于其后人的两次归葬、改葬家人。大历四年（769 年），崔祐甫将姊严爱、崔炆将姊缊自南方启殡还洛，并加以安葬；大历十三年，崔暟嫡孙妇李金、孙祐甫等携后人，对包括崔暟在内的一干亡故家人，做了一次大规模改葬。另外，崔暟家历有撰作墓志之习，他们随时为故去的家人撰写志铭，像王媛志为族孙监察御史崔颂撰①，卢梵儿和王方大两妯娌志为崔沔撰，李金志为从子契臣撰，卢招志和崔缊志并为祐甫撰。而家人撰作的墓铭，无疑会带有更多的隐恶扬善特点②，但撰者对亡人生活的了解，也是他人所无法比拟的。今存崔暟一家的夫妻或女性成员墓志计有③崔暟、王媛夫妇两志④，卢梵儿⑤，崔沔、王方大夫妇两志⑥，崔众甫、李金夫妇两志⑦，卢招、崔严爱夫妇两志⑧，崔缊、崔攀、崔绚等三女志⑨。

　　关于唐代的博陵崔氏，伊沛霞指出："博陵崔氏再已不是活跃的宗族团

---

① 对崔颂的考辨，参见岑仲勉：《金石论丛·续贞元证史》，上海：上海古籍出版社，1981 年，第 214—215 页。

② 关于唐代墓志隐恶扬善的特点，参见拙文《唐人理想女性观念——以容貌、品德、智慧为切入点》，荣新江主编：《唐研究》第 11 卷，北京：北京大学出版社，2005 年，第 161—163 页。

③ 除此而外，与本文内容相关的材料，还有崔夷甫暨夫人李乔仙墓志；崔祐甫墓志及两《唐书》本传，两《唐书》本传并涉其夫人王氏；崔契臣、崔纾两墓志等。

④ 《有唐安平县君赠安平郡夫人王氏墓志》（以下简称《王媛志》），周绍良主编：《唐代墓志汇编》，大历 063，第 1803—1805 页。

⑤ 《有唐卢夫人墓志》（以下简称《卢梵儿志》），周绍良主编：《唐代墓志汇编》，大历 058，第 1797—1798 页。

⑥ 《有唐通议大夫守太子宾客赠尚书左仆射崔公墓志》（以下简称《崔沔志》），周绍良主编：《唐代墓志汇编》，大历 060，第 1799—1800 页；《有唐太原郡太夫人王氏墓志》（以下简称《王方大志》），周绍良主编：《唐代墓志汇编》，大历 061，第 1801 页。

⑦ 《有唐朝散大夫行秘书省著作佐郎嗣安平县开国男崔公墓志铭并序》（以下简称《崔众甫志》），周绍良主编：《唐代墓志汇编》，大历 059，第 1798—1799 页；《唐朝散大夫行著作佐郎袭安平县男□□崔公夫人陇西县君李氏墓志铭并序》（以下简称《李金志》），《唐代墓志汇编》，贞元 062，第 1881—1882 页。

⑧ 《有唐登仕郎行魏郡冠氏县尉云骑尉卢公墓志铭并序》（以下简称《卢招志》），周绍良主编：《唐代墓志汇编》，天宝 252，第 1706 页；《唐魏州冠氏县尉卢公夫人崔氏墓记》（以下简称《崔严爱志》），周绍良主编：《唐代墓志汇编》，大历 015，第 1769—1770 页。

⑨ 《唐濮州临濮县尉窦公故夫人崔氏墓志铭并序》（以下简称《崔缊志》），周绍良主编：《唐代墓志汇编》，大历 014，第 1769 页；《唐故荥阳郑宾妻博陵崔氏墓志铭并叙》（以下简称《崔攀志》），周绍良主编：《唐代墓志汇编》，开元 493，第 1495 页；《有唐陇西李华故妻博陵崔夫人（绚）墓志并序》（以下简称《崔绚志》），吴钢主编：《全唐文补遗》第 8 辑，西安：三秦出版社，2005 年，第 399—400 页。

体。在很大程度上，情感纽带把他们局限在较小的亲族群体之内，崔氏对于祖先的重要性可能会感到茫然无知。"①这实际也是崔暟一家的特点。他们的情感纽带所联结的，也主要是以崔暟的两子及其后人为主，故而本文题称"家"。关于"家"一词，在古代文献中，它的基本含义是指同居共籍的血缘、亲缘或姻缘关系组合的社会单位，而唐五代时期的许多家庭，主要表现为两代、三代，甚或四代同居、共爨、共财的特点。②而这种结构的家庭，唐时人也多习称为"家"。③

对于崔暟及其家庭，学界已有若干研究④，但以女性视角结合日常生活史的探讨，则尚未见到。所谓"女性视角"，特别强调妇女的主体性和能动性，主体性重视的是妇女的生活体验与个人感受；能动性重视的则是妇女参与历史

---

① [美]伊沛霞：《早期中华帝国的贵族家庭——博陵崔氏个案研究》，范兆飞译，上海：上海古籍出版社，2011 年，第 126 页。

② 关于唐代的"家"，张国刚特别强调同居共爨共财的特征[氏著《中国家庭史》（第 2 卷·隋唐五代时期），广州：广东人民出版社，2007 年，第 1—2 页]；杜正胜则强调尊长在的同居、共财（氏著《古代社会与国家》，台北：允晨文化实业股份有限公司，1992 年，第 815 页）。

③ 如（唐）杜佑《通典》卷 18《选举·杂议论下》记："凡士人之家……大率一家有养百口者，有养十口者，多少通计，一家不减二十人。"（王文锦、王永兴等点校，北京：中华书局，1988 年，第 449 页）（唐）释道世《法苑珠林》卷 18《敬法篇·感应缘》载："唐武德中，以都水使苏长为巴州刺史。长将家口赴任，渡嘉陵江，中流风起船没，男女六十余人一时溺死。"（周叔迦、苏晋仁校注，北京：中华书局，2003 年，第 607 页）《旧唐书》卷 77《刘审礼传》载："再从同居，家无异爨，合门二百余口。"（第 2678 页）

④ [美]伊沛霞：《早期中华帝国的贵族家庭——博陵崔氏个案研究》，范兆飞译，第 112—152、178—189 页；岑仲勉：《明嗣子之义因录富吴体》《录安平王夫人志并校原志异同》《崔夷甫及其子契臣》，氏著《金石论丛·续贞元证史》，第 205—210、212—217、284—287 页；冻国栋：《〈唐崔暟墓志〉跋》，武汉大学中国三至九世纪研究所编：《魏晋南北朝隋唐史资料》第 18 辑，武汉：武汉大学出版社，2001 年，第 156—165 页；路学军：《隋唐之际山东士族的经学转向与家风坚守——以崔暟墓志为中心》，《唐都学刊》第 27 卷第 2 期，2011 年 3 月，第 53—58 页。相关的研究还有，[日]守屋美都雄：《六朝门阀の一研究——太原王氏系谱考》，东京：日本出版协同株式会社，1951 年，第 78—82 页；[日]爱宕元：《唐代范阳卢氏研究——婚姻关系を中心に》，[日]川胜义雄、砺波护编：《中国贵族制社会の研究》，京都：京都大学人文科学研究所，1987 年，第 166—190 页；王洪军：《名门望族与中古社会——太原王氏研究》第六章、第七章，南开大学博士学位论文，2005 年；翁育瑄：《唐代士人的婚姻与家庭——以妻妾问题为中心》，见宋德熹编：《中国中古社会与国家：史料典籍研读会成果论文集》，台北：稻乡出版社，2009 年，第 360—361 页；李晓敏：《崔家宗妇：李金和王媛——唐代墓志阅读札记》，南开大学历史学院纪念文集编辑组：《杨志玖教授百年诞辰纪念文集》，天津：天津古籍出版社，2017 年，第 171—177 页。

及生活的主动性，以此来修正妇女是客体与被动的刻板形象。[①]而日常生活史关注是具体的个人或人群的行动结果，重视他们在改造世界的同时，是怎样接受和利用这个世界的[②]，并特别强调，"围绕具体的个人，从个体经验与体验出发，从具体的历史语境出发，去细细体味'日常'中的复杂、多元面貌"[③]。将妇女的主体性与能动性纳入复杂、多元的日常生活语境，其结果就是我们所希冀获得的鲜活的妇女生活样貌。

那么，作为主体而非客体的崔家妇女，她们的个人生活际遇是怎样的？她们的这些个人际遇，又与其时的社会环境有着怎样的关联？她们在日常生活中，是怎样体现自身的能动性的？这些能动性又是如何作用于社会的？这些就是本文希望回答的问题。

一、东都履道里第阶段：女家长王媛的生活

王媛，崔暟妻，十三岁嫁入夫家，同样出自山东定著禁婚家——太原王氏二房[④]，社会出身与其夫相媲，但政治出身稍逊于夫家。"曾祖宝伦，北齐汾州司马；祖仁绪，隋文林馆学士；父惠子，不事王侯"（《王媛志》）；而崔暟祖宏峻，任为隋银青光禄大夫、赵王长史，父俨，则为唐益州雒县令。[⑤]受父祖荫庇，十八岁的崔暟，"以门胄齿太学。明年，精春秋左氏传登科"（《崔暟志》）。相形之下，王媛次兄温之，虽也是"山东儒艺，国庠游学"，但其后仍需崔暟的提携。并且父祖仕宦不畅，也导致王媛"本宗清贫"（《王媛志》）。而

---

① 参见高世瑜：《发展与困惑——新时期中国大陆的妇女史研究》，《史学理论研究》2004 年第 3 期，第 101—107 页。

② 参见刘新成：《日常生活史与西欧中世纪日常生活》，《史学理论研究》2004 年第 1 期，第 38—41 页；常建华：《日常生活与社会文化史——"新文化史"观照下的中国社会文化史研究》，《史学理论研究》2012 年第 1 期，第 78—79 页。

③ 余新忠、郝晓丽：《在具象而个性的日常生活史中发现历史——清代日常生活史研究述评》，《中国社会科学评价》2017 年第 2 期，第 95 页。

④ 见《新唐书》卷 72 中《宰相世系二中》，第 2641 页。王媛父，王媛本志作"惠子"，《新表》作"惠孚"。

⑤ 见（唐）颜真卿撰：《颜鲁公集》卷 14《通议大夫守太子宾客东都副留守云骑尉赠尚书左仆射博陵崔孝公宅陋室铭记》，上海：上海古籍出版社，1992 年，第 90 页上。

王媛夫妻的这种政治门第差异，也对他们的婚姻生活产生了影响。因出自欠缺政治背景且生活清贫之家，所以婚后的王媛，更多表现出的是对丈夫的"曲从"①——"刻意躬行""曲成惠和""劬劳自嘁"（《王媛志》）。

崔暟在世时，王媛或随其游宦，或生活于东都的履道里第。依崔暟志，他"终于东都履道里之私第"（《崔暟志》，按：履道里第居洛阳长夏门东第四街，位于仁和坊北侧，而仁和坊"北侧数坊，去朝市远，居止稀少，惟园林滋茂耳"②，是一处宁静优美但距城中心较远的居住区）。崔暟卒后，王媛随子沔迁入了新购的崇政里第，并最终亡于这处新居。

关于崔暟的任官迁转，其志载如下：雍州参军事—左骁卫兵曹（内官）—蒲州司法—率更寺丞（内宫）—尚书库部员外郎（内官）—喜安令（不明）—醴泉令（京兆府）—钱唐令（杭州）—相州内黄令—洛州陆浑令—渑池令（河南府）—润州司马—汝州长史。而依王媛墓志，她至迟在崔暟任率更寺丞时，既已嫁入夫家。此后，王媛是否随夫从宦，其志并无明言，但以理度之，她并无不从宦的理由。有研究显示，因着"出嫁从夫"的观念，唐时妇女一般是随夫从宦的，少数不随宦者，则是由于一些特殊的原因，如夫赴官而家中无人事姑、夫贬而妻不便随宦、妻身体不适及本家干涉、战争时期妇女不便从宦等。③而于王媛而言，这几个原因均不存在，特别是在她嫁入夫家时，舅姑早已亡故，"夫人不逮事舅姑"（《王媛志》），也就是从理论上讲，她的从宦应是必然。如此，以官舍为居，或也伴随了王媛多年。

王媛嫁入夫家时，崔暟因着孝友的家风，还赡养着寡嫂、寡姊及诸甥侄，"沛王府功曹暾，公之仲昆；京兆杜续，公之姊婿，以主客郎中终，而兄亦早殁。公奉嫂及姊，尽禄无匮。其后相次沦亡，公家贫，庀丧莫给，乃鬻僮马以葬。群甥呱呱，开口待哺，公之数子，咸孺慕焉，彼餐而厌，以糊予子。时咸

---

① "曲从"一词源出班昭《女诫》，"然则舅姑之心奈何？固莫尚于曲从矣。姑云不尔而是，固宜从令；姑云尔而非，犹宜顺命。勿得违戾是非，争分曲直。此则所谓曲从矣"（《后汉书》卷84《列女传·曹世叔妻》，北京：中华书局，1965年，第2790页）。《女诫》倡言曲从的对象是舅姑，本文所取为"曲从"之义。

② （清）徐松辑：《河南志》，高敏点校，北京：中华书局，1994年，第11页。

③ 参见龚立雯：《唐代妇女的随宦问题》，北京大学学士学位论文，2017年。

通岁，关辅大饥，阖门不粒，几乎毕毙"（《崔暟志》）。崔暟的寡嫂、寡姊依于他的时间不明，但至少在咸亨（670—674 年）前后，她们是与崔暟和王媛生活在一起的。其时，崔暟虽担任着七八品的官职，但因赡养的家口众多，支出繁剧，生活颇显拮据。

下面，我们就来看一下崔暟的任职与俸禄。按崔暟墓志，三十八岁前，他历官雍州参军事、左骁卫兵曹、蒲州司法、率更寺丞等，这些职事官的品级均在七八品之间①，但其时他的散官情况不明，大抵也属低级。按唐制，官员的俸禄之制大体包括年禄、职田、俸钱、禄力诸项。关于年禄，贞观《禄令》规定，"正七品八十石；从七品七十石；正八品六十七石、从八品六十二石"，外官相应减少，"其在外文武官九品以上准官皆降京官一等给""诸给禄应降等者……六品七品皆以五石为一等，八品九品皆以二石五斗为一等"②，也即七八品外官的年禄为 75 石和 59.5 石。年禄的支给按本品（散品）定额③，是为官员及家属的口粮。再看俸料钱，高宗乾封元年（666 年），"诏京文武官应给防阁、庶仆、俸料，始依职事品"④，"七品月俸一千七百五十，食料、杂用三百五十。八品月俸一千三百，食料三百，杂用二百五十"⑤，三项合计，七八品官可月获 2.1 贯（2100 文）和 1.85 贯（1850 文）⑥，年计为 25.2 贯和 22.2 贯。外官的月俸数量与京官有异，但大体在京官俸料钱额的上下浮动。⑦而职田，"武德元年十二月制，内外官各给职分田。京官……七品三顷五十亩，八品二顷五十亩……雍州及外州官……七品四顷，八品三顷"⑧。以亩产一

---

① 唐时雍州为三府之一，其下辖的参军事为正八品下；骁卫兵曹参军事也为正八品下；蒲州、上辅、司法参军为从七品下；太子率更寺丞为从七品上。关于各官的品级，参见［日］広池千九郎訓点、内田智雄補訂：《大唐六典》，東京：広池学園事業部，1973，第 514 页上—516 页下、441 页下、520 页下—522 页上、488 页下；关于蒲州，见《新唐书》卷 39《地理志三》，第 999 页。

② （唐）杜佑撰，王文锦、王永兴等点校：《通典》卷 35《职官·俸禄》，第 962 页。

③ 参见黄惠贤、陈锋主编：《中国俸禄制度史》，武汉：武汉大学出版社，1996 年，第 179 页。

④ （宋）王溥撰：《唐会要》卷 91《内外官料钱上》，北京：中华书局，1955 年，第 1652 页。

⑤ 《新唐书》卷 55《食货志》，第 1396 页。

⑥ 对唐乾封制中京官各品俸料钱的记载，《新唐书》有脱漏，对此的探讨，见黄惠贤、陈锋主编：《中国俸禄制度史》，第 185 页。

⑦ 对唐前期外官俸料钱的分析，参见刘海峰：《论唐代官员俸料钱的变动》，《中国社会经济史研究》1985 年第 2 期，第 21—24 页。

⑧ （宋）王溥撰：《唐会要》卷 92《内外官职田》，第 1669 页。

石计①，七八品官的职田收获在 250—400 石。再加之年禄，其粮食年收获在 309.5—475 石。最后，关于禄力，唐前期的京官、外官均给力役，在京七八品职事官给庶仆，"七品四人，八品三人"②；州县官给白直、执衣，七品给白直 7 人③、执衣 6 人，八品给白直 5 人、执衣 3 人。这些力役如纳资代课，"其防阁、庶仆、白直、士力纳课者，每年不过二千五百，执衣不过一千文"④。如此，京官七八品可因力役，而分获 10 贯和 7.5 贯；州县七八品官，则可分获 23.5 贯和 15.5 贯。再加之年计的俸料钱 25.2 贯、22.2 贯，七八品官的年资收入也在 40 贯上下。综此，崔暟任官所获的俸禄数额，其量并不能说少，但因为孝友、所赡家口众多，再加上频繁的丧葬，而其时的丧葬，无疑是一种大宗开销，所以其家的生活依然不富裕。⑤

关于崔暟的生活，我们还可以韩愈的日常生活作参照。⑥韩愈自贞元十六年（800 年）至元和七年（812 年），先后任四门博士、连州山阴令、江陵府法曹参军、再拜国子博士、分司东都、三为国子博士。在这期间，他收留了侄子韩老成一家，加上乳母奴婢，"家累仅三十口"⑦；后又收留了堂兄韩俞的子女。因家口众多，虽然任至了正五品上的国子博士，但生活依然拮据，以致学生都嘲笑他"冬暖而儿号寒，年丰而妻啼饥"⑧。而以寡嫂、寡姊及诸甥侄也

① （唐）杜佑撰，王文锦、王永兴等点校：《通典》卷 7《食货·历代盛衰户口》载，开元年间，宇文融上言曰："营公田一顷……计平收一年不减百石。"（第 151 页。此条《唐会要》卷 85《逃户》作裴耀卿议，第 1563 页）"平收"意为平常收成，百亩收百石，则是亩收一石，即一石为其时的通常产量。

② 《新唐书》卷 55《食货志》，第 1396 页。

③ "七品佐官六人。"见 [日] 广池千九郎训点，内田智雄补订：《大唐六典》卷 3 "尚书户部郎中员外郎之职"条，第 70 页；（唐）杜佑撰，王文锦、王永兴等点校：《通典》卷 35《职官·禄秩》，第 965 页。

④ [日] 广池千九郎训点，内田智雄补订：《大唐六典》卷 3 "尚书户部郎中员外郎之职"条，第 70 页；（唐）杜佑撰，王文锦、王永兴等点校：《通典》卷 35《职官·禄秩》，第 966 页。

⑤ 对此的分析，参见张国刚：《唐代农村家庭生计探略》，《中华文史论丛》2010 年第 2 期，第 1—51 页；氏著《唐代家庭与社会》，北京：中华书局，2014 年，第 95—118 页。

⑥ 对韩愈日常生活的研究，见黄正建：《韩愈日常生活研究——唐贞元长庆间文人型官员日常生活研究之一》，荣新江主编：《唐研究》第 4 卷，北京：北京大学出版社，1998 年，第 251—273 页；氏著《走进日常——唐代社会生活考论》，上海：中西书局，2016 年，第 243—264 页。

⑦ （唐）韩愈撰，马其昶校注，马茂元整理：《韩昌黎文集校注》卷 3《与李翱书》，上海：上海古籍出版社，2014 年，第 199 页。

⑧ （唐）韩愈撰，马其昶校注，马茂元整理：《韩昌黎文集校注》卷 1《进学解》，第 52 页。

依之的崔暟来看，他供养的家口当也不会少于韩愈。而至崔暟孙辈时，其家的规模更大，如至德元载（756 年）南奔后的崔众甫家，是"中外相依，一百八口"（《李金志》）；崔祐甫在南逃时，也是"提挈百口"（《崔祐甫志》）。

另外，崔暟志中特别提到了"咸通之岁"，"咸通"即"咸亨"的讳饰，是为祐甫迁葬祖父转录旧志时，对肃宗的避讳。依相关史料，高宗咸亨年间，曾出现了特大灾荒，像咸亨元年（670 年），"天下四十余州旱及霜虫，百姓饥乏，关中尤甚"①。由此，崔暟一家所面临的饥荒困境，其严峻程度可想而知。最终，崔家渡过了灾荒，这一是得益于崔暟于"外"的升转，"朝廷嘉之，迁尚书库部员外郎，时年卅八。帝有恤人之命，特除公为喜安令"（《崔暟志》）；二则在王媛于"内"的治家之贤与能，"劬劳自噉，推美分甘"（《王媛志》），她能够操持家务而不辞辛苦，并秉持"以兄姊之戚亚其亲，甥侄之慈甚其子"②的孝友之德，团结家人，渡过难关。

在王媛婚后的早期家中，或也还有崔暟的其他侍妾。据颜真卿所撰的《崔孝公宅陋室铭记》，在崔沔购入东都崇政里第时，安排有"郑氏、李氏姊归宁所居"③，笔者推测，她们或就是崔暟的庶女、崔沔的庶姊。当然，关于这两姊的确切身份，目前并无直接线索，特别是崔暟墓志，对这两女也无记载，但我们也不能据此就做出否定的结论，因为这实与崔暟家人的墓志体例有关。按：在崔暟墓志中，他的后嗣见于记载的，仅是两位嫡子——浑、沔及他们的男性后裔，至于他是否有庶子和女儿，暂无所知。对照同时改葬的崔沔墓志，他见于记载的子嗣，同样是诸子及其男性后裔，但其中有了庶长子成甫；与此同时，崔沔妻王方大的墓志则显示，他们是有三个女儿的——长女卢沼妻、次女卢招妻（严爱）、小女卢众甫妻。这样，在墓志体例上，崔暟志或如崔沔志一样，均未将女儿载入其中。故而崔暟的墓志，或并不能说明他有无庶女。

而假定郑氏、李氏两姊为崔暟的庶女，则又可解开王媛生育中的一些疑

---

① 《旧唐书》卷 5《高宗纪下》，第 95 页。对于此次大灾的辨析，见冻国栋：《〈唐崔暟墓志〉跋》，第 157—158 页。

② 这是《崔孝公宅陋室铭记》对崔沔孝友之德的形容，见（唐）颜真卿撰：《颜鲁公集》卷 14《通议大夫守太子宾客东都副留守云骑尉赠尚书左仆射博陵崔孝公宅陋室铭记》，第 91 页下。

③ （唐）颜真卿撰：《颜鲁公集》卷 14《通议大夫守太子宾客东都副留守云骑尉赠尚书左仆射博陵崔孝公宅陋室铭记》，第 92 页下。

点。按王媛墓志，她育有浑、沨二子，无女。①关于两子的出生年月，次子崔沨墓志记，"时春秋六十有七。呜呼！以开元廿七年十一月十七日薨于居守之内馆"（《崔沨志》）②，以此，崔沨当出生于咸亨四年（673 年）③。长子崔浑，因其墓志尚未发现，故生卒年代不详；但按其妻卢梵儿的墓志，她亡于开元廿三年（735 年），终年五十六岁，以此，当生于调露元年（679 年）。以夫妻年龄差十至十五岁计④，崔浑当生于麟德二年（665 年）至咸亨元年之间。再按王媛墓志，她卒于开元九年，终年七十四岁，当生于贞观二十一年（647 年）；其夫崔暟卒于神龙元年（705 年），享年七十四岁，当生于贞观六年，王媛少其夫十六岁。王媛十三岁出嫁，此当在显庆四年（659 年），其年崔暟二十九岁。再依此推算，王媛生长子崔浑时，至少已是其婚后的 5—10 年，即十八至二十三岁了；而次子崔沨的出生，更是在其婚后的第 13 年了，也即王媛二十六岁时。以 13 年的时间仅育两子且两子又是在婚后的几年才出生，按照学者的相关研究，此当属非正常生育状态。"唐代家庭子女生育数平均不足 5 个，其中男女性别比例大体平衡"⑤，王媛的两子生育量及夫妻生育比例，是明显低于唐时平均值的。那么，造成这种情况的原因是什么？首先，是否夫游宦而导致了夫妻分居？依如上所说，王媛不随夫从宦的理由基本不存在。其次，是否因健康原因？墓志并未显示王媛或崔暟存在长时期的身体不适。所以，最大的可能，就是在王媛嫁入崔家后的一段时间，崔暟身边正有爱妾，而那两位郑氏姊、李氏姊，或就是爱妾所出。而有了这两位长于崔沨的庶女，也就稍可解释王媛晚育的原因了。我们看到，崔暟的两子浑、沨均育有庶

①　大历十三年（778 年），在与王媛同时改葬的子妇卢梵儿、王方大的两方墓志中，均载有她们嫡出的女儿，以此推论，王媛如有女儿，也当记于其墓志中。

②　关于崔沨的卒年，（唐）李华的《赠礼部尚书孝公崔沨集序》记为开元二十四年 [（宋）李昉、徐铉、宋白，等编：《文苑英华》卷 701，北京：中华书局，1966 年，第 3614 页上]。对此的辨证，参见张晓芝：《崔沨卒年考》，《温州大学学报（社会科学版）》2010 年第 23 卷第 5 期，第 112—116 页。

③　中国古人的年龄以虚岁计，故本文中人物的年龄、卒年、婚龄等，也依虚岁计算，故此文中相关数字的表述也用中文。

④　按崔暟和王媛两志计算，其夫妻二人年龄差为十六岁；按崔沨和王方大两志计算，其夫妻年龄差为十二岁。

⑤　张国刚：《唐代家庭形态的复合型特征》，《历史研究》2005 年第 4 期，第 87 页；氏著《唐代家庭与社会》，第 5 页。

长子——孟孙和成甫，也就是浑、沔至少在婚前或婚初，皆有姜侍在侧，而这样的夫妻生活，或颇类霍小玉所说："妾年始十八，君才二十有二，迨君壮室之秋，犹有八年，一生欢爱，愿毕此期，然后妙选高门，以谐秦晋，亦未为晚。"[1]崔暟、崔沔父子结婚时，都是二十九岁，他们或也是先以姜侍，再娶嫡妻，这也可能是崔暟及其二子三人共同的夫妻生活模式，而他们的姜侍，或在其婚后，也一直与他们生活在一起。

这两位庶女或也是在履道里第长大并出嫁的，王媛或也为此操过心，王媛墓志有这样的记载："府君感夫人诚敬克家……向非辅佐有力，庇宗得所，孰能使六亲邕邕，二族交泰？"（《王媛志》）崔暟对王媛的感激——"六亲邕邕"，或就包括了他的侍妾及庶女。

王媛在履政里第，至少操办了次子崔沔的婚姻。按其子妇王方大的墓志，"年十有八，归我崔氏""享年五十，以开元廿二年六月廿六日，暴终于东都崇政里第"（《王方大志》）。以此推算，王方大当出生于垂拱二年（686 年），于长安三年（703 年）结婚。而王媛其时所居，就是东都的履政里第。按：崔暟亡于崔沔婚后的第三年，但他早在张昌期用事时，就已"抗疏而归"（《崔暟志》），所"归"之处，就当是履道里第。

对于其子的婚配，王媛秉持的理念依然是山东五姓高门的内婚[2]，夫人"抑尝深见淳薄，不慕荣盛，胄实称美，姻则惟亲，皆山东素门，罕涉权右，亦夫人雅志也"（《王媛志》）。王媛在选择子妇时，最看重的仍是士族门第而非政治地位，如长子浑妻卢梵儿，其出范阳卢氏大房道将支[3]，同为五姓定著禁婚家之一；政治地位则与其家大体相当，"曾祖彦章，隋安兴丞……祖庄道，皇朝御史、刑部员外郎……考金友，监察御史、大理丞滁州刺史"（《卢梵儿志》）。而王媛为次子崔沔的择妻，则不但体现了她的山东旧族内婚观念，也显示了她对北方"娶于母党"习俗的传承。她以次兄温之女为子妇，这桩婚姻也就形成了内表兄妹婚。当然，这也彰显了王媛兄妹的笃睦情感，其时，凡是娶

---

[1]　（宋）李昉等编：《太平广记》卷 487《霍小玉传》，北京：中华书局，1961 年，第 4008 页。

[2]　对唐代山东士族高门内婚观念的分析，参见陈寅恪：《唐代政治史述论稿》中篇《政治革命及党派分野》，上海：上海古籍出版社，1982 年，第 71—79 页。

[3]　《新唐书》卷 73 上《宰相世系三上》，第 2889—2890 页。

于母党的家庭，兄弟与姐妹之间的关系，一般也是正向的。①而王媛的子、妇、孙，同样也继承了她的这些婚配理念。长媳卢梵儿，为其长子众甫择其本宗女卢氏为妻，卢氏"当涂令元珪之孙，雍丘主簿澹之长女"（《卢众甫志》）依《新唐书·宰相世系表》，卢元珪祖为卢彦卿，与卢彦章为亲兄弟②。故此，卢氏妇是为卢梵儿的再从女侄；而次子夷甫妻李乔仙，"皇朝仓部员外郎稚川之曾孙，元氏丞思言之孙，考城丞寔之仲女"（《崔夷甫志》），出陇西姑臧大房承支③；崔众甫的继室李金也出姑臧大房，"后魏姑臧穆侯承第二子司徒彦之八代孙。……曾祖正礼，皇朝成都尉部阳丞；祖元珪，皇晋原尉；父绍宗，皇太常寺主簿、莱州司马"（《李金志》），与李乔仙为同宗姊妹。④

王媛和崔暟对两子的教育，这一时期也十分关键。关于士族家教的重要性，陈寅恪先生指出："所谓士族者，其初并不专用其先代之高官厚禄为其唯一之表征，而实以家学及礼法等标异于其他诸姓。"⑤此也即钱穆先生所说："当时门第传统共同理想，所希望于门第中人，上自贤父兄，下至佳子弟，不外两大要目：一则希望其能具孝友之内行，一则希望其能有经籍文史学业之修养。此两种希望，并合成为当时共同之家教。其前一项之表现，则成为家风。后一项之表现，则成为家学。"⑥而身为山东旧族高门的王媛和崔暟，他们教育的重点，也在家学和礼法等两方面，并且夫妻各有所重。崔暟重在家学的传授，而王媛则关注礼法、内行的引导。关于文史学业修养的意义，我们知道，中古士族虽以血统定其身份，但欲获得社会之认同，则须兼具学术品行等文化要素，"优美之门风实基于学业之因袭"⑦。其时的山东士族高门，多以经学为其家学，崔暟之家也如此。对此，他的墓志记："初公皇考洛县府君俨在蜀之

① 参见史睿：《出土文献所见唐代士族婚姻礼法的特点与源流——兼谈婚姻礼法与士族兴衰》，余欣主编：《中古时代的礼仪、宗教与制度》，上海：上海古籍出版社，2012年，第96页。史睿将唐代的婚姻礼法分为南、北两大类型，北方重婆母党、重嫡庶之别及女家以礼法称。

② 《新唐书》卷73上《宰相世系三上》，第2885—2389页。

③ 见《新唐书》卷72上《宰相世系二上》，第2456页。

④ 《新唐书》卷72上《宰相世系二上》记李金的八代祖为李虔（第2459—2461页），与其志有异，但并无妨她与李乔仙的同辈、同宗姊妹关系。

⑤ 陈寅恪：《唐代政治史述论稿》中篇《政治革命及党派分野》，第71页。

⑥ 钱穆：《略论魏晋南北朝学术文化与当时门第之关系》，氏著《中国学术思想史论丛》（3），台北：东大图书有限公司，1977年，第171页。

⑦ 陈寅恪：《唐代政治史述论稿》中篇《政治革命及党派分野》，第72页。

岁，公年始登十，而黄门郎齐璿长己倍之，与公同受春秋三传于成都讲肆。公日诵数千言，有疑问异旨不能断者，公辄为之辩精，齐氏之子未尝不北面焉。由是博考五经，纂乃祖德，则我烈曾凉州刺史大将军詵、烈祖银青光禄大夫弘峻之世业也。"（《崔暟志》）①崔暟的"博考五经"，正是对其"烈曾""烈祖"之学的传承，而他也同样将之再传于两子，"尝诫子监察御史浑、陆浑主簿沔曰：吾之诗书礼易，皆吾先人于吴郡陆德明、鲁国孔颖达重申讨覈，以传于吾，吾亦以授汝。汝能勤而行之，则不坠先训矣"（《崔暟志》）。而崔暟传授给两子的经学，则又包括了隋唐之际经学的主流之学，如孔颖达、颜师古所撰的《五经正义》，它为其时科举考试的经学定本。当然，"经明"也对"修行"有着极大的助益，因为"修行"就是要求按照儒经的规矩做人②，所以崔暟对两子的经学传授，也同样会起到促进其内修的作用。

而王媛对两子的教育，则明显在礼法、内行的引导方面。对此，她的墓志记有一事："初少子沔，除殿中侍御史，职多皇华，虑阙温清，辞不拜职。夫人诲之曰：汝门绪不昌，令兄夭丧，宜恭恩命，以承家业，朝廷孝理，亦将及于汝也。"（《王媛志》）对其子崔沔在任官与孝母之间的顾虑，王媛晓之以承门嗣户的重要性；而实际上，"继志述事"正是传统孝道的重要内容，"夫孝者，善继人之志，善述人之事者也"（《礼记·中庸》）。

在父母的教育下，崔浑、崔沔两子极具孝友之内行。关于两子之孝，长子崔浑就是因居父丧而亡，"居丧不胜哀，既练而殁"（《崔暟志》）。所谓"练"，"期之丧，十一月而练，十三月而祥，十五月而禫"（《礼记·杂记下》）。崔浑因笃孝，而亡于父亲故去的十一个月之后（706 年）。次子崔沔同样也是"事亲至孝"、事母至孝，他甚至为赡养寡母而辞官，在寡母去世后，更是"哀毁逾礼"。③当然，他的孝母之最，是为其母三次寻求累赠或封赠。在唐代，人们视生时以官荣亲④、死后追赠先世为最重要的孝道实践，因为这些行为，满足了

---

① 关于崔暟之家的经学传统，见路学军：《隋唐之际山东士族的经学转向与家风坚守——以崔暟墓志为中心》，《唐都学刊》2011 年第 27 卷第 2 期，第 55—57 页。

② 关于"经明修行"与唐代士人的关系，参见张国刚：《汉唐"家法"观念的演化》，《史学月刊》2005 年第 5 期，第 5—7 页；氏著《唐代家庭与社会》，第 318—320 页。

③ 《旧唐书》卷 188《孝友传·崔沔》，第 4927—4928 页。

④ 除了以官荣亲按制度表请封赠母亲外，唐代的一些官员还在公共场合寻求荣耀母亲的机会，相关探讨，见廖宜方：《唐代的母子关系》，台北：稻乡出版社，2009 年，第 70—76 页。

臣子光宗耀祖、孝子伸罔极之怀的愿望。①

　　关于崔沔在寡母生前为她寻求累封，开元七年（719 年）②，崔沔"自秘书少监迁左庶子加朝散大夫，夫人当进封太君，亟请申叙"（《王媛志》）。所谓"进封"，是因王媛曾依夫而受封为县君，其时崔暟任汝州长史，受封开国男。按：汝州地属河南道，望州③，其长史品级同于上州，为从五品上④，而唐代的命妇制度规定，"一品及国公母妻为国夫人，三品以上母妻为郡夫人；四品若勋官二品有封，母、妻为郡君；五品若勋官三品有封，母妻为县君，散官并同职事官；勋官四品有封，母妻为乡君。其母邑号皆加'太'字，各视其夫及子之品，若两有官爵者，皆从高"⑤。这样，王媛便因着其夫崔暟的从五品官，而被初封为县君，至其子崔沔任为正四品上的左庶子时⑥，王媛便可进而被累封为郡君了。"亟请申叙"，也充分显示了崔沔的孝亲之德。最终，这次累赠被王媛拒绝了，"夫人喟然而言曰：汝以我故也，国恩宽假，从容禄养，外无汗马行役之劳，内无危言謇謇之节，而坐致荣进，将何以安之？吾承先大夫余荫，旧封县君，不愿有所加也。卒不许叙"（《王媛志》）。在唐代，妇女受封为命妇，除了彰示荣显外，还可获得一些实际特权，如减轻刑罚，"诸妇人有官品及邑号，犯罪者，各依其品，从议、请、减、赎、当、免之律，不得荫亲属"⑦；再如获得不定时的赏赐⑧、死后提升丧葬等级等；平日，这些妇女也因

---

① 参见吴丽娱：《终极之典——中古丧葬制度研究》第十二章《光宗耀祖——父祖封赠的唐宋实践》，北京：中华书局，2012 年；郑雅如：《亲恩难报：唐代士人的孝道实践及其体制化》第二章《生养死哀》、第四章《追赠先世》，台北：台湾大学出版中心，2014 年。

② 崔沔于开元七年迁为左庶子，事见《旧唐书》卷 188《孝友传·崔沔》，第 4928 页。

③ 见（唐）李吉甫撰，贺次君点校：《元和郡县志》卷 6《河南道二》，北京：中华书局，1983 年，第 165 页；《旧唐书》卷 38《地理志一》，第 1430 页。

④ 见[日]广池千九郎训点，内田智雄补订：《大唐六典》卷 30 "上州·中州·下州官吏之职" 条，第 521 页下。

⑤ [日]广池千九郎训点，内田智雄补订：《大唐六典》卷 2 "尚书吏部司封郎中员外郎之职" 条，第 41 页下。

⑥ 见[日]广池千九郎训点，内田智雄补订：《大唐六典》卷 2 "六太子左春坊左庶子之职" 条，第 470 页下。

⑦ （唐）长孙无忌等撰，刘俊文点校：《唐律疏议》卷 2《名例律》，北京：中华书局，1983 年，第 38 页。

⑧ 关于不定时的随机赏赐，如开元十年（722 年）正月己酉，"命妇朝会，赐帛有差"，见（宋）王钦若等编：《册府元龟》卷 80《帝王部·庆赐二》，北京：中华书局，1960 年，第 931 页上；再如，"正冬之会，称束帛有差者，皆赐绢，五品已上五匹，六品已下三匹，命妇视其夫、子" 见[日]广池千九郎训点，内田智雄补订：《大唐六典》卷三 "尚书户部金部郎中员外郎之职" 条，第 75 页上。

着命妇身份，而进入了上层妇女的社交圈，随时可能有夫、子同僚，下属的拜贺，亲友的造访，但王媛对此并不热衷，这从她去世后的情况就可看到。王媛去世后，崔沔"常于庐前受吊，宾客未尝至于灵座之室，谓人曰：'平生非至亲者，未尝升堂入谒，岂可以存亡而变其礼也'"①。王媛的日常往来，还是仅限于至亲。面对荣显与特权，王媛以自己的行动，对其子教诫着止足谦退与不务虚华。

虽然命妇封号的"荣进"在王媛生前被她拒绝，但在她亡故后，其子崔沔则继续为她寻求封赠，"安平夫人次子沔服阕拜中书侍郎，开元十一年冬至，玄宗有事南郊，制诏侍从登坛官加一阶。侍郎上言请以加阶之恩追赠邑号，制赠夫人安平郡太君。至十七年，又以陵庙巡谒之礼，申锡类施及之私，侍郎时已迁为左散骑常侍，故有安平郡夫人之命"（《王媛志》）。王媛的命妇等级因着玄宗的两次大礼，而被提升了两个等级。第一次因其子沔任正四品上的中书侍郎并"官加一等"，而使她受封为郡君；第二次则因沔升为从三品的左散骑常侍②，她进而被累封为郡夫人。崔沔为亡母所做的两次封赠提升的努力，无疑使王媛在身后获得了巨大荣誉。③

崔沔也因着这些孝母的笃行，而于亡故后受谥为"孝公"："太常博士裴总议曰：'公醇一诞灵，文明含粹，蹈元和以为天性，籍间气以为人师。前后历官，或拜而不至，或至而不留。瘠形瞽目，誓遵孝养，可不谓孝乎？遂谥曰孝公。'"④后晋时修成的《旧唐书》，还将他收入了《孝友传》。同时，崔家也

① 《旧唐书》卷188《孝友传·崔沔》，第4928页。
② 见[日]广池千九郎训点，内田智雄补订：《大唐六典》卷8"门下省左散骑常侍之职"条，第180页下。
③ 如亡母封赠等级的提升，还可提升她的丧葬等级。唐代的礼、令对丧葬仪式有着严格规定，它依贵贱上下分等，举凡下葬服饰、送葬车舆、陪葬明器、墓域大小、坟垄高低、碑碣规制、朝廷赙赠等，都规定了等次差异，而追赠、封赠也同样适用于这些方面（参见吴丽娱：《终极之典——中古丧葬制度研究》第五章《光宗耀祖——父祖封赠的唐宋实践》，第430—435页；郑雅如：《亲恩难报：唐代士人的孝道实践及其体制化》第四章《追赠先世》，第225—236页）。如丧葬用车，"（命妇）一品乘白铜饰犊车，青通幰，朱里油幢，朱丝络网，驾牛。二品以下去油幢、络网，四品青偏幰。……若受制行册及二时巡陵、婚葬，则use之"[（唐）杜佑撰，王文锦、王永兴等点校：《通典》卷65《礼典·嘉礼十·主妃命妇等车辂》，第1830页]。但同时须注意，唐代夫妻关系遵从的是"妻从夫"的原则，故而亡母的命妇封赠等级虽或高于亡父，但其入葬的等级，也不宜出现以妻凌夫的情况。所以，王媛命妇封赠等级提高的意义，主要还是在扬名显亲。
④ （唐）颜真卿撰：《颜鲁公集》卷14《通议大夫守太子宾客东都副留守云骑尉赠尚书左仆射博陵崔孝公宅陋室铭记》，第92页上。

"以清俭礼法"，成了"士流之则"。①而崔沔对孝友家风的坚守，他的"清俭礼法"，当与其母王媛的教育有着莫大关系。②

宗教信仰方面，佛教是王媛与丈夫的共同信仰，"夫人雅好释理，会通众妙，（夫暟、子浑卒）虽哭无昼夜，而心照玄空，情礼外敷，道情深入，爰扶孤弱，济于艰难"（《王媛志》）。王媛"雅好释理"，所以她并不像许多同时代的妇女那样，信佛始于守寡之后③，佛教或许是她一生的信仰，也是她与丈夫的同好。她对佛理的执着，除了对宗教本身的信仰外，更有现实的体认与作用，佛教不但助她排解了丧夫、丧子之痛，还对她处理夫妻（妾）及其他家庭关系，起到了正面作用，她的"爰扶孤弱，济于艰难"，也当是对善报相生这一佛理的实践。与此同时，她"清静无欲，听从有裕，即荆布而安，舍丘园而逸"（《王媛志》），也颇有道家的风范。而其夫崔暟也是三教并修，他除了"博考五经"，也"尤好老氏道德，金刚般若"（《崔暟志》）。受其父影响，崔沔也是三教并修，"读圣人之书""注老子《道德经》""顷以依于佛，济于仁，厚禄半于檀那"（《崔沔志》），但他于佛教又特重，这或是更多地受到了其母王媛的影响。除了佛教、道教，王媛还"精阴阳历算之术"（《王媛志》），这则是太原王氏的家学传统。④

王媛是以低龄且政治门第黯于夫家的情况嫁入崔家的，但她逐渐以从夫、顺夫的妇德和肥家的才能，获得了夫婿的赞赏与接纳，她也渐次在家中确立了女主人的地位。随着时日的推移，她可以依着自己的意愿管理家庭了，教育子嗣、为子择媳；同时也对本家予以相当的关照，除了为兄温之谋官、以女侄为媳外，她更以在夫家俭省的资费，依礼改葬了亡父母并及亡姊，"夫人本宗清贫，礼葬未克，每撤甘旨，捐报用，封树二尊，泊乎亡姊，旧丧毕举，备物饰终"（《王媛志》）。王媛父惠子"不事王侯"，初葬时因家贫，甚而无封无树，

① 《新唐书》卷119《崔祐甫传》，第3437页。
② 关于家门礼法与母党、妻党的关系，史睿已有论析，见氏文《出土文献所见唐代士族婚姻礼法的特点与源流——兼谈婚姻礼法与士族兴衰》，余欣主编：《中古时代的礼仪、宗教与制度》，第96—97页。
③ 关于唐代寡居妇女的奉佛问题，参见严耀中：《墓志祭文中的唐代妇女佛教信仰》，邓小南主编：《唐宋女性与社会》，上海：上海辞书出版社，2003年，第476页；焦杰：《唐代女性与宗教》，西安：陕西人民教育出版社，2016年，第21—28页。
④ 关于王媛一支的家学传统，参见王洪军：《名门望族与中古社会——太原王氏研究》，南开大学博士学位论文，2005年，第221页。

"不封不树者，不积土为坟，是不封也；不种树以标其处，是不树也"。① 而唐代丧葬礼制规定，"百官葬墓田""六品以下并方二十步，坟高不过八尺②。其域及四隅，四品以上筑阙，五品以上立土堠，余皆封茔而已"③。王媛为其亡父母和亡姊进行的改葬，当是依此制进行，购墓田二十步见方，筑坟八尺，并封树茔域。

二、安史乱前东都崇政里第阶段：崔家女性成员的生活

自崔暟一家代居洛阳，其家的宅邸，也经历了从履道里第到崇政里第的变化。④ 在崔暟一家的发展历程中，崇政里第是非常重要的一个居处，它是那些寡妻、寡女可以投奔的栖身之所，也是崔暟家人孝友、雍睦的象征。

东都崇政里第为崔沔所购，"延和太极之间，公既留司东都，遂鬻所乘马，就故人监察御史张泫子深河南府崇政坊买宅以制居"⑤。睿宗太极、延和年间，正是洛阳兴旺发展、政治地位提升的时期，崔沔的崇政里第，也较其父的履道里第更近宫城。按：洛阳崇政里第位于洛南建春门东西向横街南、长夏门南北向纵街北，在高宗后期至玄宗前期，它的住宅密度很大。⑥ 后来，崔沔的崇政里第在安史之乱中被毁，"逆胡再陷洛阳，屋遂崩圮，唯檐下废井存焉"⑦。

在崇政里第中，崔沔"建宗庙于西南，维先太夫人、安平郡夫人堂在宅之

---

① 《周易正义》卷 8《易辞下》，（唐）孔颖达疏：《十三经注疏》本，北京：中华书局，1980 年，第 87 页中。
② 1 尺≈0.33 米。
③ （唐）杜佑撰，王文锦、王永兴等点校：《通典》卷 108《开元礼纂类三·杂制》，第 2811 页。
④ 崔暟五世孙纾亡于洛阳敦行里第，这或是其后人在东都住宅的又一变化。见《唐故承奉郎汝州临汝县令博陵崔府君墓志铭并序》，周绍良主编：《唐代墓志汇编》，咸通 104，第 2459 页。
⑤ （唐）颜真卿撰：《颜鲁公集》卷 14《通议大夫守太子宾客东都副留守云骑尉赠尚书左仆射博陵崔孝公宅陋室铭记》，第 92 页下。
⑥ 对隋唐洛阳里坊住宅的分析，参见李久昌：《隋唐洛阳城里坊住宅时空变化与环境的关系》，《西北大学学报（自然科学版）》2009 年第 39 卷第 4 期，第 690—695 页。
⑦ （唐）颜真卿撰：《颜鲁公集》卷 14《通议大夫守太子宾客东都副留守云骑尉赠尚书左仆射博陵崔孝公宅陋室铭记》，第 93 页上。

中……堂东，嫂卢夫人所居，堂之东北，郑氏、李氏姊归宁所居"①。也就是
说，在崔沔建宅之初，就至少有他自己的家人及寡母、寡嫂卢氏、两位归宁的
寡姊及诸甥侄居于其中。另外，出嫁的女儿们，也或长或短地来此归宁，一些
孙辈也陆续在此出生并成亲。崇政里第的这种家庭成员构成，也可从几位卒于
此宅的女性家庭成员中看到。太夫人王媛，于"开元九年四月廿一日终于东都
崇政里第"（《王媛志》）；此宅的女主人王方大，"以开元廿二年六月廿六日，
暴终于东都崇政里第"（《王方大志》）；崔沔的子婿卢招，"奄以天宝十三载十
一月一日遘疾，终于东京崇政里崔氏之馆"（《卢招志》）；崔沔的从侄妇李金，
"奄以贞元十年岁次甲戌八月十日庚戌，终于东都崇政里第"（《李金志》）；崔
沔的从女孙、孟孙女攀，"奄以开元廿七年八月八日终于叔祖东都□留守之官
舍"（《崔攀志》）。由于有众多家人需要赡养，崔沔"累历清要，所得禄秩，但
奉蒸尝、资嫂妹、给孤幼、营甥侄婚姻而已"②，一如其父崔暟。而如上亡于
此宅的五位女性家庭成员，也大致可以为我们勾勒出这一时期崔家妇女的生活
样态（表1）。

表1　崔家女性成员亡处和葬地表

姓名	亡处	葬地	文献出处
王　媛	东都崇政里第	邙山平乐原	《唐代墓志汇编》，大历062、063，第1803、1805页
卢梵儿	少子夷甫河北县官舍		《唐代墓志汇编》，大历058，第1798页
王方大	东都崇政里第	邙山平乐原	《唐代墓志汇编》，大历060、061，第1800、1801页
崔孟孙妻		北邙陶村北原	《唐代墓志汇编》，大历014，第1769页
卢夫人	中牟县卢氏别业	邙山平乐原	《唐代墓志汇编》，大历059，第1799页
李　金	东都崇政里第	邙山平乐原	《唐代墓志汇编》，大历059，第1799页；贞元062，第1882页
李乔仙	东光县私馆	邙山平乐原	《唐代墓志汇编》，大历072，第1812页
崔严爱	吉州官舍	河南县平乐乡杜郭村北原	《唐代墓志汇编》，大历015，第1769—1770页
崔　缊	洪州妙脱寺尼舍	权葬于北邙陶杜北原父母茔侧	《唐代墓志汇编》，大历014，第1769页
崔　攀	叔祖东都□留守官舍	邙山平乐乡	《唐代墓志汇编》，开元493，第1495页
崔　绚	济源县官舍	北邙山南原	《全唐文补遗》第8辑，第399页

---

① （唐）颜真卿撰：《颜鲁公集》卷14《通议大夫守太子宾客东都副留守云骑尉赠尚书左仆射博陵崔孝
公宅陋室铭记》，第92页下。

② （唐）颜真卿撰：《颜鲁公集》卷14《通议大夫守太子宾客东都副留守云骑尉赠尚书左仆射博陵崔孝
公宅陋室铭记》，第92页下。

　　作为太夫人的王媛，离世时，上距其子崔沔购宅有 9 年时间，在这段时间里，她与儿、媳、孙等组成了一个大家庭——"唐型家庭"①。而此类多人、多辈共居的大家庭，对女性家人就有着更多的要求②，这从崇政里第崔家的妇女生活中也可看到。从史料看，在王媛搬入崇政里第时，就已有疾在身，对此，《旧唐书·崔沔传》载："睿宗时，征拜中书舍人。时沔母老疾在东都，沔不忍舍之，固请闲官，以申侍养。"③崔沔对母亲的孝养，《崔孝公陋室铭记》也载："初太夫人患目，公倾家求医。或曰：疗之必愈，恐寿不得延。太夫人及公悲恨而罢。自是竭力奉养，不脱冠带者仅三十年。每至良辰美景，胜引佳游，必扶侍左右，笑言陈说。亲朋往来，莫知太夫人之有苦也。"④除了崔沔，其妻王方大对婆母也是极尽孝养，在崔沔为她撰写的墓志中，就称赞她"逮事先夫人。属有沉绵之疾，夫人服勤就养，诚孝纯深，虔奉诸姑"（《王方大志》）。王方大与婆母是亲上亲——姑侄兼婆媳，因之，她对婆母的侍奉，就更多了一份亲情。

　　但与此形成对照的是长妇卢梵儿，从《崔孝公陋室铭记》看，她在崇政里第是有居处的，但令人费解的是，在崔沔为她撰写的墓志中，对她在此宅的生活，特别是对婆母的孝养，均未提及。按：卢梵儿和王方大两妯娌的墓志均为崔沔撰写，崔沔对其妻的孝养婆母，是不吝赞词的，但对寡嫂卢梵儿于婆母的孝养，却只字未言。另外，从两人的墓志看，卢梵儿和王方大两妯娌的处家态度，也存在差别。卢梵儿早寡，"不幸年未卅而崔公无禄，清白所遗，家靡兼储，沦殀之余，室满孩稚"（《卢梵儿志》）。依《崔孝公陋室铭记》，崔浑去世

---

① 关于"唐型家庭"，杜正胜指出："'唐型家庭'的特点是尊长犹在，子孙多合籍、同居、共财，人生三代同堂是很正常的，于是共祖父的成员成为一家。否则，至少也有一个儿子的小家庭和父母同居，直系的祖孙三代（主干家庭）成为一家。"（氏著《古代社会与国家》，第 815 页）他提出的"唐型家庭"与"汉型家庭"是相对的，汉代家庭是以夫妇及其子女所组成的核心家庭为主体，父母同居者不多，成年兄弟姊妹同居者更少，家口在四五人之间（杜正胜：《古代社会与国家》，第 793 页）。关于唐代的家庭，祝瑞开主编的《中国婚姻家庭史》更将其细化，认为唐代士人以主干家庭、共祖家庭为主，庶民则以核心家庭为主（上海：学林出版社，1999 年，第 229—240 页）。

② 参见拙文《唐人理想女性观念——以容貌、品德、智慧为切入点》，荣新江主编：《唐研究》第 11 卷，第 166—178 页。

③ 《旧唐书》卷 188《孝友传·崔沔》，第 4928 页。

④ （唐）颜真卿撰：《颜鲁公集》卷 14《通议大夫守太子宾客东都副留守云骑尉赠尚书左仆射博陵崔孝公宅陋室铭记》，第 92 页上—下。

后，小叔崔沔便承担起了赡养寡嫂与群侄的义务，弟妇王方大也极尽睦家之能，"和敬娣姒，慈抚犹子"（《王方大志》），但寡嫂卢氏在这个大家庭中的表现，崔沔在她的墓志中，同样是只字未提。而作为嫡长妇，卢梵儿还理应承担着祭祀先人的重要职责，并且在崇政里第中也建有家庙——"建宗庙于西南"。崔沔对家庙祭祀更是极为重视，"每至宗庙心斋，严恭祀事，明发不寐，翌日余悲""朝服衣马，一皆取其下者，唯祭器、祭服称礼焉"。①但对于身为嫡妇的卢梵儿的敬祖祭祖，其墓志还是只字未提，而她如有可赞之处，想来崔沔断不至于不记得②，因为这是唐人的重要理想妇德之一③。综此，卢梵儿的妇德和行迹，就颇令人生疑了。是在"以清俭礼法"著称，特别是"事亲至孝"的崔沔眼中，卢梵儿的妇德有欠？

　　卢梵儿育有两子一女，不到三十岁即丧夫守寡，依于小叔十数年，但在她生命的最后十年，由于两子的入仕，她终于摆脱了这种仰于人息的生活。她的长子众甫，"年十有五，嗣祖爵安平男。逾年，明经擢第。弱冠，参怀州军事"（《崔众甫志》）。按：崔众甫卒于宝应元年（762 年），终年六十五岁，当生于神功元年（697 年），以此，他的嗣爵与明经及第，当发生在开元元年（713 年）和二年，也就是崔沔购入崇政里第的两三年后，其时的卢梵儿年三十四五。当崔众甫以"弱冠，参怀州军事"时，卢梵儿年三十九左右，或自此，她就开始了随子游宦、就养的生活。她先从于长子众甫，"丁祖母忧去职。服阕，拜左武卫仓曹参军事。属先妣卢氏有沉痼之疾，公不脱冠以养者将一纪"（《崔众甫志》），众甫侍奉病母至少十有余年；后再从次子夷甫，并于开元二十三年，"终于少子夷甫所莅河北县之官舍"（《卢梵儿志》）。以卢梵儿的经历，我们或对当时社会所称颂的士人孝友之德，产生了疑惑。关于崔沔的"孝友"，《崔孝公陋室铭记》载："故吏前监察御史博陵崔颂为公行状，云：公德充符契，精贯人极，孝爱闻于天下，制作垂于无穷。……以兄姊之戚亚其亲，甥侄之慈甚

①　（唐）颜真卿撰：《颜鲁公集》卷 14《通议大夫守太子宾客东都副留守云骑尉赠尚书左仆射博陵崔孝公宅陋室铭记》，第 91 页下—92 页上、92 页下—93 页上。

②　像卢梵儿的子妇李金就极尽嫡妇之责，她的这一妇德，也被契臣大书于她的墓志中（见《李金志》，周绍良主编：《唐代墓志汇编》，贞元 062，第 1881 页）。

③　参见拙文《唐人理想女性观念——以容貌、品德、智慧为切入点》，荣新江主编：《唐研究》第 11 卷，第 167—168 页。

其子。"①他也因此获得了世人的高度尊敬。而反观卢梵儿的心路历程，不禁使我们要问，这些被赡养的寡居女子，其感受也是如此的正面吗？

而作为崇政里第的女主人王方大，在其夫崔沔为她撰写的墓志中，并无太多事迹，仅是一位充当着孝养婆母、和于姒娌、慈抚甥侄、"货不藏己，贵而能贫"的贤妇（《王方大志》）。她是婆母的女侄，在她十八岁时的长安二年（702年），嫁入了夫家②，并为崔家诞下了一子三女——子祐甫、长女卢诏妻、女卢招妻、女卢众甫妻，而祐甫出生时，已是她婚后的第十九年③。因为婆母的身体疾患，所以至少在婚后至婆母亡故前的这段时间，王方大都应居于崇政里第，以尽孝养之责。据前引的《崔孝公陋室铭记》，崔沔"不脱冠带者仅三十年"以孝养病母，那么，王媛至迟在七世纪九十年代就已患有眼疾，也即王方大在嫁入夫家时，婆母就已需要侍疾了。王方大先于寡嫂卢梵儿一年去世，"以开元廿二年六月廿六日，暴终于东都崇政里第"，年仅五十岁，这或许与她长期侍奉病姑、积劳成疾有关。但王方大应至少见证了长女与仲女的出嫁。依仲女崔严爱的墓志，"年十六，归于范阳卢氏，所奉之主，即河内县令庭言之嫡长子讳招"（《崔严爱志》）。崔严爱卒于乾元二年（759年），终年四十三岁，她结婚的时间当在开元二十年（732年），也即王方大亡故的前两年。

而关于王方大的生平，还有一事颇使人疑惑，即王方大是否曾因夫而获得过命妇称号。对此，在崔沔为她撰写的墓志中并未提及，但依唐代的命妇制度，至少在开元七年，崔沔任为正四品上的左庶子、"亟请申叙"其母为太君时，王方大也应同样受封为郡君——"四品……母、妻为郡君"。当然，按照唐代命妇的封授流程，这必须首先由夫、子提出申请，"诸因夫子应授妃已下者，见任官从本司，无本司从本贯，陈牒所司，申奏给告身。其申奏者，所司总为抄奏。若未给授，而夫子薨卒者，不在给限"④，也即官员在具有了封授

---

① （唐）颜真卿撰：《颜鲁公集》卷14《通议大夫守太子宾客东都副留守云骑尉赠尚书左仆射博陵崔孝公宅陋室铭记》，第91页。

② 据王方大墓志，她逝于开元廿二年，享年五十岁，依此，她当生于垂拱元年（685年）；"年十有八，归我崔氏"，其婚当在长安二年。引文见周绍良主编：《唐代墓志汇编》，大历061，第1801页。

③ 按崔祐甫墓志，"以建中元年（780年）岁次庚申六月一日薨于京师静恭里第，春秋六十"，以此，他当生于开元九年。引文见周绍良主编：《唐代墓志汇编》，建中004，第1823页。

④ （宋）王溥撰：《唐会要》卷26《命妇朝皇后（应仪制附）》载景龙四年（710年）六月敕，第493—494页。书中"景龙"作"景云"，误。

母妻的资格后，必须先向现任本司提出申请，本司总为抄奏后上报中央审查，合格者再给予告身，而中央负责此事的官员为吏部司封郎中，司封郎中"掌封爵、皇之枝族及诸亲、内外命妇告身及道士、女冠等"①。从王方大的墓志推测，崔沔或并未就其妻的命妇资格提出过申请，其原因或在秉承其母王媛的谦退理念。如上所述，王媛是坚拒对她的命妇封号加叙的。这样，王方大的荣显，最终是由其子祐甫实现的，"永泰二年，祐甫为尚书司勋员外郎，属县官有郊祀之礼，因广孝道，追封邑号，是以有太原郡太夫人之命"（《王方大志》）。按：尚书司勋员外郎品级不高，仅为从六品上，但他以文官常参官的资格，是可以封赠亡母的。②而崔家光宗耀祖、扬名显亲的至淳之孝，在此也得以延续。

　　除太夫人王媛及其子、妇外，在崇政里第中，或为崔暟庶女的两位女子——崔沔称之为郑氏、李氏姊，也在丧夫后归宁于此。另外，第三代、第四代的女儿，也有生活于此宅者，像崔沔女严爱、孟孙女崔攀等，她们的经历，则可视为崔家女孙、重女孙辈生活的写照。另外，关于崔暟庶孙孟孙和成甫是否在此宅生活过，史无所载，但孟孙女崔攀则在开元二十七年（739 年），卒于"叔祖东都□留守之官舍"（《崔攀志》），这个所谓"官舍"，或就是崔沔的崇政里第。

　　崔攀的生命短暂，"年十有九，归于荥阳郑宾，未及庙见，而婴沉痼，勿药无喜，贞疾有恒……春秋廿有□"（《崔攀志》）。崔攀在婚礼后一直患病，且病情绵延至少两年，在此期间，她是否一直居于本家疗疾就养，不得而知。但值得注意的是，此"本家"并非其生父孟孙的私宅或官舍——孟孙此时正任德州司户参军，而是叔祖崔沔的东都宅第。当然，或许是东都的医疗条件更优，或是她的病躯已不允许她再赴德州，但无论出于何种原因，至少表明，这些女性家庭成员，无论她们是否生活又离开过崇政里第——或随父，或随夫，或随子，都是以这里为本家的，而此宅也一直是以本家来接纳她们的。依唐礼，出嫁女在婚礼后如未庙见，是不被视为夫家正式成员的，所以，崔攀最后也被葬

---

① （唐）杜佑撰，王文锦、王永兴等点校：《通典》卷 23《职官·尚书下》，第 634 页。
② 关于常参官的父祖封赠，参见吴丽娱：《终极之典——中古丧葬制度研究》第十二章《光宗耀祖——父祖封赠的唐宋实践》，第 854—866 页。

于了本家墓地——"北邙山平乐乡之原"(《崔攀志》)。①

崔沔女严爱,则是另一种女儿依于崇政里第的情况。严爱夫卢招,其望亦出定著禁婚家——范阳卢氏大房②,且颇具才华——诗赋判书"咸得其妙",并极具孝道——居父母丧而"为乡族所称"。这样的出身、修养和内行,与崔沔的家门、家风颇相符,所以,卢招"既而来游京都,声华籍甚。……孝公见而嘉赏,申以婚姻",以年方十六的次女严爱归之,卢招长妻十五岁。卢招与崔严爱的婚礼,当是在崇政里第进行的,因为卢招此时正羁旅在外,他的父母也早已亡故,"幼丁先夫人忧,既冠丁河内忧"(《卢招志》),在女家成婚,既无顾虑也十分近便;而唐时男到女家成婚且夫随妻居的现象,并不罕见③,"近代之人多不亲迎入室,即是遂就妇家成礼,累积寒暑,不向夫家"④。新婚之初,卢招也当随岳丈而居,因此,这桩婚姻也被视为了一个夫随妻居的典型事例。⑤在崇政里第生活期间,卢招还对妻弟祐甫的学业进行过指导,这在祐甫为他撰写的墓志中有所记载:"祐甫幸以睦姻,早承惠眷,吹嘘诱掖,知名实赖于发挥。"卢招"俄以乡贡明经,射策上第,调补魏郡冠氏县尉",到此时,崔严爱或才离开本家,随夫游宦于冠氏。关于姊姊的离家,其弟祐甫曾感叹道:"契阔艰虞,多难几劳于设振。"后卢招"秩满告归,卜筑于济川之阴",而此地距洛阳也并不远,南距洛阳二三十公里,崔严爱或又开启了济川与归宁本家的双重生活。而在卢招患病时,他们或一直居于崔家,所以,至天宝十三载(754 年),卢招"终于东京崇政里崔氏之馆"。而此时,崇政里第的男女主人崔沔和王方大均已过世,严爱之弟祐甫也不在洛阳,他时任寿安县尉,虽然

---

① 大历十三年(778 年),崔祐甫、李金改葬家人时的崔家墓地,就在平乐原。见崔暄、王媛、崔沔、崔众甫、崔夷甫等家庭成员墓志。
② 《新唐书》卷 73 上《宰相世系三上》,第 2910 页。
③ 对于唐人"就妇家成礼"的探讨,参见周一良:《敦煌写本书仪中所见的唐代婚丧礼俗》,《文物》1985 年第 7 期,第 19—20 页;氏著《魏晋南北朝史论集续编》,北京:北京大学出版社,1991 年,第 245—260 页;周一良、赵和平:《唐五代书仪研究》,北京:中国社会科学出版社,1995 年,第 285—301 页;张国刚:《唐代婚姻礼俗与礼法文化》,荣新江主编:《唐研究》第 10 卷,北京:北京大学出版社,2004 年,第 366—368 页;氏著《唐代家庭与社会》,第 305—307 页。
④ S. 1725《大唐吉凶书仪》,中国社会科学院历史研究所、中国敦煌吐鲁番学会敦煌古文献编辑委员会、英国国家图书馆,等合编:《英藏敦煌文献(汉文佛经以外部分)》第三卷,成都:四川人民出版社,1990 年,第 129 页。
⑤ 参见陈弱水:《隐蔽的光景:唐代的妇女文化与家庭生活》卷上《隋唐五代的妇女与本家》,桂林:广西师范大学出版社,2009 年,第 91 页。

寿安隶河南府，但距洛阳并不远。所以无子的卢招葬礼，也是在妻家，特别是在内弟祐甫的操办下完成的，"公无男子，有女子子三人……夫人博陵崔氏……乃命介弟祐甫，纪之于词"（《卢招志》）。夫丧时，崔严爱三十八岁[①]，此后，她或携三女继续留在了崇政里第，直到一年后的安史之乱爆发。

崔暟嫡孙妇、众甫继室李金，精《女诫》、释典，并识礼、强干，在崔家的一些重大事务中，扮演过重要角色。她一生坎坷，几次被迫离开崇政里第。李金在嫁入崔家之初，或就在崇政里第生活过。按：李金在十七岁左右继室于崔众甫[②]，时为天宝二年（743 年）左右，夫长她二十九岁[③]。除了年龄的差距，夫婿对她的感情也颇令人生疑。如前所引，崔众甫对寡母有着"不脱冠以养者将一纪"的孝行，但他与两任夫人的感情，却都有令人费解之处。首先是他与原配卢夫人，卢夫人"以开元廿二年正月十六日，先终于中牟县卢氏之别业"（《崔众甫志》），依此，卢夫人是卒于本家的，这在崔暟家的媳妇中是绝无仅有的（表1），除卢夫人外，其他媳妇都葬在了崔家的祖茔中。对崔暟之家来说，女子从夫、从子，男子赡养寡嫂、寡姊、寡女及甥侄孙辈，女儿因故归宁、返葬本家，都是其家门孝睦的重要构成与象征，而卢氏的亡于本家，明显与此门风不协调。而据此并辅以其他材料，就使我们对崔众甫与卢夫人的夫妻关系产生了怀疑。依崔暟和众甫两志我们知道，崔众甫有子二人、女二人——子满簏、贞固，长女李润妻、次女卢征妻；再参以李金志，可知卢征妻为李金所出，至于两子及长女是否为卢氏所出，则无从判断，因为至少在开元十四年（726 年）前后，崔众甫是有妾室的，这由他的另一女崔绚的身世就可以知道。关于崔绚，她的墓志记，"爰自炎皇种德，以至汝州长史讳暟，生监察御史讳

①　按崔严爱墓志，她亡于乾元二年（759 年），时年四十三岁，距夫丧 5 年（见周绍良主编：《唐代墓志汇编》，大历015，第1769 页）。

②　李金与崔众甫的结婚时间，两人的墓志均未载，但李金墓志记："行成艺备，作配华宗。崔公时为济源丞。"（周绍良主编：《唐代墓志汇编》，贞元 062，第 1881 页）崔众甫墓志记："丁忧服阕。尉河南之密县，又为其县主簿，又丞济源。"（周绍良主编：《唐代墓志汇编》，大历059，第1798 页）依此，崔众甫任济源县丞，当在为母完丧后。按：崔众甫母卢梵儿亡于开元廿三年六月五日，依开元二十年新颁《大唐开元礼》，不论父在或亡，为母均服齐衰三年。那么，崔众甫为母完丧，最早也当在开元二十五年了。其后，他又历经两任迁转，按开元时的唐制，考满官员每年皆可赴选，崔众甫的两任官如均以三年计，那么最早也要到天宝二年（743 年）了，其年李金十七岁。依李金墓志，她亡于贞元十年（794 年），终年六十八岁，当生于开元十五年。

③　按崔众甫墓志，他亡于宝应元年（762 年）六月，终年六十五岁，当生于圣历元年（698 年）（见周绍良主编：《唐代墓志汇编》，大历059，第1799 页）。

浑，生济源县丞名众甫"，但她的名字却并未出现在其父崔众甫的墓志中；她"二十有二，严父命适陇西李华，未再期而遘疾，以天宝八载六月十七日，终于济源县之官舍。呜呼！享年二十有四"（《崔绚志》）。以此推算，崔绚当生于开元十四年（726 年），也即卢夫人亡故时（开元廿二年），她仅有八岁。依此，在卢氏亡前的若干年，崔众甫是有侍妾在侧的，而这位侍妾或就是崔绚的生母。在这种夫妻（妾）关系中，卢氏是否因被边缘化，进而选择返回了本家呢？①

再来看崔众甫的继室李金，她的两次行踪也十分令人狐疑。第一次发生在其婚后不久。关于此，她的墓志记："行成艺备，作配华宗……崔公时为济源丞……夫人以情切抚孤，自洛如魏"（《李金志》）。按此，李金在婚礼后，当并未随夫前往济源，而在李金嫁入崔门时，她的公婆当早已过世——分别亡于神龙二年（706 年）和开元廿三年，因而，对于李金而言，也不存在不随宦的理由。而以"情切抚孤，自洛如魏"的描述看，崔众甫的一干子女又是随其游宦的，且其女崔绚也确实死于其父的济源任上。如此，李金或就是有意被丈夫留在了洛阳。而这种情况的造成，或出于如下几种可能：①夫妻年龄差过大，且崔众甫已年四十五，新的夫妻生活须假以时日。②顾虑年轻继母与成年继子女之间的关系，像崔绚就要长于李金一岁②，且以崔绚亡于其父的官舍看，她在婚后，或与其夫李华是一直居于本家、夫随妻居的。③崔众甫身边有侍妾，他们的夫妾关系，自然要比与李金的新婚夫妻关系熟稔且密切。李金婚后的这段时间，或也居于崇政里第，并在这里尽着嫡妇之责，"（夫）著作府君累代为嫡孙……夫人属为宗妇……礿祠蒸尝，吉蠲为饎，斋明盛服，奉而荐之"（《李金志》）。而这些家祭，或就是在崇政里第西南的家庙中进行的。

李金另一次令人狐疑的行踪发生在安史之乱爆发后，对此，李金墓志记："先公时为麟游县令，夫人乃提挈孤弱，南奔依于二叔，自周达蔡，逾淮泝江，寓于洪州。时玄宗幸蜀，先公弃官以从。"（《李金志》）根据这些文字，我

---

① 在宪宗朝名相李绛之子李顼家中，这种情况就曾发生，在他与妻卢氏、妾章四娘的关系中，他与卢氏的夫妻关系，就明显被边缘化。对此的分析，参见陈弱水：《隐蔽的光景：唐代的妇女文化与家庭生活》卷下《唐代的一夫多妻合葬与夫妻关系——从景云二年〈杨府君夫人韦氏墓志铭〉谈起》，第252—254 页。

② 李金出生于开元十五年（727 年）；崔绚于天宝八载（749 年）去世，时年二十四岁，以此，当出生于开元十四年（见吴钢主编：《全唐文补遗》第 8 辑，第 399 页）。

们无法判断安史之乱爆发时，李金是身在洛阳还是在麟游，但无论她身处何地，都有费解之处：如果她未从宦，那纯属特殊了，因为此时她同样没有不从宦的理由；如果她正从夫宦而在麟游，就更令人费解了。按：麟游地属岐州，东距长安约 200 公里，以这样的地理位置，即使玄宗率众逃往蜀地，安史乱军占领长安，崔众甫也是有时间携家眷入蜀的，并且从麟游往巴蜀，并不比从麟游南奔江淮更困难，同时巴蜀也是其时士人集中南迁的重要地区之一。①在这种情况下，崔众甫抛妻弃幼地追随玄宗入蜀，实在令人不解。当然，崔众甫的"弃官以从"，也获得了朝散大夫、著作佐郎的授官（他早嗣安平县开国男），李金也因此而受封为陇西县君。

三、分合的江西之家阶段：战争时期崔家女性成员的生活

天宝末年，安史之乱爆发，战火燃遍黄河中下游地区，北方之人大批南迁，崔暟后人也加入了这股南逃的大军□，他们至少分为三路，分别由崔夷甫、李金和崔祐甫带领，逃向江西。崔夷甫一路，"属禄山肆逆，陷洛阳，公提家族避地南迁，遘疾于路，以天宝十五载三月十一日，殁于汝阳溱水之上"（《崔夷甫志》）。汝阳地属蔡州，位于今河南东南的汝南附近。再一支就是李金所率的家人，因未随夫奔蜀，她便"提挈孤弱，南奔依于二叔"。崔夷甫半途而卒，她最终带领两路家人，一同抵达江西，这在夷甫子契臣为她撰写的墓志中曾有侧面提及："姪契臣三岁偏孤，及奔走在路，再遭荼毒，夫人悉心慈抚，获全余生。"②（《李金志》）契臣所说的"偏孤"，是指他"生三岁而失慈

---

① 关于安史之乱爆发后的移民情况，周振鹤认为，北方移民浪潮形成了三道波痕，第一道最远为湘南、岭南和闽南等地，第二道集中于长江沿线的苏南浙北、皖南赣北、鄂南湘西北一带，第三道停留在淮南江北、鄂北和川中地区，停留于中间一道的移民最多（见氏文《唐代安史之乱与北方人民的南迁》，《中华文史论丛》1988 年第 2、3 期合刊，第 116 页）；冻国栋认为，安史乱后南迁的地区有四，即荆南湘水一带、江淮地区、江西境内和巴蜀一带（见氏著《唐代人口问题研究》，武汉：武汉大学出版社，1993 年，第 266—270 页）。

② 伊沛霞认为，崔众甫家人是随崔祐甫南逃的，其说值得商榷。见氏著《早期中华帝国的贵族家庭——博陵崔氏个案研究》，范兆飞译，第 183 页。按：李金墓志明确记载，她率孤幼"南奔依于二叔"，而"二叔"系指夷甫，崔祐甫则被李金称为"季叔"（见周绍良主编：《唐代墓志汇编》，贞元 062，第 1881 页）。

母"，其母李乔仙先亡于天宝十一载（752 年），当时她正从夫于沧州东光令任上；"再遭荼毒"，则指"七岁而违严父"，也即崔夷甫于南逃路上的亡故（《崔夷甫志》）。而崔祐甫一支，"属禄山构祸，东周陷没，公提挈百口，间道南迁"（《崔祐甫志》）。在抵达江西后，崔祐甫先任庐陵郡（原吉州）司马，后改任洪州司马，再任江南西道观察使佐辅。按：太宗贞观元年（627 年），全国设十道监察区，开元二十一年（733 年），玄宗再将十道析为十五道，吉州和洪州同属江南西道，洪州并为江南西道的治所，吉州在洪州西南约 200 公里处。

初抵江西的李金和崔祐甫，分率族人且地处两地——洪州和吉州。关于李金一支，其夫崔众甫在一年后，也辗转自蜀来洪州与家人团聚，"至德元载，先公至自蜀，中外相依，一百八口"（《李金志》）。其时的李金和崔众甫，或将家暂时安在了洪州下辖的丰城县，崔众甫就是在此地去世的，"以宝应元年六月六日寝疾，终于洪州丰城县之秘馆"（《崔众甫志》）。在这个大家庭中，至少有李金夫妇及其两女——长女李润妻和小女卢征妻、侄契臣，至于庶兄孟孙夫妇及其子烌、女缊，是否也与其共居，暂无所知，但孟孙夫妇无疑也是在南奔后亡故的，对此，孟孙长女崔缊的墓志记："顷属时难流离，迁徙江介……夫人连丁二尊忧"（《崔缊志》）；李金的墓志也记："时先公频有天伦之戚。"（《李金志》）这"天伦之戚"中，或许就包括了庶兄孟孙夫妇。所以，在南奔之后，孟孙与众甫合家共居的可能也并不排除。

在洪州的这个"一百八口"的大家庭中，身为女主人的李金，其主内的妇才、舍己为家的妇德，也得以充分展现："夫人上承下抚，言行无怨。时先公频有天伦之戚，既寓荒服，家素清贫，夫人有黄金数两，命货之，衣食孤幼，财不入己，皆如此类。"（《李金志》）她甚至动用自己的悌己钱，以维持其家的基本生活。

而崔祐甫率家人抵达江西后，因任职为庐陵郡司马，而将家人安置在了他的官舍中。在他的这个"百口"之家中，也至少包括了他的妻女及丧夫的仲姊、孤甥等。他的寡姊，就是上文谈到的崔严爱，在其夫卢招亡故后，或一直携三女依于本家，后又随弟祐甫南奔。关于她的南奔，其墓志记："属中夏不宁，奉家避乱于江表，弟祐甫为吉州司马。以乾元二年九月七日寝疾，终于吉州官舍，春秋卌有三。"（《崔严爱志》）她就卒于其弟祐甫的官舍中。在她逝世后，她的三位孤女仍依舅而生活，对此，崔祐甫在《上宰相笺》中谈道："仲

姊寓吉郡，周年继以鞠凶，呱呱孤甥，斩焉在疚。"①另一位依于祐甫的孤甥，
则是后任宰相的卢迈②，其母为祐甫的长姊，父为卢沼③，父母均早亡，"年未
志学，累丁齐斩"。失去怙恃后的卢迈，或就开始了依于舅父祐甫的生活，"少
以孝友谨厚称，深为叔舅崔祐甫所亲重"，并在舅父的教育下，"博贯儒书"。④
安史乱兵占领洛阳时，卢迈十七岁⑤，他也当随舅父南奔，并且或因随舅父于
吉州生活多年，而被称"吉州旅客"⑥。

　　宝应元年（762 年）六月，崔众甫去世，李金和崔祐甫分率的两家再次合
二为一，"夫人竭所有以奉丧，致哀戚而合礼。家既窘乏，依于季叔太傅"
（《李金志》），其年李金三十六岁。而此时的崔祐甫，当已改任洪州，"是时，
州刺史月奉至千缗，方镇所取无艺，而京官禄寡薄，自方镇入八座，至谓罢
权。……崔祐甫任吏部员外，求为洪州别驾"⑦。关于他改任洪州的具体时
间，其两《唐书》本传及墓志均未载，其志但记："寻江西连帅皇甫侁表为庐
陵郡司马，兼倅戎幕。时永王总统荆楚……公励元戎以断恩，激平察以扶义，
凶徒挠败，系公之力。转洪州司马。"（《崔祐甫志》）也即他的改任洪州，当在
永王李璘兵败被杀的至德二载（757 年）之后。⑧另外，据崔祐甫墓志，他先

---

① （唐）崔祐甫：《上宰相笺》，（清）董诰等编：《全唐文》卷 409，上海：上海古籍出版社，1990
　　年，第 1855 页。

② 卢迈，出身于唐时定著禁婚家之一的范阳卢氏二房（见《新唐书》卷 73 上《宰相世系三上》，第
　　2921 页）。

③ 按《王方大志》，"长女适芮城尉范阳卢沼"（周绍良主编：《唐代墓志汇编》，大历 061，第
　　1801 页）。

④ （唐）权德舆：《朝议大夫守太子宾客上轻车都尉赐紫金鱼袋赠太子太傅卢公行状》，（宋）李昉、徐
　　铉、宋白，等编：《文苑英华》卷 973，第 5120 页上；《旧唐书》卷 136《卢迈传》，第 3753 页。

⑤ 按《旧唐书》卷 136《卢迈传》，他卒于贞元十四年（798 年），终年六十岁（第 3754 页）。以此，
　　他当生于开元二十六年（738 年）。

⑥ （唐）韦绚撰，阳羡生校点：《刘宾客嘉话录》，上海古籍出版社编：《唐五代笔记小说大观》
　　（上），上海：上海古籍出版社，2000 年，第 821 页。"吉州旅客"，（宋）李昉等编：《太平广
　　记》卷 152 作"吉州人"（第 1091 页）。

⑦ 《新唐书》卷 139《李泌传》，第 4635 页。

⑧ 崔祐甫后官至宰相，其志撰者为吏部侍郎邵说，故其墓志所记生平事迹，当主要取自官方的实录本
　　传，而这种实录本传，是"于大臣名人书卒之下，具其事迹，略如列传"（金毓黻：《中国史学
　　史》，北京：商务印书馆，1999 年，第 137 页），可信度高。关于实录本传，仇鹿鸣认为，它即是
　　编年体的实录，为稍后编纂《国史列传》的基础，见氏文《碑传与史传：上官婉儿的生平与形
　　象》，《学术月刊》2014 年第 46 卷第 5 期，第 158 页。

任"庐陵郡司马"，后"转洪州司马"，也即在他担任两职之间，发生过州郡改制。我们知道，玄宗天宝元年（742年），曾改州为郡，肃宗乾元元年（758年），再改郡为州，那么，崔祐甫的改任洪州，至少当发生在乾元元年改制之后。再有，唐朝外官俸禄超于京官，乃始于权臣元载，"元载以仕进者多乐京师，恶其逼己，乃制俸禄，厚外官而薄京官，京官不能自给，常从外官乞贷"①。而元载改革俸禄制，是发生在他再入户部侍郎、度支使时，也即乾元元年。②综此，崔祐甫任官洪州，最早当始于乾元元年。此后，崔祐甫因赡养众多家人的原因，又在地方任职多年，"门望素崇，独步华省，纶诰之地，次当入践。公叹曰：羁孤满室，尚寓江南，滔滔不归，富贵何有！遂出佐江西廉使"（《崔祐甫志》）。而依其《广丧朋友议》，"因览斯议，忽忆永泰中于穆鄂州宁会客席，与故湖南观察韦大夫之晋同宴……又间岁，祐甫佐江南西道连帅魏尚书"③，永泰的"间岁"当是大历元年（766年），此时，他仍在江南西道任佐辅。所以，李金率家投奔季叔崔祐甫时，崔祐甫正在洪州任职，而大历初年前后，李金或仍生活在洪州的季叔家。

至德元载（756年），崔众甫自蜀来至洪州时，其家有"一百八口"，而崔祐甫在南逃时，也是"提挈百口"，除却在逃亡途中及其后死亡的家人，李金丧夫投靠崔祐甫时，合二为一的大家，人口至少也当有百数十人之多，景象确如崔祐甫墓志所说，"羁孤满室""滔滔不归"。这些家人在崔祐甫的庇护下，"迄于贼平，终能保全，置于安地"（《崔祐甫志》）。与此同时，李金也生活在了一个人际关系更为复杂的新家中，在这个家里，除了祐甫及其妻王氏外，还有其寡姊严爱；而李金的身份也从总揽家政的女主人，变为了接受赡养的从寡嫂。深谙女教和为妇之道的李金，顺应着这种身份的改变，也变换了自己的定位与行事风格，她在"娣姒同居，甥侄皆在"的季叔家中，"约己而申人"，"亲之以德，未尝忿竞"，事不争先而劳于众前，"家之百役，命先服其劳，恕而行之"（《李金志》），故而能与娣姒姑姊相处融洽。

与此同时，依于其弟的崔严爱，也以沉湎佛教、"融心禅慧"（《崔严爱志》）来充实着自己的时日，并以佛教的因果，成全着自己的苦节与隐忍。

---

① 《资治通鉴》卷225"唐代宗大历十二年（777年）四月"条，北京：中华书局，1956年，第7243页。

② 参见陈仲安、王素：《汉唐职官制度研究》，北京：中华书局，1993年，第346—347页。

③ （唐）崔祐甫：《广丧朋友议》，（清）董诰等编：《全唐文》卷409，第1854页上。

　　李金的独女也随她来到了从叔家，并且此女还甚得从叔祐甫的垂爱，"夫人一女，孝友纯至，太傅（崔祐甫）每与咨谋家务"（《李金志》），此女虽年幼，却也极具孝友的内行。后来，此女嫁与卢征。卢征"家于郑之中牟"，并曾在永泰元年（765 年），为江淮转运使刘晏辟为从事。①但此女"不幸短祚，稚齿而殁"（《崔众甫志》）。

　　另外，崔孟孙女崔緼，嫁与窦叔华，"年廿二，归扶风窦氏，所奉之主曰叔华，识微通变之士也"，这在崔暟家中，是一桩罕见的与非山东士族高门的联姻。崔緼也在安史之乱爆发后，逃到了江西，"顷属时难流离，迁徙江介……窦公尝檄崇仁尉，不再周而罢"（《崔緼志》）。以墓志的记载分析，崔緼的南奔，当是与其夫窦叔华同行的，或并未随父或随叔。南奔之后，窦叔华曾短期担任过崇仁县尉，而崇仁县已是江南西道下辖之抚州的属县②，并且抚州与洪州和吉州亦相毗邻。或许在窦叔华卸任之后，崔緼便携夫及家人迁到了父母所在的洪州；抑或在父母亡故时，她曾携夫为父母奔丧，并最终归宁于父母家；再或其父母正与叔父众甫合居共处，故此家亦是叔父崔众甫和娣母李金的家。而在此期间，她"又丧二子，积忧伤神，加之以疠气薄而为疾疹，医药不之能救，以宝应二年四月三日终于洪州妙脱寺之尼舍"（《崔緼志》）。在她逝前不到一年，叔父众甫去世，而娣母李金在她去世时，或已投奔了季叔崔祐甫，所以，她也有可能短暂依于过季叔。但不管怎样，她是卒于洪州的，至于妙脱寺，除表明她承继了其家奉佛的传统外，也显示了她的家人，特别是她的本家、她自己对延长寿命的祈盼。在她离世时，至少当有她的本家亲人的陪伴；而她的归葬，也是由其弟炻操办，并与家人——从姑崔严爱一道完成的③，"大历四年，国难方弭，窦公宦未及，介弟南昌县丞炻奉以还洛"（《崔緼志》），而其通达权变的夫婿窦叔华，则根本未有介入。

　　① 《旧唐书》卷 146《卢征传》，第 3966 页。

　　② 见（唐）李吉甫撰，贺次君点校：《元和郡县志》卷 28《江南道四》，第 680 页。

　　③ 崔緼和崔严爱的归葬，都是在大历四年十月至十一月间完成的，分别由两人之弟崔炻和崔祐甫操办。见周绍良主编：《唐代墓志汇编》，大历 014、大历 015，第 1769—1770 页。

四、合而再分的两京之家阶段：战争后的崔氏女性家人生活

经过漫长的安史之乱及期间的丧夫，李金终于返回了洛阳。至于她重返洛阳的时间，暂无所知，但至迟在大历十三年（778 年）大规模返葬家人之前。其后，李金重新生活在了洛阳的崇政里第；而崔祐甫则携妻入于长安，居住在了位于静恭里的宅第中，崔氏家人再次一分为二。

崔祐甫就亡于静恭里第，"以建中元年岁次庚申六月一日薨于京师静恭里第，春秋六十"（《崔祐甫志》）。按：静恭里位于长安城朱雀门街东第五街，皇城南横街南第三坊，近东市，"静"或作"靖"。①崔祐甫去世后，其寡妻王氏或仍居于此。史载，"朱泚之乱（即泾原兵变——笔者注），祐甫妻王氏陷于贼中，泚以尝与祐甫同列，雅重其为人，乃遗王氏缯帛菽粟，王氏受而缄封之，及德宗还京，具陈其状以献"②。泾原兵变发生在建中四年（783 年），军乱的前后，王氏都居于长安，而其于长安的住宅，或仍是静恭里第。

与此同时，李金则在洛阳度过了她的余生，她"以贞元十年岁次甲戌八月十日庚戌，终于东都崇政里第"（《李金志》）。按：李金在返回洛阳后的居处仍是崇政里第，但崔沔早前在崇政里第购下的宅邸，已在安史之乱中被毁，故李金所居之宅第，不能确定是为旧宅的修复，还是再购之新宅。李金再次在洛阳崇政里第生活时，她的近亲家人已过世大半，"天宝之末年，夷甫卒；乾元之初年，孟孙卒；宝应之初年，众甫卒"（《崔暟志》），她的两位继子满籝、贞固和亲女卢征妻也均亡殁；在世的继长女李润妻，或随夫居于他处，季叔崔祐甫，则或任外官，或于长安任职并居住，且他们也都先李金而亡。③所以此时，李金更多的是独自生活在崇政里第中，像建中四年泾原兵变发生时，她的景况就是"盗贼震骇，亲友逃散，独居东洛"。

---

① 参见（清）徐松撰，张穆校补方严点校：《两京城坊考》，北京：中华书局，1985 年，第 86 页。

② 《旧唐书》卷 119《崔祐甫传》，第 3441 页。

③ 李金继长女李润妻崔氏的亡殁时间不明，大历十三年改葬家人时，崔氏尚健在，并出现在了其父崔众甫的改葬墓志中（见周绍良主编：《唐代墓志汇编》，大历 059，第 1799 页），但在李金的墓志中，崔氏则没有出现。以此推测，李润妻崔氏当逝于大历十三年（778 年）至贞元十年（794 年）之间。另外，在崔暟后人举家南迁时，李润妻崔氏的行踪也没有出现，推测她当是一直居于夫家或随夫从宦的，只是在父葬时短时返家。

　　从李金的墓志看，在独居的时日里，她的生活重心或在如下两个方面，一是继续尽着嫡妇的家祭之责，即使在晚年患病时，她仍是亲力亲为于"享祀"诸事，"贞元八年夏，遇气疾加嗽，每杖而后起，及岁时享祀，必亲和甘旨，品笾豆，至于艺植而自命之"。二是诵经、持戒等奉佛生活，她"尤好释典，深入真空；诵《金刚般若经》《菩萨戒经》"（《李金志》）。她所诵的《金刚般若经》（1 卷，5287 字），是为禅宗的主要经典，因其篇幅短小和便于诵读理解，在唐代妇女中广为流传。①菩萨戒，亦称大乘戒，是为大乘菩萨修行中受持的戒律，《菩萨戒经》的内容基本是在家众或居士平日所需遵循或守持的戒法，包括十重四十八轻戒条文，其中与日常生活有关的，如十重戒中的杀戒、淫戒、酤酒戒，四十八轻戒中的饮酒戒、食肉戒、食五辛戒等。②由此可推知，李金的日常生活当是清心寡欲的，她不茹荤血、不饮酒食辛。

　　虽然大部分时间是"亲族皇皇，无依无恃"，但在家庭的重要事务中，李金强干的身影依然可见，最突出的就是大历十三年（778 年），她与季叔崔祐甫一道，共同操办的大规模家人改葬。她和崔祐甫以嫡孙妇和介孙的身份，一同改葬了祖父母崔暟和王媛，又携侄契臣、烷等，改葬了婆母卢梵儿、丈夫崔众甫及其原配卢氏。而平日，她也与两位从子——孟孙子烷和夷甫子契臣有着较多过从，像泾原兵变后时局持续混乱时，她被迫再次离开了东都，"避地济源"，投奔的就是崔烷。③但不幸的是，在此期间，她又再遭崔烷的亡故，"澧州侄亡，时四境兵锋，家困贫乏，自济如洛，百里而遥，夫人悉力营护，并二殇之丧，皆归葬邙山旧茔，俭而得礼"（《李金志》），年迈的李金又一次操办了晚辈的丧事。而另一位她"悉心慈抚"的从子契臣，与伯母的感情至深，李金的亡丧之事，都是由他所操办的。

　　自济源返回洛阳后，李金又在崇政里第生活了十年，直至终亡。在此期间，她至少还有从子契臣可以依靠，契巨于贞元十五年（799 年）晚于她去

---

①　对唐代妇女诵读或抄写佛经内容的分析，参见苏士梅：《从墓志看佛教对唐代妇女生活的影响》，《史学月刊》2003 年第 5 期，第 85—86 页。

②　见（后秦）鸠摩罗什译：《梵网经》卷下《梵网经菩萨戒序》，《中华大藏经》编辑部编：《中华大藏经（汉文部分）》第 24 册，北京：中华书局，1987 年，第 778 页中—787 页中，特别是第 781 页上一中。

③　按崔暟墓志，崔烷曾任大理评事兼澧州录事参军（见周绍良主编：《唐代墓志汇编》，大历 062，第 1803 页）。

世。①李金之后，崔暟家女性成员的生活就暂无所知了。

五、结语：从日常生活史看崔家女性成员的主体性与能动性

本部分作为结语，主要来回答本文开篇的问题。第一个问题是作为主体而非客体的崔家妇女，她们的个人生活际遇是怎样的？本文将崔暟家的若干女性成员置于了主角的位置——她们不再是男人生活的背景人物，并以此展开了对她们的史料解析与生命、心路历程的追踪。通过这些分析我们看到，从崔家的女家长王媛，到其子妇卢梵儿、王方大，再到孙妇卢氏、李金、李乔仙及女孙崔严爱、重女孙崔攀、崔缊、崔绚等，都是有着鲜活个性与独特人生经历的个体。

她们中的一些人精明强干、心理素质超强，如王媛和李金。

几位丧夫女子的表现有异有同，如卢梵儿早寡后，隐忍地生活在小叔崔祐甫的赡养下；而李金则在丧夫前后，从丈夫身后的隐身人变为了其家强干的女家长。但两人也有共通之处，那就是接受小叔赡养的不适和欲从中摆脱的愿望。卢梵儿或许从小就教育儿子要尽早自立，其长子众甫也确实做到了，她自己也在两子入仕后，开始了随子游宦的生活，并且这种生活一直伴随她至生命的终结。李金在流亡南方时丧夫，无奈之下投靠了季叔崔祐甫，但当丧女无子的她再次返回中原后，却并未随祐甫至长安生活，而是独自回到了老家洛阳。

妇女"从人"的特点，也使得崔家的女子都懂得克己礼让，特别是寄食于本家或叔伯家时，更是如此，突出的例子就是李金、卢梵儿和崔严爱。

关于婚后的妻从夫居还是夫从妻居，崔暟家的女子也是各视其情：如崔众甫长女李润妻，或许就是一直妻随夫居；而崔严爱与卢招，更多的则是夫从妻居。

女儿们的归葬，也因着个人的际遇与社会的环境而呈现着不同的样貌。如崔孟孙女崔攀因未庙见，而被"迁窆于北邙山平乐乡之原，礼也"（《崔攀志》）。按：崔暟家的茔域就在邙山的平乐原，大历十三年（778 年）改葬的崔

---

① 依崔契臣墓志，他卒于贞元十五年，官至汝州长史（见周绍良主编：《唐代墓志汇编》，贞元 092，第 1902 页）。

氏家人——崔暟和夫人王媛、崔沔和夫人三方大、崔众甫及夫人卢氏等的葬地均在此，同时改葬的卢梵儿，也"祔于监察御史府君（浑）"（《卢梵儿志》），崔浑或已先葬在了平乐原的家茔。崔攀葬于本家墓地而被称"礼也"，这是因为"在唐代的上层文化里，女子未嫁而死，就如生前，明确地属于父母家"①。崔孟孙的另一女崔缊，如前文所说，是卒于洪州的，她也在安史之乱后，被权厝在了本家墓地，"介弟南昌县丞㲈奉以还洛……改窆于北邙陶村之北原依于父母之茔，权也"（《崔缊志》）。

第二个问题，在日常生活中，这些崔氏妇女所体现的能动性，以及这些能动性与其时社会的关系。综上，崔家妇女的能动性、参与历史和生活的主动性，主要表现在如下四个方面。

第一，对山东旧族高门内婚的维系。如众所知，唐代时，山东旧族高门的内婚势头依然强劲，由此也引发了统治者对其控制政策的出台，"（显庆四年）十月十五日诏，后魏陇西李宝、太原王琼、荥阳郑温、范阳卢子选、卢浑、卢辅、清河崔宗伯元孙，凡七姓十一家，不得自为婚姻"②；"神龙中，申明旧诏，著之甲令：以五姓婚媾，冠冕天下，物恶大盛，禁相为姻。陇西李宝之六子、太原王琼之四子、荥阳郑温之三子、范阳卢子迁之四子、卢辅之六子、公（清河崔景晊）之八代祖元孙之二子、博陵崔懿之八子、赵郡李楷之四子，士望四十四人之后，同降明诏"③。而五姓高门内婚的持续，是与其女性成员有着密切关系的，如王媛就是这一婚姻取向的坚定拥护者与忠诚实践者。另外，崔暟的再从曾孙妇、官赠太子少保的崔倰继室卢氏，也与王媛有着同样的通婚理念，"始祖妣太君以夫人之淑慧，详求嘉偶，虑膏粱贵胤，不骄者鲜矣。爰择旧族"④，她为继女所择之婿，就是出身于赵郡的李藩⑤。而崔暟之后的三代联姻对象，除极个别者外——如崔缊婿窦叔华，都是山东五姓高门

---

① 陈弱水：《隐蔽的光景：唐代的妇女文化与家庭生活》卷上《隋唐五代的妇女与本家》，第143页。

② （宋）王溥撰：《唐会要》卷83《嫁娶》，第1528页。

③ （唐）李华：《唐赠太子太师崔公神道碑》，（宋）李昉、徐铉、宋白，等编：《文苑英华》卷900，第4740页下—4741页上。

④ 《唐故光州刺史李府君博陵崔夫人墓志铭并序》，周绍良主编：《唐代墓志汇编》，咸通087，第2447页。

⑤ 见《唐故朝议郎使持节光州诸军事守光州刺史赐绯鱼袋李公（潘）墓志铭兼序》，周绍良主编：《唐代墓志汇编》，开成050，第2205—2206页。

出身。

隋废九品中正制，山东士族自此失去了过去由制度所保证的政治、经济特权，但他们崇高的社会地位却得以保持，而保持社会地位的重要手段就是内婚，"盖唐代社会承南北朝之旧俗，通以二事评量人品之高下。此二事一曰婚，二曰宦。凡婚而不娶名家女，与仕而不由清望官，俱为社会所不齿"①。唐代已非贵族政治时代，他们在仕宦上的优势已丧失，并面临着新兴家族的巨大挑战，"因而在唐代，魏晋时代常见的如博陵崔氏与清河崔氏之间门第高下的争论已经停止，旧族家庭抱成一团，建立起排他性的身份集团，试图在新的政权中保持优势"②。从崔暟家的女性成员中我们也清楚地看到了旧族的这种努力。而有时这种努力也会被包裹在北方"娶于母党"的习俗下，就本文所涉及而言，除王媛为子沔娶女侄、卢梵儿为子众甫择本宗女为妻外，崔祐甫妻王氏，或也与王媛和王方大姑侄有着同门关系。

第二，对山东旧族高门政治地位的维系。优美的家门家风是山东旧族高门自外于凡庶之处，也是他们获取政治资本的手段，对此，陈寅恪先生指出："其（士族）与政治之关锁仍循其东汉以来通经义、励名行以致从政之一贯轨辙，此点在河北即山东地域尤为显著。"③崔暟家的情况也正如此。崔暟之家风被赞"清俭礼法"，并成了士流效法的对象，而这种家风的形成，则是其家男女两性共同努力的结果。前面谈到，崔家的男性成员循着传统的"经明修行"之路，而践行着儒家的做人准则，像崔暟、崔沔、崔祐甫三代，都能"友于兄弟"；崔沔"事亲至孝"；崔祐甫尊宗敬祖，"安禄山陷洛阳，士庶奔进，祐甫独崎危于矢石之间，潜入私庙，负木主以窜"④；崔沔、崔祐甫以俭自持，崔沔是"位事则高，家节以约，弊其衣服，粝其鼎方，虽道际于尊，而俭逼于下"（《崔沔志》），崔祐甫也是"绝私寡欲……躬俭节用，菲衣恶食，而自得也"（《崔祐甫志》）。而关于崔家女性成员的门风实践，像王媛在教育两子时，就特别强调孝友之德，以及荣进、谦退并重的为官态度；崔沔以"事亲至孝"

---

①　陈寅恪：《元白诗笺证稿》第 4 章《艳诗及悼亡诗》附《读崔莺莺传》，上海：上海古籍出版社，1978 年，第 112 页。

②　仇鹿鸣：《士族研究中的问题与主义——以〈早期中华帝国的贵族家庭——博陵崔氏个案研究〉为中心》，《中华文史论丛》2013 年第 4 期，第 302 页。

③　陈寅恪：《唐代政治史述论稿》中篇《政治革命及党派分野》，第 72 页。

④　《旧唐书》卷 119《崔祐甫传》，第 3437 页。

而名闻天下，但对其病母的日常护理与侍养，无疑是他的夫人王方大在主要承担；而崔家的家法，更被祐甫妻王氏所光大，她对朱泚赠帛粟一事的处理，就受到了时人的高度称赞："士君子益重祐甫家法，宜其享令名也。"①归葬、改葬家人是家庭雍睦、家人孝友的象征，特别是远途归葬家人，更为时人所重，像郑高的归葬家人就曾备受称道："自天宝已来，四方多故，权窆旅殡，飘寓江淮，未克归葬，十有七八。府君永惟窀穸，疾首疚心，菲薄率先，俭约训下，罄禄俸之资，举两代家事，亲朋仰叹，中外所称。"②李金与崔祐甫操办的大历十三年（778 年）家葬，时人也一定会给出同样的称誉。崔家妇女的这些行动，无疑是崔氏优美家风的重要构成，而优美的门风，也有效地抬高了崔家男性成员的政治声望。

崔祐甫便因着"门素清望"，而"独步华省，纶诰之地"，也被当然地认为"次当入践"。而作为博陵崔氏的重要成员，崔暟一家的荣显，也被视为唐中期山东旧族高门仍扮演重要角色的关键例证。③关于唐代的社会性质，内藤湖南曾提出了唐宋变革说，"六朝至唐中叶，是贵族政治最盛的时代。……名族在当时占有优越的政治地位……这种贵族政治在唐末至五代的过渡期式微"④。而崔暟及其后人的显赫宦途，也有效地支持了这一理论。⑤

关于婚宦与礼法于士族的作用，有学者指出："区别士族的标准，关键在于门第（婚宦）和门风（礼法、家学）。无论在家族或者在官场，两者互为表里，水乳交融，家族重'礼法'，仕进重'品状'，皆本于儒家伦理，此点至为根本。舍文化而惟取官宦论士族，则无异于官僚豪强，难得魏晋隋唐士族政治之神髓。"⑥从如上文化内涵意义上的内婚、礼法等方面的作为看，博陵崔氏崔

---

① 《旧唐书》卷 119《崔祐甫传》，第 3441 页。
② 《大唐故侍御史江西道都团练副使郑府君墓志并序》，周绍良、赵超主编：《唐代墓志汇编续集》，贞元 079，上海：上海古籍出版社，2001 年，第 792 页。
③ 参见[美]伊沛霞：《早期中华帝国的贵族家庭——博陵崔氏个案研究》第五章《唐代作为旧族的崔氏》，范兆飞译，第 112—152 页。
④ [日]内藤湖南：《概括的唐宋时代观》，刘俊文主编，黄约瑟译：《日本学者研究中国史论著选译》（第一卷·通论），北京：中华书局，1992 年，第 10—11 页。
⑤ 伊沛霞大体认同内藤湖南的唐宋变革说，她也将唐代视为一个贵族社会，她在《早期中华帝国的贵族家庭——博陵崔氏个案研究》一书中，便将崔俨（崔暟父）家作为了一个重要个例。见该书第五章《唐代作为旧族的崔氏》、附录二《崔俨世系表考释》，第 119—136、178—189 页。
⑥ 韩昇：《南北朝隋唐士族向城市的迁徙与社会变迁》，《历史研究》2003 年第 4 期，第 51 页。

暄一支崇高门第的维系，无疑有着王媛、王方大、李金、祐甫妻王氏等崔家女性成员的巨大贡献。

第三，护家佑族的作用。安史之乱爆发后，崔暄家的许多女性成员也随家南逃，在艰苦的逃亡路上和漫长的流亡过程中，她们护佑家人的力量不可小觑。前面谈到了李金率家人南奔的曲折历程。而到达流亡之地后，在生活环境迥异、家庭用度不足的情况下，李金、崔緼等又是竭尽所能，确保了家中长幼上下的基本衣食。李金在家中频有丧事而用度不充时，拿出私房钱——黄金数两补充家用；而崔緼"攻苦食淡，罄心劳力，绸缪牖户，以成其家"（《崔緼志》）。李金、崔緼所"成"的虽是她们的小家，但从唐朝的官方层面看，每一个家庭的存在，都对其后的社会发展有着至关重要的意义。关于安史之乱前后的户口变化，依《通典》所记，代宗大历中，全国的著籍户数由天宝十四载（755 年）的 891 万余户，锐减到了 130 万户。①至于本文探讨的崔暄家这一个案，在这一时期，也至少有成甫②、夷甫、孟孙夫妇、众甫、严爱、崔緼等成员的离世。

第四，佛教信仰对稳定家庭与社会的正面作用。前面谈到，佛教是崔暄和王媛的共同信仰，它实际也是大多数崔家女性成员的信仰，如崔严爱就"博览载籍，融心禅惠"；崔緼也是"终于洪州妙脱寺之尼舍"；卢梵儿的名字也透露了她的信仰，"夫人姓卢氏，讳梵儿，字舍那"（《卢梵儿志》）。古时，人们奉行"始生三月而加名"③"女子许嫁，笄而字"（《礼记·曲礼上》），卢梵儿的名、字或蕴含的是父母的期待，但她自小浸染于父母的佛教信仰中，也当无疑；而卢梵儿的子妇李金，她的笃信佛教，前面已经谈过，结合她的"诵《金刚般若经》"和崔暄的"尤好……《金刚般若经》"，也使我们看到了诵读这部禅宗经典，在这一家庭中的延续。

关于佛教实践的动机，宗教社会学认为，人心稳定与社会稳定是宗教的基本功能，人们"本能地追求普适性和稳定性，这是因为人们畏惧由过多的例外和由动荡引起的混乱……对普适性的追求使得个体或群体的意义系统努力将所

---

① 参见（唐）杜佑撰，王文锦、王永兴等点校：《通典》卷 7《食货·历代盛衰户口》，第 153 页。
② 据崔暄墓志，崔成甫卒于乾元元年（758 年）（见周绍良主编：《唐代墓志汇编》，大历 062，第 1803 页）。
③ 《礼记正义》卷 7《檀弓上》，（唐）孔颖达疏：《十三经注疏》本，第 1286 页中。

有日常的事件和经验整合到一种可以理解的范式之中"①。崔家女性成员的佛教信仰其实也如此，如王媛虽早年奉佛，但在丧夫失子后，更是耽于佛教的修行与领悟，而佛理也促她更以慈悲之心，维系家庭稳定；早年丧夫的卢梵儿（未满三十岁）、李金（三十六岁）、崔严爱（三十八岁），也在佛教"苦""空"思想的支撑下，做到了"礼贞卫什，誓以泛舟"（《卢梵儿志》），最终完成了"妇典母范"的职责；佛教修行也使这些女子能够清心寡欲，所以，无论是作为女主人，还是身处芸芸之大家，她们都能"奉上纯至，逮下宣慈"（《卢梵儿志》）、"上承下抚，言行无怨"（《李金志》）、"能敬以和，六姻仰止"（《崔严爱志》）②。

另外，李金除了诵佛经、持佛戒外，还"常读《孝经》《论语》《女仪》《女诫》"（《李金志》），崔暟也是《金刚般若经》与《老子道德经》和儒家经典兼修，这也使我们看到了崔家男女中的儒教、佛教互渗情况。关于佛教、儒教对唐人生活的影响，有学者指出，唐前期的知识界"以具有一种二元的世界观为其基本性格"，而二元世界观是指社会与家庭生活和个人生活与精神追求，前者的主要指导原则是儒家思想，后者则以古典道家、玄学、佛教、道教为主要思想资源。③而两者产生关联的原因是其具有的内在一致性，"就佛教而言，内心修为激发家庭生活中儒家伦理情感，从而维持家庭秩序的稳定和延续"④。在中国，修齐治平的道理自古有之，崔暟家人，特别是一些女性家庭成员，借助佛教信仰，以维系、延续着家庭的稳定，而她们的所为，其实也是在稳定着社会。

---

① 孙尚扬：《宗教社会学》，北京：北京大学出版社，2001年，第72页。
② 唐人墓志无疑存在隐恶扬善的特点，唐人对此就说道："大凡为文为志，纪述淑美，莫不盛扬平昔之事，以虞陵谷之变，俾后人睹之而瞻敬。其有不臻夫德称者，亦必模写前规，以图远大。至天下人视文而疑者过半，盖不以实然故绝。"（《唐范阳卢夫人墓志铭》，周绍良主编：《唐代墓志汇编》，咸通014，第2388页）但从崔暟家人的整体情况看，卢梵儿、李金、崔严爱等三墓志所记，当多属实情。按：崔暟后人的整体关系较为亲近，如长房的孟孙、众甫、夷甫及其家人在安史之乱中都得到了另一房的从兄弟崔祐甫的帮助、庇护；而在归葬家人时，从嫂李金与从弟祐甫也有着通力合作；从嫂李金还与大姑崔严爱一同在崔祐甫的洪州家中生活过；而崔严爱的长女婿李安亲、中女婿李又用，又都与李金一样同出陇西，所以，这两桩婚姻是否会与李金有关呢？
③ 见陈弱水：《墓志中所见的唐代前期思想》，氏著《唐代文士与中国思想的转型》，桂林：广西师范大学出版社，2009年，第98—121页。
④ 季爱民：《隋唐长安佛教的社会史》，北京：中华书局，2016年，第184页。

唐代墓志所见姓氏与家族

——基于《新编唐代墓志所在总合目录》的统计

谢宇荣　胡耀飞*

目前唐史研究的每一步进展，大抵都离不开新出墓志的推动，故而学者对新墓志趋之若鹜。举凡新出土的墓志汇编、新披露的单方墓志，乃至新整理的墓志目录，都在搜集的范围之内。近年来地不爱宝，出土了大量的墓志，也推动了这类汇编、目录的整理和出版。于是，学界形成了普遍追求新出墓志的风气，论文中更是几乎无处不用。当然，学界也针对这一现象有所反思，期待能够从墓志的史料分析走向史学分析。①不过，随着墓志出土数量的日渐增长，以及将来出土墓志数量日趋下降的可能性，在利用单个墓志进行史学分析之外，有必要开始从整体上处理现有墓志数据。对此，近二十年来，气贺泽保规先生主编的几种《唐代墓志所在总合目录》系列，即首先从目录方面展开了整理工作。②这一系列目录不仅便利学者利用此书对单篇墓志进行索引，更有助

* 谢宇荣，陕西师范大学历史文化学院博士生；胡耀飞，陕西师范大学历史文化学院副教授。

① 陆扬：《从墓志的史料分析走向墓志的史学分析——以〈新出魏晋南北朝墓志疏证〉为中心》，《中华文史论丛》2006 年第 4 期，第 95—127 页。

② 氣賀澤保規主編：《唐代墓誌所在総合目録》，明治大學東アジア石刻文物研究所，1997 年；氣賀澤保規主編：《新版唐代墓誌所在総合目録》，明治大學東アジア石刻文物研究所，2004 年；氣賀澤保規主編：《新版唐代墓誌所在総合目録》（増訂版），明治大學東アジア石刻文物研究所，2009 年；氣賀澤保規主編：《新編唐代墓誌所在総合目録》，明治大學東アジア石刻文物研究所，2017 年。此外，气贺泽保规等先生还架设了检索网站，但目前仅能检索 2009 版，参见：http://124.33.215.234/85_toyo2/sweb/search.php，2017 年 10 月 8 日。

于从整体上分析有唐一代所有出土墓志的时空分布特征。本文即试图在新出版《新编唐代墓志所在总合目录》（以下简称《新编目录》）的基础上，对所收录墓志的姓氏信息进行初步的统计和分析，以备日后进一步讨论墓志所见唐代的家族史。①

在此之前，笔者先就气贺泽保规先生主编的《新编目录》本身内容进行简单的概括。首先，该书基本延续了此前三编的整理方法，不同之处主要在于两点：一是对于截至 2015 年出土的所有具备明确年号纪年的 11 845 件墓志、无年号纪年的 197 件墓志和其余 481 件唐代志盖按照葬时重新进行编号，共计 12 523 件，比 2009 年版收录的截至 2008 年的 8737 件多出近 1/2；二是对于墓志所见载的比 2009 年版来源更加广泛的各种墓志录文、拓片汇编，重新进行归类和编排，整理出"收载资料集·报告集分属一览表"，以便读者查找原件。其次，该书延续了此前的姓名索引方法，按姓名首字笔画对所有志主（及其妻）的名字（及其妻姓氏或姓名）进行整理，制作"墓志名索引"，以备查阅。对于本文来说，之所以利用《新编目录》的考虑，首先是其信息的全面性和及时性，其次是"墓志名索引"的便利性。

一、姓氏数量和姓氏人口的统计

对于唐代墓志所见姓氏信息的统计，包括两个层面：一是整个唐代的姓氏数量统计，这在墓志材料大量出现之前，可以利用正史、笔记、文集和其他各种史料。在墓志材料出现之后，则提供了更加直接且全面的统计样本。即便墓志本身的制作有一定的阶层性，但并非所有阶层的唐人都能拥有墓志。对于姓

---

① 对于从姓名入手来分析家族，学界的关注不多，目前最为全面的应该属闫廷亮的博士论文《唐人姓名研究》（南开大学，2012 年）。不过，闫文虽然基于 Access 软件创建了一个唐人姓名数据库，但所依据的史料仅包括正史类（《旧唐书》《新唐书》《资治通鉴》）、姓氏类（《元和姓纂》）、墓志（《唐代墓志汇编》《唐代墓志汇编续集》）和《太平广记》。其中，墓志一类的数据来源颇为有限，加之目前出版了大量墓志书，十分需要进一步的全面整理。此外，日本学者土肥义和根据敦煌文献整理过唐宋之际敦煌氏族人名，参见土肥義和编：《八世纪末期～十一世纪初期燉煌氏族人名集成－氏族人名篇·人名篇一》，東京：汲古書院，2015 年；土肥義和编：《八世纪末期～十一世纪初期燉煌氏族人名集成－索引篇一》，東京：汲古書院，2016 年。

氏分布而言，同一姓氏内部本身有不同的阶层，如果样本增多，则其涵盖的姓氏范围也会增加。二是整个唐代姓氏人口的统计，即对拥有某一姓氏的基本人数的统计，可以从志主层面进行简单的统计，也可以从志文所见所有人物姓氏的层面进行更加复杂的统计。在这一统计基础上，结合对姓氏的统计，即可得到唐代大部分姓氏的人口比例。基于这两个层面，本文即以《新编目录》所载姓氏为统计对象，对这两个层面的信息皆予以揭示。

首先，在"墓志名索引"中，若刨除最后的"姓不详"（76 件）、"残墓志"（20 件）两项，可以得到从"一画"至"二十九画"在内的所有首字，共计 517 个字。其中，有些首字并非姓氏，需要予以刨去。有些首字包含不止一个姓，即有两个或以上的首字相同的复姓。明了这两点，即可将"墓志名索引"所见首字整理为表 1。

表 1　《新编目录》"墓志名索引"所见首字统计

首字笔画	姓氏	非姓氏	姓氏数量
一画 （1 字）	乙（乙弗、乙速孤）		1（+1）-0=2
二画 （8 字）	丁、刀、卜	七、九、了、二、八	8-5=3
三画 （12 字）	"万"（+万俟）、上（上官）、之、乞（乞伏）、也、于、士、干（干元）、弓	三、亡、大	12（+1）-3=10
四画 （21 字）	井、仁、仇、元、公（公孙、公都）、勾（勾龙）、夫（+夫蒙）、孔、尹、支、方、冊（冊丘）、毛、牛、王	不、五、六、天、太、比	21（+1）-6=16
五画 （23 字）	"且"、丘、令（令狐）、冉、包、古、召、史、司（司空、司徒、司马）、左、平、"正"、氾、甘、田、申（+申屠）、疋（匹娄）、白、石	四、尼、本、玄	23（+3）-4=22
六画 （23 字）	仲、仵、任、伍、先、吉、同、向、宇（宇文）、安、戎、成（+成公）、曲、朱、江、牟、竹、米、羊、舟、西（西门）	如、戍	23（+1）-2=22
七画 （30 字）	似（似先）、何、余、克、别、吴、吕、宋、岐、岑、延、扶（扶余）、折（+折娄）、李、杜、束、汲、沈、沙（+沙陀）、狄、谷、豆（+豆卢）、车、辛、邢、那（那卢）	佛、初、含、妙	30（+3）-4=29
八画 （45 字）	京、来、卓、叔（叔孙）、周、呼（呼延）、和、昝（昝）、固、奇、孟、季、宗、尚、屈（+屈突）、房、拓（拓跋）、昌、明、易、杭、东（东乡）、林、武、祁、竺、舍（舍利）、花、苟、若（若干）、苻、范、邵、邸、金、长（长孙）、门、阿（阿史那）、青	岳、杳、法、波、空、㳒①	45（+1）-6=40

----

① 此"㳒"字，即"法"字隶书写法之一，见《法如禅师形状》原碑拓片。承蒙黄日初博士惠示，谨此致谢！不过此处依然按《新编目录》与"法"字分列。

续表

首字笔画	姓氏	非姓氏	姓氏数量
九画 （42字）	侯（+侯莫陈）、俎、俣、俞、南（+南宫）、契（契苾）、姚、姜、封、帝、回（回纥）、施、柏、柳、段、毘（或毘沙）、泉、洪、皇（皇甫）、相（相里）、禹、纪、纥（纥单、纥干）、端、胡、苑、苗、茅、茹、荆、要、郁（+郁久闾）、郯	俊、勃、律、思、恒、海、珍、贞、首	42（+4）－9=37
十画 （56字）	乘、俱、俾（俾失）、倪、原、员、哥（哥舒）、唐、夏（+夏侯）、奚、姬、娥、孙、师、席、库（库狄）、徐、晁、时、晋、晏、柴、栗、格、桂、桑、桓、梅、殷、浩、乌、班、眠、秘、祖、祝、秦、纽、索、翁、耿、能、荀、莫、袁、通、连、郗、郜、郝、郎、韦、马、高、帝^①	修	56（+1）－1=56
十一画 （52字）	假、唊、国、执（执失）、娄、宫、寇、尉（+尉迟）、崔、巢、常、康、张、强、从、戚、扈、斛（斛律、斛斯）、暴、曹、梁、凌、淳（淳于）、毕、盛、眭、章（+章仇）、符、第（第五）、华、菀、苌、处、许、郭、阴、陈、陵（凌）^②、陶、陆、鱼、麻	商、啜、婕、崇、惟、淑、净、深、清、进	52（+3）－10=45
十二画 （48字）	傅、乔、单（+单于）、尧、庚、彭、掌、敬、景、智、曾、钦、游、浑、湖、汤、無、焦、甯、程、粟、絶、舒、萬、葉、董、覃、费、贺（+贺拔、贺若、贺兰）、逯、达（达奚）、鄂、开、阳、云、项、冯、黄、黑（+黑齿）、斝	善、坚、惠、普、道、隆、隋、顺	48（+5）－8=45
十三画 （25字）	廉、杨、源、温、"睦"、葛、虞、解、贾、路、载、逿、邹、邬、钳（钳耳）、雍、雷、靖、靳	嗣、圆、慈、窣、义	25－5=20
十四画 （23字）	僖、寜、廖、慕（慕容）、畅、荣、尔（尔朱）、甄、種、管、翟、盖、蔡、蒋、裴、褚、赫（赫连）、赵、辅、齐	僧、实、福	23－3=20
十五画 （27字）	价、仪、剧、刘、挚、乐、樊、欧（欧阳）、滕、颍、潘、樛、臧、谈、论、诸（诸葛）、邓、郑、阎、巩、鲁、黎	广、德、澄、诺、轮	27－5=22
十六画 （25字）	冀、桥、矫、炽（炽俟）、燕、独（独孤）、卢、穆、薄、薛、卫、衡、钱、阎、"随"、险、霍、骆、鲍、龙	宪、县、晓、静、默	25－5=20
十七画 （17字）	弥（弥姐）、应、戴、檀、璩、环、缪、萧、谢、蹇、钟、鞠、韩、鲜（鲜于）	优、济、灿	17－3=14
十八画 （13字）	归、瞿（+瞿昙）、聂、萨、药、赘、关、难、颜、魏	慧、临、医	13（+1）－3=11

①　此"帝"字来自志盖拓片，见《北京图书馆藏中国历代石刻拓本汇编》第19册，第131页。其拓片作"帝"，故宫博物院熊长云博士释读为"席"，可从，谨此致谢！不过此处依然按《新编目录》列入。

②　《新编目录》释录为"陵（凌）"，即同一笔画中出现的"凌"，此表暂从《新编目录》分列。

续表

首字笔画	姓氏	非姓氏	姓氏数量
十九画 （12字）	"怀"、祢、罗、藤、蔺、苏、兰、谭、边、鞠、庞	证	12-1=11
二十画 （7字）	严、窦、鐘、铎（铎地）、骞	觉、释	7-2=5
二十一画 （3字）	权、顾	辩	3-1=2
二十二画 （2字）	郦、龚		2-0=2
二十四画 （1字）		灵	1-1=0
二十九画 （1字）	爨		1-0=1

　　注：①表中姓氏栏加括号者为《新编目录》所见姓名首字的姓氏全写，如"乙（乙弗、乙速孤）"指代"乙弗""乙速孤"两个姓氏；②若括号中有加号，则为《新编目录》所见姓名首字，即姓氏之一，另加以该字为首字之复姓，如"万（+万俟）"指代"万""万俟"两个姓氏；③表中非姓氏栏，不包括在姓氏栏中已经出现过的首字；④表中笔画为繁体字的，部分简体与繁体为不同姓氏，且易混淆者，保留繁体字形

　　表1基本反映了有唐一代，包括传世文献中的墓志和出土的墓志所出现的志主姓氏情况：一画（2）、二画（3）、三画（10）、四画（16）、五画（22）、六画（22）、七画（29）、八画（40）、九画（37）、十画（56）、十一画（45）、十二画（45）、十三画（20）、十四画（20）、十五画（22）、十六画（20）、十七画（14）、十八画（11）、十九画（11）、二十画（5）、二十一画（2）、二十二画（2）、二十九画（1），共计455个。

　　需要指出的是，在姓氏中，有些姓氏属于误判，表1中通过加引号予以区分，如三画中的"万"氏，属于《新编目录》第3144号所谓"万师及妻陈氏墓志"，然据墓志原文，实为"万俟府君（师）"。①又如五画中的"且"氏，属于《新编目录》第11040号和第11041号重复出现的"且诠墓志"，但笔者已经指出"且"为"苟"之误，属颍川苟氏。②又如同为五画的"正"氏，其实这方《新编目录》第1451号所谓"正延及妻爨氏墓志"，实际为"王延"，属太原祁县王氏。③又如十三画的"睦"，属于《新编目录》第7842号所谓"睦

---

① 不著撰人：《大周故万俟府君（师）墓志铭并序》，吴钢主编：《全唐文补遗》第8辑，西安：三秦出版社，2005年，第318页。

② 胡耀飞：《姓望与家庭：瓷墓志所见晚唐至宋初上林湖地区中下层社会研究》，王刚主编：《珞珈史苑》（2014年卷），武汉：武汉大学出版社，2015年，第106页。

③ 不著撰人：《大唐故处士王君（延）墓志铭并序》，吴钢主编：《全唐文补遗》第2辑，西安：三秦出版社，1995年，第209页。

述墓志",而查核所引《全唐文新编》卷 520 所载梁肃文章,实为《睦王墓志铭》,属唐朝宗室,唐代宗之子。①又如十九画的"怀",属于《新编目录》第 374 号所谓"怀浚墓志",但据墓志原文,实际上墓主姓裴名怀浚。②另有一例完全出于唐人自造,如已经被学界认定并无其人的司马迁侍妾随清娱,《新编目录》甚至依然作为唐人墓志列为第 556 号。③

在非姓氏中,一种情况是"二品""三品""四品""五品""六品""七品""八品""九品""婕妤三品"等亡宫,或直接为"宫人"(+某品或+某氏)、"亡宫"、"勃逆宫人"等,一种情况是僧人法号首字,或"僧""亡尼""尼""法师""律师""佛堂"等。当然也有其他一些情况,比如胡族首领的胡名,《新编目录》第 6345 号"诺思计墓志"、第 4694 号"默啜可汗"等即是;又或者是地名,《新编目录》第 5143 号"商州别驾"、第 12444 号"济南某公"等即是。

以上几种情况,需要充分考虑进去。不过,表 1 作为对该书整理成果的梳理,对于误判的姓氏依然纳入表中。虽然被误判的姓氏并不一定就不存在,但至少在出土墓志中尚未得见。因此,在下文中,笔者将把误判的姓氏予以剔除或归并。至于包括僧尼在内的非姓氏内容,由于精力和能力所限,笔者无法将《新编目录》所涉及的所有僧尼俗姓全部找到,故而只能全部不予考虑,是为所憾。

另外需要加入讨论的是志主配偶(还有母亲等其他家人)的姓氏,以及其他情况下出现的姓氏,这部分内容为附属于按墓志名首字排列的姓名信息,故而无法从索引中直接予以呈现。出现这样的情况,一是取决于原墓志题名的书写格式,二是因为《新编目录》编者对墓志信息的提取。因此,笔者只能手动整理"墓志名索引"中所直接标示的志主配偶(还有母亲等其他家人)姓氏以及其他情况的姓氏。这些情况主要包括以下几种。

第一,"墓志名索引"中对墓志题名的定名,大部分是夫妻合志且以夫姓在前,但也有少部分是妻子墓志而以丈夫姓名在前,或母亲墓志而以儿子姓名

---

① (唐)梁肃:《睦王墓志铭》,《全唐文新编》卷 520,长春:吉林文史出版社,1999 年,第 6076 页。

② 不著撰人:《大唐左卫中郎将裴君(怀浚)墓志铭》,吴钢主编:《全唐文补遗》第 7 辑,西安:三秦出版社,2000 年,第 248 页。

③ 程章灿:《司马迁真有侍妾随清娱吗?》,《中国典籍与文化》1996 年第 4 期,第 71—72 页。

在前，女儿墓志而以父亲姓名在前。后三种情况，本文基于古代男尊女卑的历史常态，与前一种情况同等对待。当然，其中女儿墓志而以父亲姓名在前者，鉴于所有墓志或多或少都要记载父祖姓名，以及遗传学上男性 Y 染色体更便于追踪祖先起源①，故而本文不予单独说明。另外则是女子墓志而以丈夫姓名附见，比如四画中第 6202 号墓志名"王芳媚（睿宗妃）墓志"，其睿宗（李姓）即为附见姓名。

第二，"墓志名索引"中以"非姓氏"用字作为首字入列的墓志名中，也有在首字之后出现姓氏的情况，包括两类：一是如三画中第 2710 号"亡宫三品婕妤金氏墓志"，这是并未将志主姓氏前置的情况，本文将纳入《新编目录》所见姓氏及姓氏人口统计表（由于表格较长，本文暂略）对志主姓氏的整体统计之中；二是如十一画中第 5143 号"商州别驾妻刀氏墓志"，这是夫妇中前置的男性姓氏不详，而以官职代替的情况，本文将纳入《新编目录》"墓志名索引"附见姓氏统计表（由于表格较长，本文暂略）的统计中。

第三，"墓志名索引"中"姓不详"部分中也有男性志主姓氏不详的配偶姓氏，也单独整理，纳入《新编目录》"墓志名索引"附见姓氏统计表予以讨论。

第四，对于改姓的情况，本文遵从"从死不从生"原则，以入葬时的姓氏为收录标准，比如《新编目录》第 10519 号墓志所载夏氏夫人，"本姓湛氏"，因为避唐穆宗李湛之讳而"奉诏改为夏氏"②，这里就仅记录夏氏，而不统计湛氏，这个原则同样适用于志主姓氏，以避免更加复杂的整理。

综合这几类姓氏，本文称之为"附见姓氏"，并根据性质加以统计，整理为《新编目录》"墓志名索引"附见姓氏统计表。此外，也有《新编目录》误判的所谓姓名，如第 7046 号"杨光及妻德允彰墓志"，据墓志原文，其妻姓名不详，"德允彰"三字来自描述其妻品德的文字"妇德允彰"，不当为其姓名。类此，皆不予统计。

需要说明的是，由于姓氏本身在古代男性可传给自己后代而女性不可传给

---

① 对于利用 DNA 技术追踪历史人群的族群起源，以及研究中古世族的传承，可参考近年来复旦大学韩昇先生所倡导的历史学与生命科学的合作研究。具体个案参见韩昇：《曹操家族 DNA 调查的历史学基础》，《现代人类学通讯》第四卷，2010 年 6 月，第 46—52 页。

② 王珣：《唐故定州司仓参军东乡府君夫人鲁郡夏氏墓志铭并序》，周绍良、赵超主编：《唐代墓志汇编续集》，大中 049，第 1004 页。

自己后代的直系传承，以及大部分墓志都必然会溯及父系的普遍性，本文所统计的姓氏人口，大致以同一姓氏的一两代人为基本单位。比如一方男性墓志，附见其妻（或母亲等旁系亲属），则计两个姓氏人口；若一方女性墓志，附见其父亲，则计一个姓氏人口。由此，《新编目录》所见姓氏及姓氏人口统计表所统计的人口并非墓志所见该姓氏的真实人口数，而是父子（女）两代为单位的姓氏人口数，本文称之为"姓氏人口"。

总之，根据《新编目录》"墓志名索引"附见姓氏统计表，即可以得到《新编目录》所见姓氏数量及"姓氏人口"信息，可整理为《新编目录》所见姓氏及姓氏人口统计表。经统计，《新编目录》所见唐人姓氏共计 449 个，姓氏人口共计 16 666 人。相比于闫廷亮根据传世文献和墓志所统计而得的 670 个姓氏和41 950 人，虽然数量较少，但也已经足够具有代表性。①

二、姓氏信息所见家族信息

根据上文的统计，可以看到《新编目录》所见唐代姓氏数量和姓氏人口数量，也能由此进一步分析整个唐代的姓氏分布问题和所反映的家族问题。当然，需要着重说明以下三点。

第一，本文的统计是基于《新编目录》所拟墓志题名的统计，所以对《新编目录》本身的误判，只能在力所能及的情况下予以更正。其中大部分误判前文已经予以说明。另有一些零星的情况，比如志主姓氏误判、附见配偶信息遗漏等，由于笔者短时间内无法将上万方墓志逐一核对，只能在充分信任《新编目录》的基础上加以采用。

第二，对于姓氏的统计，除了志主姓氏和上文界定的附见姓氏外，还有志文中涉及的其他志主亲属姓氏，包括母亲、祖母、曾祖母一类，还有儿媳、孙媳、女婿、孙女婿一类，这些原则上都是统计对象。不过鉴于墓志数量的庞大规模，如果要全面统计，将是一个十分庞大的工作，本文只能暂时不予考虑。

---

① 闫廷亮：《唐人姓名研究》，南开大学博士学位论文，2012 年，第 21 页。

第三，在那么多墓志中，不可避免地会存在一人多志（先葬后葬或重复刊刻）、多人（夫妻或父子母子乃至家族）一志，或者各种改名换姓的情况，以及志石和志盖因分离而分列为两志的情况，从而导致部分误判。这些样本方面的问题都会有，但量不会很大，所占比重很小，特别是就上万方墓志而言，毕竟当样本量越大的时候，各种姓氏的出现或分布概率就越能达到一个稳定值。因此，本文对此虽然有继续精确的必要，但不影响大致结论。

1. 姓氏与家族活跃度

姓氏从来不是单独的符号，其背后有一个乃至数个家族的支撑。故对于姓氏的统计，其实就是对于家族的统计。对于姓氏分布情况的整理，也就是对家族分布情况的整理。就唐代的姓氏统计来说，可以有两种途径：第一种是按照时间顺序，将前后不同时期的姓氏数量和姓氏人口数量的发展变化予以揭示，这适合于根据《新编目录》主体部分，即按时间顺序整理的"墓志目录"来进行统计，需要另文处理；第二种是不管时间顺序如何，仅将整个唐朝的墓志所见姓氏情况予以分析和整理，这适合于根据《新编目录》"墓志名索引"来进行统计。本文即取第二种途径。

根据上文统计，可以很清晰地看到墓志所见姓氏人口的数量分布情况。笔者曾统计过晚唐五代宋初约 200 年间上林湖地区的姓氏人口分布情况，并根据数量，将该地姓氏分为高频（19.8%）、中频（16.7%）、低频（63.5%）三类。[①]而若将整个唐代约 300 年间墓志所见的姓氏人口视为一体，也能分辨出其中的高频、中频和低频姓氏，见表 2。

表 2　《新编目录》所见唐代姓氏人口比例

姓氏人口数量/人	姓氏	姓氏数量统计	
		数量/个	比重/%
X≥1000	李、王、张	3	0.7
1000＞X≥100	刘、崔、杨、卢、郑、赵、郭、韦、陈、裴、高、孙、韩、宋、杜、马、元、薛、董、萧、程、贾、柳、梁、朱、冯、田、姚、徐、任	30	6.7
100＞X≥50	周、吴、魏、曹、秦、史、段、吕、许、窦、孟、范、陆、牛、康、袁、何、苏、樊、侯、武、常、唐、成、皇甫、胡、独孤、阎、严、房	30	6.7
50＞X≥30	辛、蔡、沈、苗、于、慕容、路、安、乐、卫、长孙、尹、翟、申、傅、申屠、邓、邢、蒋、封、司马、罗	22	4.9

① 胡耀飞：《姓望与家庭：瓷墓志所见晚唐至宋初上林湖地区中下层社会研究》，王刚主编：《珞珈史苑》（2014 年卷），第 109～113 页。

续表

姓氏人口数量/人	姓氏	姓氏数量统计	
		数量/个	比重/%
30＞X≥10	宇文、焦、权、白、支、阳、颜、温、孔、郝、石、霍、丘、潘、姜、关、夏侯、仇、源、万、索、鞠、黄、殷、邵、靳、宗、陶、寇、解、毛、丁、和、戴、左、雍、谢、庞、臧、席、彭、鲁、桓、豆卢、边、穆、令狐、雷、敬、贺兰、公孙、尚、姬、顾、汜、毕、鱼、钱、齐、明、蔺、金、骆、纪、吉、洽、耿、褚、阿史那、虞、燕、江、盖、达奚、暴、庾、汤、司徒、施、乔、来、骞、费、尔朱、柴、鲍、柏	87	19.4
10＞X	桑、斛斯、侯莫陈、贺、爨、车、诸葛、荀、谭、粟、屈突、契苾、南、阎、龙、兰、景、甘、淳于、祖、竹、苑、余、尉、万俟、米、逯、晋、衡、管、方、单、岑、邹、锺、甄、云、阴、向、夏、祁、娄、林、廉、连、库狄、荆、贺若、龚、弓、狄、成公、畅、苌、鲜于、仵、眭、上官、茹、荣、泉、屈、欧阳、倪、能、郎、鞠、靖、华、斛律、宫、葛、郜、苻、卜、包、班、锺离、员、俞、游、乙弗、项、郗、乌、时、师、冉、曲、青、岐、莫、麻、黎、呼延、贺拔、谷、古、辅、第五、晁、薄、智、掌、章、要、羊、相里、奚、尉迟、司空、舒、若干、璩、强、戚、平、匹娄、甯、聂、南宫、秘、门、梅、论、栗、开、井、季、洪、赫连、苟、格、符、扶余、刀、曾、卓、祝、竺、仲、种、挚、执失、载、郁、乙速孤、仪、葉、药、众、晏、伍、菀、檀、郦、剧、塞、冀、浑、环、黑齿、纥干、纥单、杭、巩、炽俟、巢、阿那、俎、絜、庄、端、舟、钟（钟）、赟、之、折娄、折、召、章仇、昝、原、禹、应、颍、钦、易、也、尧、延、险、先、儁、西门、无、邬、翁、拓跋、同、通、逤、藤、滕、谈、覃、俟、夷、叔孙、似先、沙、萨、戎、仁、瞿昙、毘（或毘沙）、纽、宁、难、那卢、牟、缪、眅、弥姐、茅、凌、淩○、廖、姚、克、京、矫、价、假、汲、回纥、花、扈、湖、黑、过、国、桂、归、毌丘、固、缑、勾龙、公都、哥舒、干元、夫蒙、夫、鄂、娥、铎地、豆、东乡、帝、郇、唊、从、处、乘、昌、别、俾失	277	61.7

注：X＝《新编目录》所见姓氏人口数量

　　通过表 2 可大体明确不同姓氏人口的姓氏在所有姓氏中所占的比重，从而可以大致区分为以下三类情况。

　　第一类：姓氏人口占优势的高频姓氏，包括大于等于 1000 的李、王、张三大姓，100（包括 100）到 1000 的 30 个姓氏、50（包括 50）到 100 的 30 个姓氏和 30（包括 30）到 50 的 22 个姓氏。这些姓氏一部分为魏晋南北朝以来的世

家大族、中小士族，比如陇西、赵郡等李氏，太原、琅琊等王氏，清河、博陵等崔氏。还有各种地位居高的北族姓氏，比如鲜卑元氏、独孤氏、慕容氏、长孙氏，粟特史氏、康氏、何氏、安氏等。当然，这里并不是说所有姓这个姓的姓氏人口都属于这些世家大族或中小士族，而是说这些世家大族或中小士族的家族规模和姓望名声对于这个姓的整体姓氏人口的增长能够产生较大的影响。

世家大族之外是其他一些姓氏人口数量不亚于传统意义上世家大族的姓氏，比如刘氏、张氏等。这类姓氏一般并不主要依靠自身的政治、社会地位的优势，而是通过自然繁衍及在数量上扩张。比如张氏，其郡望十分多元，甚至有虚构郡望的情况存在①，并无一个在整个官僚体系中占据主导优势的郡望，但这些小规模的郡望人口加起来却也十分庞大。

第二类：姓氏人口占中等比重的中频姓氏，主要是 10（包括 10）到 30 的 87 个姓氏。中频姓氏中，以来自地方上的区域性小家族居多，比如主要出自高昌地区的麴氏，出自琅琊的颜氏。也有一些人口和地位略次一等的胡族姓氏，比如鲜卑宇文氏、豆卢氏、贺兰氏，突厥阿史那氏，粟特石氏、穆氏、毕氏、尔朱氏等。②对这类家族的统计，可以根据敦煌出土的各类谱牒文献，比如《天下姓望氏族谱残卷》《新集天下姓望氏族谱一卷并序》等，按州郡县等地域进行对比。③从中可以看到这类家族通过自身的繁衍，不仅在一定的区域内形成规模，并且其中许多姓氏在唐以后至今逐渐演变成为全国范围内的高频姓氏。当然，也有一种情况是，曾经的高频姓氏因时代变迁政治、社会地位下降，而成为中频姓氏，比如宇文氏曾是北周皇族，但在北周灭亡后，因隋文帝杀戮而人口锐减。

第三类：姓氏人口稀少，地域分布更局限的各类低频姓氏，主要是姓氏人口在 10 以下的 277 个姓氏。当然，原则上也需要包括其他并不能够通过墓志来体现的姓氏，但在没有墓志材料的情况下无法处理，只能暂时略去。在这些低频姓氏中，有在唐代零星分布，但在今天南方地区非常普遍的各种姓氏，比

---

① 仇鹿鸣：《制作郡望：中古南阳张氏的形成》，《历史研究》2016 年第 3 期，第 21—39 页。

② 关于尔朱氏的族属，近来王素主张粟特说，颇可从之。参见王素：《北魏尔朱氏源出粟特新证——隋修北魏尔朱彦伯墓志发覆兼说虞弘族属及鱼国今地》，《纪念西安碑林 930 周年华诞学术研讨会论文》，西安：碑林博物馆，2017 年 10 月。

③ "二谱"均收入唐耕耦、陆宏基编：《敦煌社会经济文献真迹释录》第一辑，北京：书目文献出版社，1986 年。

如麦氏、奚氏等。出现这类情况，首先当然是在墓志出土地主要为长安、洛阳及其两京走廊地带的情况下，这类可能主要分布在南方地区的土著姓氏能够拥有墓志的姓氏人口非常少。另一种可能就是这类姓氏本身即十分少见，其中少数在唐以后才慢慢地发展为中频姓氏，甚至更多的可能就消失了。在这类姓氏中，除了汉人的一些僻姓和复姓外，也有很多胡族姓氏。

由以上分析可以看到，在整个唐代除了世家大族之外，还兴起了纯粹通过经济实力占据各种社会资源的家族。随着各类中频姓氏向高频姓氏进发，低频姓氏向中频姓氏甚至高频姓氏进发，更出现了各种取代现象。也就是高频姓氏日益庞大，低频姓氏纷纷消失，中频姓氏逐渐普遍。在这样的情况下，原有的郡望已经不足以体现贵族姓氏的特殊内涵，而需要能够涵盖更大范围的宗族体系的出现，以及更为细小的各种支系概念的利用。①换句话说，魏晋南北朝以来的世族社会，已经逐步演变，向宋代以后的宗族社会进发。

最后，对于高频、中频、低频三类姓氏的统计，可以对比基于《元和姓纂》的相关统计数据。但由于《元和姓纂》卷帙浩繁，且史料性质复杂，对此有待另文在处理《元和姓纂》数据的基础上，再进行对比。

2. 特殊姓氏与家族情况

对于《新编目录》所见姓氏的统计，除了能够反映整体上的姓氏和家族的演进情况外，也可以从中讨论一些个案问题。这类问题主要见于中频姓氏和低频姓氏。中国的姓氏，最常见的是单字姓，且大多有明确的能够从三皇五帝、夏商周等开始追溯的源流。在此之外，则有比较特殊的一些姓氏，虽然并不否认自己也来自三皇五帝或夏商周人，但与一般的单字姓的差别依然很大。对于这些双字、三字姓氏及其代表的家族，是在世家大族之外理解中古历史另一个层面的途径。

1）复姓

复姓是指两个字及以上的姓氏，一般以两个字最为常见。有学者曾根据两《唐书》《资治通鉴》《元和姓纂》统计出唐代复姓 110 个，并区分为三代以来华夏传统姓氏、魏晋南北朝以来周边民族姓氏和与唐朝有密切交往的周边民族

---

① 对于各种支系概念的利用，中古时期已有，如崔氏的"房"、河东裴氏的"眷"，但在唐代有趋于消失的倾向，而郡望则逐渐普遍化。至宋代以后，郡望功能渐趋消失，方有其他支系概念如"堂""派"的出现。

姓氏。①根据本文的统计，《新编目录》所见复姓共计 72 个，已占传世文献所载复姓的 65.45%。这些复姓大致包括两类：先秦以来的中原复姓有皇甫、申屠、司马、夏侯、令狐、公孙、司徒、诸葛、淳于、成公、鲜于、上官、欧阳、钟离、第五、相里、司空、南宫、章仇、西门、叔孙、毌丘、勾龙、公都、东乡，凡 25 个；魏晋以来的胡族复姓有独孤、慕容、长孙、宇文、豆卢、贺兰、阿史那、达奚、尔朱、斛斯、侯莫陈、屈突、契苾、万俟、库狄②、贺若、斛律、乙弗、呼延、贺拔、尉迟、若干、匹娄、赫连、扶余、执失、乙速孤、沙陀、钳耳、乞伏、黑齿、纥干、纥单、炽俟、阿那、折娄、拓跋、似先、瞿昙、那卢、弥姐、回纥、哥舒、干元、夫蒙、铎地、俾失，凡 47 个。

对于这些复姓的发展，一方面是大量的复姓简化为单姓，另一方面则是许多复姓顽强地坚持着复姓形式。这方面，先秦以来的中原复姓简化为单姓的情况更多，而魏晋以来胡族复姓简化为单姓的情况较少，这是因为随着时间的流逝，会有更多的复姓简化为单姓。唐代所见胡族姓氏能够流传到今天的微不足道。至于简化的原因，则有生活便利，也有族群认同乃至政治强迫的关系。因此，在结合传世文献的基础上，即可以从墓志记载本身来具体讨论各种复姓，以及各种从复姓简化而来的单姓家族自我认同情况。

2）胡姓（包括赐姓）

胡姓主要是指魏晋以来进入中原地区的各种胡人姓氏。③在本文的统计中，可以明确为胡姓的复姓大致有 47 个（见上文）。此外还有大量单姓胡姓，除了粟特安、粟特史等比较容易辨认的姓氏外，很多单姓的胡姓性质需要专门梳理，此处不赘。总之，就复姓胡姓而言，在经过北朝时期数番胡汉之间姓氏转换之后，大量胡姓到唐代难见踪影，或改头换面为汉人姓氏，或因绝嗣而消亡。

对于胡姓数量的减少，特别是改为汉姓，一方面是胡族出于主动融入华夏

---

① 闫廷亮：《唐人复姓考略》，《历史教学（高校版）》2008 年第 24 期，第 101—104 页。

② 库狄氏即库狄氏，相关考证见吴超：《库狄还是库狄》，魏坚、武燕主编：《北魏六镇学术研讨会论文集》，呼和浩特：内蒙古人民出版社，2015 年，第 225—231 页。

③ 对魏晋南北朝以来的胡姓研究，涵盖范围最广的是姚薇元的《北朝胡姓考》（修订本）（北京：中华书局，2007 年；武汉：武汉大学出版社，2013 年），不过该书考证已旧且有不少错误，期待有学者能够结合北族语言学进行更新、更全面的研究。

的需要而集体改姓，另一方面则与一些个别的政治赐姓有关。①这类赐姓，或者作为最终写入志题的姓氏，如第 7921 号《李抱真墓志》载其本姓安，但以赐姓李入志题。又或者并未写入志题，而仅仅在志文中提及，如第 6345 号《诺思计墓志》载其获赐卢姓，但并未以此姓入志题。②至于胡姓的变迁，所反映的是民族融合，学界已有较多研究，此不赘述。

3）改姓（包括赐姓）

改姓是指从某一代人起，这一个家族改换姓氏。其因素除了复姓因省文而改单姓，或者胡族获赐汉姓外，另包括避祸、避讳、迁徙、收养、入赘等。在关于姓氏起源的记载中，这类现象十分多元。③当然，仅凭《新编目录》无法呈现出改姓的具体画面，而只能通过全面梳理墓志本身的信息，方能得到些许内容，然后结合《元和姓纂》等姓氏书，进一步考索各类改姓问题。

至于改姓的意义，主要在于两大方面：一是群体认同问题，包括大范围的族群认同和小范围的家族认同，这些对于我们认识中古时期的人群生存观念和生存策略都有意义④；二是遗传学上人群基因的传承问题，只要有明确的改姓记录，从中即可追溯各种被动或主动改姓的姓氏源流⑤。当然，反过来的问题就是，在没有明确的改姓记录的情况下，无从得知某个家族是否改姓，这就会给这一姓氏人群基因的追溯带来困难。

3. 姓氏之间的联姻

根据上文的统计，最有价值的还是姓氏之间的联姻。当然，由于仅仅依靠《新编目录》无法得到更详细的郡望信息，所以这里的联姻并不是专门研究世家大族之间的联姻关系，而是仅就各大姓氏之间的普遍的结合予以分析。

---

① 王凤翔曾将唐代的赐姓分为四类：赐国姓李氏、赐其他姓氏、赐恶姓，以及其他种类的赐姓。其中赐国姓，即多反映在面向北族人士的赐姓。参见王凤翔：《唐五代赐姓研究》，《渭南师范学院学报》2003 年第 6 期，第 22—26 页。

② 不著撰人：《故投降首领诺思计》，吴钢主编：《全唐文补遗》第 5 辑，西安：三秦出版社，1998 年，第 378—379 页。

③ 关于唐代的改姓情况和原因、影响、特点等信息，详见亓艳敏：《唐五代改姓研究》，陕西师范大学硕士学位论文，2010 年。

④ 有学者曾以整个唐代的李姓为例，讨论诏赐李姓所具有的加速民族融合等作用。参见秦夫、肖凡：《唐代李姓的构成及其社会意义》，《上饶师范学院学报》1992 年第 4 期，第 18—24 页。

⑤ 由于人类基因组中的 Y 染色体严格地遵循着父系遗传，故而姓氏与 Y 染色体有很好的平行对应关系。参见李辉：《Y 染色体与基因家谱》，《世界科学》2013 年第 2 期，第 24—27 页。

首先来看几个高频姓氏之间的联姻。根据《新编目录》"墓志名索引"附见姓氏统计表，可以进一步统计各大姓氏之间的结合情况，稍微整理为表3。

表 3   《新编目录》所见高频姓氏单向联姻表

高频姓氏	联姻姓氏数/个	Y≥20	20＞Y≥10	10＞Y≥5
李	132	张、崔、王、郑、卢、刘	元、裴、杨、韦、郭	宇文、陈、宋、徐、高、赵、冯、薛、梁、任、韩、杜、吕、马
王	122	李、张	裴、刘、郭、崔、杨	高、吴、樊、赵、薛、梁、卢、陈、郑、宋
张	118	李、王	刘、赵、杨、郭	郑、崔、卢、曲、魏、樊
刘	85	张、李	王	崔、郭、裴、杨
崔	52	李、卢、郑	王	刘、张
杨	62		李、张、王	裴、陈、郑、韦、刘
卢	27	崔、郑、李	王	
郑	42		李、崔、卢	王
赵	53		张、李	王、杨、郭
郭	56		张、王、李	
韦	44		李	王、卢、崔、郑、裴、薛
陈	43		李	王
裴	36		李	韦、崔
高	33		王、张、李	
孙	37			张、李
韩	39			
宋	35			王
杜	25		李	
马	23			李、王
元	30			李、张
薛	27			
董	38			郭
萧	27			张
程	31			
贾	26			
柳	31			李
梁	22			王
朱	33			
冯	20			李、王
田	17			张
姚	20			
徐	25			
任	28			

注：Y=《新编目录》所见联姻次数

　　表 3 的统计之所以说"单向"，主要是因为表中虽然根据包括志主姓氏和附见姓氏在内的总的姓氏人口进行排列，但在具体的联姻统计上，依然仅遵循夫→妻顺序，而未能进一步统计妻→夫顺序，也就是未能将在女性配偶信息中出现的联姻关系进行完整的统计，故而无法计算相关姓氏总的联姻数据。因此，就总的姓氏人口而言，统计不免会有出入。不过，鉴于样本量的增加，依然能够反映一定的问题，不必以总的姓氏人口为准。总而言之，根据表 3，可以得到以下几点看法。

　　1）联姻姓氏数量

　　根据表 3，首先可以简单看到两点：一是李、王、张等高频姓氏的单向联姻姓氏数值较大，表明他们的联姻范围广泛，这与他们本身作为高频姓氏所拥有的基数之大有关，也与姓氏本身的优势有关，比如李氏作为唐朝宗室的姓氏，是为一般民众联姻的祈望对象，其他各个大姓作为魏晋南北朝以来的世家大族，也是热门联姻对象；二是在这些数值较大的高频姓氏之联姻姓氏中，各有许多联姻次数占优势的联姻姓氏，且集中于各个高频姓氏，比如王氏男性多娶李氏、张氏等高频姓氏的女性，从而可以看到不同姓氏之间的联姻倾向。

　　特别是拥有单向联姻次数大于 20 次的联姻姓氏的李氏、王氏、张氏、刘氏、崔氏、卢氏这六个高频姓氏，他们的联姻姓氏也都是高频姓氏。其中，除了郑氏外，其余都是这六个高频姓氏本身。这七个姓氏可分三类：宗室李氏，以数量取胜的张氏、刘氏，以及传统的山东世家大族崔、卢、李、郑、王。具体到每个高频姓氏，则又各有各的倾向性。当然，再具体到各个姓氏内部，也有不同的区分，如李氏一方面是唐朝宗室；另一方面也有赵郡、陇西两大郡望，即有自身的人口基数。

　　2）联姻数量所占比

　　单纯地根据联姻姓氏数量统计，只能得到一个粗略的感受，而无法比较更精确的情况。对于这些高频姓氏的联姻姓氏，还可以根据联姻次数的多少，来计算联姻次数多的联姻姓氏数所占该高频姓氏总的联姻姓氏数的比重，从而得到一些有助于讨论世家大族的数值。故而笔者又制作表 4 为例证。

表 4　《新编目录》所见姓氏联姻频率表

高频姓氏	联姻姓氏数/个	Y≥20		20>Y≥10		10>Y≥5	
		联姻姓氏数/个	比重/%	联姻姓氏数/个	比重/%	联姻姓氏数/个	比重/%
李氏	132	6	4.5	5	3.8	14	10.6
王氏	122	2	1.6	5	4.1	10	8.2
张氏	118	2	1.7	4	3.4	6	5.1
刘氏	85	2	2.4	1	1.2	4	4.7
杨氏	62	0	0	3	4.8	5	8
郭氏	56	0	0	3	5.4	0	0
赵氏	53	0	0	2	3.8	3	5.7
崔氏	52	3	5.8	1	1.9	2	3.8
韦氏	44	0	0	1	2.3	6	13.6
陈氏	43	0	0	1	2.3	1	2.3
郑氏	42	0	0	3	7.1	1	2.4

在表 4 中，百分比越高的联姻姓氏区间（即由联姻次数所决定的大于等于 20 次联姻，大于等于 10 次小于 20 次，以及大于等于 5 次小于 10 次，这三个分区），表明这个高频姓氏越集中于与这个区间内的姓氏联姻。比如第一区间最高的李氏和崔氏，李氏集中于与张、崔、王、郑、卢、刘等姓氏联姻；崔氏则集中于与李、卢、郑等姓氏联姻。从中可以看出，李氏作为唐朝宗室，更有与山东世家大族联姻的优势；崔氏作为山东世家大族，除了积极地与唐朝宗室李氏联姻外，还局限于与同为山东世家大族的卢氏、郑氏等联姻。

当然，此处将这些姓氏等同为宗室或山东世家大族，只是就这类姓氏的主要组成人群而言。如果要真正具体地深入考察每个世家大族的联姻范围，需要各种个案研究的累加。①而一个人的精力显然无法处理所有个案，综合不同人的不同个案研究又难以统一统计标准问题。故而，通过总的姓氏来描述和理解各个世家大族的联姻问题，实为不得不如此的曲折办法。

至于中频姓氏之间的联姻，也能够通过统计来揭示，但一方面姓氏数量较大；另一方面样本量较少，无法得到有效的、可以深入分析的统计结果。因

---

① 类似的个案研究，更多地适用于各类低频姓氏。笔者曾提出在某一个姓的"姓族"概念下，统计和分析该姓氏自得姓以来的所有人物，并进行了几次个案研究，然尚待更多实践。参见胡耀飞：《中古韩氏"姓族"的分阶段考察——以颍川、南阳、昌黎三支为例》，董劭伟、王莲英、秦进才，等编著：《秦皇岛地域历史文化专题研究》，北京：经济科学出版社，2014 年，第 237—245 页；胡耀飞：《墓志所见北朝韩氏"姓族"考——以安定、广宁、太安、河南四支为例》，赵力光主编：《碑林集刊》总第 20 辑，西安：三秦出版社，2015 年，第 286—294 页；胡耀飞：《先秦至中古时期章氏、章仇氏源流考——"姓族"个案研究之一》，中国近代史研究所编：《章开沅先生九秩华诞纪念文集》，武汉：华中师范大学出版社，2015 年，第 645—663 页。

此，本文不再赘述。

总之，通过对联姻情况的统计，可以得到姓氏之间的联姻图景，以及在此基础上的世家大族之间的联姻状况和策略。而《新编目录》索引的意义，即在于提供了一份颇为全面的唐代各姓氏之间的联姻数据。

三、结　语

气贺泽保规先生的《新编目录》不仅仅是用来查询具体某方墓志的工具书，更是一个目前看来较为完备的数据分析对象。在提倡大数据分析的当下，如何通过统计梳理《新编目录》所见姓氏，从而讨论姓氏所反映的家族问题，无疑是一个比较有趣的尝试。当然，对于样本本身的一些缺憾，能够影响到对统计的精确度问题。但随着数据量的增大，所统计出来的数据本身的恒定性也越高，从而有利于揭示某些较为突出的问题。

根据本文的统计与梳理，则可以大体得到整个唐代的所有姓氏数量和姓氏人口数量，大致为 449 个姓氏和 16 666 个人口数量。从中，又能够得到高频姓氏 85 个、中频姓氏 87 个和低频姓氏 277 个。通过对姓氏分布情况的梳理，即可从中进一步分析一些中古家族史上较为普遍性的问题。比如世家大族的人口发展主要基于自然增长和因社会政治地位提高而膨胀两个因素，又如复姓、胡姓等特殊姓氏逐渐汉化和简化的共同命运，赐姓、改姓等姓氏变迁的意义，乃至姓氏之间的结合所反映的家族联姻情况。这些相关议题，特别是针对某个姓氏整体人口情况的分析，学界的关注不是很多，期待本文可以起到抛砖引玉的作用。

附注：本文先后宣读于"日常生活视野下的中国宗族史"学术研讨会（天津，南开大学，2017 年 11 月 11—13 日）、第二届云南大学历史学青年学者论坛（昆明，云南大学，2017 年 11 月 25—26 日），承蒙张葳女士、薛政超先生指正，谨此致谢！因篇幅所限，本文略去《新编目录》"墓志名索引"附见姓氏统计表和《新编目录》所见姓氏及姓氏人口统计表，谨此致歉！

宋代范氏的人口推移①和婚姻、生育

——与宗族日常生活相关联

远藤隆俊*

一、引　言

关于宋代的宗族问题，从以前就有很多相关的研究，特别是关于宗族日常生活的研究，从社会机能的方面来看有义庄和赈恤，义学、书院与科举教育，祠堂、坟墓、坟寺和祖先祭祀，义宅与住居，族谱的编撰等方面的研究，这些制度和其运营的方面已经有很多问题得到了解决。②

但是，在这些研究之外的另一方面是关于宗族中人的问题，换言之，在宗族的族人数量和规模、婚姻、生育等方面的问题上来看，必然还有很多的问题没有得到解决。从宗族的日常生活这个方面来考虑，家庭、家族与宗族的关系是非常重要的，这两者与以往的研究相比是完全独立的一个体系，还没有将两者合为一体来考察的研究。当然，在这之前的研究之中，对于户口、婚姻和生育等问题也进行了采纳，但却很少有将同一个家庭、家族、宗族之间的问题进行综合的研

---

* 远藤隆俊，日本高知大学教育学部教授。

① 编者注：本文作者系日本学者，个别用词与中文略有差别，如推移意为变化、情报意为资料。此类表述在海外中国研究中较为多见，并不影响思想交流。为保留作者风格，编校不作改动。

② 参考常建华：《明代宗族研究》，上海：上海人民出版社，2005 年；常建华：《明代宗族组织化研究》，北京：故宫出版社，2012 年；王善军：《宋代宗族和宗族制度研究》，石家庄：河北教育出版社，2000 年；井上徹：《中国の宗族と国家の礼制——宗法主义の视点からの分析》，東京：研文出版，2000 年；仁井田陞：《中国身分法史》，東京：東京大学出版会，1983 年再刊。

究。所以本文就将以宋代苏州的范氏宗族为例，对这个问题进行阐明与分析。①

　　苏州的范氏宗族是有着范仲淹的义庄的知名家族、宗族，可以在一定程度上称得上当时中国宗族的模范一族。虽然一个宗族的个别事例并不能呈现出当时宋代宗族的全面情况，但是范氏宗族作为中国宗族的模范与义庄的典型，它的事例对于从一方面来阐释宋代宗族问题还是十分有意义的。特别是本文所引用的《范氏家乘》（乾隆十一年重修），对于宋代的范氏宗族有着许多的记录和情报，是非常重要的史料。②

　　本文通过对《范氏家乘》这本史料的活用，旨在对与范氏日常生活有着紧密关联的人口推移和家族构成、婚姻、生育的问题进行考察。

二、男子成员数的推移

　　首先是通过初步的考察，对宋代范氏的人口数量进行研究。《范氏家乘》右编之中，关于宋代范氏宗族的男子成员，其各房、各世代、各自的出生年月日和妻子的名讳、坟墓的场所等方面都有详细的记载。笔者将这些情报用表格进行了整理（表1）。

　　苏州范氏在北宋设立义庄之时开始实行分房制度，到了南宋中叶，范氏宗族第六世代的时候确立了十六房，这也被称为范氏十六房。但是，在这十六房稳固下来之前，以往的房是有流动性的，其数量与十六房相比也是远远多出的，而其规模更是有巨大的不同。特别是义庄刚刚建立之时的小房和家庭、家族一样，这和后世所见的在宗族中有派别之分的各房是完全不同的。因此从这方面来看，宋元时期的房制度是有两义性的，是从家庭、家族式的房到宗族式的房发展过程中的一种过渡性的组织。③

---

① 参考徐扬杰：《中国家族制度史》，北京：人民出版社，1992 年；徐扬杰：《宋明家族制度史论》，北京：中华书局，1995 年；黄宽重：《宋代的家族与社会》，台北：东大图书股份有限公司，2006 年；邢铁：《宋代家庭研究》，上海　上海人民出版社，2005 年；柳立言：《宋代的家庭和法律》，上海：上海古籍出版社，2008 年。

② 参考牧野巽：《牧野巽著作集 3・中国宗族研究》，東京：御茶の水書房，1980 年。

③ ［日］远藤隆俊：《宋代士大夫家族的秩序与构造——范氏十六房的形成》，《北京师范大学学报（社会科学版）》2017 年第 1 期。

另外，表 1 所介绍的范氏十二个世代之中，第一到第四世代约为北宋时期，第五到第九世代约为南宋时期，第十世代之后为元朝时期。当然在这其中各房的世代也有差别，在世代向下不断地传承之中，这种差异的扩大也是显而易见的事。举例来说，既有在元代出生的第九世代的族人，也有在明代出生的第十二世代的族人。也就是说，表 1 所呈现的世代变迁并不能说是完全正确的世代和年代的表现，旨在表现出在整体情况之下北宋到南宋再到元代的推移中大致的世代变迁。

此外，表 1 所示对象全部为宗族的男性成员，这是由于清代族谱的收录过程中，仅仅以男性作为对象。也就是说，如果在其中加入女性成员的数量，其现实中家庭、家族、宗族的生活者的数量，很可能是表 1 里数量的两倍。

表 1 范氏男子成员数 单位：人

各房名称 ＼ 世代	一世	二世	三世	四世	五世	六世	七世	八世	九世	十世	十一世	十二世
1.监簿房		1	1	1	4	3	6	11	19	25	30	36
2.忠宣房		1	5	13	23	18	13	6	6	5	8	13
3.右丞房		1		5	8	13	8	6	2	1	2	3
4.侍郎房		1	5	9	2	2	—	—				
5.中舍房	1	5	8	6	10	19	12	10	16	13	8	9
6.支使房	1	4	10	9	8	10	14	8	13	15	15	15
7.朝奉房		1	5	7	11	13	15	25	8	9	5	3
8.赞善房		1	4	8	7	8	4	2	3	2	—	—
9.儒林房	1	1	8	3	5	7	2	4	5		9	10
10.朝请房			1	3	3	5	5	4	9	14	13	22
11.司理房			1	2	5	6	5	5	5	3		
12.驾部房				1	3	4	7	4	1	1		
13.宣义房		1	3	2	8	4	1	1	—			
14.秘丞房			1	3	3	3	2	3	1			
15.大夫房			1	2	8	7	10	4	1	1	2	—
16.郎中房			1	6	12	18	29	33	49	58	51	52
小计	3	17	55	80	120	140	133	126	138	155	143	163
其他	20	20	18	12	3	—	—	—	—	—	—	—
总计	23	37	73	92	123	140	133	126	138	155	143	163

在表 1 的总计栏中可以看到，从北宋到南宋初期，即从范氏的第一世代到第六世代，男子的人口数从 23 人急剧上升至 140 人。到了南宋后半期的第六世代到第九世代，男子的人数则维持了安定状态，人数在 130 人前后的水准。

不过，在元代之后却又再度上升，于第十二世代达到了163人。

根据对宋代范氏义庄的记载，在北宋中后期义庄的领受者有80人，而在两宋交替之时确认的人数却有2000指（200人），在南宋之时更是有数百人。表1的数字仅仅是男性成员的数量，并且每个世代的人数，义庄的记录所见的定点数字必然不是一致的，但是从北宋到南宋，再到元代的这种推移和倾向来看，想必是一样的。

此外，根据表1所示，可绘制为"范氏男子成员数总计图"（图1）。从图1中可以看到，范氏男子人口数是呈明确的上升（北宋）—安定、停滞（南宋）—再上升（元）这样的变化的。而其变化的背景是与范氏的家事相伴随的，是辽宋金元世代的政治、社会问题。

第一到第六世代范氏男子人口急速上升的背景是范氏官员化的施行。换言之，即北宋世代的范氏是以范仲淹、范纯仁父子二人为代表的，是以持续两代的科举入仕的官僚一族为基础而发展的。范氏父子中父亲范仲淹是当时的副宰相（参知政事），而儿子范纯仁是旧法党的宰相，父子二人都屹立在当时政界的顶峰。而范氏其他的家庭和家族、房也有入仕的情况。所以可以说北宋时期是苏州范氏的全面发展期。而其结果就是范氏的社会地位上升、经济变得充裕，人口数也渐渐增加。

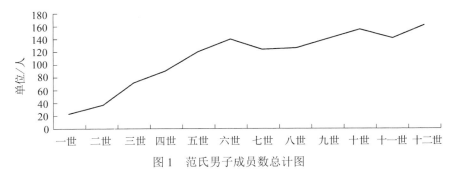

图1　范氏男子成员数总计图

而与之相对的，南宋时期的范氏则仅承受北宋时期范氏官僚的恩惠的庇荫，所以在第七到第九世代，范氏整体的人数没有得到明显增加，维持了安定状态，特别是辽宋金的战争中范氏也出现了多名死者，多数人从首都开封，被逼至南方家乡苏州。这种政治的、社会的动乱，也使得人口增加趋于停滞状态。万幸的是，这些北来的士大夫由于受着家乡苏州的义庄的支持，还是享受到了安定的生活。而且南宋时期的江南社会是处于当时的政治、外交的严峻状况之外的，经济、文化都维持在一个比较安定的水平，这和受金朝统治的华北地区相比是没有混乱状态的。所以在这期间，范氏的人口没有因为混乱的状况而产生人口急减，反而维持在了 100 人以上的较高水准。

在之后的元朝时期，范氏一族获得了比宋朝更高的名声，他们作为儒户而被赋予了各种各样的恩典。再加上元朝的江南地区承接了南宋时期比较安定的社会环境，除了科举的停止及诸色户计制度这种政治和文化层面的压制之外，在日常生活之中是没有任何不便的。因此范氏一族在第九世代之后，人口在这种政治背景下再度出现了上升。

综上所述，范氏人口的推移，也是对辽宋金元时期政治、社会情况的强有力的反映。但是，这只是范氏一族整体的推移倾向，范氏各房并非都是这种同样的推移倾向。下面，笔者将针对各房人口推移进行考察。

三、各房人员数的推移

下面要阐述的是与范氏各房整体人口推移倾向所不同的，范氏各家、各房中比较大的不同推移倾向。通过笔者的分析，范氏十六房的人口推移，大致有四种倾向。

1. 顶点型：急增—急减

第一种是北宋后半期到南宋时期人口最大的顶点型。图 2 为忠宣房，也就是范仲淹二子范纯仁一系的人口推移图。

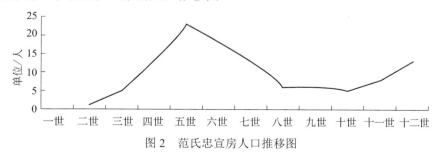

图 2　范氏忠宣房人口推移图

从图 2 可以看出，忠宣房在第五世代前，即两宋交替之前人口得到了急速的增加，而在第五世代之后急速增加的人口数开始减少。这是由于范纯仁一系作为旧法党一系的官僚，在北宋时期有着庞大的势力，而与之相对的，到了南宋时期其官僚体系中断，之前支持的力量自然也就消失了。再加上这一系的族人大多都不是以苏州为据点，而是长期居住在开封附近的颍昌。所以在南宋时期生活水平急速下降，从而导致人口减少的情况。和忠宣房表现出同样的倾向的还有右丞房、侍郎房，这三房都是属于范仲淹的直系子孙一系。特别是侍郎房的子孙遭遇了金朝军队的攻击，出现了许多的牺牲者。除此之外，这种世代稍稍延迟的情况，驾部房和宣义房也表现出来相同的倾向。

2. 台型：急增—安定—急减

图 3 是范氏赞善房的人口推移情况，这一房的人口推移表现出一种台型变化的倾向。

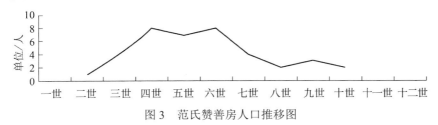

图 3　范氏赞善房人口推移图

他们和前面忠宣房的各房一样同样是参加科举的官僚之家，但是和忠宣房不同的是他们基本没有在中央政界行走，而是主要作为地方官到各地赴任。所以结果就是，他们大多没有被卷入辽宋金政治混乱的情况中。所以在这段时间内，该房族人的数量还是维持在了一定的水平之上。但是，到了南宋之后由于其同样没有出现之前官僚辈出的情况，所以在这时遭遇了和忠宣房一样的人口急速减少的情况，陷入了衰退一途。而司理房、秘丞房、大夫房这三房也和赞善房有同样的倾向。

3. 渐增型

图 4 是中舍房，也就是范仲淹之兄范仲温所在之房。

如图 4 所示，中舍房在第六世代之时人口数发展至最大，但是中舍房的整体并非呈现一种激烈的增减态势，而是从北宋到南宋，再到元代显示出一种徐徐上升的趋势。这是由于该房初代范仲温曾经由于其弟范仲淹的荫庇而担任江南地区的地方官，其子孙也有少数担任地方官的情况，而在辽宋金战争之中

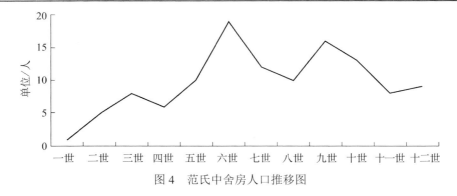

图 4　范氏中舍房人口推移图

也没有受到巨大的创伤，子孙的数量出现了缓缓增加的情况。而支使房、朝奉房、儒林房三房也与中舍房有着同样的渐增倾向。

4. 南宋急增型：停滞—急增

图 5 为监簿房，即范仲淹的长子范纯祐一系的人口推移图。该房从第一到第六世代，也就是从北宋时期到南宋初期，基本没有人口增加的情况，而到了第七世代之后，也就是南宋中期之后却呈现出了急速增长的态势。

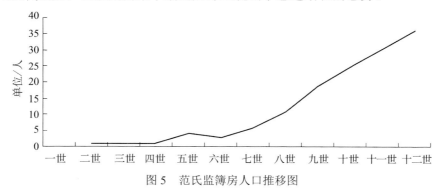

图 5　范氏监簿房人口推移图

这是由于在南宋中期的乾道年间，监簿房的族人范之柔进士及第。在这之后，监簿房成为范氏一族中最为鼎盛的一房，所以人口数也得到了急速的增长。而和监簿房有着同样倾向的还有朝请房与郎中房。他们从南宋之后，取以忠宣房为首的顶点型各房而代之，成了范氏一族的中心。总之，从北宋到南宋时期，范氏一族的主流派，或者说指导层，是在顶点型各房与南宋急增型各房间交替变换的。

因此，在范氏各房的人口推移，到范氏内部的家族构成与日常生活的动向上，是和当时宋元的政治、社会、文化有着密切关系的。特别是官僚辈出而导致的人口增加的情况，冯尔康、黄宽重、井上徹等也指出了这个问题，所以宋代的家族、宗族的动向是与当时的官僚社会有着巨大的关联的。同时宋代范氏的家族、宗族在整体情况上呈现一种增加倾向，这和各家、各房的倾向还是有很大的不同的，所有家庭、家族、房的状况都是不一致的。

四、婚姻和妻妾

下面是关于范氏的婚姻和妻妾的考察。表 2 是《范氏家乘》中对宋元时期范氏宗族婚姻状况的记录。根据《范氏家乘》的记载，范氏宗族有婚姻记录的男性成员共有 576 名，这是初婚的人数，其中继娶者有 54 名，再娶者有 11 名，侧室有 13 名。与范氏男子有婚姻关系的女性成员有 654 名，也就是说，根据对宋元时期范氏宗族的相关记录，这 576 名男性所对应的 654 名女性通过婚姻关系的结合，成为夫妇或纳为妻妾。继娶是在宗族成员的妻子去世之后进行的再婚行为，从表 2 可知，从女性角度看，共有 54 名女性作为后妻嫁入范氏，从男性的角度来看，在 576 名男性中有 54 名在妻子去世之后与别的女性进行了再婚。这在男性全体的数量中占比为 9.38%。再娶是指虽然现在有妻子，但是却再次娶妻的行为，从女性角度看，有 11 名女性作为第二夫人嫁入了范氏宗族，从男性的角度来看，共有 11 名男性（占比约为 1.91%）把正妻以外的其他妻子迎入范氏（表 2）。

表 2　范氏男子婚姻表　　　　　　　单位：名

婚姻形式	人数	备注
初娶	576	有婚姻记录的男性成员数
继娶	54	妻子去世后再婚
再娶	11	妻子生前再婚
侧室	13	
总计	654	女性成员数

但是根据表 3 的记载，中舍房的范公硕再娶了章氏和萧氏两名女性，所以可以说在实质上是有 10 名男性（占比约为 1.74%）和 11 名女性参与了再娶这一行为。无论如何，拥有两名及以上正妻的男性都不满 2%，这个数量可以说

是相当之少的。剩余的 98% 的男性都没有拥有两名或以上的正妻，这说明范氏宗族在很大程度上还是保持了一夫一妻制的习惯的。

　　侧室是指并非正室的女性，也就是通常所说的妾，这和正室以及继娶、再娶的夫人是属于不同范畴的。换而言之，是不进入一夫一妻制原则的非正式场合的女性。并且，范氏宗族对于纳侧室这种行为和当时普遍的情况也是一样的，由表 2 可以看出范氏男性纳侧室的人数为 13 名（占比约为 2.26%）。由前可知，虽然有着社会问题和经济条件的制约，但除了极少数的官僚和富裕阶层之外，一般族人是没有纳侧室的习惯和经济能力的。因此，宋元时期的范氏在原则上还是贯彻了一夫一妻制的习惯的，从这之中也可以看出当时一般家庭、家族所表现出的日常生活的共同点。下面是对上述范氏男子再娶女性详细情况的统计（表 3）。

表 3　范氏男子再娶表

再娶夫人	丈夫	房名	世代	官职	事项
1. 王氏	范直方	忠宣房	六世孙	四川宣谕使	娶曹氏，继娶王氏，再娶王氏，侧室张氏
2. 宋氏	范直英	忠宣房	六世孙	权知淮宁府	娶高氏，继娶冯氏，再娶宋氏
3. 赵氏	范直显	忠宣房	六世孙	监支盐仓	娶钱氏，继娶徐氏，再娶赵氏
4. 吴氏	范直刚	右丞房	六世孙	余杭县丞	娶胡氏，再娶吴氏
5. 晁氏	范直粹	侍郎房	二世孙	知永兴军	娶邢氏，再娶晁氏
6. 周氏	范直亨	中舍房	四世孙	建康观察推官	娶陈氏，再娶周氏
7. 翟氏	范直与	中舍房	四世孙	黄岩县令	娶曾氏，继娶张氏，再娶翟氏，侧室刘氏
8. 章氏	范公硕	中舍房	五世孙	—	娶叶氏，继娶俞氏，再娶章氏、萧氏
9. 萧氏	范公硕	中舍房	五世孙	—	娶叶氏，继娶俞氏，再娶章氏、萧氏
10. 侍其氏	范正脩	朝奉房	三世孙	—	娶虞氏，再娶侍其氏
11. 许氏	范寿卿	驾部房	五世孙	镇江造船场	娶刘氏，再娶许氏

　　从表 3 中可以看出，有共 10 名男性和 11 名女性参与了"再娶"这一行为且所处时期多是在北宋后半期到南宋中期这一时段。在这之中，忠宣房的六世孙与中舍房的四、五世孙所处的世代，也就是两宋交替期间，再娶人数是最多的。将这些再娶的经过进行具体的分析，大体分为三种情况。第一种是在娶了正妻之后，又将新的妻子迎入家中的"再娶"，4 号、5 号、6 号、10 号、11 号都是属于这种情况。第二种是在其正妻去世，迎娶了第二任的妻子后，又将新的妻子迎入家中的"再娶"，2 号、3 号、8 号、9 号都是符合这种情况的。而

第三种情况则是初娶、继娶、再娶之过程中，又迎入"侧室"的情况，1 号和 7 号则都是属于这种情况的。这三种情况的"再娶"成员在有正式的妻子，而又迎娶了新的妻子这一点上是一致的。但是"再娶"的妻子与初娶、继娶的妻子一样都是通过正式的婚姻而结合的妻子，所以在立场上来看其地位与初娶、继娶的妻子是同等的，她们与初娶、继娶的妻子同样拥有正妻的位置，这是"再娶"和"侧室"之间最大的差异。

　　表 4 对范氏 13 名侧室的详细的情况进行了描述，这之中没有明了出身和身份的女性，侧室自身有什么样的背景也不得而知。但从纳有侧室的范氏成员情况可以做出一些分析（表 4）。

表 4　范氏男子侧室表

侧室	丈夫	房名	世代	官职	生子	封号
1. 李氏	范之柔	监簿房	六世孙	守礼部尚书	宁家	孺人
2. 邵氏	范良遂	监簿房	六世孙	科举副榜	庆家	孺人、安人
3. 周氏	范邦柱	监簿房	八世孙	—	观国、友国、彦国	—
4. 倪氏	范华国	监簿房	九世孙	嘉兴路儒学学正	廷璧	—
5. 赵氏	范纯仁	忠宣房	二世孙	同中书门下平章事	正国	宜人
6. 贺氏	范正平	忠宣房	三世孙	忠武军判官	直清	宜人
7. 张氏	范正国	忠宣房	三世孙	湖北漕运使	直颢	—
8. 张氏	范直方	忠宣房	四世孙	四川宣谕使	公兴	宜人
9. 蕉氏	范正闻	中舍房	三世孙	徽州婺源县主簿	直质	孺人
10. 刘氏	范直与	中舍房	四世孙	台州黄岩县令	公迈	—
11. 孙氏	范士贵	郎中房	七世孙	庆元路儒学教授	宗晔	—
12. 陈氏	范宗是	郎中房	八世孙	建康路儒学学录	鼎孙、成孙、文孙	—
13. 王氏	范学文	郎中房	九世孙	—	伯椿	—

　　从表 4 可知，纳有侧室的男性成员基本上全都拥有官职，而非一般的普通平民。没有官僚身份的一般族人，一般来说是没有纳侧室的余裕的。在范氏成员中，有着上到拥有宰相之位的同中书门下平章事下到县级别的官僚，而其地位和官职则是各种各样的，这 13 名纳有侧室的人中有 10 名是具有官员身份的。仅 2 号、3 号和 13 号的范良遂、范邦柱、范学文三人是没有官职的，但他们却是苏州地区的名士，就社会阶层而言，他们与一般平民也是有很大不同的。

　　纳有侧室的时期和世代也有显著的特征。1—4 号的监簿房是在第六到第九世代，时间约是从南宋后半段到元代这个时期。而 11—13 号的郎中房是在第七到第九世代，他们则是属于元代的时期。5—8 号的忠宣房的第二到第四世代，9—10 号中舍房的第三到第四世代，则是出于北宋的中后期，这和上一节的各房的人口倾向的变化是有很大联系的，各房的族人纳有侧室的时期，就是各房的人口增加的时期，也就是各房作为官僚门户成长的时期。因此，纳有侧室这件事和官僚门户的成长这件事是有很大关联的，而在这之中政治、社会，或者是经济因素起了很大的作用。而且这 13 名侧室都给其丈夫生育了男性的子嗣。特别是 3 号周氏和 12 号陈氏生育了 3 名男性子嗣，这意味着她们作为侧室的使命和作用得到了完全的发挥。其中，也有与丈夫一起合葬入宗族坟墓的侧室，而且因其子成为官僚，获得了更高的地位。另外还有被授予 "宜人""安人""孺人"封号的侧室。中国的谚语有 "子以母贵，母以子贵"这样的说法，这些侧室作为生母正是"母以子贵"的体现。

　　下方表 5 是《范氏家乘》中对范氏宗族中妻妾家族里面，不同房和不同世代拥有官僚家世的女性的数量的记载。

表 5　官僚家世的女性　　　　　　单位：人

世代 各房名称	一世	二世	三世	四世	五世	六世	七世	八世	九世	十世	总计
1.监簿房	1	1	1	0	0	2	7	4	6	0	22
2.忠宣房		1	4	14	9	10	0	0	0	0	38
3.右丞房		1	1	4	3	2	0	1	0	0	12
4.侍郎房		1	4	3	2	—	—	—	—	—	10
5.中舍房	0	0	1	2	0	1	0	0	0	0	5
6.支使房	0	0	0	0	1	2	0	2	2	0	7
7.朝奉房		0	0	0	1	0	0	0	0	0	1
8.赞善房		0	0	0	0	0	0	0	0	0	0
9.儒林房	0	1	0	0	0	0	0	0	0	1	2
10.朝请房		0	0	1	1	0	0	0	0	0	2
11.司理房		0	0	0	0	0	0	0	0	0	0
12.驾部房			1	4	0	1	0	0	0	0	6
13.宣义房		0							—		0
14.秘丞房			1						—		1
15.大夫房			1	0	1	0	0	0	0	0	2
16.郎中房			0	1	2	0	0	0	0	0	3
总计	1	5	13	25	24	18	8	7	8	1	110

　　表 5 对初娶、继娶、再娶、侧室全部女性进行了统计，而这其中作为侧室

的女性是完全没有的。换而言之，官僚家世出身的女性，是没有成为范氏宗族成员的侧室的。从表 5 中可以看出，作为范氏宗族成员妻妾的女性们，约有17%，即 110 名女性是官僚家世的出身的。也就是说，剩下的80%多的女性是没有官僚家世的士族和普通百姓，当然或许还有少数没有确认的官僚家世的女性的存在，这也是很可能的。

在表 5 的记载中，从监簿房到侍郎房，范仲淹的直系家族中官僚出身的女性占压倒性的多数，这四房中共有官僚出身的女性 82 人（占比约为 74.5%）。而从世代上看，从第一到第六世代，也就是从北宋时期到南宋中期的官僚出身的女性共有 86 人（占比约为 78.2%）。这与上一节所考察的范氏人口增加和其官僚化的倾向是基本一致的，正是前四房官僚身份者最多而导致了这个结果。总而言之，当时的婚姻是有一定的阶层性的，官僚士大夫的家族是有和同样阶层的家庭通过婚姻联结的倾向的。

但是，从上方所述中可以看出，这些官僚家世出身的女性的数量，在范氏妻妾全体数量之中是不满 20%的，剩下的 80%多都是士族和平民出身的家世，当然或许还有少数没有确认的官僚家世的女性的存在。从嫁入范氏宗族的女性方面来看，可以说范氏宗族的成员多数并不为官僚阶层，大多都是士族、普通百姓的家世。而在今后也将对苏州范氏的阶层性，以及宋代宗族和官僚身份的问题等方面进行详细的考察。

五、生育和继嗣

那么，一夫一妻为基本的一组的夫妇之中，实际上有多少人生育了子嗣，或是将其抚养长大的呢？下方的表 6 是宋元时期中范氏宗族所生育的男子数量的记录。

根据表 6 的记载，在宋元时期，从第一到第十世代，作为父亲的范氏宗族男性成员共有 802 人。而与此相对的，生育出的男子数为 1032 人。由此可以看出，男子的生育率（出生率）平均为 1.29 人。换句话说，一个父亲，从出生到成长的男性子嗣为 1.29 人。和上文所述的一样，范氏男性的婚姻状态大多都是以初娶作为结束，所以大体上一个家庭的男性子嗣是 1—2 人，而在这方面如果把女性包括在内的话，则在一家之中子女性的数量为2—4人。

表6　范氏宗族第一到第十世代生育男子数

家中男性子嗣数/名	父亲数/人	父亲比率/%	生育男子数/人
0（无子）	300	37.41	0
1	207	25.81	207
2	155	19.33	310
3	86	10.72	258
4	28	3.49	112
5	16	2.00	80
6	5	0.62	30
7	5	0.62	35
总计	802	100.00	1032

实际上，从表6可以看出，家中男性子嗣数量在1—3名的父亲数为448人，约占父亲总数的55.86%，也就是说，半数以上的家庭都有1或2名男性子嗣，最多也只是有3名男性子嗣。男性子嗣在4名以上的父亲数是很少的，家中男性子嗣数量在4—7名的父亲数为54人，约占父亲总数的6.73%。而反过来看，完全没有男性子嗣，也就是所谓的"无子"的父亲数有300人（占比约为37.41%），可以说，有近4成的家庭是没有男性子嗣的。

表7是对范氏宗族男性子嗣出生后情况的记载，这些情况所记载的是表6所记载的生育男子的总数之外的人数（表7）。

表7　男子出生后情况

事项	人数/名	备注
早亡	70	五岁未满便死亡
未娶亡	2	结婚前死亡
僧侣	3	
赘婿	1	改为他姓入赘
合计	76	表6中所记生育男子总数1032人之外的人数
继嗣	50	表6中所记生育男子总数1032人之内的人数

从表7中可以看出，共有70名男性子嗣为"早亡"，即五岁未满便死亡，还有少数成员是结婚之前去世者或是出家为僧的，另外成为别家的赘婿的情况也是存在的。70名"早亡"的男性子嗣在给人的印象上是一个比较大的数字，而这在所有男性子嗣的合计1032人中占比约为6.8%。

　　因此，由于无子、早亡或者是被俘虏等原因，没有男性子嗣的情况下，关于"继嗣"，即子孙的后继问题便产生了。众所周知，中国从自古以来就有着"继嗣"的习惯，也就是从家族或是同族内和子嗣同一辈分的男子来继承家业。而同样作为继承制度，中国这种"继嗣"的情况与日本那种将别家男子迎入自家门下，也就是所谓的"赘婿"或"养子"的情况，考虑的方式和方法是完全不同的。

　　表7数据显示，范氏之中通过这种"继嗣"制度来继承家业者共有50名，而这在无子（300名）和早亡（70名）的合计人数370名中的占比约为13.5%。也就是说，关于没有男性子嗣的家庭通过"继嗣"迎来子嗣继承家业的情况，总体是370名，而剩余的家族则陷入了子嗣断绝、门户断绝的情况。所以，关于"继嗣"这一制度和习惯在实际实施的过程中，是一件绝非容易的事。

　　表8是关于这50名"继嗣"的细节一览表。从这里面可以看到，施行"继嗣"制度比较多的房有：监簿房（14件）、忠宣房（8件）、支使房（4件）、郎中房（6件），这四房都多次有过"继嗣"的情况且都是在第四世代之后，尤其集中在第六到第十世代。南宋到元代有很多"继嗣"的情况，这是由于繁荣于北宋时期的忠宣房等家的衰退，在南宋时期出现了家族继承延续困难的情况，而新出现的监簿房和郎中房也不是说就可以安定地传承家业了。从上文可以看出再娶和纳侧室这种情况在南宋之后是比较多的，这是由于这个时期朱熹写下了《家礼》等书，所以对于家族的存续在整体的社会意识上都有着很高的关心程度。

表8　范氏嗣子表

嗣子	房名	世代	继父	实父	房名	关系	记事
1.范直隐	监簿房	四世孙	正臣	世京	秘丞房	房兄	世京第三子，旧名耕
2.范良器	监簿房	六世孙	公序	公武	监簿房	实弟	公武长子
3.范邦正	监簿房	八世孙	克家	士先	大夫房	房兄	士先次子，旧名宗源
4.范邦翰	监簿房	八世孙	宁家	士申	朝奉房	房兄	士申次子，旧名宗旦
5.范邦瑞	监簿房	八世孙	持家	士成	支使房	房弟	士成次子，旧名宗海
6.范邦伟	监簿房	八世孙	达家	持家	监簿房	实兄	持家次子，旧名邦佐
7.范邦贤	监簿房	八世孙	达家	士忠	郎中房	房兄	士忠次子，旧名宗恪
8.范国宾	监簿房	九世孙	邦基	邦翰	监簿房	三从弟	邦翰第三子
9.范华国	监簿房	九世孙	邦杰	宗椅	大夫房	房兄	宗椅长子
10.范文彪	监簿房	九世孙	邦伟	朝宗	儒林房	房弟	朝宗第三子，改名用国，旧名文彪
11.范文英	监簿房	九世孙	邦哲	宗古	朝奉房	房弟	宗古次子，改名安国，旧名文英

续表

嗣子	房名	世代	继父	实父	房名	关系	记事
12.范廷椿	监簿房	十世孙	定国	国梁	监簿房	三从弟	国梁次子
13.范廷秀	监簿房	十世孙	国惠	光国	监簿房	实弟	光国次子
14.范廷珍	监簿房	十世孙	国材	华国	监簿房	从兄	华国第四子
15.范良传	忠宣房	六世孙	公仪	公谨	忠宣房	实弟	公谨长子
16.范良史	忠宣房	六世孙	公兴	公镫	大夫房	房兄	公镫次子
17.范良宏	忠宣房	六世孙	公偊	公绩	宣义房	房弟	公绩第三子
18.范传家	忠宣房	七世孙	良璞	之柔	监簿房	房弟	之柔次子
19.范邦宪	忠宣房	八世孙	传家	元衡	驾部房	房兄	元衡次子,旧名宗唐
20.范邦畿	忠宣房	八世孙	传家	士选	忠宣房	三从兄	士选第三子,旧名亨祖
21.范焕文	忠宣房	九世孙	宗勉	宗彪	忠宣房	从弟	宗彪次子
22.范伯冉	忠宣房	十世孙	焕文	伟文	忠宣房	从弟	伟文次子
23.范宗鲁	右丞房	八世孙	士夔	士通	右丞房	三从弟	士通第三子,实子迁移
24.范绍文	右丞房	九世孙	宗鲁	士珍	郎中房	族伯	士珍次子,旧名宗日,弟辈行
25.范直行	侍郎房	四世孙	正兴	正己	右丞房	从兄	正己第七子,实子被虏早亡
26.范公奭	侍郎房	五世孙	直行	直刚	右丞房	房兄	直刚次子
27.范良筹	侍郎房	六世孙	公奕	公铎	右丞房	房兄	公铎次子
28.范公著	支使房	五世孙	直明	直廷	朝奉房		直廷第四子
29.范公继	支使房	五世孙	直谦	直敏	支使房	实弟	直敏次子
30.范宗谅	支使房	八世孙	士粲	士能	支使房	实兄	士能次子
31.范文中	支使房	九世孙	宗让	朝宗	儒林房	房兄	朝宗次子,旧名文凤
32.范宗祖	朝奉房	八世孙	士澈	士允	朝奉房	从兄	士允第三子,二子早亡
33.范伯起	朝奉房	十世孙	文琇	文会	朝奉房	实兄	文会次子
34.范朝宗	儒林房	八世孙	士新	士显	郎中房	房兄	士显第三子,旧名宗朝
35.范伯俊	朝请房	十世孙	文昌	文惠	朝请房	实兄	文惠第四子,旧名伯信
36.范宗泰	司理房	八世孙	更生	士璧	司理房	从兄	士璧次子,旧名宗富
37.范宗恺	司理房	八世孙	士特	士雄	朝奉房	房兄	士雄第四子,旧名宗彤
38.范必达	驾部房	六世孙	寿卿	宜卿	驾部房	实弟	宜卿次子
39.范伯可	驾部房	十世孙	尧文	文谟	支使房	房兄	文谟第三子,旧名伯详
40.范宗式	秘丞房	八世孙	士尚	士雄	朝奉房	房弟	士雄第三子
41.范文博	秘丞房	九世孙	宗迈	宗训	朝奉房	房兄	宗训次子
42.范士秀	大夫房	七世孙	良系	良才	大夫房	从弟	良才长子
43.范宗明	大夫房	八世孙	士先	士广	大夫房	从弟	士广次子,旧名宗真/实子嗣出
44.范伯隆	大夫房	十世孙	文采	文采	郎中房	房弟	文采次子
45.范良守	郎中房	六世孙	公俊	公迈	中舍房		公迈次子
46.范良泰	郎中房	六世孙	公严	公俭	郎中房	实弟	公俭次子
47.范宗懋	郎中房	八世孙	士济	士弓	郎中房	再从兄	士弓长子
48.范学文	郎中房	九世孙	宗浚	邦贤	监簿房		邦贤第四子,旧名国容
49.范伯香	郎中房	十世孙	文琰	炜文	忠宣房	房弟	炜文第三子/实子伯崇
50.范伯材	郎中房	十世孙	学文	文质	中舍房	房兄	文质次子

　　表 8 中所显示的范氏成员们都是在亲族的范畴内寻找嗣子，而根据表 8，在胞兄和胞弟等男性之中，也就是从近亲之中寻找嗣子的情况是很多的，而在堂兄弟和从堂兄弟、三堂兄弟等男性之中，也就是从家族（小宗）的范围来寻找嗣子的情况也是常有的，甚至有超越了五服的范围在范氏宗族其他房之中寻求嗣子的情况，从一个很广阔的范围来寻求嗣子的情况是很多的。实际上，在表 8 的 50 名嗣子中，兄弟的孩子有 10 名，从堂兄弟到三堂兄弟的孩子有 12 名，而超越这个范围，来自于他房的孩子有 28 名，相比之下他房的数量具有压倒性优势。每一家都有自身各种各样的情况，而由于宗族庞大的范围，在个别家庭的存续之中，宗族是发挥了巨大作用的。这也就是宗族社会机能的一部分。而南宋之后宗族形成情况增加的原因之一，就是源于这样的功能和作用。

　　如果对表 8 进行详细观察的话，就可以发现嗣子之中，在继承家业的时候，有一些人变更了名字。例如，1 号范直隐原名为范耕，在过继为范正臣的嗣子时，改名为范直隐。3 号范邦正也从原名的范宗源改为范邦正，而 10 号范文彪、11 号范文英，先是改名为范用国、范安国，之后又改回了旧称范文彪、范文英。这种改名情况包括范文彪、范文英在内共有 20 人，这是一个比较大的数字。而这种情况是由于范氏各房的排字（辈字）是不同的，是在继嗣时，嗣子须遵从其房所规定的排字而产生的结果。特别是作为范仲淹嫡长子孙的监簿房，在第六代子孙范之柔的时候，制定了与他房不同的排字，这也导致了在继嗣时许多改名者的出现。

　　另外，像将 6 号范邦伟、7 号范邦贤作为嗣子的范达家，还有将 19 号范邦宪与 20 号范邦畿作为嗣子的范传家那样，一家将两人过继为嗣子的情况也是有的，而且像 49 号范伯岙那样，其继父范文琰是有男性子嗣的，但是他却也成了嗣子的情况也是有发生的。甚至也有像 9 号范华国那样，由于其亲生父亲的家业无人继承，所以不当嗣子的情况。关于这些的详细情况还有很多无法分辨的地方，然而可以明确的是，各个家族为了家族的存续，除生育男性子嗣这个方法之外，也确实有使用继嗣这个手段。另外，一般来说，在继嗣时原则上要寻找和自己孩子同辈的人作为嗣子，不过从 24 号范绍文的情况可以看出，嗣子与继父为同辈人的事例也是有的。

六、小　结

本文对宋代苏州范氏一族的人口推移以及婚姻、生育问题进行了分析。苏州范氏作为因范仲淹的义庄而得利的有名一族，被许多家族、宗族称为宗族的模范。在宋代，范氏一族连续几个世代都能官僚辈出，其作为官员士大夫的家世也是非常有名的。从人口数量上可以看出，范氏的人口数在北宋之时急速上升，到了南宋则处于一个稳定阶段，然后到元代之后又再度上升。如果只看男性成员的话，南宋时期有 100 名以上的男性族人，而元代则有接近 200 名的男性族人。

但是，范氏所有的家族和所有的房并非为同一种人口的增减倾向，而是每个家、各个房的增减情况都有所不同。有在北宋急剧增长，而在南宋急剧衰退的家族，也有在最初没有发展，而在南宋后半期急速成长的家族。特别是在北宋和南宋之间有一个巨大的转折点，范氏宗族在北宋时期由范纯仁一系的忠宣房一族为主导，而到了南宋中期范仲淹长子一系的监簿房则作为主导。

范氏一族的婚姻贯彻了一夫一妻制的原则，对当时一般社会的同样行为进行了明了的判别。而在通常的婚姻之外，继娶、再娶、侧室的实际情况也有详细明示，这也是了解宗族日常生活的重要线索。婚姻是有着一定的阶层性而存在的，但是范氏也并非全员皆为官僚士大夫这一阶层，从婚姻的角度上来看，大多数的族人都是属于平民或是士族阶层的。

关于生育的问题，一个家庭之中男性子嗣的数量并非很多，通常是 1—2人，最多为 7 人。上文所述的关于继娶、再娶、侧室的问题，也和这种情况有很大的关系。而没有男性子嗣的家庭则产生了继嗣的问题，人们大多在宗族之内寻求嗣子。如果宗族的规模越大则男性子嗣越多，宗族在有关继嗣问题这一点上起了很大的作用。只是从范氏的情况来看，由嗣子延续的家庭只有 1 成左右，而有 8 成以上的家庭则是子孙断绝。这意味着，宗族的作用也有一定的限度。

以上是以苏州范氏为事例对宋代宗族的日常生活进行的讨论，宗族的社会机能和作用与家庭、家族相比是有限的，它起到的是辅助性、补充性的作用。

确实，宗族有赈恤、教育和祖先祭祀等各种各样的机能，在婚姻和生育中也有一定的作用。可是，在日常性这一点上还是以家庭、家族为中心，宗族的作用是相对较小的，特别是在宗族形成草创期的宋元时期，宗族制度还并未发展得特别完备，但相比宗族家庭、家族的作用是很大的。

　　今后，笔者将以此为方向进行展开，对宗族的社会作用和其与家庭、家族的关系进行更深入的探讨和研究。

参 考 文 献

常建华：《明代宗族研究》，上海：上海人民出版社，2005 年。

常建华：《明代宗族组织化研究》，北京：故宫出版社，2012 年。

常建华：《宋以后的宗族形态与社会变迁》，天津：天津人民出版社，2013 年。

常建华：《宋以后宗族的形成及地域比较》，北京：人民出版社，2013 年。

冯尔康：《中国宗族社会》，杭州：浙江人民出版社，1994 年。

黄宽重：《宋代的家族与社会》，台北：东大图书股份有限公司，2006 年。

井上徹：《中国の宗族と国家の礼制——宗法主義の視点からの分析》，東京：研文出版，
　　2000 年。

柳立言：《宋代的家庭和法律》，上海：上海古籍出版社，2008 年。

牧野巽：《牧野巽著作集 2·中国家族研究（下）》，東京：御茶の水書房，1980 年。

牧野巽：《牧野巽著作集 1·中国家族研究（上）》，東京：御茶の水書房，1979 年。

牧野巽：《牧野巽著作集 3·近世中国宗族研究》，東京：御茶の水書房，1980 年。

仁井田陞：《中国法制史研究　奴隷農奴法·家族村落法》，東京：東京大学出版会，1980 年
　　再刊。

仁井田陞：《中国身分法史》，東京：東京大学出版会，1983 年再刊。

王善军：《宋代宗族和宗族制度研究》，石家庄：河北教育出版社，2000 年。

小林義廣：《欧陽脩　その生涯と宗族》，東京：創文社，2000 年.

邢铁：《宋代家庭研究》，上海：上海人民出版社，2005 年。

徐扬杰：《宋明家族制度史论》，北京：中华书局，1995 年。

徐扬杰：《中国家族制度史》，北京：中华书局，1992 年。

遠藤隆俊：《北宋士大夫の日常生活と宗族ー范仲淹の〈家書〉を手がかりにー》《東北大学東洋史論集》第 10 輯，2003 年。

遠藤隆俊：《范氏義荘の諸位・掌管人・文正位について——宋代における宗族結合の特質ー》，《集刊東洋学》第 60 号，1988 年。

遠藤隆俊：《宋代における〈同族ネットワーク〉の形成——范仲淹と范仲温》，宋代史研究会編：《宋代社会のネットワーク》，東京：汲古書院，1998 年。

遠藤隆俊：《宋代蘇州の范氏義荘について——同族的土地所有のー側面ー》，宋代史研究会編：《宋代の知識人》，東京：汲古書院，1993 年。

遠藤隆俊：《宋代蘇州の范文正公祠について》，《柳田節子先生古稀記念・中国の伝統社会と家族》，東京：汲古書院，1993 年。

"中央研究院"历史语言研究所：《中国近世家族与社会学术研讨会论文集》，1998 年。

［日］远藤隆俊：《宋代士大夫社会的秩序与构造——范氏十六房的形成》，《北京师范大学学报（社会科学版）》2017 年第 1 期。

T. A. Telford，P. B. Ebrey，J. L. Watson，*Kinship Organization in Late Imperial China，1000-1940*，California：University of California Press，1986.

"华"何以化"夷"

——明代广东徭（瑶）族的儒教化

井上徹[*]

一、引　言

本文旨在以明清时期特别是明代的广东为中心，考察"华"何以化"夷"之问题。

提倡中心地理论的人类学者施坚雅，将河流系集水区域所创造的自然、人文空间定义为有机地域，并将整个中国分为九个宏观区域（传统社会为八个），岭南（广东、广西）是其中之一。[①]岭南的中心河流是流入南海的珠江，珠江与其上流的西江、北江、东江的河流网覆盖了广东、广西两省区。与岭南地域汉族王朝的交流可以追溯到秦代，而中心城市广州很早以前就成为中国的贸易窗口，因此多种宗教文化、多民族并存的多元化结构被一直保存了下来。[②]

---

[*]　井上徹，日本大阪市立大学大学院文学研究科教授。

[①]　Skinner G W. *Marketing and Social Structure in Rural China*，Michigam：Association for Asian Studies，Inc.，1973；"Regional urbanization in Nineteenth-Century China"，in Skinner G W. *The City in Late Imperial China*，Part 2，California：Stanford University Press，1977.

[②]　关于岭南的多元民族和多元文化的研究有很多，笔者列举以下几个研究成果。河原正博：《漢民族華南発展史研究》，東京：吉川弘文館，1984 年；岡田宏二：《中国華南民族社会史研究》，東京：汲古書院，1993 年；谷口房男：《華南民族史研究》，東京：緑蔭書房，1997 年；谷口房男：《続華南民族史研究》，東京：緑蔭書房，2006 年；练铭志、马建钊、朱洪：《广东民族关系史》，广州：广东人民出版社，2004 年；Faure D. *Emperor and Ancestor：State and Lineage in South China*，California：Stanford University Press，2007.

在明代仍保持着这种多元化结构。华夷概念中对广东的定位就很好地说明了这一点。十五世纪的广东文人丘濬在谈到作为中国最早的地理书而闻名的《禹贡》中提到的五服（甸服、侯服、绥服、要服、荒服），他解释说，侯服意为"华夏之地"，要服、荒服意为"夷狄之区"，绥服则位于两者之间并起到斡旋华夷的作用，即以绥服为界线，将天下区分为内侧和外侧，其内侧（华）是文教昌隆的世界，而外侧（夷）则是需要武力的野蛮世界。后者的"夷"是指"华"以外的所有种族。"华"和"夷"各自分别居处，后者乃政教所未及。"蛮"乃是指称南方的"夷"，居住在四川、湖南、湖北、岭南、云南、贵州等山岭的"犵""狑""獠""猺""獞"等十几个种族均列入"蛮"的范畴。丘濬认为"华"的领域之扩张是分阶段性的。当时，兴起于黄河流域的"华"的世界已经涵盖了浙江、福建等地，而在四川以东的各个区域，登记在国家版籍里的民众，即汉族与此外的非汉族（"蛮"）同时并存。这些地域是华夷的中间地带（绥服），丘濬生活的岭南（广东、广西）亦被定位为这种中间地带。①根据丘濬的观点，华夷并存的地域迟早应该被华所吸纳。

如上所述，文教昌隆的世界为华，华和夷的区别在于文化之不同。迄今为止的研究认为，将华为汉族、夷为非汉族（少数民族）进行分类时，决定是否为华（汉族）取决于是否接受以汉字为基础的精致文化。因此，汉化这一研究上的概念，亦是把非汉族在文化上为汉族所吸纳作为一个重要指标，并假设其最终被登记到国家版籍之中。在前近代，汉族创造的文化为儒教文化，因此汉化亦可称为儒教化。②

关于广东的非汉族研究表明，明代中期以后汉化迅速发展。③其中科大卫关注儒教的仪礼，他描绘了在当地神明、佛教、道教影响根深蒂固的广东，象

---

① （明）丘浚撰：《大学衍义补》卷 143《治国平天下之要·驭夷狄》《内夏外夷之限》《四方夷落之情上》，京都：中文出版社，1979 年。

② 井上徹：《華と夷の境界，そして漢族社会の成立——中国南部を対象として》，《歷史科学》198号，2009 年。

③ 刘志伟：《在国家与社会之间——明清广东里甲赋役制度研究》，广州：中山大学出版社，1997年；片山剛：《"广东人"誕生·成立史の謎をめぐって》，《大阪大学大学院文学研究科紀要》第44 册，大阪：2004 年；片山剛：《中国史における明代珠江三角洲史の位置——"漢族"の登場とその歷史的刻印》，《大阪大学大学院文学研究科紀要》第 46 册，大阪：2006 年；David Faure, *Emperor and Ancestor: State and Lineage in South China*, California: Stanford University Press, 2007；菊池秀明：《清代中国南部の社会変容と太平天国》，東京：汲古書院，2008 年。

征着宗族祠堂的儒教文化是如何渗透的过程。笔者关注的课题和科大卫的比较相近，尤其重视科举官僚制度。通过科举选拔替皇帝负责国家运营的官员，成为任命官员的主要途径，在中国的最发达地区，即儒教文化水平最高的长江下游三角洲区域（江南），将最多的科举中式者送进了官场。到了明朝，为了保持南北的平衡，不得不规定南方人和北方人的科举中式比例（南北卷），以及限制来自江南的考生的比例。①科举中式人数可以反映出各个地方的儒教文化水平。如果科举官僚制度是发达地区的象征，那么支持科举官僚制度的儒教文化在广东的渗透程度就是一个关键。笔者将十六世纪以后，被吸纳进以科举官僚制度为轴心的汉族单一儒教文化的一系列过程称为狭义的儒教化。乡绅能够很好地说明这一点。乡绅是通过科举考试被国家赋予官员身份的人，在研究之际，我们将举人、生员等科举中式者也包含在乡绅之中。在明代后半期以后，这些拥有身份和特权的乡绅在乡里颇有影响力。这些现象也出现在以珠江三角洲为中心的广东，由此可见广东儒教化的发展。②

然而，在明代后半期，儒教化的普及仅限定在以广州城、佛山镇等城市为中心的珠江三角洲核心地带，其周边地区仍存在汉族与非汉族（徭族、僮族等③）的对立。这种对立局面已经扩展到广东西部山区的罗旁及广州北部山区。④本文在以往考察的基础上，针对广东、广西两省区交界地带的广东一侧，特别是罗旁与珠江三角洲的中间地带（广州、肇庆两府的交界地带），探讨其儒教化过程，最后通过甘氏这一宗族考察从徭（瑶）族转变为汉族的情形。

---

① 檀上寛：《明朝専制支配の史的構造》第四章《明代科挙改革の政治的背景——南北卷の創設をめぐって——》，東京：汲古書院，1995 年。

② 井上徹：《霍韜による宗法システムの構築——商業化・都市化・儒教化の潮流と宗族——》，《都市文化研究》第 3 号，2004 年；井上徹：《霍韜と珠璣巷伝説》，《山根幸夫教授追悼記念論叢明代中国の歴史的位相》上卷，東京：汲古書院，2007 年；井上徹：《中国近世の都市と礼の威力》，《年報都市史研究一五〈分節構造と社会的結合〉》，東京：山川出版社，2007 年；井上徹：《明清時代の広東珠江三角洲における儒教化の潮流と宗族》，平成 16 年度～平成 18 年度科学研究費補助金研究成果報告書，大阪市立大学文学研究科，2007 年。

③ 在现代中国非汉族研究中，使用瑶族作为正式名称，明清史料中也称"猺"或"徭"，壮族在史料中也称"獞"或"僮"。

④ 井上徹：《羅旁ヤオ族の長期叛乱と征服戦争》，《アジア遊学》9，東京：勉誠出版，2000 年，前引《華と夷の境界，そして漢族社会の成立——中国南部を対象として》《歴史科学》198 号，2009 年。

二、汉化即儒教化的形势

　　席卷整个广东西部山区的徭（瑶）族等少数民族"大叛乱"的中心是罗旁"叛乱"。罗旁是明初以来的行政区划，指肇庆府德庆州所管辖的泷水、封川、开建三县中的泷水县，即德庆州中的西江南岸山区。①其地势特征是西南部高山连绵，往东北部方向的地势逐渐降低，其中部地区沿着泷水（泷江）分布着罗定盆地。②隔着泷水，西侧山区为西山，东侧山区为东山，称作南乡。③罗旁东临广州府新兴县，南面肇庆府阳春县，西对广西郁林州、梧州府岑溪县，北接西江。④

　　明朝建国初期，在统治以罗旁为中心的广东西部山区的徭族时，第一，对徭族规定了贡纳的义务，但免除了徭役。第二，设置了安抚徭族的职官（抚徭官），让其统治徭族。第三，在徭族内部，建立了由徭首统率徭族的组织。在这种统治方针之下，徭族基本上被纳入了明朝的统治。⑤宣德年间（1426—1435年），皇帝赐予徭族敕谕，徭族还算比较稳定。自正统年间开始，徭族开始发生"叛乱"。其直接原因据说是宦官（镇守内官）阮能借朝贡之名掠夺当地财物。最初的"叛乱"发生在正统十一年（1446年），由泷水县的赵音旺联合德庆州晋康的徭人凤广山共同起事。之后，罗旁等广东西部的徭族时常和广西的徭族联手，扩大了"叛乱"地域，徭族势力遍及广州府至广东、广西省交界地带的广大山区（广州府、肇庆府、高州府、雷州府、廉州府等）。其间，由于徭族也接收僮族、汉族的逃亡者，叛乱带上了多民族化的特征。处于"叛乱"中心的罗旁"叛乱"于万历四年（1576年）被镇压。在广东西部山区的其他徭族叛乱也大约在这一时期前后得以平息。⑥明朝镇压徭族等之后，将服从

---

① 嘉靖四十年序刊《广东通志》卷6《事纪四》，香港：大东图书公司，1977年；嘉靖四十年序刊《广东通志》卷7《事纪五》，香港：大东图书公司，1977年。

② 广东省国土厅、广东省地名委员会编：《广东省县图集》，广州：广东省地图出版社，1989年。

③ 嘉靖十四年刊《广东通志初稿》卷35《"猺""獞"》，《北京图书馆古籍珍本丛刊》，北京：书目文献出版社，1997年。

④ 万历三十年刊《广东通志》卷70《外志四·"猺""獞"》，日本内阁文库藏。

⑤ 吴永章主编：《中南民族关系史》，北京：民族出版社，1992年，第302页。

⑥ 关于其间情况，请参阅井上徹：《羅旁ヤオ族の長期叛乱と征服戦争》。此外，最近，刘勇《李材与万历四年（1576）大征罗旁之役》（《台大历史学报》2007年第40期）、陈大远《两广总督府、罗定直隶州和泷水"瑶乱"》（《广东史志·视窗》2008年第6期）对罗旁叛乱加以了详细的考察。

明朝统治的"民"送到徭族等的旧根据地，让他们开垦土地。为了理解徭族的汉化即儒教化过程，本文先来探讨一下这个问题。

1. 移民和开垦政策

在广东西部山区，最初大规模推行移居、开垦政策是在高州府的徭族等被镇压的时候。嘉靖十年（1531 年），阳春、西山的赵林花、黎广深等人攻击高州府并攻陷府城的事件发生，嘉靖十二年，提督都御史陶谐等人袭击该根据地并取得成功。[①] 关于这一事件，据嘉靖四十年序刊《广东通志》卷 67《外志四·"猺""獞"》记载，讨伐之后，"又实以良民一千余家，田赋一百三十九顷九十一亩余"。意思是让一千余家"良民"移民到叛军的土地，获得一百三十九顷九十一亩多的课税对象田地。《"猺""獞"》接着以标注形式列举了"云廉山田，税米一十石一斗五升"至"石桥峒田，税米四石二斗"的"猺田"，提到"猺田"名称和税米。何谓"徭田"？康熙二十六年序刊《重修阳春县志》卷 18《"猺""獞"·"猺田"》列举有"云廉山田，税米十石一斗五升"以及"石桥峒田税米四石二斗"的"猺田"名称和税米，但这些与上述《广东通志》的《"猺""獞"》所载嘉靖十二年叛乱后设置的内容几乎相同。也就是说，赵林花等叛军的根据地在阳春县，镇压后被没收的徭族土地作为阳春县的土地进行登记。根据《"猺田"》所记载的"田之所以加以猺的名称，是因为原为猺人所占据"，"猺田"是指徭族等占有的田地。徭族等被镇压后，明朝称他们的土地为"猺田"，让"良民"进行耕作。这里所说的"良民"是指归属于明朝的新民[②]或狼兵（西狼、狼目、狼甲），即从广西土司地区召集来的僮族军民等，让他们进行农耕与防卫。这样，这些人成了当地农民，"徭""僮"的弊害便消失了。[③]

这项移民和开垦政策在广州府的新会、新宁两县也得到推广。嘉靖九年，两广总督林富和总镇太监张赐、总兵仇鸾等通力协作，在从广西到广东的跨越

---

① 嘉靖四十年序刊《广东通志》卷 67《外志四·"猺""獞"》，香港：大东图书公司，1977 年；《明实录》"嘉靖十一年二月丙午"条；《明实录》"嘉靖十二年九月乙酉"条；万历三十年刊《广东通志》卷 70《外志四·"猺""獞"》，日本内阁库藏。

② 片山刚前引《中国史における明代珠江三角洲史の位置》认为，明朝招抚政策的归顺者（原峒"獠"以及原土人）被称为"新民"（第 49 页）。参考嘉靖四十年序刊《广东通志》卷 67《外志四·峒"獠"》，香港：大东图书公司，1977 年。《明实录》"隆庆二年正月丁丑"条所收两广督抚等官的奏折，正如他所主张的那样，新民在《峒"獠"》等文中，似乎是指归顺明朝的人。

③ 康熙二十六年序刊《重修阳春县志》卷 18《"猺""獞"·"猺田"》，日本内阁文库藏。

肇庆、广州两府的省界地带进行了大规模的扫荡活动。①上述《广东通志》卷67《外志四·峒"獠"》记载有该地区中的新会、新宁两县的"叛乱"。据记载，蓼塘、旱塘、长塘等地的良民雷骨干、林湖祥等人四处践踏各地。嘉靖二年（1523年）官府进行了征讨却无法镇压他们，于是在嘉靖六年，都御史姚镇、总镇太监郑润、总兵朱麒也加入了讨伐这些"民贼"的队伍。但是，曾友富、丘区长、廖悌奴、林仲贵等人再次发起了"叛乱"。嘉靖九年，林富等人率领的明军也加入了讨伐的行列。前述《广东通志》中《峒"獠"》将这些"民贼"归类为"峒獠"。"峒""獠"，即以前的山越。在明代，峒"獠"和徭族、僮族一起在广东各地举行了"叛乱"，其活动范围很多是重复的。②但是，新会、新宁的"民贼"与非汉族的"峒""獠"是否等同就不得而知了。该书将这些人归类为"峒獠"，但在有关"叛乱"的记载中却只称其为"民贼"。此外，率领征讨的林富在镇压"叛乱"后，为稳定当地（新宁、新会、恩平三县），向朝廷递交了奏文《处置会宁地方疏》（嘉靖十年六月六日）③，其中有很多"诸贼""贼"的用词，同时也意识到广东山区是被"猺贼""民贼"所占据的地盘。对于这些"叛乱"，林富最重视的是新会、新宁、恩平接壤地带的地盘问题。林富最大的危机感是，新宁等地的"诸贼"被讨伐后，其残余势力和邻县的无赖相互勾结，并拉拢附近的徭人（《山"猺"》），使原来的"良村"变成了后来的"贼窝"。由此可见，"民贼"中可能包含有峒"獠"，但并非仅此而已，汉族的良民和徭族等也包含在内。

　　另外，林富在前述的《处置会宁地方疏》中还建议，为彻底清除叛乱，召回不得不逃亡的当地居民，让他们和士兵们一起耕作、防卫。新宁、新会两县被"叛军"占据的土地总面积超过六七百顷。④这些土地的所有者被"叛军"所杀或被迫逃亡。"叛乱"被镇压后，向官府申请免税的仅有数百户。于是，官府将以前的赋役黄册回收并进行清查，在掌握了田地和税户的状况后，召集地主让其耕作。此外，在人烟绝迹的地方或被土贼占据的土地设置民屯，召集

---

① 嘉靖四十年序刊《广东通志》卷67《外志四·"猺""獞"》，香港：大东图书公司，1977年。

② 有关"峒獠"的研究，有前引片山刚《"广东人"诞生·成立史の謎をめぐって》及《中国史における明代珠江三角洲史の位置——"漢族"の登場とその歴史的刻印》。

③ 收载于林富的《两广疏略》上。

④ 1顷≈0.07平方千米。

附近各州县的贫民让其耕作。给这些人每人十五亩①的土地，同时免收三年的税役，三年后也免除徭役。各民屯任命一名义长进行监督，官府则提供武器在农活的间隙让其进行军事演习。新宁县的税粮原有八千余石，但在嘉靖四年（1525年）以后，滞纳导致每年的纳入额只有三千多石。各都的税户们都企图躲避税役，但多半因为叛军的到来而被迫逃亡。将这些人召回让其耕作，并免除滞纳部分的税收。免除滞纳税的罪责，赦免后将须缴纳的税粮以一石为三钱进行换算，让其缴纳并充当军饷。据说在新会、恩平等地也实施这项措施。林富的上述奏文得到了户部的支持和世宗皇帝的认可。②

在广东西部山区的徭族等"叛乱"中心的罗旁，嘉靖十一年，被任命为德庆州知州的陆舜臣提倡移民、开垦政策。陆舜臣的计划如下所述：①征服叛乱后，对驻屯于罗旁、永信、东山等诸峒的军队提供农耕用具、种子及数个月的粮食让其耕作、守卫，到了秋天的收获季节则停止分配粮食。②许可采伐、贩卖山上的林木和制漆用原材料等，收入的一成作为税进行征收。到了第二年的春天，士兵们的粮食不足了，便再次提供粮食，或召集农民和士兵们一起耕作。③军队屯田和农民开垦、特产贩卖相结合，土地得到开发后，叛军的势力逐渐变弱，入居者也日渐增多。③

嘉靖四十四年，兵部右侍郎吴桂芳向朝廷上奏了罗旁防卫体制的整备状况。罗旁西山的徭人"叛乱"被都御史韩雍镇压后有所收敛，但东山徭人的掠夺仍在持续。吴桂芳提议了一个预防的良策——屯田制，即召集士兵和商人，采伐山林，设置营堡，将田地分给士兵并让其耕作。这个提议通过了兵部的审议，并得到世宗皇帝的认可。④于是，在南江口以南的泷水沿线一百二十里⑤处设置了十个营，每个营驻屯了一百到两百的士兵。通过这个驻屯政策，之后的数年间"叛军"的活动得到了抑制，但后来"流贼"占据了这些地方并大肆掠夺，营兵们渐渐无法阻止其行为。⑥另外，兵备佥事李材镇压了罗旁"民贼"，设置了屯田。当

---

① 1亩≈666.67平方米。

② 《明实录》"嘉靖十年九月丙子"条。

③ 嘉靖刊《德庆州志》卷16《夷情外传·知州陆舜臣地方事略》，《天一阁藏明代方志选刊续编》，上海：上海书店出版社，1990年。

④ 《明实录》"嘉靖四十四年六月庚辰"条。

⑤ 1里＝500米。

⑥ 民国刊《罗定县志》卷9《旧闻志卷一·记事》，《中国方志丛书》，台北：成文出版社，1966年。

时，"贼军"在新会县境内有三个根据地，但李材让副总兵梁守愚、游击王瑞分别进军恩平、德庆，自己则从肇庆地区挺进，斩杀了五百个"民贼"，焚烧了千余家庐舍。之后，"召集人丁让其耕田"①。这也是开垦政策。

罗旁的移民和开垦政策最终在万历的大征讨后完成。庞尚鹏的《建罗定兵备道碑》（万历五年，即 1577 年）②中记载有"募民占籍"政策的实施内容，提到现在的紧急课题是"聚民"，必须少征税，多训练土兵，并致力于推广屯田。

如上所述，明朝惯用军队屯田和移民、流民开垦等手段逐渐从徭族等手里夺走土地。流民、移民耕作的土地作为民田进行登记，但前述的阳春县事例表明，在变成民田之前经历了一个过渡性的阶段。

2. 阳春县

康熙二十六年序刊《重修阳春县志》卷 18《"猺""獞"·"猺田"》条中列举了"猺田"的名称和税米（前述）后，还记载了万历四年新设东安县的时候，上下西山、云廉、北河、参峒的税米移到了东安县，剩下的徭田全部作为"民业"被编入了"民户"。编纂县志时阳春县徭田的名目已被删除。如此看来，从徭田转换为民田看起来进行得很顺利，但值得注意的是，继承徭族等的土地的"良民"其实是隶属于明朝的新民或西狼、狼目、狼甲等（前述）。《"猺田"》条接着记载道："当初，徭户变成了狼户，如今狼户变成了民户。不知不觉中消除了徭人或狼人的祸害，而不消耗一丁点儿国饷，是最理想的办法。"康熙年间，狼户也可作为民户进行登记。这样，阳春县的人们都拥有民户户籍，至少在户籍上成了汉族。此外，到了清朝，徭田、狼田可以自由买卖，这些田地并不区分徭田或狼田，而是全部作为"民田"进行登记。③

从阳春县的事例可见，即使作为良民登记到户籍上，其土地与汉族的民户、民田的待遇也有所不同，但最终都被汉族的民户、民田所统一。不过，并非所有的土地都转为汉族所有，徭族等残存的山地依然很多。接下来，笔者来探讨一下他们的汉化，即儒教化过程。

---

① 《明史》卷 270《李材传》，《钦定四库全书》，史部，上海：上海人民出版社，四库全书电子版。
② 收载于雍正刊《广东通志》卷 60《艺文志二》，《钦定四库全书》，上海：上海人民出版社。
③ 康熙二十六年序刊《重修阳春县志》卷 18《"猺""獞"·"猺田"》。

三、向科举官僚体制的转化

综上所述，徭族的"叛乱"始于十五世纪中叶的罗旁"叛乱"，一直持续到万历四年（1576 年）的罗旁镇压前后。其间，徭族等的"叛乱"扩展到广东西部山区一带，行政区域涉及广州、肇庆、高州、廉州、雷州等府，罗旁的"叛军"被镇压后，广大区域的徭族"叛乱"也接近了尾声。此外，明朝派军队或移民、流民进驻被镇压的徭族等的居住地，让其开发土地并进行防卫。这些地区中，隶属于明朝的人们（新民、狼兵）可分得徭族的土地（徭田），但最终作为民户被登记到王朝的户籍中去，其土地也同汉族的一样成了民田。这样，户籍和田地被汉族统一后，残存的徭族面临着什么样的命运。位于罗旁地区和珠江三角洲之间被视为要塞的新宁县的事例或许可以回答这个问题。

万历三十四年刊《新宁县志》（沈文系纂修）卷 7《人事考·抚猺》记载，新宁县徭族、苗族"叛乱"发生时，曾派城步的熟徭（被招抚的徭族）协助讨伐，并分给他们麻林、大绢等地的田地，征收赋役。掌管这些熟徭的有千长、隘长、峒长、寨长，这些人是获得报酬被招抚的。[1]此外，明初以来，苗族的"叛乱"相继发生，官府派遣杨昌富等拉拢徭头雷、蓝等，征讨了五峒十八寨。作为回报，官府将麻林、大绢等的军民田粮分给徭人，并让他们居住、耕作。杨昌富被任命为冠带隘长，其子孙代代守卫石门隘口，管理徭人的出入[2]（石门隘是县城往西三十里处的要害之地[3]。）也就是说，明朝派遣杨昌富等招抚徭头，拉拢熟徭征讨徭贼平息了"叛乱"。之后分给徭人田地，和汉人一样对他们征收赋役，同时任命立功的杨昌富为冠带隘长，守卫石门隘，并监督徭人。隘长的身份由杨昌富的子孙世代继承，上述的峒长、寨长是隶属于隘长的徭贼头目。

---

① 万历三十四年刊《新宁县志》卷 7《人事考·抚"猺"》，《日本藏中国罕见地方志丛刊》，北京：书目文献出版社，1997 年。"猺苗"指"猺"族和苗族，但多是一概而论。根据奉恒高主编《瑶族通志》上卷（北京：民族出版社，2007 年），两者的起源、语言、形质和习俗都极为相近（第 46—61 页）。

② 万历三十四年刊《新宁县志》卷 4《地理考·关隘》，《日本藏中国罕见地方志丛刊》，北京：书目文献出版社，1997 年。

③ 万历三十四年刊《新宁县志》卷 7《人事考·议裁减冗员冗费》，《日本藏中国罕见地方志丛刊》，北京：书目文献出版社，1997 年。

　　以上记载中值得关注的是招抚城步的熟徭、赋予麻林等的田地、征收徭粮等方面。万历三十四年刊《新宁县志》卷 5《人事考·田赋志》中，在万历十一年（1583 年）的项目中有"丈过徭粮五十四石三斗三勺，征本色"的内容，这是自明初以来首次出现的有关徭粮征收的记载。之后，万历二十一年、万历三十一年也征收了大约五十石的徭粮。万历三十四年刊《新宁县志》卷 7《人事考·附"猺"俗》记载了与徭粮征收相关联的有关徭族汉化的有趣证言。据称，徭族和苗族的习俗和语言原本与汉族相异，但是，现在其服饰和言行举止亦与汉族居民类似。每年征收徭粮而没有拖欠。另外，朝廷还向徭人的优秀子弟提供书籍和文具，使其完成三年学业，乐于中土之教。[①]此外，前引《抚"猺"》亦收载了如下趣闻。万历三十二年，知县沈文系向两院道府申请领取银十八两，加上自己的俸银六两，一共二十四两，购买牛、酒、花红、盐、面等物资，分发给熟徭，加以抚谕，他们皆大欢喜。[②]由此可知，徭族被授予田地而定居下来，成为农民，缴纳税粮。另外，通过朝廷对他们施以教育，上流阶层的文明化得到显著发展。

　　道光刊《新宁县志》卷 15《武功志·苗"猺"》有如下记载。景泰二年（1451 年），知县唐荣上奏县治的移设时，招抚城步的徭人，分发土地让其定居，并分为八个峒，让徭人守卫往来的道卡，称之为熟徭。此外，任免峒丁中有才能的人为八峒峒长。该八峒峒长制度自施行以后，一直到清朝，峒长每年都平和地缴纳应缴纳的税粮，没有被征收差徭和编银。徭人中会念书的人都会参加科举考试，其中每年有两人被录用，称为徭生。雍正十年（1732 年），徭生被改称为新生。另外还设置了两处义学，召集老师进行教育，每年还分发廪饩银三十二两。后来，新生的名额增加到三名，应试的人数也增加到数百人。近来，徭人对新生的称呼感到羞耻。他们的风俗人情和县城的一样，所谓的"民猺"就是指这个。[③]

　　由上述可以很清楚地了解徭族的汉化过程。武力镇压和招抚，由千长、隘长、峒长等组成的管理制度，缴纳税粮、免除差徭和编银等，经过这一系列过

---

①　万历三十四年刊《新宁县志》卷 7《人事考·附"猺"俗》，《日本藏中国罕见地方志丛刊》，北京：书目文献出版社，1992 年。
②　万历三十四年刊《新宁县志》卷 7《人事考·抚"猺"》，《日本藏中国罕见地方志丛刊》，北京：书目文献出版社，1992 年。
③　道光刊《新宁县志》卷 15《武功志·苗"猺"》《日本藏中国罕见地方志丛刊》，北京：书目文献出版社，1992 年。

程，徭人被纳入了朝廷的统治，语言、习俗也被汉化了。最后阶段是科举。通过义学教育、科举应试，徭人的最终目标是和汉人一样通过科举考试成为官员，很明显和汉族的士人已经没有区别了。

四、现实与传说之间

徭族导入科举官僚制度，无限接近汉族的生活和精神性之后，最终将亲自否定作为徭族的认同感，而以汉族的生活方式生存。正如在以前的论文中探讨过的那样，在珠江三角洲流传的珠玑巷传说认为，各家族的祖先发源于汉族的文明发祥地中原，跨越五岭移民到广东北部的珠玑巷后，造访珠江三角洲并定居下来。[①]徭族若以汉族而生存，采用珠玑巷传说最恰当。一般而言，原先的徭族即使转变为汉族，由其自身挑明这一点也是不太可能的。不过，新宁县上川甘氏编写的民国二十四年刊《（台山）甘氏族谱》（甘畅谋总修，不分卷，中山图书馆收藏）中收集的《甘氏上川房族事沿革常变回溯纪略》（以下简称《甘氏沿革》）可以了解到此类事件，堪称贵重的历史资料。[②]

甘氏最早起源于殷王朝的甘盘公，在秦汉时期出现了王侯、官员，作为高官的家族相当显赫，族人遍布各地。在五岭以南，有霖公是岭南甘氏的先祖，雷霆、雷震、雷雨三子居住在珠玑巷。南宋宁宗时期，三子中的甘雷震抱着有霖公的牌位南迁到古冈州新会县白石乡。之后直到明代的隆庆年间，从有霖公起算的第十一代后人福寿（讳，号南山），即台山甘氏的迁徙始祖从白石乡移居到新宁县那扶区甘坑。但是由于在甘坑遭遇火灾，于是带领家人再次迁移到下川岛茅湾的西边垅。福寿有万松、万阐、万聪三子，西边垅并非可以容身之地，便携带家人移居到上川岛，在石笋村安家落户。当时，由于冯、范、何等姓居住在该村北边的高原，南山公便将南边的沼泽地开拓为居住地。但是，上

① 井上徹：《霍韬と珠璣巷伝説》，《山根幸夫教授追悼記念論叢明代中国の歴史的位相》上卷，東京：汲古書院，2007年。
② 谭棣华的《从珠玑巷史事联想到的问题》一文（谭棣华：《广东历史问题论文集》，台北：稻禾出版社，1993年）曾经关注到甘氏谱系和珠玑巷传说的关系。

川岛是远海上的一个孤岛，交通十分不便，而且地处“猺地”，生活无法安宁，于是南山公又带领第三子万聪前往高州、雷州、琼州、崖州，开创了台山甘氏三房（万聪后来成为三房祖）。这时候，万聪将祖母李氏和两个儿子（国克、国才）留在了石笋村。国克、国才和叔父万松（台山长房开祖）、万阐（台山二房开祖）一起居住在石笋，以农业和制盐为生。后来，三房兄弟发现茶湾的农场形势相当好，而且地广人稀，于是便协商移居茶湾计划，决定三房子孙分开居住在茶湾和石笋两个村。基于这个决定，在万历年间（1573—1620年），法隆、甘广、云乔、国才等人带领家人移居茶湾。

以上说明了定居上川岛茶湾的经过。采用珠玑巷传说，对于地处“猺地”的上川岛，证明自己的家族是汉族这一点很有利。如果就这样挂着族谱，甘氏被外人或是自家人认为是汉族家族将毫无问题。但是，这里存在着一个问题，乾隆刊《新宁县志》卷 1《民俗册・山傜》中收集着甘氏为傜人的一段记录。根据该记录，“猺人”（傜人）原来是依靠刀耕火种生活的移动民族。上川生活着很多傜人，在语言、习惯、生产形态（农耕）方面和汉族的农民没有区别。这些人当中以农业为生的人开设了新的户籍，愿意缴税。据称，知县王暠获得上官的许可后，解除了“何五福、麦先春等户的税亩”，将其纳入新设的傜人甘大振的户籍内并让其缴税。王暠是昆明人，进士，雍正九年（1731 年），从和平县调到本县任知县。在新宁县为官八年。①

据县志记载，关于将“何五福、麦先春等户税亩”纳入傜人甘大振户的事件，《甘氏沿革》中有如下记述。甘氏经过数次移民，最后定居茶湾，但由于茶湾属于“猺籍”，对开垦的田地没有缴纳税粮的义务。由于经常被强取豪夺，被迫于万历十年（1582 年）将开垦的田地六顷十亩寄到何五福、李五同等大户的户籍，缴纳税粮以防掠夺。到了清代，因迁界令被强制移居到内地，迁界令解除后，甘氏又返回茶湾，开垦土地并登记注册。这些新开垦的田地也全部寄到何五福、李五同等大户缴纳纳粮，但由于被大户何氏夺取，不得已只好请求开设户籍，改由自己缴纳税粮。该请求经过知县王暠报呈给两广总督鄂尔泰，结果于乾隆二年（1737 年）在新宁县文章都上川图开设了八户：一甲甘大

① 光绪刊《新宁县志》卷 18《列传一・宦绩传・王暠》，《新修方志丛刊》，广东方志之七，台北：台湾学生书局，1969 年。

振、二甲黄圣广、三甲梁聚唐、四甲梁周邓、五甲陈颜利、六甲关勤友、七甲冯范何、八甲盘高庐。原先寄到何五福、李五同等大户的田地税亩也全部归到甘大振户籍里缴纳税粮。也就是说，将"何五福、麦先春等户的税亩"纳入徭人甘大振户籍的县志记录是指将登记在何五福等户内的甘氏土地提取出来，并纳入新设的甘大振户籍内。如果从甘氏的立场看，县志这种正式的地方志将甘氏记录为徭人是问题的所在。由于甘氏寄居在徭地，被周围的人看作徭民，甘氏对此予以认可。但是甘氏采用珠玑巷传说，主张自己乃汉族出身，并不承认是徭族世家，只是《新宁县志》的记载否认了这一点。

　　归根结底，甘氏的血统是徭族还是汉族，无法得出定论，但是如果县志所载是正确的，则可以证明甘氏利用珠玑巷传说否定自己是徭族而主张自己是汉族这一事实。光绪刊《新宁县志》还记载，海晏都的大隆岗属于"徭籍"，文教原本并不发达，但随着王晟通过考试选拔了邓振翼，大隆岗的民众也开始有心向学了。邓振翼成为生员、贡生，后来被任命为信宜县教谕。[①]徭族被同化为汉族，其中也出现了科举中式者，徭族中出现追求学问的潮流现象表明，在岛屿上涌现了科举官僚制所支撑的儒教化浪潮。笔者认为，从甘氏的事例可以看出，徭族被汉族打败后，科举官僚体制也被导入到非汉族，在汉化即儒教化亦即儒教文化一元化的进程中，不得不自我否定身为徭族的状况确实在徭族人中不断得以发展。

五、结　　语

　　本文探讨了华（汉族）是怎样同化夷（非汉族）的问题。华和夷界线在于是否接受汉族精致的文化和是否登记在王朝户籍之中。本文把这个变成华的过程称为汉化，即儒教化。正因为明代儒教化的主要指标在于科举官僚制，通过被纳入以科举官僚制为核心的汉族单一性儒教文化之中，汉化即儒教化得以最

---

① 光绪刊《新宁县志》卷 18《列传一·宦绩传·王晟》，《新修方志丛刊》，广东方志之七，台北：台湾学生书局，1969 年；光绪刊《新宁县志》卷 20《列传三·邓振翼》，《新修方志丛刊》，广东方志之七，台北：台湾学生书局，1969 年。

终完成。

　　本文所探讨的广东西部山区一系列事件，也可以被理解为这种儒教化的一环。正如第一节所探讨的那样，明朝让军队和移民、流民定居到被镇压的徭族等居住地，让他们负责土地开发和防卫。正如阳春县的个案所示，在这些地域中，明朝有时候也向服属的人（新民、狼兵）等授予徭族的土地（徭田），而他们最终作为民户登记到王朝户籍，这些土地也和汉族土地一样变为民田。在户籍和田地被统一为汉族方式的过程中，残存的徭族究竟走向何种命运？笔者已在第二部分探讨了这个问题，阐论了徭族接受汉族习惯，从中产生了通过科举提升地位的人和家族。第三部分所探讨的上川岛甘氏个案表明，在汉化即儒教化亦即儒教文化的一元化进程之中，不得不自我否定身为徭族的状况确实在徭族人中不断得以发展。

万历吕侍郎祠诉讼案与晚明徽州的社会竞争[*]

田　艺　章　毅^{**}

一、绪　　论

　　宗族是明代社会史研究的重要领域，而徽州宗族则是其中不可忽略的议题之一。已有的研究成果显示，明代徽州宗族的兴起多与商业发展有密切关系。一方面，宗族组织有利于商业经营；另一方面，商业的成功也会巩固当地的宗族力量。学者同时也发现，徽州社会中宗族组织的扩大，往往会激化宗族之间，乃至宗族与僧道等其他宗教势力之间的矛盾，因此，宗族社会并非单纯的和谐社会，其中常常伴随着频繁的诉讼纠纷。①不过，与清代相比，明代宗族诉讼的史料并不丰富，能完整地展现宗族诉讼过程的一手史料更是稀缺，明显妨碍了学术界对这一领域的深入拓展。而笔者近期所关注的万历歙县吕侍郎祠诉讼案，不仅可以填补史料上的空白，也可以使学术界进一步了解明代宗族诉

＊　本文为教育部人文社会科学基金规划项目（项目编号：18YJA770025）阶段性成果。

＊＊　田艺，上海交通大学人文学院硕士研究生；章毅，上海交通大学人文学院副教授，主要研究方向为明清史。

①　唐力行：《论徽商与封建宗族势力》，《历史研究》1986 年第 2 期；[韩]朴元熇：《从柳山方氏看明代徽州宗族组织的扩大》，《历史研究》1997 年第 1 期；[日]中岛乐章：《围绕明代徽州一宗族的纠纷与同族统合》，《江淮论坛》2000 年第 2、3 期；韩秀桃：《〈不平鸣稿〉所见明末徽州的民间纠纷及其解决》，《中国文化研究》2004 年第 3 期；阿风：《从〈杨干院归结始末〉看明代徽州佛教与宗族的关系——明清徽州地方社会僧俗关系考察之一》，安徽大学徽学研究中心编：《徽学》（2000 年卷），合肥：安徽大学出版社，2001 年，第 124 页；阿风：《明清徽州诉讼文书研究》，上海：上海古籍出版社，2016 年，第 215、229 页。

讼过程的细节，尤其是其中宗族与里排及士绅之间的复杂关系，以及宗族发展与商业活动之间的双面关联。

记录万历时期歙县吕侍郎祠诉讼案的关键史料为《吕氏负冤禀帖历朝实录》（简称《负冤录》），由晚明歙县生员吕承训编纂于万历四十至四十一年（1612—1613 年），与明代徽州谱牒《新安吕氏宗谱》合刊传世。《新安吕氏宗谱》由另一名晚明歙县生员吕仕道主持编纂，原刊于万历五年，民国二十四年（1935 年）由前清歙县生员吕龙光重新刊刻。吕龙光在《重刊新安吕氏宗谱序》中说："万历间谱，迄今三百余载，代远年湮，谱□腐败霉损蠹害，又每残缺，是不得不重刊也。"①可知万历《新安吕氏宗谱》虽然在民国时曾经重刊，但今日所见仍应为明代旧版，而万历《负冤录》也是在民国重刊时增补而入的。

万历《新安吕氏宗谱》原版藏于山西省社会科学院图书馆，以《新安大阜吕氏宗谱》为名，美国犹他家谱学会收藏了该谱的缩微胶卷，并将缩微胶卷的电子版全文上传至其官网（www.familysearch.org），为学界的研究提供了极大的便利。但值得注意的是，《新安大阜吕氏宗谱》的题名实际上并不准确，这一题名是民国重刊时，由主持其事的"歙南大阜吕氏德本堂"所加，与该谱的真实内容有所脱节。该谱虽然也有涉及歙南大阜吕氏之处，但通览整本谱牒，大阜吕氏实际上并不重要，有关他们的记述也极为简短，而他们的历史要到清代之后才逐渐凸显。与之相比，今天藏于上海图书馆的民国刊刻的另一部同名宗谱（亦名《新安大阜吕氏宗谱》）才是"名副其实"的有关歙县大阜吕氏的谱牒。②在万历《新安吕氏宗谱》中，居于核心地位的是歙北黄村和歙县县城两支吕氏，其中歙北黄村尤为重要。

有关这部民国重刊的明代万历《新安吕氏宗谱》以及谱中所载的《吕氏负冤禀帖历朝实录》，学术界早已有所关注。1996 年以来，先后有三篇目录类或资料性学术文献曾提及《新安吕氏宗谱》。翟屯建先生所编的一份《家谱提

---

① 吕龙光：《重刊新安吕氏宗谱序》，见（明）吕仕道等修，吕龙光重刊：《新安大阜吕氏宗谱》（明万历五年修，民国二十四年重刊，缩微胶卷，藏于山西省社会科学院图书馆，本文所用为该谱的网络电子版，见美国犹他家谱学会网站，www.//familysearch.org）卷 1，第 1a 页。以下此类在脚注中引用简称：万历《新安吕氏宗谱》。

② 吕龙光等修：《新安大阜吕氏宗谱》，民国二十四年刊本，藏于上海图书馆。以下引用简称：民国《大阜吕氏宗谱》。

要》曾收录该谱，并曾撰文对其有所介绍。①卞利教授编著的《明清徽州族规家法选编》收录了谱中的《明万历休宁县桑园吕氏宗族祀规》和《明万历休宁县松萝门吕氏宗族凤湖街祭祀家规》两份家规。②王振忠教授曾撰文介绍万历《负冤录》中收录的一份洪武四年（1371 年）的户帖，并指出这是目前所知的唯一源自歙县的明代户帖。③对于两部均以《新安大阜吕氏宗谱》为名的谱牒，栾成显教授也曾做过专题研究。他指出，明代万历《新安吕氏宗谱》所载的吕氏宗族以歙县为中心，歙南大阜只是其中一支，而民国新编的《大阜吕氏宗谱》则完全以大阜吕氏为中心，两谱大不相同。栾成显还指出，万历《新安吕氏宗谱》体例严整、考核有据、文献丰富，特色非常明显，而谱中收录的《负冤录》包含了诉讼两造的各类文书，以及官府批审的各类史料，为研究明代司法诉讼提供了一个宝贵的案例。④郭锦洲的博士学位论文《祖先的距离：宋明间徽州祖先祭祀的变化》的第五章，曾利用万历《新安吕氏宗谱》和《负冤录》进行过研究。该论文指出，新安吕氏宗族是在明代赋役变化的环境下，各地吕氏为控产而联合形成的宗族。吕氏的案例说明，在明代后期，祠堂已经代替神庙成为徽州社会普遍存在的控产组织，而吕氏败诉的原因之一，是没有在祠堂的祭祀仪式上进行神明与祖先的区分。⑤

　　总体而言，明代万历《新安吕氏宗谱》及其收录的《负冤录》是目前稀见的明代徽州宗族诉讼文献之一，具有颇高的史料价值。学术界对于该史料的不同侧面虽已有所探究，但迄今为止，仍缺少针对诉讼案本身的专题研究，更缺乏对诉讼文书与谱牒之间匹配关系的梳理。因此，全面研究该史料，进而了解晚明徽州社会的变迁，仍是亟待进行的学术课题。

①　翟屯建：《黄山市博物馆藏家谱提要》（一），《徽州社会科学》1996 年第 3 期；翟屯建：《徽州私撰族谱与公修族谱的差异》，《安徽史学》2006 年第 6 期。

②　卞利编著：《明清徽州族规家法选编》，合肥：黄山书社，2014 年，第 117、120 页。

③　王振忠：《〈新安吕氏宗谱〉中的一份明初徽州户帖》，《华南研究资料中心通讯》2005 年第 40 期。

④　栾成显：《〈新安大阜吕氏宗谱〉研究》，见安徽大学徽学研究中心编：《徽学》（第六卷），合肥：安徽大学出版社，2010 年，第 133—151 页。

⑤　郭锦洲：《祖先的距离：宋明间徽州祖先祭祀的变化》，香港中文大学博士学位论文，2014 年。

二、明代吕氏宗族的形成

明代万历《新安吕氏宗谱》（以下正文中简称《宗谱》）的具体编纂刊刻人员有二十余人，其中吕仕道是关键人物。[①]据《宗谱》卷 4《世系表》可知，吕仕道出自歙北黄村，生于正德十六年（1521 年）辛巳，有"郡庠生"的功名。《世系表》称赞他"克复祖业，秉正不污，编辑谱牒，缵前垂后"[②]，所指正是编修族谱之事。吕仕道本人也在谱序中说："（道）因祖业复兴，敢僭首倡，与叔继华，弟仕龙等会宗，续辑吾氏谱，以继先人之志"[③]，可以确信，吕仕道应是《宗谱》的主要编撰者。而他所在的歙北黄村，也是明代中后期吕氏宗族建设中最活跃的一支。

关于歙北黄村的地理位置，《宗谱》卷 1 有明确记载："歙西北近城五里许，地辟民稠，旧名税者村。唐末黄巢骚掠江南，侵及歙州，驻兵本境龟山。先谕逢黄不扰，于是居民更名其山为黄屯山，名其村黄村。"[④]可知黄村位于歙县县城西北约 5 里。《宗谱》卷 3 又载，"洪武初年，吕沂叟始分籍九都五图歙北黄村"[⑤]。可知黄村在明代属于歙县的九都五图。据万历《歙志》，歙县的九都包含 15 个图，对应"岑山、介塘、江村、宋祈、小路口、黄村、梅山、徐村"等 14 个村。[⑥]又据 2005 年新编歙县方志，明清时期的九都位于今富堨镇，而富堨镇所辖行政村徐村，即包括徐村、梅山、黄村等 9 个自然村。[⑦]因此大体上可以推断，明代的歙北黄村，即今歙县富堨镇徐村下辖的黄村。笔者于 2017 年 8 月曾赴歙县进行实地考察，今天的黄村位于歙县西北大约 2 千米，交通便利，符合明代《宗谱》的记述。

包括歙北黄村在内，《宗谱》的《世系表》详细记载的房派共有 17 个，其

---

①　万历《新安吕氏宗谱》卷 5《名氏》，第 112a—112b 页。

②　万历《新安吕氏宗谱》卷 4《文仲公派裔孙万五迁歙北黄村世系》，第 53b 页。

③　万历《新安吕氏宗谱》卷 1《序》，第 21b 页。

④　万历《新安吕氏宗谱》卷 1《迁派源流》，第 43a 页。

⑤　万历《新安吕氏宗谱》卷 3《歙城祖居端四公房派》，第 29b 页。

⑥　（明）张涛修，谢陛纂：《歙志》卷 8 之 1《因革表》，合肥：黄山书社，2014 年，第 123 页。以下引用简称：万历《歙志》。

⑦　歙县地方志编纂委员会编：《歙县志》，合肥：黄山书社，2010 年，第 91 页。

中 7 个房派的始迁祖有比较准确的生卒年,从这些时间信息来看,元末明初是
比较集中的时段。也就是说,不少房派的比较准确的历史记忆正形成于这一时
期。从表 1 中不难看出,新安吕氏的大部分房派(14 个)分属于从善公、文英
公、文仲公三个宗支,始迁祖有准确生卒年的 7 个房派则全部出自文仲公。而
所谓"文仲公",即是指北宋的吕文仲(表 1)。

表 1　新安吕氏房派与宗支对照表

序号	房派	始迁祖	生年	卒年	宗支
1	歙西王口	正一公	不详	不详	从善公
2	歙西厚田	正三公	不详	不详	
3	歙西碣田	正四公	不详	不详	
4	歙南羊山	祖公	不详	不详	
5	歙南下傍溪	保公	不详	不详	
6	歙北呈坎	寿山公	洪武	不详	
7	歙南大阜	郑公	不详	不详	文英公
8	歙城更衣亭	端四公(万一公子)	1312 年	1384 年	文仲公
9	休宁水南	庆二公(万二公次子)	1280 年	1340 年	
10	歙城里仁坊	季三公(万二公三子)	1284 年	1336 年	
11	歙东何村	德四公(万二公四子)	1304 年	1349 年	
12	休宁桑园	仲荣公(万三公子)	1340 年	1426 年	
13	休宁四都	万四公	1315 年	1365 年	
14	歙北黄村	万五公	1324 年	1386 年	

资料来源:万历《新安吕氏宗谱》卷 1—4《世系表》

据《宋史·吕文仲传》:"吕文仲字子臧,歙州新安人。……在江左,举进
士……入朝,授太常寺太祝,稍迁少府监丞。预修《太平预览》《广记》《文苑
英华》,改著作佐郎。……咸平三年,拜工部郎中,充翰林侍读学士,受诏集
太宗歌诗为三十卷。……迁工部侍郎……改刑部侍郎,充集贤院学士。……文
仲富词学,器韵淹雅。"①显然,这位吕文仲是五代南唐时期从歙州本地成长起
来的科举精英,其情形类似于当时的舒雅、聂冠卿等人。②新安吕氏将一部分
的族源追溯至此,似乎仍颇具合理性。

不过,北宋的吕文仲远非新安吕氏溯源的起点。万历《新安吕氏宗谱》共
记录有六篇《迁派源流》,其中《徽城里仁坊万二公源流》最早,写于洪武十
五年(1382 年),由休宁水南派吕磐(1346—1390 年)所作。《宗谱》的《世

① (元)脱脱等纂:《宋史》(点校本)卷 296《吕文仲传》,北京:中华书局,1985 年,第 9870—
9872 页。

② 参见章毅:《道巫、佛教与理学:宋元时期徽州地域文化的变迁》,《安徽师范大学学报(人文社会
科学版)》2015 年第 5 期。

系表》显示，吕磐生于元末，入明后曾举孝廉，任江西建昌知县。①弘治《徽州府志》也记载："吕磐，字公大，休宁水南人。……以洪武十七年有司举孝廉，特授江西南康府建昌县知县，廉能勤慎。"②两文信息总体上可以相互匹配。在《迁派源流》中，吕磐对歙县吕氏的历史作了更为悠远的追溯：

> 吾吕世居河东，始祖渭公，为歙州司马，累迁礼部侍郎。七传至我集贤院学士文仲公，又传十二传至千一公，授官至迪公郎，保障歙之深渡，卒遂葬于是。配张氏，居歙之东门。其子万二公生于歙。万二公配牛氏，生子四。长曰潮一公，三曰季三公，四曰德四公，仍居歙邑。次曰庆二公，配汪氏，是为考妣也。至大丁巳，为宁国路榷茶提举司使。始挈家来休宁，遂买田宅居之。此我本宗之枝派也。虽然我祖宗屡迁郡邑，谱牒历历可考。③

在引文的记述中，吕磐关注的主要是本房派的历史，但他对于整个新安吕氏早期历史的追溯却值得注意，在吕磐看来，新安吕氏最早的源头可以追溯至晚唐的吕渭。查《旧唐书·吕渭传》，吕渭，字君载，河中人，唐肃宗时进士，曾任大理评事，因故被贬为歙州司马，累官至"太子右庶子、礼部侍郎"，后出为湖南潭州刺史，贞元十六年（800 年）卒。有子四人，温、恭、俭、让，皆入仕，有"美才"。④正史中的这条史料提示我们，唐代吕渭籍贯山西河中（今山西省永济市），曾短暂被贬为"歙州司马"，因此与歙州发生了关系。

比较吕渭和吕文仲，一为唐代的外籍"名宦"，一为北宋的本地"乡贤"，两人颇不相同。《宗谱》的《迁派源流》为他们建立了世系的关联，并且下延至明代的新安吕氏，由此形成了一个连绵不绝的谱系。这在一定程度上，或许只是出于"宗族建构"的需要，背后的史实未必非常可靠，但无论如何，到明代后期，新安吕氏的这一世系关联已经得到了当地人们的承认。嘉靖《新安名族志》称，"唐有讳延者为御史大夫、浙东道节度使。延生渭，德宗朝仕殿中

---

① 万历《新安吕氏宗谱》卷 3《休宁水南庆二公派》，第 54b 页。

② （明）彭泽修，汪舜民纂：《徽州府志》（《天一阁藏明代方志选刊》，影印弘治刊本）卷 6《选举》，上海：上海古籍书店，1981 年，第 54a 页。以下引用简称：弘治《徽州府志》。

③ 万历《新安吕氏宗谱》卷 1《迁派源流》，第 41a 页。

④ （五代）刘昫：《旧唐书》（点校本）卷 137《吕渭传》，北京：中华书局，1975 年，第 3768 页。

侍御史。厥后散居歙、婺"①。万历《歙志》记载："德宗时，吕温以父（渭）为州司马，娶于邑中。"②显然，这两种颇具影响力的徽州地方文献都确认吕渭是新安吕氏的"始迁祖"。也正因为吕渭和吕文仲都曾任职"侍郎"，因此后代纪念他们的祠庙也就顺理成章地定名为"吕侍郎祠"。

洪武十五年（1382年），吕磐对新安吕氏的历史进行了初次整理，确认了唐宋时期的吕渭和吕文仲在新安吕氏历史中的源头地位，并以吕文仲为顶点，建构了一个基本自足的宗族谱系。正是在此基础之上，百年后的成化、弘治时期，新安吕氏才迎来了正式建构宗族的高峰时期，而其中的主要力量则是来自歙县县城和歙北黄村的吕氏人群。

最先被整理的是歙城派的历史，见于《宗谱》中的《歙城更衣亭万一公子端四公迁派源流》一文。关于这份文献的编撰时间，《宗谱》没有明确记载，但该文作者吕敬生于永乐元年（1403年），卒于成化十二年（1476年），因此该文献的出现不会晚于成化十二年。同样值得注意的是，吕敬本人并非出自歙城派。据《宗谱》卷4《世系表》记载，吕敬，族名宗远，字伯恭，官名敬，为万五公五世孙。③而《宗谱》卷4《宗远公传》又记："（敬）方弱冠，为邑庠生。……未几，考冠多士，补廪膳生员。宣德二年，宪司拔之进国学，有声誉，后任四川成都府安县尹。"④弘治《徽州府志》亦载："宣德年间，吕敬为四川安县知县。"⑤因此，吕敬实际上是出身于歙北黄村派的科举人物。歙城吕氏的《迁派源流》由歙北黄村派所写，一方面可见两派在成化时期已深有关联；另一方面也体现出黄村派在其中有更强的主导性。

黄村派本身的历史追溯在弘治十五年（1502年）也已完成，黄村商人吕仲斌所编《歙北税者黄村万五公迁派源流》即是代表性文献。《宗谱》载，吕仲斌（1463—1517年），谱名富宗公，号芝兰轩，居歙北黄村，为万五公五世孙，是最早出现的吕氏商人之一。也正是这位吕仲斌，在弘治时期主持了吕氏

---

① （明）戴廷明、程尚宽撰：《新安名族志》（点校本），合肥：黄山书社，2004年，第619页。以下引用简称：嘉靖《新安名族志》。

② 万历《歙志》卷6之5《氏族考》，第86页。

③ 万历《新安吕氏宗谱》卷4《文仲公派裔孙万五公迁歙北黄村世系》，第5b页。

④ 万历《新安吕氏宗谱》卷4《宗远公传》，第29a页。

⑤ 弘治《徽州府志》卷6《选举》，第39b页。

坟祠的修建和吕氏族谱的编纂。①《宗谱》中收录了一份《古歙富山更衣亭左吕氏存仁府修理坟祠警示子孙议约》，详细记载了修祠的捐赠情况。该议约显示，修建吕氏坟祠共费银 95.84 两，主要来自黄村、歙城、大阜、梅渡滩和叶酉五个房派，因为梅渡滩和叶酉两派实际上也是分别由黄村和歙城分化而出，因此坟祠的修建，黄村和歙城无疑最有贡献（图 1）。②由此可见，吕仲斌弘治十五年（1502 年）编纂《迁派源流》，对黄村吕氏的历史源流进行详细的追溯，其背景正是吕氏坟祠的建成。

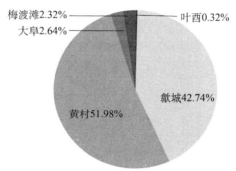

梅渡滩2.32%
大阜2.64%
叶酉0.32%
歙城42.74%
黄村51.98%

图 1　弘治修祠吕氏各房派出资比例

成化、弘治时期以后，吕氏宗族的发展似乎进入了一个较长的平稳期，直到隆庆、万历时期才又重新展开了活跃的建设。一些不见于《宗谱》世系表内的房派也开始和黄村、歙城派"会宗"，婺源澧溪吕氏即是其中比较突出的一支。《宗谱》中载有婺源澧溪吕氏于隆庆二年（1568 年）与黄村、歙城派会宗时的《会宗书》：

> 烈翁书云：歙向果、婺源澧溪、浮梁浯溪，同出河东侍郎公，当有统宗之议。曾会怀吾于南监言之，不幸怀吾不愁（整）遗，而诸宗久未往来，诚大鈌（缺）典也。贤而有志者，幸下顾共商量，亦必各携旧谱以相证，毋徒泛泛为也。③

①　万历《新安吕氏宗谱》卷1《祠墓寺图表》，第47a页。
②　万历《新安吕氏宗谱》卷5《遗事表》，第71b—72a页。
③　万历《新安吕氏宗谱》卷1《祠墓寺图表》，第50a页。

这份《会宗书》的作者"烈翁"，应即《宗谱》谱序《族兄扬泉续修吕氏举要世谱序》的作者吕烈，该序的落款信息为"大明隆庆二年戊辰四月既望，福建兴化府通判，二十五世孙烈"①，由此可知吕烈曾任福建兴化府通判。康熙《徽州府志》卷 9《选举志》记载嘉靖十六年（1537 年）丁酉乡试的中举者即有吕烈，"字伯承，婺源分水人，兴化府通判"②。谱牒和方志的信息可以匹配。

婺源澧溪派的会宗，对歙县向杲派也产生了刺激。《宗谱》记载：

> 隆庆戊辰二年，婺源宗长烈翁，乃从谦公之裔，谒祠会族。于是歙城有光、黄川仕道……遂议曰：自渭公至吾侪八百余年，今复会合，诚宗族之盛典也。但向杲从政公，与吾祖从谦公，亲昆季也，怀吾在南监言之谆谆。吾派既入宗祠，向杲且在密迩，其可疏哉？于是会同向杲族众吕泰公濂等，自愿写立合同，各出银四十两，二派共银八十两，买办祭田以补。我文仲公派下歙城、黄川、大佛、梅渡滩、叶酉，创修谱告之。③

从这段文字不难看出，通过对祖先关系的追溯，澧溪派、向杲派和原以歙城派、黄村派为中心的吕氏宗族发生了关联，两派还"自愿写立合同"购买祭田、参与修谱。不过，有关向杲吕氏，《宗谱》所收录的一份户帖为我们提供了一些细节信息：

> 徽州府歙县廿三都二保民户吕卯，计家五口，男子三口，成丁二口。本身，年五十三岁。弟寅孙，年二十二岁。不成丁一口，男九孙，九岁。妇女二口，大一口。妻阿黄，年四十五岁。小一口，女关弟，年四岁。事产：民田土，十四亩九分八厘七毫。田一亩九分六厘七毫，地十亩九分五厘七毫，山二亩六厘三毫，塘无。房屋草屋一间，马蓄（畜）无。④

---

① 万历《新安吕氏宗谱》卷 1《祠墓寺图表》，第 49b 页。

② （清）丁廷楗修，赵吉士纂：《徽州府志》（《中国方志丛书》，影印康熙三十九年刻本）卷 9《选举志》，台北：成文出版社，1975 年，第 318b 页。以下引用简称：康熙《徽州府志》。

③ 万历《新安吕氏宗谱》卷 1《祠墓寺图表》，第 49a 页。

④ 《洪武四年吕卯给半勘合户帖并儒户吕云甫金业》，万历《负冤录》，第 34a—35a 页。

这份户帖清晰地说明，在洪武时期，向杲吕氏的先祖吕卯只是一个小农户的家主，远非一个大家族的族长，而所谓的吕氏向杲派，其渊源并不能追溯得很早，而很可能就是明代中期以后的产物。这或许可以解释，为什么《宗谱》中有关澧溪派和向杲派的记载如此简略，而且基本没有世系信息。但无论如何，到隆庆二年（1568 年），经由婺源澧溪派、歙县向杲派的"会宗"，新安吕氏在歙城派和黄村派的基础上有了明显的扩大。

隆庆二年"会宗"时，澧溪、向杲两派还捐赠了一定数量的银两用于购置祭田，这样就产生了一个更重要的结果，即"吕宗祠户"的设立。《宗谱》收录了有关"祠户"设立的呈文：

> 直隶徽州府儒学生员吕有光、吕仕道、吕调卿，婺源县儒学生员吕清邦、吕望卿等呈为恳立祠户，以崇孝思事。生等始祖侍郎渭公、文仲公、状元溱公奏建水西太平兴国寺，恩赐坟祠于寺右山地，历代免征，清册府志可查。祖下子孙蕃衍，散居各邑，今其买祭田数亩在歙，备供祭议（仪）。奈各邑难以收税，理合具呈，恳立吕宗伯祠户，附西关二图太平兴国寺同甲，庶使粮差易输，实为便益。为此具呈，须至呈者。
>
> 隆庆六年五月初十日，具呈生员：吕有光、吕仕道、吕调卿、吕清邦、吕望师。
>
> 县主姚批：准立。①

新申请设立的"吕宗伯祠户"，在《宗谱》和《负冤录》中多被简称为"吕公祠户"或"吕宗祠户"，所对应者即是前文所述的"吕氏坟祠"。由此也不难推断，原先坟祠应依附于"太平兴国寺"内，而此时已经分离出来，成了"西关二图"的正式户头。

隆庆六年"吕宗祠户"的设立，为祭田的进一步增殖，乃至吕氏宗族的进一步扩大创造了更好的条件。从表 2 中不难看出，18 笔祭田捐赠中有多笔产生于祠户设立之后，而参与捐赠的房派也远远超出了祠户设立之前的范围（表2）。因此到万历五年（1577 年），一个汇集多个房派的吕氏宗族已具规模，而这也应是当年《新安吕氏宗谱》得以编成的重要原因。

---

① 万历《新安吕氏宗谱》卷 5《祭田表》，第 101a—101b 页。

表 2　新安吕氏各房派购置祭田

吕氏房派	购田时间	田额/亩	田价/银两	祭田位置
婺源澧溪	1569	3.05		九都五图
歙县向杲	1569	1.52	80.00	九都五图
		1.97		九都五图
		0.70		不详
澧溪、向杲	1569	2.30		九都五图
歙西堨田	不详	1.14	10.20	九都五图
	1573	0.26	2.36	不详
休宁桑园	1572	2.10	34.25	不详
		0.84		
	1577	1.12	10.00	九都五图
休宁松萝门	1577	1.67	15.00	九都五图
休宁凤湖街	不详	1.43	15.00	九都五图
歙西王口	不详	1.30	10.00	歙西王口
	1577	2.70	19.00	歙西堨田
歙西厚田	不详	1.50	10.00	不详
歙西街尾头	不详	1.50	10.00	不详
歙南湖羊山	1573	2.20	17.00	梅渡滩
歙城里仁坊	1577	1.99	15.00	一都一图
总计		29.29	247.81	

资料来源：万历《新安吕氏宗谱》卷 5《祭田表》

三、明代中后期的吕氏商人

　　新安吕氏从成化时期开始进行宗族建设，到万历初年基本形成汇集众多房派的宗族格局，这与明代中后期徽州商业发展的整体环境密切相关，与吕氏商人的出现也有着直接的关联，这一点黄村派吕氏的历史即可作为明显的例证，其中又以吕仲彪所在的支系最为典型。

　　万五公（谱录为十九世）是歙北黄村吕氏的始迁祖。"至正壬辰（1352年），（万五公）迁承祖歙北庄，乃弃学务农，导子勤其事。"①万五公长子仁公，"字云甫，性纯厚，不乐文华，终日力田以全生。时遭兵革，避地黄地之族舍。既平，复其居，复集旧业，焕然一新，用是产业益富"②。三子顺公，

---

① 万历《新安吕氏宗谱》卷 4《传》，第 23b 页。
② 万历《新安吕氏宗谱》卷 4《传》，第 24b 页。

"性好植树，蓄养果木，种种成林……至于受国金业，父所遗产，一毫不改移。每遇农事，躬先倡率，尽力田亩，故群下罔不奔命，家产日益充裕"①。这些信息均明确显示，明初定居黄村的吕万五及其子辈均以务农为业。但从万五公的曾孙"锁关公"（1416—1492 年）开始，情况出现了变化。《宗谱》记载，"（锁关）年未及冠，遂志四方。宣德末，游安庆，公以手掷百钱，家因以裕"②。虽然锁关公具体从事的产业不详，但至少可见当时歙北黄村吕氏已有人不再拘于农事。

到了锁关的下一代，商业活动的痕迹已经非常明显了。如前文所述，锁关次子仲斌即是商业经营颇为活跃的人物，而锁关长子仲彪（1443—1522 年），在成化时期也取得了商业的成功。《宗谱》记载：

> 成化间，由安庆之宣材益高，在市同业者惮之。公（仲彪）见伊不给食，遂徙之宁以让，一郡之人义之。久之，财甲于邑。庚子（十六年/1480 年）冬，遂归。命工构堂，环以墙壁，石堤以阶墀，为乡都最。③

虽然仅凭这段记述，我们还不容易分辨吕仲彪的经商细节，但至少可以了解几点重要的信息：①吕仲彪的经商地点先是在安庆，然后转移到宁国，基本都在徽州的邻郡。②吕仲彪的营商内容很可能与木材有关。③吕仲彪的商业经营时间基本在成化时期，前后持续了十数年，经营颇为成功，最终可以"财甲于邑"，并"荣归"故里。吕氏兄弟营商的成功，正是他们可以推动宗族建设的产业基础。从《宗谱》的世系表、行状、言行录等记载来看，仲彪的二子泰珪、泰祥，以及孙辈继永、继富、继寿、继华等人也都是商人（图2）。

吕仲彪家族在黄村派的吕氏人群中并非孤例。《宗谱》的《世系表》登记了整个黄村派大约 340 名吕氏族人，分布于十九到二十八世，时间横跨了几乎整个明代，其中 245 人有准确的生年记录，而且不少人都留存有小传。笔者根据这些文字描述，整理了歙北黄村派吕氏商人的商业活动情况（表 3）。

---

① 万历《新安吕氏宗谱》卷 4《传》，第 25a 页。
② 万历《新安吕氏宗谱》卷 4《传》，第 28b 页。
③ 万历《新安吕氏宗谱》卷 4《传》，第 29b 页。

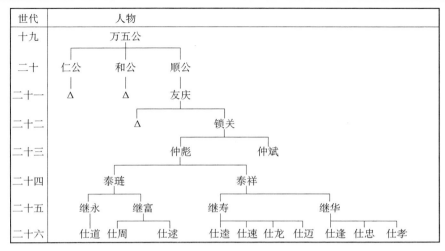

图 2　歙北黄村派吕仲彪家族谱系

资料来源：万历《新安吕氏宗谱》卷 5《世系表》

表 3　歙北黄村派吕氏商人的活动

世代	时间	谱录人口/人	从商人数/人	比例/%	从商地点
十九	1324—1353	1	0	0	无
二十	1354—1383	3	0	0	无
二十一	1384—1413	5	0	0	无
二十二	1414—1443	11	4	36	安庆
二十三	1444—1473	19	6	32	宁国
二十四	1474—1503	35	11	31	宁国、南陵、繁昌
二十五	1504—1533	49	18	37	青阳、宁国、南陵、繁昌
二十六	1534—1563	81	21	26	青阳、宁国、繁昌、河南、徐州、扬州、荆州、湖广

资料来源：万历《新安吕氏宗谱》卷 5《世系表》

注：万五公生于元泰定元年（1324 年），宗谱中属十九世。本表即按照一世 30 年的比率进行后续世代的时间换算

从第十九到第二十三世，黄村吕氏的整体情况与吕仲彪家族完全一致，而到了十五世纪末的弘治时期，整个黄村吕氏的商业经营有了进一步的发展。《宗谱》显示，第二十四世吕氏的营商者达到了 11 人。这些商人的经营地域较之前两代有了明显的扩大，而且出现了稳定的营商地。《宗谱》记载："积护，字子善，号乐庵。为人状貌长大，心性慈善，且俭朴自持，衣不蔽体，食仅充

饥，以此居积致富。服贾繁阳，怀资充裕，田连千亩。"①又称："社相，字子辅。为人性秉朴素，勤俭自守。父兄虽无遗积，服贾南陵，独立致富。"②由此可知，吕氏商人在徽州之外的繁昌和南陵长期经营，建成了稳定的营商据点。

16 世纪上半叶，黄村派吕氏商人迎来了商业大发展的时期，《宗谱》所记录的第二十五、二十六世吕氏商人，分别达到了 18 人和 21 人，他们经商的地理范围也在持续扩大。其中吕仕逵"年二十余，商河南、徐杨（扬），泛舟荆广，所至有声，多利益"③。可见吕氏商人的经商地已经不再局限于徽州府附近，而到了河南、徐州等中原地区，以及荆州、湖广等长江中游地区。

歙北黄村派无疑是最早进行商业活动的吕氏人群，但进入 16 世纪之后，新安吕氏其他房派成员的商业活动也相当活跃。表 4 显示，歙南叶酉、歙北呈坎、歙城里仁坊、休宁凤湖街各派也都有商人在频繁活动，他们的营商地涉及长江沿岸和两淮地区，其中徽州周边地区如繁昌、宁国也是重点区域，整体上与黄村派的重合性很高（表 4）。

表 4　吕氏其他房派的商业活动

房派	人物	世代	营商地点
歙南叶酉	璇	二十五	铜陵、大通（安庆）
歙北呈坎	胜义	二十五	宛陵（宣城）
	显爵	二十六	淮西（凤阳）、湖阴（芜湖）
歙城里仁坊	銮	二十六	徐州、沛县
休宁凤湖街	宗旺	二十五	繁昌
	思忠	二十六	繁昌
	积盈	二十七	宁国
	文魁	二十八	池州
	显琪	二十八	麻城

资料来源：万历《新安吕氏宗谱》卷 5《世系表》

吕氏宗族整体性的商业活动，一方面对汇集各派，形成宗族有着明显的推动作用；但另一方面，同样不可忽略的是，商业活动也在促使吕氏宗族成员频繁地迁徙和移居。弘治十五年（1502 年）《歙北税者黄村万五公迁派源流》就提到，"今之梅渡滩、刘村、雨坑、淮西、繁昌、青阳、铜陵、太平、宁国，

---

① 万历《新安吕氏宗谱》卷 4《歙北黄村万五公房派》，第 26b 页。
② 万历《新安吕氏宗谱》卷 4《传》，第 31b 页。
③ 万历《新安吕氏宗谱》卷 4《歙北黄村万五公房派》，第 55b 页。

亦皆万五公之派"①。这就说明，早在弘治时期，黄村派吕氏就有人已经迁居到了黄村之外的梅渡滩、雨坑，乃至徽州之外的淮西（凤阳）、繁昌、青阳、铜陵、太平、宁国等地，而从《世系表》中的迁派信息来看，第二十二世吕高童迁雨坑，第二十三世的吕宗胜迁梅渡滩，吕宗武、宗护迁淮西，第二十四世吕福广迁太平，这些人大都是黄村派的吕氏商人。而这些小房派的出现，也正是商人移居的结果。商旅导致的移居，在 16 世纪的下半叶达到高潮，嘉靖中期之后，繁昌等地越来越成为吕氏商人的聚居地，随着有影响的吕氏商人的不断外迁，甚至出现了外重而内轻的逆转现象，围绕吕侍郎祠所发生的诉讼案即产生于此时。

四、太平寺和吕侍郎祠

嘉靖《徽州府志》卷 21《宫室》列举了当时歙县比较知名的建筑共计 78 座，首列"振德堂"等各类"堂""亭""楼""阁""台""书院"16 座，次列"兖山吴氏宗祠"等姓氏明确的"宗祠"59 座，后列"杨宗伯祠""吕侍郎祠""鲍提干祠"等专祠 3 座。②第一类建筑的性质比较清楚，应属于当时没有争议的公共建筑。第二类也比较明确，应是各个宗族已经建成的宗祠。第三类建筑的属性则显模糊，似乎具有宗祠的宗族特性，似乎又具有名人专祠的公共性。"吕侍郎祠"即是其中之一。

吕侍郎祠之所以具有这种两属的特性，与它附属于太平寺的历史有关。太平寺，又称太平兴国寺，位于歙县县城西南隅的太平桥畔，始建于唐代至德二载（757 年），名兴唐寺，北宋太平兴国四年（979 年）敕改太平寺，民间习惯又称为水西寺。南宋罗愿的《新安志》记载："大历末，吕渭为州司马，尝于寺之隙为堂读书，晨入夕还。既去，以遗寺僧，故至今有吕侍郎祠。"③从《新

---

① 万历《新安吕氏宗谱》卷 1《迁派源流》，第 43b 页。
② （明）何东序修，汪尚宁纂：《徽州府志》（《北京图书馆古籍珍本丛刊》，影印明嘉靖四十五年刊本）卷 21《宫室》，北京：书目文献出版社，1988 年，第 5a—7a 页。以下引用简称：嘉靖《徽州府志》。
③ （宋）赵不悔修，罗愿纂：《新安志》（影印清文渊阁四库全书）卷 3《祠庙》，上海：上海古籍出版社，1987 年，第 18a—18b 页。

安志》所载不难看出，吕侍郎祠原为唐代吕渭在太平寺内的读书堂，后人以此为吕渭的纪念堂，至南宋淳熙时期仍存于太平寺中（图3）。

图3　太平寺、吕侍郎祠及歙北黄村的地理位置

　　对吕侍郎祠进行宗族化改造，发生于明代的弘治时期。时任大理寺评事的歙县籍士大夫张芝（1472—1512 年）记述："有仲斌公者，见荒垅而兴悲，拜庙貌而作敬。爰竭乃心，告于宗人，用新祠宇，以供祭祀。遂同乃兄仲彪公者董其事。"①这是说吕仲彪、吕仲斌兄弟在看到当时已经荒圮的吕侍郎祠之后，联合宗人，发愿重修。前文曾论述，吕氏宗族发展的起点，正是吕氏兄弟的重修"吕氏坟祠"。但比较不同的史源，我们不难发现，《宗谱》中的"吕氏坟祠"也正是《负冤录》中不断出现的"吕侍郎祠"。《宗谱》卷 1《祠墓寺图表》记载：

　　　　弘治十三年（1500 年）十二月初四日……叔父仲斌公……因见坟祠崩坏，会集城中宗长以逞、以达、本兴、本俊、广福、吕荣、吕存、吕荫及黄村宗长仲彪、积护、彦齐、社相、社旺等告鸣府县。荷蒙府主彭公、县主朱公给赐下贴，修造坟祠。……仲斌公总督上下族众，二三年之间，经

---

① 《弘治壬戌重修祠堂邑人张评事为之记》，万历《负冤录》，第35b—36a 页。

营劳苦，竟不往外经商。祠宇复建，装其像貌，崇其祭祀，且修吕氏世谱，以纪其事，使后人兴起其尊祖敬宗之心，是皆仲斌公鼓舞作兴之功也。①

吕仲斌兄弟发现"坟祠崩坏"之后，需要"告鸣府县"才能申请重修，这就足以说明，这个"坟祠"在名义上并非由吕氏人群所"私有"，而明显带有"公共性"，因此才需要得到官府的批准。有关这一过程，《负冤录》有详细的介绍。

吕氏族众提出修祠的申请之后，歙县知县的反应是先下帖文，要求"坟祠"所在的西关里排进行查勘。排年里老查勘之后，向歙县上呈了一份"执结"：

> 歙县西南隅一二图排年里老曹叔杰、杨存仁等，今于与执结为重修宦品坟祠事。蒙本县帖文，仰查勘本隅一二图告人吕以暹等状告前事，依奉会同排年里老拘集原告及各寺僧人，供勘得太平等一十二寺，原系在城唐宋侍郎吕文仲、吕溱建立重修，每寺舍田六亩，并免征山地二亩五分以作焚修。每寺于太平寺内侍奉香灯一月，递年不失。今伊后裔孙吕以暹等，因见坟祠崩塌，具告本县重修。蒙帖里老查勘，其各寺委是吕溱公重建，奉祀始祖吕渭，故舍田入各寺管业纳粮是的。中间即无扶同，如虚甘罪无词，执结是实。②

从该执结来看，西关排年里老认为，太平寺是吕氏先祖吕文仲、吕溱为奉祀始祖吕渭而重建，而吕氏人群作为吕文仲、吕溱后裔，因此也有权重修寺中的"坟祠"。该执结中所举"告人"吕以暹（1425—1508 年）是歙城派的族长，也是本次修祠活动中与黄村派吕仲斌兄弟同样重要的发起人。从该执结不难看出，地方里老明显认可了吕氏与太平寺及吕侍郎祠的关系。弘治十四年（1501 年）三月二十二日，针对里排的查勘结果，歙县知县朱谏要求众人到官衙来复审：

> 重修宦品坟祠，事理难便，准信随拘本告族众吕以暹……等到官，责

① 万历《新安吕氏宗谱》卷 1《祠墓寺图表》，第 47a 页。
② 《弘治十四年西南隅排年里老坟祠执结》，万历《负冤录》，第 36a—37b 页。

执本宗事实敕诰，前来查审。果系宦品坟祠，志经堪载，应合听从修砌。①

《负冤录》中未发现歙县知县查审后的批文，但《宗谱》卷 1 有"荷蒙府主彭公、县主朱公给赐下贴，修造坟祠"这样的语句，因此查审的结果无疑是批准了吕氏族众的请求。而从《宗谱》中收录的《古歙富山更衣亭左吕氏存仁府修理坟祠警示子孙议约》的订立时间来看，"弘治十五年三月"应即是"坟祠"落成的时间。

弘治十五年（1502 年），以歙城派和黄村派为代表的吕氏人群在太平寺旁重新建成"吕氏坟祠"，对于吕氏来说，这是宗族建设的开始，前面引文说"祠宇复建，装其像貌，崇其祭祀，且修吕氏世谱，以纪其事，使后人兴起其尊祖敬宗之心"，正表明在吕氏人群的眼中，"吕氏坟祠"就是一个可以汇集吕氏各派的"吕氏宗祠"。但对于歙县知县来说，吕氏人群之所以能得到修建许可，只因为这是一个"宦品坟祠"，是当地的公共建筑，而吕氏人群的行为，只是一种面向公众的"善举"。地方里排的态度显然更加务实，他们似乎并不重视"名分"的归属，对于他们来说，吕侍郎祠当然是一个当地的公共建筑，但他们也承认吕氏人群与该祠有着特殊的关系，其中就包含了宗族血亲的色彩。因此，由吕氏人群来重修吕侍郎祠，不仅合乎公义，也合乎私情。

正是在这种名分模糊的情境中，围绕着太平寺旁的吕侍郎祠，新安吕氏宗族不断发展壮大，直至隆庆二年（1568 年）正式设立"吕宗祠户"，使祭田归户，确立吕侍郎祠的"宗祠"身份，并在万历五年（1577 年）编成《新安吕氏宗谱》。应该说，在十六世纪将近大半个世纪的宗族化进程中，新安吕氏的宗族建设颇有成效。但吕侍郎祠公私难辨的身份，却始终潜藏着社会矛盾的隐患。对于逐渐"宗族化"的吕侍郎祠，其他的社会力量始终有着身份上的质疑和挑战。

嘉靖十一年（1532 年），来自婺源的"豪宦"汪云程是第一个比较重要的挑战者。《宗谱》记载：

嘉靖十一年，有婺源豪宦汪云程图造风水，倚父天官，强拆太平古寺，侵及我祠。时有城中敏高公，协同城中黄川族众本祥、社相、社旺、

---

① 《弘治十四年歙县所给印信帖》，万历《负冤录》，第 37b 页。

太（泰）琏、太（泰）祥、太（泰）保、志宽、志能、志大、文巘、继永、明鸾、吕凤等，会集大佛、梅渡滩、叶酉，统领宗族三百余人，巡逻看守。于是，敏高公偕侄孙吕凤、寺僧玄晓，竟往宁国执词赴告按院傅公、江院冯公，复令男有光往婺源大畈见汪东峰诸公。虽太平寺被豪宦拆毁，幸而宗祠如故。①

这段公案简而言之就是，来自婺源的"豪宦"汪云程出于营造墓祠的目的，拆毁了位于歙县县城西隅的太平寺，危及近旁的吕侍郎祠，而吕氏宗族的歙城派和黄村派，邀集族众，强力抵制，并不惜上诉按院，最终保住了"宗祠"。汪云程，婺源大畈人，本人官阶并不高，仅以父荫"授中书舍人，历广平府通判"②。但其父汪鋐（1466—1536 年）则是嘉靖时期的显宦。据焦竑《国朝献征录》，"（汪）鋐，徽州府婺源县人，弘治十五年进士。授南京户部主事，历佥事，至布政使，升副都御史，提督南赣军务。召还院，升刑部侍郎，进右都御史，兼兵部尚书，掌院事，提督团营。加太子太保，改吏部尚书，兼兵部尚书。（嘉靖）十四年九月致仕"③。凭借着父亲的权势，汪云程自然能够纵横乡里，甚至拆毁太平寺。但即便如此，吕氏宗族在嘉靖十一年（1532 年）的冲突中还是成功地保住了"宗祠"，可见当时两派吕氏，尤其是黄村派吕氏颇具实力。

嘉靖十一年的事件为后续的纠纷埋下了隐患。汪云程谋求兴造墓祠无望，于是将拆毁的太平寺的地基转卖给了乡宦吴玹，但等到吴玹为了重建太平寺而开始"扛石"动工的时候，同样遭到了吕氏宗族的强烈抵制，工程很快就被迫停止。隆庆五年（1571 年），吴玹在"说帖"中委婉地表达了自己的不满：

在城吴华夫不自揣度，妄意欲兴太平废寺。已用价银赎回旧地，知会本管十位排年，并十寺长老面议，尽自己力量盖造，外蒙府赐印募缘文簿。……近因本家木厂洪水冲坏，将石块移堆寺基听用，蓦有数人阻挡，不许石工扛抬，詈骂妙法和尚，今知乃是吕侍郎公子孙。日则更替巡还，

---

①　万历《新安吕氏宗谱》卷 1《祠墓寺图表》，第 47b—48a 页。

②　嘉靖《徽州府志》卷 14《恩荫》，第 15a 页。

③　（明）焦竑：《国朝献征录》（影印本）卷 25《汪鋐传》，扬州：广陵书社，2013 年，第 1040 页。

夜则宿祠窥探。才一扛石，而就如此提防，若兴工起造，必成大哄。且地原是太平旧基，汪宅买去，本家赎回，明白显然，于吕全无干涉。①

吴玹的不满并非没有道理，在他看来，太平寺既然已经荒废近四十年，作为乡宦，购买寺基，筹资兴寺，颇为正当，因此吕氏宗族的"阻挡"和"提防"反而显得不合理。但吕氏的"说贴"声称：

> 但云"太平旧基，汪宅买去，本家赎回，明白显然，于吕全无干涉"，则言之谬矣。切（窃）思寺地税免征，何人能买能卖？祖建寺宇，何人不识不知？寺既吾祖建立，何谓于吕无干？税既朝廷免征，何容占为己物？②

一方面强调太平寺为官寺，其寺基不容私相买卖；另一方面强调太平寺为吕氏先祖所建，因此与吕氏后裔也密切相关。换而言之，吕氏宗族认为，若要兴建太平寺，非吕氏莫属。

也正因为如此，本次冲突之后的第二年，即隆庆六年（1572 年），黄村派吕氏正式向徽州府提出呈文，请求重建太平寺。徽州府责令歙县"问报"，歙县同样首先委托地方里老进行核实。里老的回呈说：

> 原额太平寺基地，系分字六十五号，一亩二角五十步。又查得吕侍郎祠基，系分字三号，地一角二十步。二项基地原是免征地额。太平寺宇，据排年邻僧供给。嘉靖十一年十二月二十三日，汪云程拆毁，蒙本府升任曹老爷拘僧存纲到府，给银四十两，以作搬移用费。并拘册里胡禧，将今没崇寿寺地税四分过与汪云程，系分字一十三号，坐落寺后。及查吕侍郎祠屋尚存。弘治十四年，裔孙吕以遑、吕仲斌等告鸣府县修理帖证，历系子孙吕太祥、吕文献、吕烈、吕公濂、吕志全、吕浩、吕仕迪等祭祀不缺。役等逐一挟查，太平寺基系是不均地段结，于嘉靖十一年荒废，至今户籍尚存。吕侍郎祠亦系免征，子孙至今承祀，并无冒认。再查汪进所诉

---

① 《隆庆五年在城乡宦吴玹公买寺兴作因吕阻挡说贴》，万历《负冤录》，第38b—39a页。
② 《隆庆五年吕姓复吴玹公说贴》，万历《负冤录》，第39a—39b页。

产土，系是今没崇寿寺院地税过付，与原额太平寺免征地额不同。①

里老这份回呈有三个要点：①太平寺地基的字号为"分字六十五号"，亩额"一亩二角五十步"（折 1.71 亩）；吕侍郎祠地基的字号为"分字三号"，亩额"一角二十步"（折 0.33 亩），两者并不相同，且均为免征地基。②嘉靖十一年（1532 年）汪云程拆毁太平寺之后，并未购得太平寺地基，而只购得太平寺后另一块"分字十三号"地基，也就是说，太平寺地基并未出售。③太平寺旁的吕侍郎祠祠庙尚存，从弘治十四年（1501 年）到隆庆六年（1572 年），70 多年来均由吕氏负责祭祀。显然，这份调查"回呈"，不仅确认了吕氏宗族对于吕侍郎祠的经营权，也确证了太平寺地基"免税"的官方身份。这样一来，也就在事实上承认了吕氏对于太平寺兴建、管理的优先权。

在收到里老回呈的两个月之后，歙县向吕氏发出了修建太平寺的许可，"印信帖"称：

> 汪进以有住持僧而诉称价买废寺，以吕有子孙而诉称冒认，其谬亦同。但查太平寺，额系免征，岂容谋占。据结户额，寺僧俱存。吕仕迪陈情复建，听从修复。备由申奉本府，批开汪云程以官豪强占寺地，法当重究，姑念大臣之后……今奉批呈前因，理合给帖付照。为此今给帖付本告，听从会同原额寺僧，照旧地额，重建太平兴国寺于吕公祠旁，永期焚修不替。②

在这份文书中，歙县官府不仅确认了太平寺基地的"免征"特性，否定了嘉靖"豪宦"汪云程"价买"的合法性，而且进一步确认了吕氏与太平寺的特殊关系，从而使得吕氏宗族在保有吕侍郎祠的基础上，进而有条件地组织对于太平寺的重建。从隆庆六年的里老"回呈"可知，太平寺基地的面积比吕侍郎祠基地大了将近五倍，因此，吕氏宗族获得对于太平寺的"独家经营权"，无疑是宗族化道路上的重大胜利。虽然从万历《宗谱》和《负冤录》中，我们不容易看到吕氏宗族在获准重修太平寺之后的具体营造情况，但《宗谱》所载的《祠

---

① 《隆庆六年吕姓陈情复建地方老人里排回呈》，万历《负冤录》，第 39b—40b 页。按：崇寿寺原为太平寺后小寺，据弘治《徽州府志》，该寺明初已废。汪进为汪云程义子。

② 《隆庆六年歙县所给印信帖》，万历《负冤录》，第 41b 页。

图》则明确地标识出，吕侍郎祠旁边正是栋宇廓大的太平兴国寺，因此在隆庆六年（1572 年）到万历五年（1577 年）的五年间，吕氏宗族的太平寺营造计划无疑得到了完整的执行。万历《负冤录》中"地集总目"载有与吕侍郎祠有关的三份文书目录，分别为《万历二十年吕宗祠户实征册》《万历三十年吕宗祠户县给印信审图票》《万历三十年吕宗祠户县给印信户由》，虽然我们今天已无法看到这三份文书的原件，但从这些题名不难看出，到了万历中后期，吕侍郎祠实际上已经转变为"吕氏宗祠"，吕氏宗族的宗族化道路，似乎已经取得了全面的"胜利"。

五、万历四十年的诉讼案

吕侍郎祠的宗族化转向虽然看上去颇为成功，但实际上仍相当脆弱。万历四十年吕侍郎祠诉讼案的爆发，在两年之内，彻底瓦解了吕氏宗族此前长期积累的优势。

万历四十年正月十二日，歙县西关一、二图的里排以吕氏宗族砍伐吕侍郎祠前的两株古木为由，将吕氏告上歙县衙门：

> 具呈西关一二图里排李灿光、汪彦鉴、胡伯祥、巴应德等，呈为阴占官祠，强伐古木事。窃见本境太平寺内有吕公祠，公讳渭，仕唐朝，原为歙州司马，历升礼部侍郎。百姓众僧咸思其德，共于免征地上建祠户，祝尊为十寺都土地，敕碑纪迹在祠。祠前塝下古木二株，相传数百载，围大丈余长，高百尺，亦系免征之地，府志历册可稽。在本府古太爷修理文庙，欲伐此木，堪舆备陈利害，故仍蓄养至今。岂料吕姓奸恶，吕应松等横行无忌，旧腊廿七日将二木擅砍卖去，支段五十余簿，尽是椅棹之料。现存本身，价逾百两，足为梁栋之材。兼以挖根春香，斩伤丈余地脉。役等往观，又见祠内毁灭故牌，新列神主。本寺经堂，改为私室。切（窃）思祠系一方神祠，原非一姓家庙；地既免征官地，木即官府栽培，若容擅伐行私，则府城汪王庙、南隅陶公祠，二氏之人，亦皆可踞其业而伐其木矣。……恳乞爷台亲勘，电志电册。追故碑，令吕公功德重新昭于万世；

黜私主，使吕公神明照旧独当一尊。擅伐官木，合追入官。激切具呈，伏乞裁夺。①

里排控词的指控表面上是关于"古木"的问责，即吕氏将吕侍郎祠前的古木砍去，不仅涉嫌侵害公产（"古木……系免征之地"），而且妨害风水（"斩伤丈余地脉"）。但更重要的问责，则是吕氏宗族对吕侍郎祠以及太平寺的经营，均涉嫌"公为私用"，完全不合法。具体指控有两条，一是"（吕）渭仕唐朝，原为歙州司马，历升礼部侍郎。百姓众僧咸思其德，共于免征地上建祠户，祝尊为十寺都土地，敕碑纪迹在祠"。这是强调吕渭是当地的社神，因此吕氏宗族不能以之为祖先而私行独占。二是"役等往观，又见祠内毁灭故牌，新列神主。本寺经堂，改为私室。切思祠系一方神祠，原非一姓家庙；地既免征官地，木即官府栽培"。这是强调吕侍郎祠是地方上的公共神祠，并非吕氏一姓的家庙。这两条指控一条否定神主，一条否定祠庙，一旦坐实，其结果必然会导致吕氏宗族丧失在吕侍郎祠以及太平寺的所有权利。

但耐人寻味的是，这两条指控的措辞虽然严厉，但其中并非没有漏洞，最关键的疏漏是没有提及吕侍郎祠和太平寺实际由何人所建，而只是强调在名义上应该为何人所有。显然，提出控诉的里排并非不知道吕侍郎祠和太平寺实际上都是由吕氏宗族所建，因此，在控词中才会采用一些避重就轻的说法。所谓"百姓众僧咸思其德，共于免征地上建祠户"，这是强调"祠户"由"百姓"共建；所谓"祠系一方神祠，原非一姓家庙；地既免征官地，木即官府栽培"，是通过强调"祠木"为"官府栽培"，来强调祠木所在的"地"是"免征官地"。显然，这两项指控都没有涉及吕侍郎祠究竟为何人所建的问题。因此，里排对于吕氏宗族的指控，在私砍"公木"这一点上，看上去证据确凿，但后续的指控却明显有着"避实就虚"的弱点。

面对万历四十年（1612 年）正月十二日里排的指控，吕氏宗族承认"砍木"确是实情。万历《负冤录》收录有一份《倡族伐木族众连名议约》，文载：

　　　立议约族众吕尚宽、吕仕巡、吕正坤、吕文铭、吕禾、吕应松等，今

---

① 《豪党因伐木拒骗诳歙批衙呈》，万历《负冤录》，第 54a—54b 页。

有本家宗伯公祠前木二株，于祠风水有碍，历来已议砍除。近因吴望老并堪舆言，有树塞心，祠故不发。除之，众皆兴隆。且见本年大利，众议欲伐，但族众在外者多不能遍达。今现在族众嘀议，择日砍斫，鬻价置田，于祠有利，免树塞心，于祠除害。此系合族情愿，即无异议等情。今恐无凭，立此议约为照。①

这份议约落款处共有 62 位吕氏族人签名，因此很明显，砍伐这两株古木是宗族合议的结果。或许正因为吕氏自觉在这一点上有所理亏，因此希望采取私下调解的方式来处理。正月十七日，吕氏宗族具列"帖证"，聘请中人，甚至愿意宴请诸位里排，当面澄清。面对吕氏的主动和解，里排却态度强硬，拒不接受。②

到了二月初六，以生员吕承训为首的吕氏宗族不得已应诉，向歙县知县上呈"诉词"进行书面辩解。在"诉词"中，吕氏追述了吕氏先祖与吕侍郎祠的关系，介绍了吕氏在弘治、嘉靖、隆庆、万历年间的四次修祠活动，并列举历届知县下发的修祠、修寺的帖证，以表明吕氏在吕侍郎祠的权利合理合法。③更重要的是，吕氏的"帖证"还指出，早在万历九年（1581 年），吕侍郎祠已经"金丈升科"，已不是"免征"的"官祠"。《负冤录》收录了万历十年西关二图六甲"吕公祠户金丈坟祠丈量票"，票据记载：

> 竭字一千二百二十八号……土名太平寺，原额：地二分四厘正。东至罗汉寺，南至太平寺，西至太平寺，北至路。今丈地积五十四步六分正……竭字一千三百三十三号……土名太平寺，原额：下等坟地六分五厘正。东至水沟，南至路，西至路，北至浴院地。今丈地积一百四十三步五分二厘……④

竭字 1228 号和竭字 1330 号土地分别对应了"吕公祠基"和"文仲公坟地"，丈量票明确标示出了两块土地的大小与四至，并确认其均属于"西关二图六

① 《倡族伐木族众连名议约》，万历《负冤录》，第 51b 页。
② 《豪党不认全诬又恐苦伤难解帖证》，万历《负冤录》，第 54b 页。
③ 《歙县派原诉词》，万历《负冤录》，第 55a—56a 页。
④ 《万历九年吕公祠新丈坟祠基地丈量票与丈量册同》，万历《负冤录》，第 43a—43b 页。

甲"的"吕公祠户"。此外,《负冤录》还收录了"万历二十年吕宗祠户所造实征册",即吕宗祠户的税收登记册,册中也详细记录了吕宗祠户的田产包含竭字 1228 号祠基和竭字 1330 号坟地,田额共计"八亩三分二厘八丝"。①显然,这两份文书都可以有力地证明,万历九年(1581 年)的官府金丈,早已认定吕公(宗)祠及文仲墓均为需要纳税的吕氏产业,已不再是"免征"的"官地"。

面对吕氏宗族的强力反驳,原告方面的指控力度明显加大。万历四十年四月初七,即诉讼案爆发后的两个月,徽州府城斗山文会的 86 名成员联名上书知县刘伸,指控吕氏"霸占"官祠、"擅砍"官木:

> 具呈举监生员汪应元、吴万名、程令名等,呈为霸占官祠,擅砍官木,恳乞正法追价,以竣大工事。水西太平寺吕侍郎祠,原系歙川司马,士民感德,于本寺免征地上建祠立碑,以志去思。祠前塝下大木二根,历唐至今,本府培植,以为朝山荫庇。岂今恶棍吕应松等积谋,因姓冒认,毁碑霸占吕侍郎祠,魆进私主,以民混官,前泽尽斩……冒公祠为私祠,视官木为己木。据法必罪,于理难容。……严究谋情,黜私主,改正原祠,重罚示儆。生等曷胜忭戴。为此具呈,须至呈者。②

这份"呈词"中的指控显然有所升级,所谓"士民感德,于本寺免征地上建祠立碑",这是说吕侍郎祠本身即是当地士民共同建设,这一说法直接否定了吕氏宗族对于吕侍郎祠的营建历史。而所谓"因姓冒认,毁碑霸占吕侍郎祠"以及"冒公祠为私祠,视官木为己木"的说法,是直接坐实了吕氏宗族"霸占"官祠的"罪名"。因此,斗山文会成员的诉求也自然升级为"黜私主,改正原祠,重罚示儆"。显然,斗山文会的指控绕过了里排等人纠缠不清的"官木"问题,直接击中了"冒公祠为私祠"的核心要点。

斗山文会是徽州府城知名的士绅科举组织,万历《歙志》介绍,"置会有地,进会有礼,立会有条,司会有人,交会有际,大都进德修业,由来尚矣"③。在当地颇具影响力。从呈词的落款来看,86 名具呈的成员,其中有相当多人具有

---

① 《万历二十年吕宗祠户所造实征册附盗税怨词》,万历《负冤录》,第 44b—45a 页。
② 《斗山会友朋党夺木呈词》,万历《负冤录》,第 56b—57a 页。
③ 万历《歙志》卷 6 之 5《风土考》,第 93—94 页。

举人、监生、生员的身份。因此这份指控不仅语词犀利，而且背景强硬。值得再作一点分析的是，斗山文会的具呈人员中，有一名颇为活跃者"胡其达"，其父"胡良玉"即是西关的里排，而其祖父胡眇，也正是为太平寺基进行丈量的册书。因此，西关里排和斗山文会在吕侍郎祠的诉讼案中显然是立场一致的，甚至我们也不难推断，早期里排的指控，也应得到了文会士绅的有力支持，否则依照晚明社会的情形，里排在诉讼中的角色往往只是取证和调处①，并不会如此主动。

文会士绅的介入极大地增强了指控的砝码，吕侍郎祠诉讼案的天平出现了严重的倾斜。就在同月，歙县知县刘伸很快就做出了判决：

> 审得吕应松贪利，盗卖官物。盖其蓄谋在裁税之年，逞志于入主之日，所从来久矣。今将据为一姓之业，则凡海内崇报之祠不少，为其子孙者，皆亦得以己意而据之乎、伐之乎？而因以为利，不顾其害乎？即不必远指，试问朱文公之祠在新安者多矣，文公之子孙不闻一一而据之也。册期在迩，合仍改正免征，其吕族私主，各许撤回奉祀，前祠永为公物，岁时有司崇报。前木公估变价，并追吴金老搬料值一十四两，即置田为春秋祀费，将吕应松、吴金老各拟杖余，念先贤遗裔，姑免深究。②

判决的要点有三：①吕侍郎祠的祠基仍然改为"免征"官地，重新登记；②吕侍郎祠恢复为官祠，每年由官方（"有司"）进行祭祀，吕氏宗族应将"私主"撤出；③由吕氏宗族"盗砍"的木料变卖充公，所得钱款置买祠田，作为春秋祭祀之费。此外，判决还表示，本应追究主事者吕应松等人的责任，给以"杖责"，但考虑到他们本系"先贤"后裔，免究责任。这个判决彻底地否定了吕氏宗族对于吕侍郎祠的所有权，也否认了此前吕氏四代人对于该祠长达百年的营建和管理，吕氏宗族彻底败诉，而当地里排和士绅则"大获全胜"。

万历四十年（1612年）四月，歙县知县的这一判决激起了吕氏宗族更大范围内的强烈反弹。五月，婺源派参与诉讼，向歙县递交《婺源派告歙原呈》，

---

① ［日］中岛乐章：《明代乡村纠纷与秩序：以徽州文书为中心》，郭万平、高飞译，南京：江苏人民出版社，2010年，第210页。
② 《歙县刘公审语后附诉言》，万历《负冤录》，第12a—12b页。

指控西关里排等人的"挟骗鼓害"，对吕氏蓄意诬指。①申诉无效之后，同年六月，吕氏进一步向"兵道"申诉，指控里排胡伯祥等人"诈财哨众，覆祠灭冢"，请求"兵道"为其申冤。"兵道"应即兵备道之省称，明代兵备道一般由一省的按察司副使或佥事充任，负责巡查地方军务，兼及治安。徽州属于南直隶，所对应的"道"应为"徽宁池太道"，驻地为宁国。②从职衔来说，"兵道"属于省级派出官员，重于知府，当然也高于知县，因此吕氏在府县一级受到"冤抑"，转而向"兵道"申诉，颇为合理。但申诉并不成功，兵道的批语是"仰本府粮厅问报"③，即要求徽州府的推官来处理，这也就意味着"兵道"并没有接受吕氏的申诉。八月，吕氏旌德派也加入诉讼之中。举人吕会章向歙县知县上递《旌德派告歙原呈》，力图挽回局面，争取至少可保留吕氏在吕侍郎祠内的祭祖权。④但这一申诉也没有效果，歙县知县甚至认为，旌德派是在歙县派吕应松等人的蛊惑下才参与了诉讼，而吕氏宗族本身并没有什么旌德派，同时认为此案已有定论。

　　事情很快就向执行判决的方向发展了。八月十三日，西关里排李灿光、胡伯祥等 20 位坊长继续为吕侍郎祠征租、祭祀等事上呈官府，希望官府落实此前的判决结果："钧裁公举贤能，经管前项祀田，并军产、帖文、征租等事。"即请歙县知县选取贤能，管理吕侍郎祠。李灿光、胡伯祥等坊长甚至直接提出："本祠（吕侍郎祠）锁钥春秋二祭，奔走铺设，身等愿任其劳，庶公物永存"，希望地方里排能取代吕氏管理吕侍郎祠。这份议书得到歙县知县与徽州府知府的批复：

　　　　县主刘批云，据通县士绅毕学宪、汪孝廉等公议，名宦归之学宫，公祠属之里排，于义协矣。蒙府批详，置吕氏守祠一人，以永此祀。更为曲尽，合以产业，帖送县庠。另立户籍，于该图征租，纳课供祀。俱见年输值，以租入多寡为岁事丰俭。祭毕销算，里排与守祠人，均享福胙。本县岁时行礼，该房查数立案而已，不敢预其事。守祠查该嫡派何人，应否帖

①《婺源派告歙原呈》，万历《负冤录》，第58a—58b页。
②《明史》（点校本），卷75《职官志》，北京：中华书局，1977年，第1844—1845页。
③《状告兵备道准送本府粮厅词》，万历《负冤录》，第59b—60a页。
④《旌德派告歙原呈》，万历《负冤录》，第59a页。

给衣巾，候各院道详到再议行。①

通读歙县知县刘伸的批语可知，府县均判定吕侍郎祠为公祠，由学宫和里排进行管理。吕侍郎祠的产业须另立户籍，在西关二图进行收租纳税，视收租的多少来进行祭祀，仅从吕氏族人中选取一人守祠，祭祀之后的祭品由里排与守祠人均享。显然，西关里排已经获得了吕侍郎祠的管理权。

面对歙县官府、郡城士绅、西关里排咄咄逼人的"攻势"，万历四十年（1612 年）十一月，吕氏歙城派、婺源派、旌德派联名上呈巡抚都察院，状告西关里排胡伯祥等，"贪谋风水，乘逆伐木，诳县披匋，混断入官"②。诉状落款显示共有 55 名吕氏族人参与了联名，其中有 2 名举人，17 名监生，36 名生员，可谓声势浩大。但从该状词末尾文字"巡抚都察院徐批：仰本府理刑厅问报"来看，巡抚并没有直接受理此案，而是将之交由徽州府推官来查处。而从万历《负冤录》所收录的《本府批详令吕氏守祠卷案》，也不难看出巡抚的态度：

> 申奉巡按直隶监察御史荆奉批。据详：吕公祠地，免征在先，建祠在后，岂仅一姓之业。但其初不宜蓄谋栽税浸淫而各入私，至又浸淫而为吕应松之盗卖官木矣。册期在迩，改正免征，为是其撤回私主，有司崇报，并前木变价追银，置田作春秋祀费。俱如议行缴。③

既然"改正免征""撤回私主"，且"俱如议行缴"，当然也就意味着巡抚完全赞同此前县、府、道三级的判决，同时也意味着吕氏在万历四十年的"吕侍郎祠"诉讼案中的完全失败。而吕氏对吕侍郎祠长达一个世纪的经营，已化为乌有。康熙《徽州府志》的"祀典"部分记载："吕司马祠，在府太平兴国寺，祀唐歙州司马吕渭。"④这说明吕侍郎祠已完全恢复了"官祠"的身份。乾隆《歙县志》的"秩典"也记录了"吕公祠"，并且标明"岁一祭"。⑤可见，万历

---

① 《命坊长轮流征租供祀及令吕氏祠并给衣巾议》，万历《负冤录》，第 60a 页。
② 《巡抚都察院徐驳招批云仰徽州府查报并状告》，万历《负冤录》，第 13b—14b 页。
③ 《本府批详令吕氏守祠卷案》，万历《负冤录》，第 64a—64b 页。
④ 康熙《徽州府志》卷 8《祀典》，第 7a 页。
⑤ （清）张佩芳修，刘大櫆纂：《歙县志》（《中国方志丛书》，影印清乾隆三十六年刊本）卷 10《秩祀》，台北：成文出版社，1966 年，第 32b 页。

时期各级官府"撤回私主，有司崇报"的判决是得到执行的，并非空文。

六、余　论

检讨吕氏宗族对于"吕侍郎祠"的百年经营，前期成功地实现了"宗族化"，但最终却不得不面临"撤回私主"，恢复"官祠"的命运，其中的过程颇为曲折，但诉讼案中的一些细节却能为我们提供进一步思考的线索。

吕侍郎祠诉讼案的核心文献《吕氏负冤禀帖历朝实录》编成于万历四十一年（1613 年），《新安吕氏宗谱》编成于万历五年，后世虽然将两者合编，但实际上原本是各自独立的文献，两者的编纂人并不相同。《宗谱》的编者吕仕道来自歙北黄村派，该派是明代新安吕氏商人的代表房派，也是《宗谱》中世系信息最为详尽的房派。而《负冤录》的编者吕承训来自歙县向杲派，该派在万历诉讼案中扮演了主要角色，却并不以商业见长，其世系也不见于《宗谱》，与黄村等派发生关联的时间也相当晚，而该派的居地歙县二十三都，距离黄村派以及歙城也颇有距离。显然，曾经在宗族建设中扮演活跃角色的黄村派吕氏商人在诉讼案中并未起主导作用。从万历五年到四十一年的 30 余年间，吕氏宗族内部为何出现了主导力量的变化，因为史料的缺乏，对其中的细节，我们还难知其详，但《负冤录》中《歙县派连名诉词》有"歙派式微，迁族鸯远"[①]的说法，却向我们提示了个中原因。所谓"歙派式微"，应当是指曾经组织宗族颇为得力的歙城派和黄村派，此时已经衰落。而所谓"迁族鸯远"，则提示出"式微"的原因在于族人的迁徙。本文表 3（"歙北黄村派吕氏商人的活动"）显示，十六世纪的中前期，正是黄村派等吕氏商人大规模经商外迁的时期，随着宁国、青阳、繁昌等经营据点的逐渐巩固，甚至在异地也产生了新的房派，"迁族鸯远"当是实情。已有的徽州商业宗族史研究显示，徽商的迁居异地往往对原籍的宗族有巩固作用，甚至会刺激原籍宗族的进一步扩大和发展。[②]但明代新安吕氏的个案则显然提供了一个相反的例证，吕氏宗族本因商业而兴，但随着商业网络的扩张，族人迁徙频率的加剧，原籍宗族反而呈现出

---

① 《万历三十一年恐盗卖祠田呈县蒙批册里不许擅割呈》，万历《负冤录》，第 47a 页。
② ［日］白井佐知子：《徽州汪氏家族的迁徙与商业活动》，《江淮论坛》1995 年第 1、2 期。

"式微"的迹象。

宗族内部力量的变化只是吕氏败诉的潜在背景，其直接原因则在于当时当地的社会竞争。万历吕侍郎祠诉讼案的原告是歙县西关里排，看上去似乎是基层乡里与商业宗族之间出现了矛盾，但从斗山文会的"呈词"却不难看出，正是八十余名府城士绅的加入，大大增强了原告的力量，进而强烈地影响了审判者——知县——的态度，从而对整个诉讼产生了决定性的影响。因此，我们可以推论，吕氏宗族真正的"竞争对手"是府城士绅。本文图3（"太平寺、吕侍郎祠及歙北黄村的地理位置"）显示，太平寺和吕侍郎祠紧邻府城的西南隅，而吕侍郎祠的神主吕渭和吕文仲，或为"名宦"或为"乡贤"，无论是从地缘还是宦缘的角度出发，府城士绅都有干预此案，并最终将吕侍郎祠"化私为公"的动力。但问题是，府城士绅眼中吕侍郎祠的"官祠"身份，其实只是一个文化符号而已，与之有关的重要实体要素，实际上均源自于吕氏宗族的贡献。从弘治到万历，吕氏宗族对于吕侍郎祠的经营，历经数代，历时百年，不仅兴资建造了吕侍郎祠和太平寺的祠堂和庙宇，也捐赠了祭田，还设立了祠户。因此，吕氏宗族声称对吕侍郎祠拥有权利，并非完全不合情理。即便从府城士绅强调的"官祠"身份来说，其中也存在着难以绕开的矛盾：如果说吕侍郎祠的身份存在着"化官为私"的嫌疑，那么这一身份为何长期以来都能被地方社会所接受，而直到万历末期，其中的矛盾才被挑明？在我们看来，关键的因素并非吕侍郎祠的"名分"，而是主导社会力量之间的平衡和竞争。

明代中叶以降，随着徽州商人的兴起，地方士绅的社会主导地位发生了微妙的变化，在诸多公共事务方面，商人也积极参与其中，与士绅形成了既合作又竞争的关系。吕侍郎祠诉讼案即是一个例证。商业取得成功的歙县吕氏商人，利用了徽州府城外历史悠久但又早已破败的吕侍郎祠，逐渐将其"改造"为事实上的吕氏宗族。吕侍郎祠神主的"名宦"与"乡贤"的身份，为发展中的吕氏宗族提供了祭祀的正当性，也抬高了吕氏的社会声望，而吕侍郎祠实际上的"宗祠"功能，则为吕氏各派商人提供了便利的宗族网络。对于府城的士绅而言，吕氏商人的财力和经营，有利于保持吕侍郎祠乃至太平寺的实际运行，然而他们并不愿意就此放弃吕侍郎祠的"官祠"身份，以及太平寺公共庙宇的地位。在吕侍郎祠的长期经营中，吕氏商人和府城士绅达成了一种各取所需的微妙平衡，甚至在大部分时间，吕氏宗族还占有相当的优势。但等到吕氏商人因为"迁族鸢远"而在当地势力减弱，府城士绅则展开了强有力的竞争，他们通过西关里排提起诉讼，利用他们所拥有的文化权力，成功地将吕侍郎祠重新"化私为公"，恢复了该祠的"官祠"地位，并由此清除了吕氏宗族对于吕侍郎祠以及相关土地的各种权利。从整个诉讼的过程来看，歙县知县与府城士绅的立场完全一致，而且初审的结果也得到了上级府推、兵道乃至巡抚的全力支持。

万历吕侍郎祠诉讼案让我们有机会重新思考晚明徽州社会中，商人与士绅之间既合作又竞争的复杂关系，也使我们了解到，晚明徽州商人的兴起，尽管可以借用宗族的形式，但仍然面临着激烈的社会竞争。

分"门"与联宗

——读山东《莱芜吕氏族谱》

钱 杭[*]

　　《莱芜吕氏族谱》共 55 册 5500 页，从倡议、发动开始，历时 3 年，于 2012 年 9 月印成问世。[①]这是一部由位于山东省中部的莱芜市吕氏笃亲堂"五门"后裔和位于山东省南部的滕州市（原滕县）吕坡吕氏合作完成的跨乡、县（市）、省"统修"联宗谱。卷首 1 卷 1 册，其余 54 册。根据主要参与者的地域所属，可将全谱分为两个单元。

　　第一单元为"莱芜单元"，由莱芜吕氏大、二、三、四、五"门"5 种门谱构成，分属第 2 至第 46 册。其中《大门谱》16 卷 16 册，《二门谱》2 卷 1 册，《三门谱》19 卷 19 册，《四门谱》8 卷 7 册，《五门谱》2 卷 2 册。5 种门谱共含 36 个支系，以"大门大支之一""二门大支"等分"门"别"支"的形式，以线段谱为主、文字谱为辅，记载了每一位入谱者的世系位置、名号、现居地、婚配、子嗣情况。各门谱原来单独编纂，独立存世，2012 年合编时汇成"总谱"。

　　第二单元为"滕州单元"，由滕州吕氏《吕坡支谱》1 种单独构成，分属第 47 至第 55 册，共 6 卷 136 个支系。滕州吕氏支系复杂，世系表达采用"寿禧祖系""士珍祖系"等独立的房支形式。《吕坡支谱》展示了入谱者的名号、世

---

　　* 钱杭，上海师范大学历史系教授。

　　① 山东莱芜吕氏家族谱续修委员会、吕恒超主编：《莱芜吕氏族谱》，2012 年。本文下引该谱文字，径引各门谱卷序、篇名和页码。

代、婚配、子嗣状况,方式与 "莱芜单元" 相同,但无支系来源、移居记录、支系间关系等信息。

笔者曾以元代以来的山西省沁县族谱资料为例,概括了 "门" 及 "门" 型系谱作为中国宗族世系学两种实践类型之一的基本特征:与表示异辈父子关系的 "房" 相比,"门" 形成于或只能形成于同辈兄弟之间,独子不成 "门",诸 "门" 不分立,凡称 "门" 者必有兄弟;"门" 及 "门" 型系谱的横向性和包容性与 "房" 及 "房" 型系谱的纵向性和分析性,在宗族世系学的实践类型上实现了互补。宗族各分支一旦有了联宗的需要,"门" 及 "门" 型系谱即可从 "亲亲" 角度,对其联宗路径和结果产生重要的影响,且具有鲜明的 "自然" 特色。[①]

滕州吕氏号称与莱芜吕氏世系同宗、谱牒同堂,因而自认为有进行联宗的充分理由,但滕州吕氏从未有过分 "门" 的经历。有 "门" 宗族、无 "门" 宗族的联宗路径和联宗结果各有何不同?由遵循两种系谱原则的同姓团体间进行的联宗,在对共同世系的建构态度和具体策略上,会表现出什么特点?对拓展和深化中国宗族史及谱牒史研究来说,分 "门" 与联宗的主题将提供什么启示?

读谱,逐渐产生以上问题;撰文,试图解决这些问题。至于是否有所收获,尚待读者判定、方家指正。

一

吕氏关于本族迁居莱芜后分 "门" 情况的最早纪录,见于 "四门" 十二世孙吕思问撰的《莱芜吕氏四门族谱序》(以下正文中简称 "思问序"),写作时间是清乾隆二年(1737 年):

> 吾家自宋、元而上莫可详考。先世相传,旧居登州莱阳漤水庄,明洪武三年,始祖行四讳信复迁居于莱芜。方初迁时,祖惟一子,置簧中……

---

① 参阅拙文《沁县族谱中的 "门" 与 "门" 型系谱——兼论中国宗族世系学的两种实践类型》,《历史研究》2016 年第 6 期。

至南宫，憩空桑下，见长茅丈余，因卜居。……二世祖生六人，一人绝嗣，吕氏五门实分于此。三四百年间，子孙繁衍殆数千人。无名贤，亦不闻大憝；无显宦，亦不绝书香。无以谱之，则昭穆莫辨，将道路何殊？族叔讳铦等谓："阖族难以联属，不若各门分修，为力较易。"遂纠其第四门之众，结社画谱，甫二岁付之剞。①

《四门谱》创修于清乾隆三年（1738 年），是吕氏"五门"中最早"分修"问世的门谱。"思问序"反映了创修之初族内文人对吕氏历史上几个重要环节的理解程度。

第一，明洪武三年（1370 年），排行老四的吕信复携一子由胶东半岛中部的莱阳，迁居位于鲁中偏西的莱芜南宫村，被后世尊为吕氏"莱芜始祖"。

第二，吕氏"宋、元而上"的世系"莫可详考"；对明洪武三年迁居莱芜之前的状况，也只有凭借"先世相传"留下的模糊记忆，甚至连莱芜始祖吕信复之父、之子、之孙的名号也没有提及。按吕信复携子（即莱芜"二世祖"）迁居南宫村、"二世祖"又生 6 子的时间推算，莱芜"吕氏五门"的形成在明洪武三十年左右。

第三，"吕氏五门"由第三世 6 位同父兄弟中的 5 位构成，分别成为各"门"门祖，"思问序"中未见 5 位门祖之名；各"门"间的先后排序与兄弟间的长幼行序相同。门谱由"各门分修"，是今后"阖族……联属"，完成一部统一总谱，即吕氏联宗谱的基础。

"思问序"梳理的莱芜吕氏简史以及分"门"过程、分"门"性质、门谱与联宗总谱的关系，成为此后吕氏族人编纂各"门"门谱时普遍的共识；其中一些重要情节如"方初迁时，祖惟一子"等，还为莱芜—滕州两地吕氏今后接通世系，留下了想象的空间（详见下文）。"思问序"在文本上的最大漏洞，是未能落实莱芜始祖吕信复生父之名、莱芜"二世祖"之名、莱芜"吕氏五门"各门祖之名，致使莱芜吕氏历史因以上关键人物的缺名而露出一长串缺环，"门"的同辈性质，也没有被各"门"门祖的排行用字清晰地标识出来。这说明，对明初莱芜吕氏在同宗全图上形成一个以"五门"门祖为新起点的中程性

---

① （清）吕思问撰：《莱芜吕氏四门族谱序》，《四门谱》卷 1《四门谱序》，第 1 页。

结构、与迁居莱芜以前的吕氏世系进行有效切割的这一 "初心"，吕思问理解得还不够充分。

对 "思问序" 所留缺憾做出重要补充的，是十二世孙吕淑润撰的《吕氏四门族谱序》（以下正文中简称 "淑润序"），写作时间与上引序文同时或稍后一些：

> 洪武三年，始祖信复自莱阳漖水庄来至莱芜南宫村，其茔在焉。信复生直兴，直兴生六子希颜、希贤、希圣、希弼、希昇、希明，迁居王善保芹村，庄茔在村西。希明为僧，此五门之所以分也。希弼祖行四，故为四门之始。希弼子五，惟振与茂绵长，此又四门大支二支之由分也。传至八世祖人龙、化龙，皆庠生，家富厚，虑祖墓失迷，自出赀财，各立碑碣于祖先之墓，以示后人。①

细读这篇序文后，研究者似可比 "思问序" 更准确地把握 "门" 及 "门" 型系谱的基本逻辑。

第一，立 "门" 的前提，是要有若干名同父兄弟。

第二，"希弼祖行四，故为四门之始"，若无希颜、希贤、希圣、希弼、希昇五兄弟在，"四门" 及各 "门" 均无从谈起，自分 "门" 时起，任何一 "门" 已不能单独存在。

第三，"四门大支二支" 云云，既直接标识了 "门" 对 "支" 的纵向包容关系，又间接标识了 "大支二支" 经由 "四门" 与整个 "五门" 吕氏的横向沟通关系。

第四，一旦确认了莱芜吕氏若干位重要祖先之名，即可完整地展示莱芜吕氏 "五门" 的形成过程及其相互关系。见本文附图 1 "吕氏始祖世系图"。②

由上可知，"淑润序" 对吕氏 "五门" 及 "门" 型系谱的发生过程，比 "思问序" 阐述得更清晰，逻辑上也更严密。宗族世系中的旁系世系，是 "门" 及 "门" 型系谱在世系理论上应该展示的要点，也是为其功能实践设定的有效范围；以若干位同父兄弟为起点的旁系世系群之互相认定，是 "门" 及

---

① （清）吕淑润撰：《吕氏四门族谱序》，《四门谱》卷 1《四门谱序》，第 2 页。
② 《四门谱》卷 2《吕氏始祖世系图》，第 1 页。

"门"型系谱基本逻辑逐步展开的必然结果。

但是，吕淑润关于"希弼子五，惟振与茂绵长，此又四门大支二支之由分也"一说，在事实层面上则存在一些问题。"四门"门祖希弼生智、绅、振、安、茂 5 子，分别称长（大）、次、三、四、五支；"大支"吕智 1 子，"次支"吕绅 2 子，"三支"吕振 1 子，"四支"吕安 6 子，"五支"吕茂 5 子①，后 2 支后裔众多，故称"绵长"。然而"四门大支二支之由分"的原因，在于父子相承的房支形成机制，而与"绵长"与否无关；况且其后裔可与"五支"吕茂并称为"绵长"的，亦非"三支"吕振，而是"四支"吕安。造成吕淑润以上失误的主要原因，不是时代相隔过长，而是读书不够仔细。

综合以上两篇序文，可以对莱芜吕氏"五门"系统的形成要点，做出比较完整的概括。

（1）明洪武三年（1370 年），吕信复由莱阳迁居莱芜，成吕氏莱芜始祖。

（2）吕信复之子吕直兴为莱芜二世祖，生子 6 人；前 5 子希颜、希贤、希圣、希弼、希昇兄弟分立"五门"，分别成为各"门"门祖，第 6 子希明出家为僧，故不立"门"；"五门"门序同于兄弟行序。莱芜吕氏分"门"的目的是在同宗全图上形成一个以"五门"门祖为新起点的中程性结构，从此与迁居莱芜以前的吕氏世系实现有效切割。

（3）族分"五门"，"门"内分支，各支按"世"下传，总称"某门某支某世"。"门"是系谱形式而非宗族组织。宗族的组织实体，是"门"内由各世族人构成的"支"，也就是"房"。

与山西沁县不同，莱芜吕氏"五门"自分立后一直未再继续分"门"，各"门"后裔对分"门"过程及各"门"门祖始终高度认同，表现出极高的归属性和连续性，"五门"各"门"之间也保持了极高的互认性。门谱由"各门分修"，对源自门祖的直旁系世系，按支依世，有条不紊。从清前期的"创修"至当代"统修"，留下了一份既规模庞大又齐备完整的记录。以下为"五门"各门谱的编纂届数及各谱所含代数。

《大门谱》，清乾隆四十五年（1780 年）创修；清嘉庆十五年（1810 年）重修；清道光二十九年（1849 年）三修；清同治十二年（1873 年）四修；清

---

① 《四门谱》卷 3《吕氏四门世系》，第 2、3 页。

光绪二十四年（1898 年）五修；民国十九年（1930 年）六修；2012 年统修（七修）。世系由第三世吕希颜至第二十四世。

《二门谱》，清乾隆三年（1738 年）创修；清嘉庆十五年（1810 年）重修；清道光二十九年（1849 年）三修；清同治十二年（1873 年）四修；清光绪二十四年（1898 年）五修；民国十九年（1930 年）六修；2009 年七修；2012 年统修（八修）。世系由第三世吕希贤至第二十四世。

《三门谱》，清乾隆三年（1738 年）创修；清嘉庆十四年（1809 年）重修；清道光十五年（1835 年）三修；清同治十一年（1872 年）四修；清光绪二十九年（1903 年）五修；民国二十年（1931 年）六修；2012 年统修（七修）。世系由第三世吕希圣至第二十四世。

《四门谱》，清乾隆三年（1738 年）创修；清乾隆四十三年（1778 年）重修；清嘉庆十三年（1808 年）重修；清道光十四年（1834 年）三修；清同治四年（1865 年）四修；清光绪二十七年（1901 年）六修；民国十九年（1930 年）七修；2012 年统修（八修）。世系由第三世吕希弼至第二十四世。

《五门谱》，清同治十一年（1872 年）创修；清光绪二十九年（1903 年）重修；民国二十三年（1934 年）三修；2002 年四修；2009 年五修；2012 年统修（六修）。世系由第三世吕希昇至第二十四世。

各门谱都附有《莱芜吕氏族谱统修某门某支族人村庄表》，详细记载了至"统修"时为止各"门"内分支定居的村落名、统计校对人员及入谱现有人数，足显其认真严谨、任凭覆按的自信。

限于篇幅，仅以《大门谱》为例。

"大门"繁衍大、二、三、四 4 支，以及支派不明、略称"大门支"者 5 支。其中"大门大支"有 7 派，分散于 113 个聚居点，共入谱 17 902 人。

"大门大支之一"：北龙角 10 人、南龙角 26 人、铜山村 489 人、吴家镇 118 人、孟家庄 31 人、景家楼 404 人、苲山镇石湾子村 75 人、西泉村 55 人、牛泉镇西王庄 186 人、牛泉镇吕小庄 467 人、杨庄镇龙尾村 30 人、红崖村 28 人。以上共计男女 1919 人（据 2010 年统计）。①

"大门大支之二"：圣井庄、青沙沟、八里沟、吕家楼、别家埠、吕家沟

---

① 《莱芜吕氏族谱统修大门大支之一族人村庄表》，《大门谱》第 2 册，第 13 页。

（蒙阴）、塘村（费县）。①

"大门大支之三"：博山源泉 800 人、沂源县朱家庄 53 人、苗山镇上方山 320 人、博山赵家后门 19 人、苗山镇中方山 801 人、蒙阴县南保德村 216 人、柳家龙崮 116 人、博山桥东村 64 人、博山西石马桥西村 452 人、和庄乡马勺湾 32 人、吉林省九台市周家村 91 人、青州东南营 307 人。以上共计男女 3271 人（据 2011 年统计）。②

"大门大支之四"：苗山镇南园村 165 人、苗山镇蔡峪村 148 人、陕西临潼徐杨村 11 人、辛庄镇桃科村 228 人、苗山镇高塘村 67 人、辛庄镇岔道村 1088 人、沂源县黄山子 48 人、里辛镇东田庄 400 人、沂源县贾庄（人数失记）、辛庄镇上陈村 82 人、博山源泉 24 人、辛庄镇北宝台 36 人、沂源县杨庄 27 人、苗山镇磨石峪村 107 人、辛庄镇徐店村 383 人、辛庄镇桃峪村 29 人、辛庄镇崖下村 27 人、山西省临猗县兴善村 30 人、陕西省临潼县 311 人、沂源县车厂 50 人、陕西省临潼徐杨街道办郑王庄（人数失记）、辛庄镇下陈村 189 人、颜庄镇下马泉 29 人、辛庄镇上河村 32 人、颜庄镇唐家宅 205 人、苗山镇上朱家店 27 人、苗山镇北围村 253 人、沂源县李家泉 60 人、河南曹家庄 71 人、辛庄镇红崖 19 人、里辛镇玥庄 425 人、颜庄 821 人、颜庄镇曹家庄 42 人、颜庄镇马官庄 18 人、辛庄镇杨家横 320 人、苗山镇响水湾 40 人、上北港 21 人、颜庄镇东红埠岭 85 人、东沟里村 68 人、辛庄镇吕家峪 15 人。以上共计男女 6001 人（据 2011 年统计）。③

"大门大支之五"：北龙角 276 人（据 2011 年统计）。④

"大门大支之六"：岔道村 52 人，下朱家店村 194 人，沂源县大窪村 46 人，高塘村 13 人，响水湾 3 人，辛庄镇北宝台、南宝台、石湾子、胡树安村 220 人，徐店村 51 人，北围村 54 人，涝坡村 16 人，吕家峪村 532 人，沂源县圩林集 89 人，沂源县盖冶村 120 人，沂源县绳庄 41 人，常庄 8 人，苗山镇苏上坡 109 人，江苏省徐州市南桥区张浦营、黄泥岗镇 42 人，沂源县于土地 78

---

① 《大门大支之二族人村庄表》，《大门谱》第 2 册，第 14 页。入谱人数失记。据《莱芜吕氏族谱统修各支族人数目表》，大门大支之二有 3566 人，《大门谱》第 15 册，第 81 页。

② 《莱芜吕氏族谱统修大门大支之三族人村庄表》，《大门谱》第 4 册，第 1 页。

③ 《莱芜吕氏族谱统修大门大支之四族人村庄表》，《大门谱》第 5 册，第 2—3 页。

④ 《莱芜吕氏族谱统修大门大支之五族人村庄表》，《大门谱》第 8 册，第 1 页。

人，苗山镇祝上坡 193 人。以上共计男女 1861 人（据 2011 年统计）。①

"大门大支之七"：沂源县侯家峪 36 人，沂源县曹家庄 179 人，沂源县朱家卢 135 人，沂源县大张庄 513 人，沂水县朱家庄 27 人，沂水县许家湖镇北社村 434 人，沂南县周旺庄 250 人，沂南县坊前庄、临沂市广裕庄、临沂市太平白塔街、沂南县高埠庄、莒县后辛庄、沂南县葛家庄、界湖北村、河西里宏庄 3000 人，临沂市相公庄、沂南县涌泉庄、蒙阴县垛庄七镇石拉子村、江苏省东海县（人数失记）。以上共计男女 4574 人（据 2011 年统计）。②

"大门二支"有 2 派，分散于 23 个聚居点，共入谱 3199 人。

"大门二支之一"：大西峪 35 人，马龙崮 308 人，大屋山 30 人，徐家店 41 人，陈家庄 67 人，长安庄 148 人，苗山镇南辛庄 12 人，辛庄镇北宝台 24 人，沂源县郑家厂 174 人，临朐县崮山村、蒙阴县许庄村 26 人，潍坊市马良冢子 40 人，蒙阴县吕家楼 828 人，蒙阴县万宝地 146 人，蒙阴县卞桥镇红河村 65 人，青阳行 278 人，陕西省临潼新安街道办 29 人，孙花园 259 人，辛庄镇坡庄村 347 人，羊里镇院上村 12 人，西峪村 105 人。以上共计男女 2974 人（据 2010 年统计）。③

"大门二支之二"：王梁坡 187 人、西泉河 38 人。以上共计男女 225 人（据 2010 年统计）。④

"大门三支"有 3 派，分散于 22 个聚居点，共入谱 4054 人。

"大门三支之一"：南龙角 743 人，小曹村、谷堆山、口镇小冶、北龙角、陈林 773 人，口镇李家楼 30 人，口镇赵家村 336 人，下方山 786 人，牛泉镇鹁鸽楼 91 人，东枸山 16 人，上方山 50 人，西枸山 55 人，雪野 737 人，五色崖 20 人。以上共计男女 3637 人（据 2011 年统计）。⑤

"大门三支之二"：里辛镇东田庄 17 人、里辛镇后朱山 139 人、苗山镇宋家峪 25 人、北龙角 84 人、雪野 124 人、南龙角 25 人。以上共计男女 414 人。⑥

"大门三支之三"：下方山 3 人。⑦

---

① 《莱芜吕氏族谱统修大门大支之六族人村庄表》，《大门谱》第 8 册，第 2 页。
② 《莱芜吕氏族谱统修大门大支之七族人村庄表》，《大门谱》第 9 册，第 1—2 页。
③ 《莱芜吕氏族谱统修大门二支之一族人村庄表》，《大门谱》第 12 册，第 1—2 页。
④ 《莱芜吕氏族谱统修大门二支之二族人村庄表》，《大门谱》第 12 册，第 2 页。
⑤ 《莱芜吕氏族谱统修大门三支之一族人村庄表》，《大门谱》第 13 册，第 1 页。
⑥ 《莱芜吕氏族谱统修大门三支之二族人村庄表》，《大门谱》第 13 册，第 1 页。无统计年月。
⑦ 《第七次修谱大门三支之三族人村庄表》，《大门谱》第 13 册，第 1 页。无统计年月。

"大门四支"有 2 派，分散于 28 个聚居点，共入谱 2302 人。

"大门四支之一"：吕花园 1008 人，黄沟村 11 人，里辛镇张家岭 77 人，里辛村 36 人，戴花园 231 人，近后沟村、南余粮村、县拐棒峪、康家泉子、王家庄子 220 人，大砰、姚峪、苗山镇上栏子村 109 人，苗山镇下方山村 31 人。以上共计男女 1723 人（据 2011 年统计）。①

"大门四支之二"：古降镇乔村、北乔、野路村、陈村镇陈村、紫家、花圪塔、街庄镇韩庄、范村、南瓦镇北柳 204 人，口镇吐丝口 8 人，口镇北任家洼 76 人，杨家镇、吴家镇 29 人，口镇上水村 262 人。以上共计男女 579 人（据 2011 年统计）。②

"大门"内支派不明者，分散于 20 个聚居点。

羊里仪封村 190 人、东关 334 人、石家庄（人数失记）、沂源县鲁村 84 人、蒙阴西儒来 2036 人、蒙阴县王去峪 68 人、蒙阴聚来庄 256 人、罗家沟 41 人、位石山村 23 人、新泰东汶南 76 人、蒙阴县富山庄 147 人、下魏沟村 88 人、沙沟峪 207 人、司家庄 124 人、灰窝村 113 人、沂源县东郑王庄 26 人、新泰市汶南村 25 人、沂源县小张庄村 15 人、黑龙江省哈尔滨阿城庄 40 人、蒙阴县大桥村 29 人。以上共计男女 3922 人（据 2011 年统计）。③

据 5 部门谱统计，"大门"有 9 支，204 个聚居点，入谱男女共 34 959 人④；"二门"有 7 支，17 个聚居点，入谱男女共 3871 人⑤；"三门"有 5 支，186 个聚居点，入谱男女共 61 686 人⑥；"四门"有 5 支，74 个聚居点，入谱男女共 5430 人⑦；"五门"有 2 支，19 个聚居点，入谱男女共 3500 人⑧。"五门"后裔总计有 28 个支系，500 个聚居点，入谱男女共 109 446 人。

《莱芜吕氏族谱》"莱芜单元"中的"五门"门谱，采取了分谱分册、合编合函的形式，其性质就是一部基于"门"型系谱的"门"间联宗谱，美国学者

---

① 《莱芜吕氏族谱统修大门四支之一族人村庄表》，《大门谱》第 14 册，第 1 页。
② 《莱芜吕氏族谱统修大门四支之二族人村庄表》，《大门谱》第 14 册，第 1 页。
③ 《莱芜吕氏族谱统修大门支之族人村庄表》，《大门谱》第 15 册，第 1 页。
④ 《莱芜吕氏族谱统修各支族人数目表》："以上男女总计 34 959 人。"《大门谱》第 15 册，第 81 页。
⑤ 《莱芜吕氏族谱统修二门七修谱目录》，《二门谱》卷 1，第 17 页。
⑥ 《莱芜吕氏族谱统修三门七修谱目录》，《三门谱》卷 1，第 1 页。
⑦ 《莱芜吕氏族谱统修四门七修谱目录》，《四门谱》卷 1，第 1 页。
⑧ 《莱芜吕氏族谱统修五门七修谱目录》，《五门谱》卷 1，第 1 页。

孔迈隆（Myron L. Cohen）所谓 "分支的联盟" ①，即可理解为指此而言。这份 "联盟" 记录的最大特点，是在 "世系" 和 "居处" 两个方面都达到了罕见的清晰程度：每位入谱者，不仅分属 "某门某支" 的世系位置清晰，而且当下 "某县某村" 的居处位置清晰，给人留下更深刻印象的是 "自然而然"：为在联宗语境下达到这一成就，莱芜吕氏并未花费太多的精力，因为有 "门" 在，有各 "门" 的门祖在，有 5 部完整的 "门" 型系谱在，于是，只要将 "各门分修" 的门谱 "合编" 为一函，即大功告成。

在从未立 "门" 的房支之间，虽然也可以在必要时通过认定一位共同始祖来确定联宗的纵向—直系起点，但 "认定……起点" 绝非易事，需要调动各类资源方可成事；如果无中生有，重构历史，则牵一发而动全身，欲做到，做好，真是谈何容易？ "门" 外房支若与 "门" 内宗族联宗，为寻求历史性依据，势必付出更艰苦、更曲折的努力。

这就是 "门" "房" 两种系谱形态在联宗过程及其结果上表现出来的区别。

二

《莱芜吕氏族谱》的 "滕州单元"，包含了以鲁南滕州市吕坡吕氏为主的 136 个支系。滕州吕坡吕氏虽自称与莱芜 "五门" 世系相通且堂号相同，但将滕州、莱芜两地吕氏历史连接起来的有关共识，形成时间却不长，至今不过 20 余年。

细读全谱，可以发现莱芜、滕州两地吕氏进行的联宗有三个值得深入追究的疑问：

（1）在由莱芜吕氏 "五门" 后裔所撰文字中，从未提及与滕州吕氏进行联宗的内容，原因何在？

（2）莱芜、滕州吕氏的联宗依据，均由滕州吕氏后裔及其委托者发掘和展开，原因何在？

（3）莱芜、滕州间没有直接的地缘关系，两地吕氏联宗的理由，仅见于 20

---

① L. C. Myron, Lineage Organization in North China, *The Journal of Asian Studies*, 1990, 49（3）：511. 转引自任雅萱：《分 "门" 系谱与宗族构建——以明代山东中部山区莱芜县亓氏为例》，《中国社会经济史研究》2017 年第 2 期，第 12 页。

世纪 90 年代以后问世的滕州吕氏新谱，而非清代"创修"、民国"重修"的滕州旧谱，原因何在？

滕州吕氏族谱至今已编纂四届，即清嘉庆四年（1799 年）创修；民国十年（1921 年）重修；1994 年三修；2012 年四修。

清嘉庆四年的滕州吕氏族谱虽号称"创修"，其实是在清雍正年间（1723—1735 年）所作"草本"①基础上的"续编"，为尊重这一事实，"创修"版族谱的谱序因此就被称为《续编族谱序》，作者是十三世孙吕赓雅②。该序对嘉庆年的"续编"过程有较详细的回顾：

> 乾隆庚戌，族祖继汤公……首倡大义，纠集族人共输资财，创建祠堂。中堂三楹，对厅三楹，东西列两庑，茶室厨灶俱备，辛亥告成。……凡我族人，莫不欢欣鼓舞，遂有修谱之议。但建祠既所费不赀，殷实者可以再输，贫乏者未免贻累，缘是终止。延及今春。……昔者吾族济济多士，如莱封公、宽夫公尝有志于谱，而但存草本；嗣后我堂叔南金公亦有此志，而但有我高祖碑阴世系图。……（雅）于是偕诸弟参考校正，逾数月稿脱，遂付梓刻。③

序文反映了清嘉庆创修族谱时，滕州吕氏对修谱所持的简单动机，看不出有与莱芜吕氏主动联宗的任何迹象。族人的世系状况和伦理认识相当混乱，很不理想，如序文所说：

> 吾族自始祖于元初来滕，迄今已十六世，族姓繁衍，分门别户，散处者数百。……惜谱牒不存，族众散失，即萃处一村者，尚远近莫分，而散居遐方者，不几视一家如路人乎？即如近今四方吕姓，咸曰祖居朴里；及

---

① （清）吕庆浩撰：《古滕吕氏族谱重修序》："清雍正间，十世祖开齐、十一世祖彦博始定谱稿，但有草本，未灾枣梨。"（《吕坡支谱》卷 1 第 1 册，第 28 页）。

② 吕赓雅，第十三世孙，"始名若雅，字酌瞻，号蓉湖，庠生，氏杨"，见《吕坡支谱》卷 1 第 2 册，第 15 页。

③ （清）吕赓雅撰：《续编族谱序》，《吕坡支谱》卷 1 第 1 册，第 24—25 页。"乾隆庚戌"，清乾隆五十五年干支，1790 年；"继汤公"，第十一世孙吕永商，"字继汤，氏孔、陈"，第 1 册，第 66 页；"辛亥"，清乾隆五十六年干支，1791 年；"莱封公"，第十世孙吕开齐，"字莱封，号起渭，聚族偕彦博二三人，朝夕磋商，纂修族谱成册，手稿俾后世子孙统承焉"，第 1 册，第 78 页。"宽夫公"，第十一世孙吕彦博，"字宽夫，别号朴里居士，性和易，与物无忤。……中年无志功名，潜修家居，与二三族人朝夕参考，纂修族谱一册，俾后世子孙有所统承焉"，第 1 册，第 60 页。

考其世系，盲（茫）然不知。甚有孙不知祖名、子不知父名者，良可悼叹，岂非谱之不修以至于此哉？①

"孙不知祖名、子不知父名"云云应属极而言之的夸张之语，不必当真；程度虽不及此，却可令人"悼叹"的实例则一定会有，比如在撰写这篇谱序的十三世孙吕赓雅身上就发生了："南金公"明明被他称为"堂叔"，结果在世系图上显示的却是第十世孙。②

最值得注意的，还是吕赓雅有关"吾族自始祖于元初来滕"一说，这是滕州吕氏历史上的一个关键环节。民国十年（1921 年），十七世孙吕庆浩撰《古滕吕氏族谱重修序》，对此加以确认：忆我始祖，自元初来滕，原无谱系。③

受吕庆浩之托，为民国谱再撰一序的"邑人杨四勋"写得稍多一些：考吕氏系出于齐，元初自莱芜迁滕，以耕读起家。④

既然"原无谱系"，吕庆浩、杨四勋等人自然就无法提供"始祖自元初来滕""元初自莱芜迁滕"的资料来源和可信依据，也无法解释他们这位无名始祖在洪武三年（1370 年）吕信复迁莱成"迁莱始祖"近百年前就已"自莱芜迁滕"的原因、路径和具体过程，更无法整理始祖定居滕州后族人的繁衍和分布。然而，这两个同姓群体之间，至少在各自的代表人物身上找不到值得一提的世系交汇点，却是滕州吕氏从清雍、乾至民国十年近 200 年来的一致意见。

能让后人作进一步联想的"空间"出现在民国年间。

民国十年重修本收录了祖籍浙江会稽、出生滕州城关的晚清名臣高熙喆（1854—1938 年）⑤应吕庆浩、杨四勋之请所撰《吕氏族谱重修序》，其中有对滕州吕氏历史的重要补充：

吾滕之有吕氏，其聚族于斯也，盖五百余年矣。有明始建国，天下云扰，而滕适当其冲，故家名族，其存焉者百一耳。洪武二年，始定迁民之

① （清）吕赓雅撰：《续编族谱序》，《吕坡支谱》卷 1 第 1 册，第 24 页。
② "南金公"，第十世孙吕皇璐，"字南金，氏刘。"《吕坡支谱》卷 1 第 1 册，第 53 页。
③ （清）吕庆浩撰：《古滕吕氏族谱重修序》，《吕坡支谱》卷 1 第 1 册，第 28 页。
④ （清）杨四勋撰：《古滕吕氏族谱重修序》，《吕坡支谱》卷 1 第 1 册，第 16 页。
⑤ 黄叔璥《国朝御史题名》"光绪二十五年"："高熙喆，字亦愚，山东滕县人。祖籍浙江，丙戌进士，由编修补授江南道御史。"清光绪刻本。"丙戌"，光绪十二年干支，1886 年。后任国史馆协修。光绪二十年（1894 年）任甲午科山西正考官、甲午科会试同考官，河南道、贵州湖广两道监察御史等。光绪三十年后，历任直隶宣化知府、大名知府等职。

议，来者唯洪洞为最。吕氏之先盖迁自莱芜者，其始祖曰福善。越至国朝，族姓益繁，其居吕家坡者为福善裔。嘉庆、道光之间，以农起家，人谓尽马力一策，不能出吕氏田庐，信哉是言也。①

杨四勋从"吕氏系出于齐"开始回顾吕氏的历史，扯得未免太远，熟悉滕州掌故、编过《滕县乡土志》的高熙喆当然不会采纳；不仅如此，他对"始祖自元初来滕"云云也有明显的保留——按他的估计，吕氏迁滕的行动，只能发生在吕氏之先定居莱芜之后，而不可能在此之前，亦即不会早于明初的1368—1400年，距他奉命作序的民国十年（1921年）正是"五百余年"。高熙喆认为，在"故家名族其存焉者百一"的过程中，固然会留下个别土著（其中或含吕氏某一支系），但作为后世所见滕州吕氏的主体，主要还是直接迁自山西洪洞等地者与几经辗转、迁自其他地区（如本省莱芜）者两大类。这个看法无疑是对的。据李广星《滕州史话》第23节《明初移民》的统计：

迁移到滕州的农民，有的来自广西等地……更多的来自山西。……全市一千二百多个村庄中，明代立村的约占二分之一，其中一百多个村是明初从山西洪洞等县迁滕的。②

李广星通过阅读滕州族谱、祖碑，追踪了当地不少宗族如苗氏、司氏、何氏等的迁滕定居史，其中并无吕氏，看来当地虽然曾有"人谓尽马力一策，不能出吕氏田庐"的传说，很可能只是吕氏的自我陶醉，"以农起家"的吕氏在滕州地位其实不高。万历《滕县志》卷2《选举谱》列明洪武二十三年（1390年）至明万历三十一年（1603年）间获科甲、乡试、岁贡、武科功名者191人，其中无一吕姓③；清末《滕县续志稿》的编者在《氏族》一节中，提到了任、李、黄、张、颜、龙、满、侯、王、杨、刘、殷、徐、高、孔等15个姓氏④，也没有把吕氏列入其中。

---

① （清）高熙喆撰：《吕氏族谱重修序》，《吕坡支谱》卷1第1册，第13—14页。
② 李广星：《滕州史话》，北京：中华书局，1992年，第102—103页。
③ 万历《滕县志》卷2《选举谱》，《日本藏中国罕见地方志丛刊》，北京：书目文献出版社，1992年，第22—26页。
④ 生克中编：《滕县续志稿》卷1《土地志·氏族》，清宣统三年铅印本；《中国方志丛书》（华北地方·第21号），台北：成文出版社，1968年，第40—42页。

　　类似记载说明，吕氏在滕州的居住史即便真的可以追溯至元初，也没有像明清之际迁滕定居的张、黄、颜、王、侯、杨氏那样，发展为滕州的名门望族，更没有在本族、本姓中涌现出张守蒙、黄希周、王嘉宾、王元宾、张中鸿、侯庆远、黄中色、张宗孔、张盛美、黄祖年、黄家瑞、黄阘森、杨黻、颜逢甲、王特选、王东槐一类对滕州文化做出重要贡献的地方名人。[①]吕氏在滕州社会生态中的历史及现实地位，既成为滕州吕氏寻求与外地强宗（如莱芜吕氏）进行联宗的主观动机，也成为莱芜吕氏虽然被动接受了滕州吕氏联宗，却不特别看重这一联宗的客观原因。

　　既要联宗，就要有一个可与联宗对象共享，并获有关方大致认可的世系起点，上引高熙喆《吕氏族谱重修序》中首次提到的“吕氏之先盖迁自莱芜者，其始祖曰福善……其居吕家坡者为福善裔”，就为两地实现联宗目标奠定了必不可少的世系基础。也正因为高熙喆《吕氏族谱重修序》踏出了第一步，找到了这位叫“福善”的始祖，一个建构工程才能够从 1994 年“三修”族谱时正式开始。

　　在十七世孙吕宜昆于 1994 年“荷月”[②]所撰《续修族谱序》中，有两段内容值得注意：

> 　　吾吕氏族谱原由十世祖开齐、十一世祖彦博始定谱稿（手抄本），清嘉庆四年，由十一世祖永商、十二世祖梅亭、十三世祖赓雅复修。旋于民国十年，十四世祖振荣、十五世祖复山、十七世庆浩、庆元等发起重修，迄今七十余年也……
>
> 　　吾吕氏自二世祖福善从莱芜徙滕，至今六百余载，繁衍生息二十余世，子孙后代数以万计，乾、嘉之际曾富甲一方。五世祖文进公、六世祖应源公、八世祖大吕公皆一代名儒；启源、玉铉二公邑志皆有传，古滕吕氏不愧为蕃阳望族矣。[③]

　　第一段是滕州吕氏谱史回顾，意在展现 1994 年的“三修”谱在吕氏族史

---

①　李广星：《滕州史话》，第 103—104 页。

②　在《滕州吕氏族谱续接委员会名单》的“名誉主任”一栏中，“宜昆”写作“宜琨”，“荷月”即农历六月（《吕坡支谱》卷 1 第 1 册，第 7 页）。

③　（清）吕宜昆撰：《续修族谱序》，《吕坡支谱》卷 1 第 1 册，第 32—33 页。

上的连续性。对于宗族来说，若能将当下的存在和对某一行为的选择纳入历史连续性之中，就是使自身获得合理性与合法性的保证，意义自非同小可。

第二段的关键内容，是将首见于高熙喆《吕氏族谱重修序》的滕州吕氏始祖"福善"，称为"二世祖"。在高熙喆的序文中，福善的滕州始祖身份，得之于"居吕家坡者"所认，人们虽认定这位始祖"迁自莱芜"，但此人的家世及其与莱芜吕氏—莱阳吕氏—河南吕氏—中华吕氏之间的世系联系还未被追叙，更未见说明。对于联宗目标之达成来说，若无法对这些关系做出清晰解释，"与联宗对象共享，并获有关方大致认可的世系起点"就不能建立。因此，上引吕宜昆序文中的"二世祖"三字，就具有了暗示性地连接两地吕氏，并经由两地吕氏曲折连接整个吕氏世系的意义：滕州始祖吕福善，原来是源自莱芜吕氏的第二世，他在族史上是有很高地位的。"连接"之所以仅限于所谓"暗示"，是因为在逻辑上与滕州"二世祖"相关的其他细节——诸如滕州"二世祖"之父是谁？滕州"二世祖"与莱芜二世祖吕直兴是什么关系？福善这位滕州"二世祖"如何成为滕州吕氏世祖？——此时尚未最后"构建"完成的缘故。

至于作者为证实"古滕吕氏不愧为蕃阳望族"而提及的几项证据，则意义并不很大。增加的几位省祭官、监生、进士、举人[1]，虽然对壮大滕州吕氏声势不无裨益，但对提升吕氏在滕州的政治地位，助力却相当有限，对两地吕氏联宗的成败亦无直接影响。

凡进行跨区域联宗行动，必以形成相关人群间共享的历史平台为前提。[2]吕氏联宗的思路也是如此。首先，他们把吕氏描绘为一个中华古老姓氏共同体，在此基础上，搭起一个可供参与者共舞的历史平台；其次，将本地区吕氏同姓群体的发展脉络及其若干段重要的迁徙路线融入上述历史平台，使之成为其中的组成部分；最后，为吕氏的滕州始祖设定一个可被各方接受的、承前启后的世系位置。每个吕氏后裔都在参与构建这个以融入历史、重建历史为手

---

① 五世祖文进，"字北泉，明省祭官"；六世祖应源，"字晴寰，明监生，授儒官"（《吕坡支谱》卷1第1册，第44—45页）。八世祖大吕，"字伯簧，康熙辛酉岁进士，授日照县训导"（第1册，第56页）。启源公，第六世，"字秀寰，治《书经》，明万历甲午科举人，授蓬莱县教谕"（第1册，第51页）。

② 参阅拙著《血缘与地缘之间：中国历史上的联宗与联宗组织》第八章有关论述，上海：上海社会科学院出版社，2001年，第281—283页。

段，以服务当下为目标的超越性平台，但阶段性和地域性的 "操盘手"，现在由滕州吕氏担任。作为吕氏联宗行动的主要发起者，滕州吕氏为建立这个平台，显然要比莱芜吕氏有更积极的投入和更周到的考虑。2012 年，一个新编故事文本，终于以《古滕吕氏始祖碑文》的形式出现在《吕坡支谱》中：

> 夫物生在天，人生在祖，一木千枝，同出一本；一川同流，并溯一源；一族多门，共拜一祖。吾吕氏系出炎帝，其后伯夷，佐舜掌四岳，又佐禹治水土，赐氏曰吕，号称太岳。数传至吕尚，佐周灭商；分封于齐，为吾吕氏一世祖。秦汉至唐，代有显人。两宋为吕氏发展之鼎盛时期，六十世祖蒙正，三次入相，九子居官，五代名臣，光昭史册。吾吕氏正是蒙正祖嫡传。七十二世祖俊公，于元大德初年迁至河南新安，俊之曾孙七十五世祖大公于元末避乱，由河南新安迁山东莱阳，大公之子七十六世祖信复，于明洪武三年，由莱阳迁至莱芜南宫村，其长子直兴祖由南宫村迁吕家芹村。吾福善祖为次，由莱芜南宫村迁至古滕之南，为七十七世也。时，洪武八年，福善祖扶母乞讨至此，家当仅一担耳。然福善祖既孝且勤，披荆斩棘，遂在滕卓然而立。后，吾吕氏代代耕读传家，诗书继世，重乎孝悌，信乎仁义，家遂兴焉（下略）。①

细读这篇《古滕吕氏始祖碑文》，可以发现作者在努力建构对于滕州—莱芜两地联宗具有重要意义的一些内容，其中包括吕氏 "一世祖" 以降的部分连续世系②，河南新安→山东莱阳→山东莱芜→山东滕州的迁徙路线，因迁徙形成的各阶段、各地区始祖间的世系联系等。《古滕吕氏始祖碑文》的撰成，说明一个由莱芜、滕州两地吕氏共享的历史平台，在吕氏同姓共同体层面上已搭建完成。

然而搭建这一历史平台的依据何在？

---

① 《古滕吕氏始祖碑文》，《吕坡支谱》卷 1 第 1 册，第 11—12 页。

② 《莱芜吕氏直系世系图》（《莱芜吕氏族谱》第 1 册，第 26—27 页）、《吕坡族谱续接序》（《吕坡支谱》卷 1 第 1 册，第 1—6 页）所列吕氏祖先世次，除太公尚均为 1 世外，其余各世则与《古滕吕氏始祖碑文》所列不同，如吕蒙正为 71 世，俊公为 83 世，大公为 86 世，信复为 87 世。因世次先后不会影响连续世系的基本性质，故可并存。

《史记》①、《元和姓纂》②、《新唐书·宰相世系表》③等古代文献，提供了吕氏在传说—商周时期、先秦—两汉时期、隋唐时期的部分发展线索，证明了吕氏作为一个古老同姓集团具有的共同历史渊源，但无法将两宋至元明时期的吕氏，尤其是明朝初年七十五世祖大公迁居山东莱阳以后的吕氏历史连接为一个整体。也就是说，莱芜、滕州两地吕氏进行联宗的宏观历史依据虽然已大体具备，但在具体的宗族关系上，并没有直接的资料可以证明两地联宗存在一个共同的世系起点；最关键的几位祖先——大公、信复、直兴、福善之间的祖孙—父子—兄弟关系，还没有得到完整的、充分的证实。

《始祖碑文》"大公于元末避乱，由河南新安迁山东莱阳""大公之子信复于明洪武三年"再迁莱芜云云，大体采自莱芜吕氏"五门"门谱，如清乾隆四十五年（1780 年）创修版《大门谱》谱序，就讲到这个故事，作者是十一世孙吕楷熏：

> 吾族系出河南之新安，始祖父讳大公，初迁山东莱阳县，于元世之季再传兄弟两人，长讳时贤留居，次讳信复，前明洪武三年又自莱阳迁居莱芜之南宫，即吾家始祖也。④

两相比较，文字虽有区别，却足以证明大公、信复的父子关系。值得注意的是，这里插入了一个时贤、信复"兄弟两人"的关系。由于此前吕思问已说过信复"行四"⑤，所以此说是否属实，显存疑问；而对于莱芜、滕州吕氏联宗来说，时贤、信复"兄弟两人"的关系若能成立，则有特殊的意义（详下）。

对两地联宗所需建立之世系起点具有直接影响的，是信复、直兴、福善 3 人间的父子—兄弟关系。在现有资料范围内，只有《始祖碑文》提到"长子直兴祖……吾福善祖为次"。然而这一点是否能为各方接受？

---

① 《史记》卷 1《五帝本纪》，北京：中华书局，1959 年，第 38 页；《史记》卷 32《齐太公世家》，第 1477 页。

② （唐）林宝撰，岑仲勉校记：《元和姓纂》卷 6 第 152《吕》，北京：中华书局，2008 年，第 869—878 页。

③ 《新唐书》卷 75 上《宰相世系表》，北京：中华书局，1975 年，第 3370—3374 页；赵超编著：《新唐书宰相世系表集校》卷 5《吕氏》，北京：中华书局，1998 年，第 838—840 页。

④ （清）吕楷熏撰：《吕氏大门族谱序》，《大门谱》第 1 册，第 1 页。

⑤ （清）吕思问撰：《莱芜吕氏四门族谱序》，《四门谱》卷 1《四门谱序》，第 1 页。

"五门"门谱中没有发现类似记载。本文第一节曾引"五门"门谱中最早问世（清乾隆二年或三年，即 1737 年或 1738 年）的文件之一、十二世孙吕淑润所撰《吕氏四门族谱序》："洪武三年，始祖信复自莱阳潬水庄来至莱芜南宫村……信复生直兴，直兴生六子。"（《四门谱》卷 1《四门谱序》，第 2 页）

《吕氏三门谱序》：

> 吾家旧居莱阳，洪武三年迁居莱芜，始祖信复，墓在南宫，二世直兴，徙居芹村，卜茔村西。尔时耕读世继，忠厚家传，父子惟二人耳。①

《吕氏大门族谱序》：

> 列始祖于卷首，原所自出也；次二世祖，原所承续也；三世祖兄弟六人，并列于二世之下，明乎五门虽分，实联一脉也。②

《吕氏二门未发刻族谱序稿》：

> 吾家旧籍莱阳，始祖信复于前明洪武三年来居本邑南宫庄，建茔庄西；二世祖讳直兴，肆杨曾之业，善察地理，卜居芹村，茔在村西子山午向；三世讳希颜……六人，希贤又我二门之始祖也。③

《吕氏五门族谱序》：

> 始祖信复，二世祖直兴，三世祖希颜……希昇我五门之始祖也。④

从以上记载中，完全看不到福善的身影，甚至连"暗示"也不能说有。附图 2 为"五门"各门谱一致认定的世系图。⑤

但是，对于滕州吕氏来说，"吾吕氏自二世祖福善从莱芜徙滕"，又是必须落实的核心命题。在无其他资料可供援引的情况下，唯一可行的，就是根据"长讳时贤留居，次讳信复"的模式，做出"长子直兴祖……吾福善祖为次"的

---

① （清）吕向高撰：《吕氏三门族谱序》，《三门谱》第 1 册，第 2 页。
② （清）吕楷薰撰：《吕氏大门族谱序》，《大门谱》第 1 册，第 1 页。
③ （清）吕肯堂撰：《吕氏二门未发刻族谱序稿》，《二门谱》第 1 册，第 1 页。
④ （清）吕济时撰：《吕氏五门族谱序》，《五门谱》第 1 册，第 4 页。
⑤ 《莱芜吕氏始祖世系图》，《三门谱》卷 1 第 1 册，第 153 页。

安排。直兴、福善的兄弟关系一旦落实，福善与始祖信复的父子关系就有了着落，从此，滕州吕氏就以"莱芜吕氏二支"的身份，确定了自己的历史地位。

此外，在以下记载中，似乎也隐含"福善祖扶母乞讨至此，家当仅一担耳"的故事原型：

> 信复迁居于莱芜。方初迁时，祖惟一子，置簣中，暨贫家，釜甑肩挑之以行。祖母问止处，谩应曰："茅草高一丈二尺，即吾家矣。"至南宫，憩空桑下，见长茅丈余，因卜居，盖谶语也。①

笔者在前文就莱芜—滕州两地吕氏联宗提出的三个值得追究的疑问，以及与将福善认定为滕州"二世祖"相关的三个细节，至此都得到了大致圆满的解答。对于上述结果，莱芜南宫吕氏即便受到资料的限制会有所保留，但对滕州吕氏的联宗努力也一定默认，两地联宗毕竟空前地扩大了吕氏的影响。

三

笔者在研究山西沁县族谱的"门"及"门"型系谱时发现，"门"的实践原则与房支联宗的原则同中有异。宗族以"门"组合同辈兄弟，构建起上下非对称的包容性的"门"型系谱，目标是强化兄弟及其后裔间的旁系联系；"门"内各房支既有的组织形式和继承规则，不受立"门"宗旨的任何影响。就系谱性质和实际功能而言，以若干名同辈兄弟为"门祖"构建起来的"门"型系谱，实际上就是一部在直旁系世系上具有很高真实性的联宗谱。两相对比，不立"门"的房支若进行联宗，其对世系的表述和认定很容易（甚至必然）走向拟制；"门"外房支若与"门"内宗族联宗，其拟制色彩将更为显著。有关宗族积极参与、共襄盛举的愿望，对于联宗本身的意义，远比世系联系的真实性更为直接，更显重要。②

山西沁县族谱以及本文关注的山东莱芜吕氏族谱表明，欲观察华南、华

---

① （清）吕思问撰：《莱芜吕氏四门族谱序》，《四门谱》卷1《四门谱序》，第1页。
② 参阅拙文《沁县族谱中的"门"与"门"型系谱——兼论中国宗族世系学的两种实践类型》第一、三节，《历史研究》2016年第6期；拙著《血缘与地缘之间：中国历史上的联宗与联宗组织》，上海：上海社会科学院出版社，2001年。

东、华北宗族的系谱结构及其在联宗过程、联宗结果上的异同，"门"及"门"型系谱与房支联宗的关系，是一个值得深入探索的重要视角。

附　图

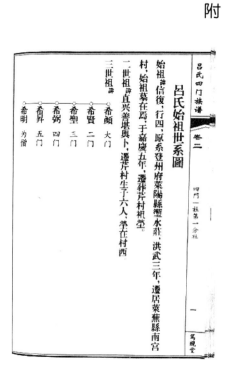

附图1　吕氏始祖世系图

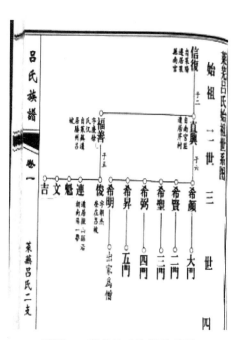

附图2　莱芜吕氏始祖世系图

流动的关系：明清时期鲁西区域
宗族的生存与死葬

吴　欣[*]

　　明清时期鲁西宗族人口流动问题历来为学界所重视，但相关研究多集中于明初的移民问题[①]，对区域内宗族的自发性流动则较少关注。事实上，若移民问题有关国家制度、区域社会发展甚至文化创造等事宜，那么宗族宗支的自发性流动，则涉及宗族组织形态、关系网络的建立等问题，凸显了区域社会的生活情态，并反映了其发展的基本脉络。从宗族结构角度看，宗支的频繁流动，不但会形成纵向上的消长和分化，而且会重新组合原有的宗支间的嫡庶、远近关系，使宗族呈现层次多样的特征；从社会组织角度看，宗支因为移动而可能组合成新的社区，并进而形成新的人际关系和社会组织形式。有学者针对华北宗族研究的问题曾指出："对于华北村落由于多年战乱而造成的移民历史事实缺乏洞察，从而对华北杂姓村所呈现的村落政治的复杂性认识不足……仅仅以姓氏符号建构宗族，不足以反映华北村落多姓村社会事实和多次战乱导致的移民历史事实。"[②]那么，多姓村落的社会事实如何形成？或许着眼于宗族宗支的

---

　　*　吴欣，聊城大学运河学研究院教授。

　　①　参见曹树基：《中国移民史》（第五卷），福州：福建人民出版社，1997 年；许檀：《明清时期山东商品经济的发展》，北京：中国社会科学出版社，1998 年；成淑君：《明代山东农业开发研究》，济南：齐鲁书社，2006 年。

　　②　兰友林：《莲花落：华北满铁调查村落的人类学再研究》，北京：社会科学文献出版社，2012 年，第 318 页。

流动，我们可以将宗族的结构、文化等放置在具体的空间坐标中，来全面认识宗族及其所构成的区域社会的特性。基于此，本文注重从空间角度分析宗族宗支的流动问题，以明清时期鲁西区域宗族的流动及其所带来的宗族的生存与死葬为内容，讨论该区域宗族社会的变化和社会组织构成的特点。

一、流动：宗族支系的流徙与分布

明初鲁西区域是一个人口重建式的移民区，其后，政府移民数量虽少，但大运河在明代中后期及清代（咸丰五年）的畅通、大型战乱、地方性起义以及黄运灾害等促使该区域人口流动速度依然较快。整体来看，这一时期，人口流动始终是一个连续性的过程。

关于村落姓氏的变动，明嘉靖三十九年（1560年）东阿县白杨村一通碑刻显现了人口流动的频繁性。其如是记：

> 白杨在安平镇（张秋镇）之西，去镇三里也。庄杨氏、曲氏、桑氏、肖氏四姓居焉。自外□后，居者又不知其几姓。然□□白杨耻悦风华，人人常态也。此中男务于耕，女务于织，无作奸、无争讼，而蒙□□□□乎。又□□又□。但地薄土沙，力勤仅能糊口，稍怠惰，则室如愚□一，至于……凶岁不谷……①

该碑所属的白杨村，除杨氏、曲氏、桑氏、肖氏四外，还有多个姓氏入住，或者从该村中移出，以至碑中记曰"不知几姓"。笔者在距离白杨村约五公里的王营村所见之道光朝《王氏族谱》，就记载其祖也曾居住于该村，王氏始祖于"皇明洪武年间，从山右洪同（洞）迁居山左兖州府阿邑漕河之西白杨村地帮坑，托足未久，见地弗良，移于清河寺西鸡鸣庄居焉，出入其际，犹未善，又徙居于此，构宫室筑垣塘，庄名浮兴社，嗣易为王家营"②。王氏族谱将家族迁移出白杨村的原因归于"其地弗良"，似与《创修三圣庙石像记》中

---

① 阳谷县白杨村（现桑段营村）嘉靖三十九年《创修三圣庙石像记》。
② 阳谷县王营村道光三年《王氏族谱》序。

所记"地薄土沙，力勤仅能糊口"等语义相吻合。事实上，碑刻所见并无王氏，或许，对于白杨村而言，其村落人口的流动极其频繁，王氏的移动或在成碑之前或之后。

当然王氏族谱所记是其族整体迁出白杨村的情况，笔者所见更多族谱记载了宗族部分宗支流动的情况，如汶上县《刘氏族谱》中《刘家庄迁移记》记：

> 五十三世鼎公于明永乐间为山东任城郡守，官满遂留居于城北四十里苏路桥之刘家庄。是后，孝友家政耕读世生。鼎生一子沉，沉生三子缙、绅、绨。缙生一子仕，仕公西徙嘉祥县之大店子；仕十传绍程，分徙于同邑之寺前铺；仕十一传行远，北徙于汶上至南旺镇。仕次子孙升分居于汶上之小店子。仕三支八传永运，亦徙于小店子。绨五传纪绪，南徙于同郡之宋家方；纪绪四传安吉，又徙于同郡之梁家营。绅房子孙居刘家庄，亦有外徙者：绅次支六传汉臣，东徙于滋阳之毛家村；绅九传六隆北徙于东平之尚家庄；绅十传天禄，禄东徙于同郡之康庄驿；绅十二传瑞庭分居于同郡之袁家庄。①

刘氏宗族宗支流动始于第四代。第三代长支缙之下第四代、第七代、第十二代、第十三代都曾迁移；次支绅第九代、第十二代、第十三代、第十五代都曾迁移；三支绨之第八代、第十二代都曾有过迁移。从族谱用词来看，有所谓分徙、分居、外徙之说，也有西徙、南徙、东徙之语，这些说法是否具有不同的意义，即前者表示部分宗支的迁徙，后者表示整个宗支的迁徙，并不特别明确，但"分徙"之说肯定是指分支的迁移，而后者则或是指该支全部迁移，或是仅部分迁移。刘氏宗支迁居的范围并不大，主要集中在任城、嘉祥县、汶上县、滋阳县四地境内。从行政区划来看，洪武以来这三县曾分属于济宁府（州）（任城为济宁州驻地）。从空间范围来看，四地的距离较为接近，任城分别与汶上、嘉祥、滋阳在西北、正西、东北三个方向上接壤。从流动方向或目的地来看，缙、绅、绨三支流动并非直线性的，而是分散式的，除绅的子孙部分留在苏路桥刘家庄外，其余两支都已经迁出，且迁移的地点较为分散。这里值得注意的是，缙子仕的支次和第三支不同辈分的子孙都迁移到了汶上县的小

---

① 汶上县南旺镇民国二十三年刘家庄《刘氏家谱》之《济宁刘家庄迁移记》。

店子村。

　　刘氏家族的这种流动情况是否普遍？笔者通过对 406 部家谱进行分类研究，发现大部分家谱都或详或略地记述了家族房支迁移的情况，将支系、世系与空间地点结合起来，家族结构性纵向支系的发展与空间性横向支系流动都呈现得非常清晰，这为我们的研究提供了相对翔实的资料，同时也在一定程度上表明了宗支流动的广泛性。由族谱记录可见，宗族宗支的流动大致有两个特点：一是从范围来讲，宗支迁徙的范围并不大，从同县、相邻几个县到同府或相邻府境不等，如莘县孙氏"自洪洞县小董村迁莘县西南前炉村以来，迄今五百九十六年。现已传二十二世，分居十四村，贯属聊、阳、莘三县"①。再如武城县随姓《随氏家谱》序中记载：其家族由登州府栖霞县迁居武城县随庄定居后，子孙围居老武城运河两岸形成十二个村庄，这些村庄或为随姓所建，或是插入到其他姓的村落，如吴庄、于堤口、辛堤、叶庄、三合街、北随庄、石佛、夏津西关、曹寺村、和平村、曹口、南随等都有随姓族人。②我们可以将这种流动性较强，且又大约在同一区域范围内的人口迁移，称为"区域内流动"。当然亦有少数家族会移居到更远的"外地"，如从山东移至东北，或者本地官员为官后将家族分支迁移到为官侨寓之处。由于这种情况数量较少，暂且不将其作为专题研究。

　　二是从时间和动因来看，家族的迁移或从明初延续至今，或在某个特殊的时间节点上，并无固定规律。但是一般而言，宗族的整体性移动，多见于宗族人数较少之时，且与区域社会中的重大历史事件或者灾害相关，如嘉庆十年（1805 年）沙窝村《郭氏族谱》记，"余郭氏洪武初由山西迁居东阿城西，距张秋镇七里郭家庄居焉，嗣因弘治七年水汛张秋，本庄即没"③；再如正德年间刘六、刘七"叛乱"以及崇祯末年（1644 年）李青山叛乱亦导致人口流动，如孙楼《孙氏族谱》记载："南湖大盗李青山聚众万余，攻安平城（张秋）……四乡村庄颠沛流离，不惟农工废业，即欲求安土而居岂可得耶？"④房支繁衍之后的分支性流动，虽具有多样化的动因，但是若给予其整体性分析，生存与

---

①　莘县前炉村民国十二年《孙氏家谱》序。
②　武城县随庄民国十八年《随氏族谱》序。
③　阳谷县沙窝村嘉庆十年《郭氏族谱》序。
④　阳谷县孙楼村《增广生员曾祖孙公墓表》（时间不详）。

死葬分别是现实和观念层面上宗支分徙的最根本原因。

二、分析：家族支系的生存与死葬

宗族支系的流动首先源于生存，正如大多数族谱所记："人口繁衍众多，遂移居他处"，"所居逼隘，不便栖止"。①伴随人口增长，原有的生存空间和生活场所不能满足需要，而空间扩张的渠道无非是"或中仕，或从商，或其他生计而移居他乡"②，前两者涉及人数较少，且偶然性强，笔者将另文研究。

从族谱记述来看，生存式流动包括获取土地等不动产的流动和经营性流动两类。虽然两者不能截然分开，但又有所不同。

1. 生存

（1）获取土地的流动。土地是民众生存的根本，因此，获取新的土地是宗支流动的最基本的动因，如茌平县《贾氏族谱》记：

> 奉先公，东昌府聊城县魏翁以女赘之，母生高祖考三位。魏翁先茔在府城东南，去演武场颇近。祖后至博平，见土平地广，草木繁芜……乃鸠合十数家徙居于博，开垦播种为久远计。我皇明太祖御极定籍编户，册注为思贤乡三图二甲。比因本县地广人稀，钦命户部移文行查外县府州人户繁处签丁口补县户，散居四郊，为屯户，谓初来聚居也。我祖在胜国时乐土安居已久，故传至今犹为土著大族。……嘉靖十三年，聆先考徵侍郎松轩遗训云：在高曾祖考时，地利多获，产业丰厚……③

族谱所述，因其地地广人稀，利于生存，贾氏奉先祖一支（入赘）从聊城移居至博平县。族谱中的这一记述与明初鲁西区域社会发展极其吻合。明初包括博平县在内的东昌府，人口稀少，洪武二十四年（1391年）东昌府各州县总共有 24 029 户，110 192 口，户均 4.6 口，平均每平方公里 10 人。④政府为此

---

① 夏津县光绪十三年《韩氏族谱》序。
② 临清县郭庄道光十年《郭氏族谱》序。
③ 茌平县贾寨村万历二十五年《贾氏族谱》序。
④ 成淑君：《明代山东农业开发研究》，第 76 页。

大量移民，据《茌平县志》载："在洪武初止有土民九里，洪武二十五年徙东三府民以实之，聚迁民为二十屯，附籍民为七屯，合土民九里共三十六里。"①博平县在洪武二十五年（1392 年）"分徙胶州等处民以填实博平"②。作为土著居民，贾氏的流动在很大程度上适应了移民的潮流，但其并非政府移民，而是宗支自发的迁徙。

明中后期阳谷县孙楼孙氏宗支的流动则在万历朝，据族谱所载《中宪祖墓表》记曰，先高祖讳瓒，寿张旧城人，万历乙酉年由寿张旧城迁至阳谷张秋镇，"地则阳谷申明亭，自耕自读扩地十五顷，有树百株"。显然移居在很大程度上为本支带来了富裕，并且促成宪祖韬光养晦，最终"出仕江西宁都，遂调山西介休"。③

明初移民之后，鲁西地广人稀的情况有所改善，但是明中期以后，人口大量逃亡的现象依旧普遍。明政府及山东当局针对这一问题而采取的对策是全力招抚流民，如茌平县"土著者十有二乡，迁民二十四屯"，按照里甲编排，但"法久弊生，田兼于富，税存于贫，夫不均则弗堪，弗堪则出居，到庚辰迄乙酉，里闾邱墟崔莽连阡陌"。正德十六年（1521 年）东昌知府叶天球的做法："蠲负招流，均田定赋"④，给予其耕牛种子等。万历朝恩县还有招垦的做法："招垦庄二十有一，通建草房八百三十三间，绥辑婆氓一千三百零八，垦治荒田，任其力为，给官牛一百二十五，凿井置碾磨，庄各一官店。旧非荒田，不任开种。"⑤清代，土地兼并问题及土地闲置与快速流转，在很大程度上可以解释宗支流动频繁的原因和结果，当然在这样的大趋势面前，对于每一个家族而言，其流动又有多样化的原因，其中经营性（包括土地和其他谋生手段的获取）流动是为最多。

（2）经营性流动。所谓经营性流动，是指宗族因生活、生计而进行的带有经营性质的流动，如茌平县蒿庄《丁氏族谱》记："（丁氏）原本居住于杜口，乾隆年间寄居前辛庄大户任氏家中当长工。时博平至堂邑官道通焉，往来车马

---

① 康熙《茌平县志》卷 1《建置·乡屯》。
② 康熙《博平县志》卷 1《历代沿革》。
③ 阳谷县孙家楼 1949 年《孙氏族谱》之《中宪祖墓表》。
④ 嘉庆《东昌府志》卷 42《金石二》。
⑤ 康熙《东昌府志》卷 8《户赋一》。

多，再加之运河往来船只（桅樯）如林，渡口甚是繁华，实属经营摆渡的绝好之地。我祖爷忠厚，执摆渡之业。自灿章祖始，买了刘法章的土地，即渡口东北二百米处的茔地，有地契。之后，海洋爷又买了刘汉章的另一块地，十亩。灿章爷身后就藏于此茔地，是蒿庄始祖。此后杜氏先人在蒿庄先后买了不少地，建了三个院。"①

依赖运河进行渡船生意，经营摆渡事业，丁氏由杜口村迁居蒿庄，置产业买坟茔。之后，家族繁衍，势力渐雄。其实我们不清楚蒿庄之前是否有其他宗族，但从其叙述来看，该村至少有刘氏宗族。类似情况，在大运河沿岸的村落非常常见。再如阳谷县张秋镇坡村《陈氏家谱》序言："先祖三支迁至谷邑（阳谷县）安平（张秋镇），公慧视此乃一方圣土宝地，有愈衍愈胜之兆也，故定居张秋元宝隅首处，并卜市南漕湟西坡为茔地三十亩……我祖允石公兄弟三人迁居城西八里，寿张通往张秋要道之处开设一食宿客店，遂称陈家店，在庄西另卜茔地一处。"②对鲁西区域而言，大运河促进了商业的发展，民众的经营意识相对较强，各种经营性活动相对较为普遍，因此流动的目的地也多为运河沿岸相对繁华的市镇。

清代，人口大增，农民分化及土地兼并严重，一方面，经营性地主逐渐增加并可能形成宗支迁移，如阳谷县张秋镇翁庄陈氏族谱述曰："……我族甲第相禅（蝉），家业颇昌，乃于镇之西北十里许置田数项，祖朝情公遂分居于此，因以陈家庄名焉。"③另一方面，破产农民和雇工人人数增加，脱离宗族的流民增加，加大了宗支的流动性。

2. 死葬

在一定程度上，死葬也意味着死人在挤占活人的生存空间，所谓"子孙繁庶，各谋其地"的说法，实际包含了活着的谋生地和死去的埋葬地两重意思。当然，死葬地更蕴含人们的血食和风水观念，是荫庇后代人的源地。冯尔康先生曾指出："北方宗族不被学者看重，若给祖坟以应有的地位，以之为视角观察宗族史，可知它是北方宗族存在和活动的特点。"④那么祖坟与宗支流动有着

---

① 茌平县蒿庄 1982 年《丁氏族谱》序。
② 阳谷县张秋城坡村光绪九年《陈氏家谱》序。
③ 阳谷县张秋镇翁庄光绪三十一年《陈氏家谱》序。
④ 冯尔康：《清代宗族祖坟述略》，《安徽史学》2009 年第 1 期。

怎样的关系？

随着宗族人口规模的扩大，宗族成员的身后事会因为坟地所限而成为一个难题，解决人口和墓地之间的矛盾，在一定程度上促使了宗支的迁移，如有家族如是记：

> 吾祖圣瑞公自置茔地五亩八分四厘三毫。吾祖卒，首葬于此。所生吾伯、吾父兄弟共六人，自咸丰元年析六支，每支各分茔地九分七厘三毫八丝三忽。逮光绪三十二年夏四月，复补查丈无异。乃集族人公同议，后死丧葬埋各所。所分地外，穴亥屺向，各领各支，不许乱次侵越，有碍他支葬所。其区狭隘，仅容一人葬入，盖限于地界，无如何也。然祖墓之前，子孙累累绪延不替者，亦见首丘之义与继述之心焉。今为此记。①

从该墓碑所记来看，每支仅分到茔地九分七厘三毫八丝三忽，随着死亡人数的增多，原有的茔地范围之内已经不能容纳新的坟穴。当宗族在居住范围内不能找到新的坟地的时候，迁移就成为必然，并且有些宗族在选择落脚目的地的时候，首先要考虑墓地的问题，如前举阳谷县王营村之王氏，在迁移立庄之时，首先将墓地考察清楚："立庄于此，纵非名属亦盛地也。且始祖茔地卜于庄南，坟墓未修，而西南隅先有龙柏，父老莫知其始，其亦木本水源，子孙繁衍绵远之兆也。"②显然，该族人对茔地的选择进行了一番设计，将死葬与生存地有机结合起来。

当然，茔地的变更并不必然表明宗支的流动，表 1 为临清张氏茔地分布表，十二代之内，总共移动、建立了十五处茔地，平均每四代会增加一处茔地，有些茔地在同一村落的不同方向，有些则在不同村落之内。从各村落的分布来看，村落和茔地基本在方圆五十里以内（表1）。

表 1　临清张氏茔地分布表

宗支		茔地立祖	茔地坐落方向
始祖		永贵公	十方院西
大宗	长支	四世祖文理公	张芳庄东北
	次支	十世祖式萍公	陈庄北

---

① 莘县张寨乡主卜营村光绪三十二年《清故武庠生讳廷遴字圣瑞邱公墓记》。
② 阳谷县王营村道光三年《王氏族谱》序。

续表

宗支		茔地立祖	茔地坐落方向
小宗	长支	三世祖登科公	孙家庄东
		七世祖春年公	南仓上村东
		十世祖迈迁公	景福庄西
		八世祖庆复公	临西路庄东
		六世辉羽公	卧佛寺
	二支	六世祖辉林公	窖地头南
		六世祖辉详公	胡八里村西
		七世祖康年公	胡八里村东
		十二世祖树其公	胡八里村西
	三支	六世辉竹公	林家园村东
		八世祖庆绍公	胡八里东北
		十世祖式显公	大辛庄东北
		十一世祖乾清公	南仓上村东南

伴随人口的增加，分支迁移成为常态，宗族的向心力就此减弱也势所必然。但是这种移动多不是长距离的，而是区域内的流动，因此宗族之间尚可存有一定的联系。在这种分离—联系的宗族关系中，宗族如何进行收族？其又会衍生出怎样的组织模式？这是接下来要解决的问题。

三、聚合：宗族支系的管理

宗支流动所形成的"居本村者，渐渐迁居四方，十有余村"[1]的局面，势必会带来收族方面的问题。关于北方宗族的相关研究，王日根、张先刚曾以山东栖霞多个宗族为例，撰文阐述了墓地、族谱、祠堂在宗族收族中的作用以及其与南方的不同，他们认为：山东栖霞宗族的收族形式经历了从墓地、族谱和祠堂的递相转换过程。明中叶前后，栖霞宗族继承了唐宋元以来的墓地祭祀的传统，以墓地为中心开展一系列宗族活动。入清以来，族谱修纂在民间推广。而作为宗族重要表征的祠堂，在清中叶以后才开始在栖霞发展和普及。[2]笔者则讨论了山东西部东阿县志苦山村收族情况，与前文有所不同，这种差异除却

---

① 梁山县开河镇民国五年《王氏族谱》序。
② 王日根、张先刚：《从墓地、族谱到祠堂：明清山东栖霞宗族凝聚纽带的变迁》，《历史研究》2008年2期。

时间上的错落外，还有大小宗族在收族方式的变化及发展过程中的不平衡性问题。①实际上，这两种研究都着眼于宗族结构的连贯性，而忽略了宗族空间上的间断性。分徙他处的宗支及其相互之间，通过怎样的方式实现"尊祖祢、别宗支、示子孙、序昭穆"的功能？

首先，从族谱记述来看，有些宗族对于世系较远的宗族，已不再追究其始祖与来源，如有家谱记载："始祖子福公，讳禄，明季宦。迨我国朝，义不再仕，因迁朝城主卜营，不言世系，亦不自道其贯籍（籍贯），故先世世昭穆失传，里居所悉者，自子福公始。"②诸多族谱都表达了世系不清，宁可不记也不乱记的事实，如《孙氏家谱》记载："自明初至国初已十三世矣，年远谱失，名号莫稽，故自明季万历以前，其美其盛湮没无闻。……今所知者八世让祖以下可考焉，故序谱以让祖为始祖，即另起为一世。"③这在很大程度上减少了聚合的范围，相对容易进行有效的聚合与管理。

其次，关于墓祭的问题，冯尔康先生前文曾对祖坟的坟田祭扫、祖坟的维护等问题进行过深入探讨，认为"祖坟的存在令族人由观念上的祖宗认同，进到组织上的建立清明会之类的团体，令族姓的天然血缘事物，变成宗族社会群体，成为宗族的一种载体"（《清代宗族祖坟述略》，《安徽史学 2009 年第 1 期》）。但从宗支流动的情况来看，祖坟的认同性还有更加细致的内容，即祖坟本身及其所衍生出的墓碑、会社、"老庄"等实物和象征，使得祖坟具有了更强的组织性。以下分别叙述之。

（1）祖碑。这里的祖碑包含竖立在祖坟上的两种碑，一种是始祖碑，一种是将世系刻于其上的谱碑（不包括每一个祖先个人的功德碑）。始祖碑是一个家族中始祖的墓碑，如邱氏《始祖墓碑》记：

> 始祖子福公，讳禄，明季宦。……自子福公始。公性醇笃，质聪敏受。初居是乡，亦属不，而公性能含容，且迎以善气，卒芦以亲睦闻。迁朝后不数年，有地二百余亩，盖力勤守约、治家严明故也。娶夏氏，生子二，古长尚（长尚古），次尚和。占籍以来，无甚贵显，列胶胶庠，贡成

---

① 吴欣：《村落与宗族：明清时期山东运河区域宗族社会研究》，《文史哲》2012 年第 3 期。
② 莘县张寨乡主卜营村清光绪三十三年《邱氏始祖墓碑》。
③ 阳谷县孙楼乾隆十年《孙氏家谱》序。

均，举孝廉，代不乏人，或谓子福公之遗泽长也。①

始祖碑不同于一般的墓志铭，除去对始祖的表彰纪念外，主要是确立宗族的起始。但也有始祖碑仅有始祖之名，实际却是后世联宗祭祀的证据碑，或者可以说是某种程度上的契约碑，内容可能涉及宗族祭祀、族产和宗族的管理及方式，说明后世祭祀的规矩与约定。这种墓碑突出了收族的功能性，是与祖坟密切相关的标识，如阳谷县《姜氏祖墓碑》所记：

> 祖七公兄弟七人，公行七，讳茂周，因军户之苦累逃居张秋城，卜吉地，此姜营之所由名也。及汝辈等祖散居四方，姜家营并无姜姓一家，祭奠甚疏，林地被人侵占，林树被人戕伐。目睹心伤，盖仰天椎心矣。因纠聚立社，永垂后世，使世世子孙按节祭奠，以尽报本追远之思念，庶免在天之恫耳。至于地亩若干，在何县行粮，一一详载碑后。②

流动的宗支，在确定新的茔地之后，就会确定新茔地的始祖，以此作为新茔地的标识，由祖坟和始祖碑共同来确定同宗关系。

另一种族谱碑，即是将族谱刻在石头上的碑记，"勒石以当谱"。这种谱碑的实用功能在于易保存，不易因外力而毁坏，且有更强的公开性，如博平县《李氏家谱碑》中说到立家谱碑的原因："勒诸于石，身虽没而不没名，虽淹而不淹。李氏之传历历可考，祖宗之德昭昭若揭，积厚流光，英华发越。"③谱碑多立于墓地，是祖坟与族谱的合体。就笔者田野所见来看，一般家族都有谱碑，谱碑很大程度上成为家族正式编写族谱之前的替代品。虽然有家族也认为其宗族是先有谱后有谱碑，"余家有谱旧矣，既后勒石于墓焉，世次不甚彰哉"④；或"吾家之谱不幸而失于兵燹，然未知其详，既而于吾东茔得石刻上载"⑤，但这至少表明谱碑确实与族谱具有相同的功能。因为谱碑书写内容有限，所以其可能更加适应于宗支流动之初及新的茔地确立之后。

---

① 莘县张寨乡主卜营村清光绪三十三年《邱氏始祖墓碑》。
② 阳谷县姜营村嘉庆五年《姜氏祖墓碑》。
③ 博平县道光十年《李氏家谱碑》。
④ 临清县焦庄光绪十二年《任氏族谱》序。
⑤ 临清县道光二十二年《李氏家谱》序。

（2）族社。族谱和墓碑所见，族社又称"里社""义社""族社"等。有的家族则根据自家祖先的名号订立社名，如宋礼之后人所成立之祭社即名曰"宁漕社"，其是因为宋礼被敕封为"宁漕公"。冯尔康先生的研究认为，"里社""义社""族社"等"是宗族团体的初级形式，有首事，然而族姓不一定有共同认可的、有权威的族长，具有不稳定性"①。这里所说的不稳定性是指会社本身并不是一个长期的组织，只是因为某种需求而创设。从有些族社的实际功能来看，其最主要就是"约族人会社贮财"②，如阳谷县王氏家族碑刻中所言：

> 大明山东兖州府东阿县浮兴社人。会首孟绪、之卜、长安、祚土祭扫祖先，□□□□。会社之设，一为孝敬祖宗，二为和睦宗族，三为修建坟茔，四为分明宗派。祖宗可孝不可慢，祭如再（在）也；族可和不可离，相爱如手足也；坟茔可修不可□，后世不可泯灭也；宗派定，知远近亲疏尊卑也。□□□□草木，从社首祭用，不可私采肥己。如有违抗，不守规矩之人，罚银三两，以充祭用。□者，天灾人祸。合族盟誓、祖宗监察。③

对于流动的宗支而言，聚社收族，应该是必然之事，但以怎样的方式进行聚社，则不同的宗族略有差异。目前所见主要有两种形式：一种形式是针对宗支分散的事实，每一个村庄设立一社，即"每庄一社，各庄公议一人为社首"，然后设一人为总统理。另一种形式是将迁移的分支按照区域划分为南北两社，分称为南北两社，如阳谷县孙楼之孙氏族谱所记："南社于祖茔中，北社至祠堂。立一总簿。各将所写之簿字样，序入总簿之中，即子孙所命之名，南北各社务相通识别。"④

如上无论哪种形式，多将所有宗族的成员摄入其中，每个村庄或者"南北社"相对于整个宗族而言，是一个独立的组织。社首是这一组织中的核心人物，形成由总而分、自下而上的管理形式。从这种模式来看，其超越了宗族支派的范围，更加趋向于以村落或者一个特定的区域范围来定义宗族。族社的存在会对宗族的关系进行重新划分，即血缘关系比较近的宗支并不一定居住在同

---

① 冯尔康：《清代宗族祖坟述略》，《安徽史学》2009 年第 1 期。
② 宁阳县毕村光绪二十二年《戴氏族谱》序。
③ 阳谷县王营村王氏家族坟茔崇祯十年《始祖碑》。
④ 阳谷县孙楼乾隆十年《孙氏族谱》序。

一村落或区域内；相反，血缘关系较远的宗支则由于共同居住在同一村落或者区域内，而成为共同的社。例如，前举临清的张氏，二支的六、七、八世祖与三支的八世祖，都居住在胡八里村，而同支的其他祖先则并未移居该村，并不属于某一个共同的社。再如，汶上刘氏家族缙子仕的支次和第三支不同辈分的子孙都迁移到了汶上县的小店子村，他们所共同组成的社，在血缘关系上相对其他支派可能疏远，但是地缘关系则相近。这种情况可能形成的新的宗族关系，其在很大程度上类似于"乡族"，但与乡族不同，由于跨越不同区域或者村落，宗族的会社更注重祭祀层面的联合，经济功能弱，难以成为势力大族。

（3）老庄。老庄是对最早的迁出聚落的一种称谓，它并不是一个实际的名字，而是最早的宗族聚居地的"根"，如东阿县刘义堂《秦氏族谱》这样记载："族众繁衍，迁居他处者众议该庄为老庄，而他姓则名曰'秦家老庄焉'。"[1]老庄的叫法在鲁西地区十分普遍，与始祖碑一样，"老庄"的"老"是相对于迁出宗支和宗支新建聚落而言的，并且一般情况下，始祖茔亦在老庄，如聊城傅氏家族，迁居聊城最早的村落即为傅家老庄，其始祖墓地亦在该村附近，至今该名称依然沿用。另外，诸如聊城之朱老庄、孙老庄，高唐县张老庄、郭老庄，临清赵老庄等，都具有类似的宗族身份，且名称流传至今。老庄，表明了该村落在整个宗支迁移空间中的起始地位，最大的功能在于面对不断流动的宗支，确定原始的起点，进而达至收族的功能。

四、余　论

明清时期的鲁西区域中，一般宗族各宗支都经历了一次乃至多次的流动，从一个聚落到另一聚落，形成了多姓氏聚落形态。宗族极强的流动性首先带来的即是宗法网络的问题。正如族谱中所说，宗支的分离会导致"亲疏失序，有乖伦纪"[2]，"各宗雷同，迟之既久，族人相逢不相识，既相识不相悉"[3]。有些宗族甚至不再关心始祖的问题，只是追本聚落的迁祖为始祖，缩小了收族的

---

① 东阿县刘义堂村民国二十三年《秦氏族谱》序。
② 阳谷县颜营村 1962 年《颜氏族谱》序。
③ 阳谷县齐店村民国十三年《许氏族谱》序。

范围。出于生存与死葬需要的流动，直接导致了宗法网络的疏散。

其次是土地所有权的问题。宗法制度的物质基础是固定的土地，人员的流动必然带来土地所有权的分离。有明一代，战乱、黄运水患、地方起义以及繁重的赋役等问题，造成鲁西人口逃亡和大量土地抛荒，这一方面造成了原有村落人口的流出；另一方面也为人口的流入创造了机会，自发迁徙的移民和被迫离乡的流民，成为土地拓垦的重要力量。入清后，乾、嘉、道三朝耕地垦殖达到进一步发展，但农民分化严重，"与全体农业人口相比，经营性地主的人口只占到很小的一部分，而自耕农破产来的贫雇农愈来愈多"①，而此时雇佣工人依附关系的减弱，又在很大程度上促使人口流动性的增强，如阳谷县夏家堂《夏氏族谱》记："道光时，家境贫寒，一挑子家当来到棉楼村东一里处，给魏家看坟，后遂定居焉。"②再如前举蒿庄之丁氏，亦是长工身份移居。宗族的快速流动造成家族土地难以集中，无法形成资本积累，尽管分散后的宗族试图用族社、祖坟、族碑甚至老庄等观念和实际的手段来强化宗族关系，但是村落的自然空间跨度和疏远的关系，使其很难像珠江三角洲的宗族一样，因明代中后期商业化的发展而转向发挥经济功能；也不能像徽州宗族一样，谋求并维护本宗族的社会地位和特权。③

所以，当我们将研究目光转移至数量更大的中小宗族时，就会发现，就鲁西区域而言，"族社"往往以村落和地域作为基本划分单位，"老庄"的名称也意在强调村落的身份特点，这在很大程度上突出了宗族的地缘特点。但是其又与"乡族"不同，这种族社的关系是相对松散的，不具有强大的聚族功能。因此我们看到的民国时期鲁西乡村社会的面貌，正如傅斯年先生所言："村与村的生活各自独立。联村的乡、团等等，简直就是有名无实，除当土匪的骚扰时代用以自保外，只有应付官差的一条用处……"④

---

① 景甦、罗仑：《清代山东经营地主底社会性质》，济南：山东人民出版社，1959年，第48页。

② 阳谷县夏家堂村1936年《夏氏族谱》序。

③ 叶显恩：《徽州和珠江三角洲宗法制比较研究》，《中国经济史研究》1996年第4期。

④ 傅斯年：《山东一部分的农民大纪略》，《新青年》1920年第7卷第2号。

共同体与社会：清中叶浙江的宗族生活形态

——以乾嘉时期刑科题本为基本资料*

常建华**

一、引　言

如何认识明清时期的宗族，特别是"江南"的宗族，日本学者滨岛敦俊先生的"江南无宗族"论值得注意。2010 年复旦大学召开的"明清以来江南城市的发展和文化交流"国际学术研讨会上，滨岛先生提出"江南无宗族"论①，他认为宗族是一种超越家族的概念，是对内部成员拥有控制力量的父系血缘社会组织或社会集团，或者可以说是"血缘共同体"，而有时兼有一种基层社会的效能，特别是兼地缘性的组织，后者可以称为"乡族"。宗族的效能主要在于保证家族的再生产，其中包括人的再生产和生活的再生产。江南三角洲并没有父系血缘共同体的基层组织，或者说考究江南三角洲地方社会或乡村社会的特性、结构、效能之时，"宗族"这一概念并不是不可缺少的因素。②在滨岛敦

＊　本文为国家社会科学基金重大项目"多卷本 《中国宗族通史》"（项目编号：14ZDB023）阶段性研究成果。

＊＊　常建华，南开大学中国社会史研究中心主任，历史学院教授。

①　滨岛敦俊教授的有关完整论述，见他的专题论文《明代江南は「宗族社会」なりしや》，[日]山本英史编：《中国近世の規範と秩序》，東京：東洋文库，2014 年，第 94—135 页。

②　邹振环、黄敬斌主编：《明清以来江南城市发展与文化交流》"圆桌讨论"部分之"江南无'宗族'"，上海：复旦大学出版社，2011 年。此说会上引起争论，徐茂明发表《江南无'宗族'"与江南有"宗族"》（《史学月刊》2013 年第 2 期）进行商榷。

俊先生看来，宗族应是"血缘共同体"，而明清江南地区没有这样的群体。看来究竟如何界定"宗族"与"宗族社会"，应当引起同行的高度重视。

日本史学界著名史家仁井田陞早在 1956 年就提出宋以后中国社会同族"共同体"理论，认为同族"共同体"内"伙伴平等原则"未能贯彻始终，宗族内部存在着严重的"支配与被支配的关系"，主要是指主佃关系。①仁井田陞从阶级分析的视角看待宋以后宗族共同体的社会属性。看来日本学术界虽然强调从"共同体"理解宗族，但是问题意识不尽相同。

其实，早于上述日本学者，西方学术界已有共同体的论述。1887 年，德国现代社会学的奠基人之一斐迪南·滕尼斯著《共同体与社会——纯粹社会学的基本概念》阐明人类的群体生活为两种类型，即共同体与社会，这两种类型的产生基础："共同体的类型主要是在建立在自然的基础之上的群体（家庭、宗族）里实现的，此外，它也可能在小的、历史形成的联合体（村庄、城市）以及在思想的联合体（友谊、师徒关系等）里实现。……血缘共同体、地缘共同体和宗教共同体等作为共同体的基本形式……与此相反，社会产生于众多的个人的思想和行为的有计划的协调，个人预计从共同实现某一种特定的目的会于己有利。因而聚合一起共同行动。社会是一种目的的联合体。"②滕尼斯还更直接地表达了共同体与社会的本质特征："人的意志在很多方面都处于相互关系之中……关系本身即结合，或者被理解为现实的和有机的生命——这就是共同体的本质……一切亲密的、秘密的、单纯的共同生活，（我们这样认为）被理解为在共同体里的生活……共同体是古老的，社会是新的，不管作为事实还是作为名称，皆如此……共同体是持久的和真正的共同生活，社会只不过是一种暂时的和表面的共同生活。因此，共同体本身应该被理解为一种生机勃勃的有机体，而社会应该被理解为一种机械的聚合和人工制品。"③据此，共同体是作为共同生活的人的关系的结合，我们应在这个意义上把握宗族共同体。

---

① 参见[日]井上徹：《中国的宗族与国家礼制：从宗法主义角度所作的分析》，钱杭译，钱圣音校，上海：上海书店出版社，2008 年，第 9—11 页。

② [德]斐迪南·滕尼斯：《共同体与社会——纯粹社会学的基本概念》，林荣远译，北京：商务印书馆，1999 年，第 ii—iii 页。

③ [德]斐迪南·滕尼斯：《共同体与社会——纯粹社会学的基本概念》，林荣远译，第 52—54 页。

因此，探讨宗族，从宗族生活入手是最基本的途径。利用清朝内阁刑科题本研究宗族，冯尔康教授做了很好的尝试，冯先生注重宗族社会的细部状况，探讨了宗亲间生活上的互动、公共财产问题、政府的宗亲法及其影响。侧重宗族社会功能与性质的讨论，方法论上则具有从日常生活看宗族状态的研究取向。①笔者也利用乾嘉时期的刑科题本探讨江西日常生活，从生命的角度论述江西宗族：江西宗族作为生命共同体，拥有宗谱，记载宗族事务；宗族拥有公产，为族人服务（水塘灌田，祠堂、祠田祭祖，有坟地为族人下葬）；宗族组织节庆活动，祀神祈求丰年；祭田往往由族内各支轮管办祭，宗族的祭田或由族人耕种或佃于外姓；宗族拥有公田、祖祠甚至钱会，清廷保护宗族祀产。②江西之外，刑科题本中还有其他省份宗族的大量记载，其中浙江省颇为突出，而清代浙江宗族的研究成果并不多见。③浙江的杭嘉湖三府属于狭义的"江南"④，本文利用刑科题本探讨浙江宗族虽不是专门研究"江南"有无宗族问题，但还是有可能从一个侧面涉及对于"江南宗族"的认识，同时也会涉及宗族"共同体"阶级关系问题。

由于刑科题本资料的特性，可为我们认识宗族生活形态提供新的视角。笔

---

① 冯尔康：《十八、十九世纪之际的宗族社会状态——以嘉庆朝刑科题本资料为范围》，原载于《中国史研究》2005 年第 A1 期，收入常建华主编：《中国社会史经典精读》，北京：高等教育出版社，2014 年，第 558—582 页。

② 常建华：《生命·生计·生态：清中叶江西的日常生活——以 108 件嘉庆朝刑科题本为基本资料》，《上海师范大学学报（哲学社会科学版）》2016 年第 5 期，第 117—118 页。

③ 明清时期浙江宗族研究的重要成果，有日本学者上田信《地域与宗族——浙江省山区》［刘俊文主编：《日本中青年学者论中国史》（宋元明清卷），上海：上海古籍出版社，1995 年］一文，主要使用宗谱以及方志资料，讨论宗族结合与地域社会的关系，所论事例集中在浙江衢州、金华、绍兴诸府。与此研究问题意识接近的还有中国学者钟翀《北江盆地：宗族、聚落的形态与发生史研究》（北京：商务印书馆，2011 年）一书，探讨浙东北江盆地特别是金华府的东阳县宗族。此外，温州等府宗族也有一定的研究成果，可参看常建华：《近十年明清宗族的研究综述》，《安徽史学》2010 年第 1 期；常建华：《近年来明清宗族研究综述》，《安徽史学》2016 年第 1 期。

④ 据赵尔巽等撰《清史稿》卷 65《地理志》，乾嘉时期浙江省领府十一：杭州府、嘉兴府、湖州府、宁波府、绍兴府、台州府、金华府、衢州府、严州府、温州府、处州府（北京：中华书局，1976年，第 2127—2153 页）。其中九个府名称沿用至今，处州府今改丽水市，严州府今为杭州属下桐庐县、淳安县和建德市。

者选取乾嘉时期刑科题本①记载较多同时又是宗族基本问题予以研究，探讨宗族的祭祖、服制与同族以及同族观念，祠堂、族长与房分，祭田与坟山等，加深对于宗族经济、宗族组织、宗族共同体的认识，欢迎大家批评指正。

二、宗族共同体：祭祖、服制与同族意识

宗族作为共同体，祭祖习俗是其重要的认同途径，而五服丧服的服制是共同体亲疏远近结构的表达，宗族体现同族意识还表现在日常的称谓等方面。

1. 祭祖习俗

元旦祭祖是清代普遍的节日习俗，宗族往往在此节设置祭田，各房按年轮值。浙江王沅科砍伤小功堂叔王得政身死案反映出祭祖的习俗，"王沅科曾祖王章成生子四人，向有祭田四房轮值，每于除夕、元旦，点大庆一对、烧锭六千，系值年之人办理。嘉庆元年，轮应王沅科值年，除夕悬像仅点小庆一对、烧锭一千，王得政因其短少庆锭斥骂。正月初一日，王沅科仍点小庆一对、烧锭一千，王得政辱骂，并称不许值年"②。初二日，王沅科用柴斧砍死王得政。

绍兴府的事例较多，我们做一考察。嘉庆十八年（1813 年），诸暨县民周帼玉因担保钱殴伤大功服兄致死案，据周帼玉供词他"与周维成、周维静们三房每年清明轮流值年派钱祭祖"③。周姓三房清明节轮流祭祖，清明祭祖一般是墓祭。这种轮流祭祖也见于嘉庆二十三年嵊县民钱世荣因售卖祭田戳伤大功堂兄钱世宣身死案，钱世荣"祖父钱华亮名下有祭田九亩零，轮流收租值

---

① 乾隆时期的刑科题本主要依据中国第一历史档案馆、中国社会科学院历史研究所编《清代地租剥削形态》（北京：中华书局，1982 年）、《清代土地占有关系与佃农抗租斗争》（北京：中华书局，1988 年）两种。嘉庆朝刑科题本主要依据南开大学历史学院暨中国社会史研究中心、中国第一历史档案馆《清嘉庆朝刑科题本社会史料辑刊》（天津：天津古籍出版社，2008 年）、南开大学中国社会史研究中心藏未刊嘉庆朝刑科题本抄件（以下简称"南开藏抄件"）。

② 郑秦、赵雄主编：《清代"服制"命案——刑科题本档案选编》，北京：中国政法大学出版社，1999 年，第 416 页。

③ 南开大学历史学院暨中国社会史研究中心、中国第一历史档案馆编：《清嘉庆朝刑科题本社会史料辑刊》第 1 册，第 242 页。

祭"①。嵊县的陈姓"族中有祭田八亩，轮流值祭，又祖坟山一处，培养松木成林。……（嘉庆六年五月）初八日邀同族众在陈成宇家议立禁单，内写禁止盗卖买坟荫、鸣售草荇，贴在祖堂门首"②。祖堂应当是祠祭的场所。会稽县王氏也是轮祭祖先，有公共祭田五分，上年交租归作下年祭祀。嘉庆十一年（1806 年）轮该王得贤值祭，"正月二十六日，王得贤祭祖，胞伯同在公堂散胙"③。这是正月在公堂祭祖。以上诸暨、嵊县、会稽诸县事例表明，绍兴府有正月、清明在祠堂或祖坟祭祖的习俗，一般是不同房分轮流值祭。

宁波府奉化县张显刚供称："支祖有祭田五亩，各房轮值收租办祭，余钱按丁派分。嘉庆十一年十二月十四日，祭口是小的值祭，张显帼们到祠拜祖散胙后，小的与张名锦、张南山结算祠账。"④该族年底在祠堂祭祖，与会稽县王氏一样，祭祖后要"散胙"，族人分享祖先的赐福。

金华府浦江县徐姓高祖派下共分七房，"有祖祭田四十亩，向系七房分种，每年交谷一半归公办祭，完粮各房长轮年在祠收管"⑤。应是各房轮流在祠堂办祭。

衢州府江山县郑彩阳供："乾隆二十四年上，父亲在日把己业郑淑仪名下山田一亩二分一厘零卖给族内作为始祖祀产，每年收租谷一石二斗，各房轮流值祭。"⑥

温州府泰顺县民胡期旦"家有四房，轮收祭田"⑦。嘉庆十二年平阳县林昂拔称："二月二十九日，伊等赴祖坟祭扫。"⑧这也是墓祭祖先。

处州府缙云县陈姓供称："族内有公共山地七亩，坐落黄连坑地方，与祖

① 南开大学历史学院暨中国社会史研究中心、中国第一历史档案馆编：《清嘉庆朝刑科题本社会史料辑刊》第 1 册，第 383 页。
② 南开藏抄件，中国第一历史档案馆原藏，土地债务类，第 4661 包。
③ 南开藏抄件，土地债务类，第 4963 包。
④ 南开藏抄件，土地债务类，第 5043 包。
⑤ 南开藏抄件，土地债务类，第 4664 包。
⑥ 南开大学历史学院暨中国社会史研究中心、中国第一历史档案馆编：《清嘉庆朝刑科题本社会史料辑刊》第 1 册，第 176 页。
⑦ 南开大学历史学院暨中国社会史研究中心、中国第一历史档案馆编：《清嘉庆朝刑科题本社会史料辑刊》第 1 册，第 276 页。
⑧ 南开藏抄件，土地债务类，第 5004 包。

坟界址毗连。嘉庆二年三月初八日，小的们同陈得通、陈连儿到坟拜扫。"①这是清明墓祭祖先。

以上六府的资料是浙江祭祖习俗的反映，说明祭祖是宗族认同的基础。

2. 服制与宗族

五服，即丧服制度，它是依据生者和死者的亲疏关系，在哀悼死者时所穿服饰轻重、服丧时间长短上加以区别，共分为斩衰、齐衰、大功、小功、缌麻五个服别，故称之为"五服"。《仪礼·丧服经传》反映的是父子宗亲丧服制度。②

中国第一历史档案馆、中国社会科学院历史研究所编《清代地租剥削形态》《清代土地占有关系与佃农抗租斗争》两书中，有 50 个浙江事例，笔者从中找到 12 个"依同姓服尽亲属相殴至死者以凡论"的事例，列表如下（表 1）。

表 1　乾隆刑科题本中的浙江宗族案件判决法律依据事例

序号	时间	地点	关系与法律	出处
1	十七年	绍兴府萧山县	无服族叔，依同姓服尽亲属相殴至死者以凡论	《清代地租剥削形态》上，第 85 页
2	四十四年	衢州府常山县	无服族兄，依同姓服尽亲属相殴至死者以凡论	《清代地租剥削形态》下，第 461 页
3	三十一年	处州府庆元县	无服族侄，依同姓服尽亲属相殴至死者以凡论	《清代地租剥削形态》下，第 569 页
4	二十二年	台州府黄岩县	无服族叔，依同姓服尽亲属相殴至死者以凡论	《清代地租剥削形态》下，第 635 页
5	二十六年	台州府宁海县	无服族祖，依同姓服尽亲属相殴至死者以凡论	《清代地租剥削形态》下，第 641 页
6	三十二年	金华府浦江县	无服族弟，依同姓服尽亲属相殴至死者以凡论	《清代地租剥削形态》下，第 650 页
7	三十六年	绍兴府诸暨县	无服族叔，依同姓服尽亲属相殴至死者以凡论	《清代地租剥削形态》下，第 661 页
8	三十八年	台州府仙居县	无服族叔，依同姓服尽亲属相殴至死者以凡论	《清代地租剥削形态》下，第 672 页
9	十五年	绍兴府余姚县	无服族叔，依同姓服尽亲属相殴至死者以凡论	《清代土地占有关系与佃农抗租斗争》上，第 235 页
10	八年	金华府义乌县	无服族叔，依同姓服尽亲属相殴至死者以凡论	《清代土地占有关系与佃农抗租斗争》上，第 323 页
11	三十六年	金华府东阳县	无服族侄，依同姓服尽亲属相殴至死者以凡论	《清代土地占有关系与佃农抗租斗争》下，第 501 页
12	二十八年	金华府东阳县	无服族叔，依同姓服尽亲属相殴至死者以凡论	《清代土地占有关系与佃农抗租斗争》下，第 656 页

---

① 南开藏抄件，土地债务类，第 3086 包。

② 参见常建华：《宗族志》，上海：上海人民出版社，1998 年，第 159—165 页。

南开大学历史学院暨中国社会史研究中心、中国第一历史档案馆编《清嘉庆朝刑科题本社会史料辑刊》收录 93 个有关嘉庆朝浙江刑科题本中，共计 18 个刑科题本记载了"同姓服尽亲属"案例，笔者制表如下（表2）。

表2　嘉庆刑科题本中的浙江宗族案件判决法律依据事例

序号	时间	地点	关系与法律	出处
1	六年	衢州府龙游县	无服族弟，依同姓服尽亲属相殴至死者以凡论	《清嘉庆朝刑科题本社会史料辑刊》第1册，第12页
2	九年	绍兴府嵊县	无服族叔，依同姓服尽亲属相殴至死者以凡论	《清嘉庆朝刑科题本社会史料辑刊》第1册，第62页
3	十年	处州府龙泉县	无服族侄，依同姓服尽亲属相殴至死者以凡论	《清嘉庆朝刑科题本社会史料辑刊》第1册，第67页
4	十一年	严州府仙居县	无服叔祖母，依同姓服尽亲属相殴至死者以凡论	《清嘉庆朝刑科题本社会史料辑刊》第1册，第88页
5	十年	绍兴府诸暨县	无服族侄，依同姓服尽亲属相殴至死者以凡论	《清嘉庆朝刑科题本社会史料辑刊》第1册，第99页
6	十五年	衢州府江山县	无服族侄，依同姓服尽亲属相殴至死者以凡论	《清嘉庆朝刑科题本社会史料辑刊》第1册，第176页
7	十八年	宁波府奉化县	无服族侄，依同姓服尽亲属相殴至死者以凡论	《清嘉庆朝刑科题本社会史料辑刊》第1册，第249页
8	十九年	衢州府江山县	族人，依同姓服尽亲属相殴至死者以凡论	《清嘉庆朝刑科题本社会史料辑刊》第1册，第262页
9	二十年	绍兴府诸暨县	无服叔祖，依同姓服尽亲属相殴至死者以凡论	《清嘉庆朝刑科题本社会史料辑刊》第1册，第282页
10	二十年	处州府龙泉县	无服族兄，共殴致死应同凡论；无服族弟，依同姓亲属相殴尊长减凡斗一等律	《清嘉庆朝刑科题本社会史料辑刊》第1册，第296页
11	二十三年	绍兴府诸暨县	无服族侄，依同姓服尽亲属相殴至死者以凡论	《清嘉庆朝刑科题本社会史料辑刊》第1册，第374页
12	二十三年	台州府宁海县	无服族侄，依同姓服尽亲属相殴至死者以凡论	《清嘉庆朝刑科题本社会史料辑刊》第1册，第381页
13	二十三年	绍兴府诸暨县	无服族侄，依同姓服尽亲属相殴至死者以凡论	《清嘉庆朝刑科题本社会史料辑刊》第1册，第386页
14	二十四年	绍兴府诸暨县	无服族弟，依同姓服尽亲属相殴至死者以凡论	《清嘉庆朝刑科题本社会史料辑刊》第1册，第396页
15	二十四年	绍兴府余姚县	无服族侄，依同姓服尽亲属相殴至死者以凡论	《清嘉庆朝刑科题本社会史料辑刊》第1册，第397页
16	二十四年	绍兴府诸暨县	族人，依同姓服尽亲属相殴至死者以凡论	《清嘉庆朝刑科题本社会史料辑刊》第1册，第405页
17	十七年	台州府黄岩县	无服族侄，依同姓服尽亲属相殴至死者以凡论	《清嘉庆朝刑科题本社会史料辑刊》第3册，第1160页
18	十四年	宁波府奉化县	无服族叔，依手足殴人成伤律，笞三十，系服尽尊长应减一等，笞二十	《清嘉庆朝刑科题本社会史料辑刊》第3册，第1736页

表1和表2共计30个事例，其分布台州府5例、金华府4例、绍兴府11例、衢州府3例、处州府3例、严州府1例、宁波府2例，这7府中，绍兴府

高居榜首，值得注意的是金华府 4 例都是乾隆朝的。表中涉案人员关系虽然都是同姓服尽的宗族成员，也有无服族兄弟、无服叔侄的区分，有的径说"族人"，当时较远的关系。虽然出了服，仍以兄弟、叔侄相称，可以视为"亚亲属"关系，亦即宗族关系。

五服内的亲属关系，体现在多种服制上。笔者将由远及近予以介绍。

（1）缌麻服。先看 4 例乾隆朝的，乾隆二十一年（1756 年）处州府遂昌县民王隆丁戳伤缌麻服叔王观福身死一案，三法司认为，应如浙江巡抚所题"王隆丁合依卑幼殴本宗缌麻尊属死者斩监候律，应拟斩监候，秋后处决，照例刺字"①。王观福是王隆丁的共高祖的缌麻服族叔，法律中的"本宗"表达的是宗族关系，官府还使用了"亲房支长"的用语，庄民将王隆丁称作"族恶"，王隆丁供词谈到"族婶""近房"，这些都是宗族观念的反映。乾隆四十九年金化府汤溪县民陈廷翰戳伤共高祖缌麻服兄陈阜义身死案，"陈廷翰合依卑幼殴本宗缌麻兄死者斩监候律，拟斩监候，秋后处决，照例刺字"②。乾隆六十年杭州府钱塘县民沈嘉禄殴伤缌麻服族弟沈成魁身死，"沈嘉禄合依本宗尊长殴缌麻卑幼至死者绞律，拟绞监候，秋后处决"③。嘉兴府海盐县民冯廷松殴伤姑表缌麻服兄钱维贤身死一案，"冯廷松合依卑幼殴外姻缌麻兄死者斩监候律，应拟斩监候，秋后处决"④。

再看 3 例嘉庆朝的，绍兴府诸暨县民赵家庭殴伤赵锦川身死案，据赵家庭供："已死赵锦川是小的缌麻服叔，同村居住，素好无嫌。族中有资字号公山一处，安葬祖坟，四周种植荫木。嘉庆七年十二月二十四日赵锦川与赵均来们在山上盗砍松树，父亲路过看见，喝阻不依，回来告诉堂叔赵西川并叫小的同去拦阻。"赵家庭用柴刀致伤赵锦川身死。三法司审判结论："赵家庭合依卑幼殴本宗缌麻尊属死者斩监候律"⑤这也是缌麻服叔侄关系，侄致死叔，赵家庭供词也将事情放在"族中"叙述。还有 2 例，嘉庆二十三年（1818 年）台州府太平县武生郑兆魁殴毙索欠之缌麻服侄郑中英案，审判词有："郑兆魁合依尊

① 中国第一历史档案馆、中国社会科学院历史研究所编：《清代地租剥削形态》上，第 106 页。
② 中国第一历史档案馆、中国社会科学院历史研究所编：《清代地租剥削形态》上，第 207 页。
③ 中国第一历史档案馆、中国社会科学院历史研究所编：《清代地租剥削形态》上，第 251 页。
④ 中国第一历史档案馆、中国社会科学院历史研究所编：《清代地租剥削形态》下，第 620 页。
⑤ 南开大学历史学院暨中国社会史研究中心、中国第一历史档案馆编：《清嘉庆朝刑科题本社会史料辑刊》第 1 册，第 40 页。

长殴缌麻卑幼至死者绞律，拟绞监候，秋后处决。"①还是缌麻服叔侄关系，只不过是尊长殴卑幼。嘉庆九年（1804 年）严州府淳安县民胡大高等因误砍小树事共殴缌麻表兄身死案，结果是"其殴伤外姻缌麻服兄律，应杖一百"②。

（2）小功。嘉庆二年浙江王沅科砍伤小功堂叔王得政身死案，"王沅科合依谋杀缌麻以上尊长已杀者斩律，拟斩立决"③。宁波府鄞县民陈大河殴伤小功服弟陈性贤身死一案，三法司同意浙抚判决"陈大河合依本宗尊长殴小功卑幼至死者绞监候律，应拟绞监候，秋后处决"④。台州府宁海县民黄怀有因禁止砍伐公地树木纠纷殴伤小功堂弟黄怀智身死案，据黄怀有供："已死黄怀智是小功堂弟，素来和好，没有嫌隙。嘉庆十六年二月初十日上午，小的与堂兄黄怀江、族人黄怀修、黄元清们因公共的土名门前坛沙地恐被水冲，邀黄元杰在祖堂屋内公议，把地边种的树木存留捍卫，不许族众砍伐。黄怀智走来不依，小的把他村斥。"⑤最终判决为"黄怀有合依本宗尊长殴小功卑幼至死者绞律，拟绞监候"⑥。这种共曾祖小功兄弟关系的案例还有 3 例：嘉庆二十二年，绍兴府山阴县民单如山因工价之争将本宗小功兄单如占殴毙案，依据律载："卑幼殴本宗小功兄死者斩。"⑦嘉庆二十四年绍兴府诸暨县民边帼丰因财礼之争被小功服堂兄边帼兆殴毙案，"边帼兆合依本宗尊长殴小功卑幼至死者绞监候律，拟绞监候，秋后处决"⑧。嘉庆二十一年湖州府长兴县民邱炳球殴伤小功堂弟邱炳珏身死私和匿报案，"邱炳球合依尊长殴小功卑幼至死者绞

① 南开大学历史学院暨中国社会史研究中心、中国第一历史档案馆编：《清嘉庆朝刑科题本社会史料辑刊》第 1 册，第 366 页。

② 南开大学历史学院暨中国社会史研究中心、中国第一历史档案馆编：《清嘉庆朝刑科题本社会史料辑刊》第 1 册，第 426 页。

③ 郑秦、赵雄主编：《清代"服制"命案——刑科题本档案选编》，第 416 页。

④ 中国第一历史档案馆、中国社会科学院历史研究所编：《清代地租剥削形态》下，第 552 页。

⑤ 南开大学历史学院暨中国社会史研究中心、中国第一历史档案馆编：《清嘉庆朝刑科题本社会史料辑刊》第 1 册，第 192 页。

⑥ 南开大学历史学院暨中国社会史研究中心、中国第一历史档案馆编：《清嘉庆朝刑科题本社会史料辑刊》第 1 册，第 193 页。

⑦ 南开大学历史学院暨中国社会史研究中心、中国第一历史档案馆编：《清嘉庆朝刑科题本社会史料辑刊》第 1 册，第 345 页。

⑧ 南开大学历史学院暨中国社会史研究中心、中国第一历史档案馆编：《清嘉庆朝刑科题本社会史料辑刊》第 1 册，第 395 页。

律，拟绞监候，秋后处决"①。

（3）大功。是共祖关系，发生在堂兄弟之间案件颇多。乾隆四十四年（1779年）梁得院戳伤大功兄案，"梁得院合依卑幼殴本宗大功兄死者斩律，拟斩立决"②。嘉庆十年（1805年）宁波府奉化县民卢运太勒死堂弟图赖案，判案依"故杀大功堂弟绞监候律"③。嘉庆十八年绍兴府诸暨县民周帼玉因担保钱殴伤大功服兄致死案，查例载："卑幼殴大功兄死者斩。"④嘉庆十八年台州府黄岩县民蒋绍名因争分遗产戳伤大功堂兄致死案，"蒋绍名合依卑幼殴大功兄死者斩决律，拟斩立决"⑤。嘉庆二十一年温州府泰顺县民包夏高等谋杀大功服兄包长位身死案，"包夏高合依谋杀缌麻以上尊长已杀者斩律，拟斩立决，照例告行刺字"⑥。嘉庆二十一年绍兴府萧山县民楼瑞骉因加找房价殴伤堂弟楼瑞胜身死案，"楼瑞骉合依本宗尊长殴小功卑幼至死者绞监候律，拟绞监候，秋后处决"⑦。嘉庆二十三年绍兴府嵊县民钱世荣因售卖祭田戳伤大功堂兄钱世宣身死案，结局是"合依卑幼殴本宗大功兄死者斩律，拟斩立决"⑧。

（4）兄弟。杭州府昌化县民吴加有因卖公山打死胞兄案，据吴加有供："已死吴发成是小的胞兄，同居各爨，平日和好并没嫌隙。小的家有土名木竹坪山场一处，原是小的与哥子未分公业。嘉庆九年二月初九日早饭后，有邻居程明德到小的家闲谈，小的因贫苦难度，要将小的名下应分公山一股，托程明

---

① 南开大学历史学院暨中国社会史研究中心、中国第一历史档案馆编：《清嘉庆朝刑科题本社会史料辑刊》第3册，第1872页。
② 郑秦、赵雄主编：《清代"服制"命案——刑科题本档案选编》，第219页。
③ 南开大学历史学院暨中国社会史研究中心、中国第一历史档案馆编：《清嘉庆朝刑科题本社会史料辑刊》第1册，第109页。
④ 南开大学历史学院暨中国社会史研究中心、中国第一历史档案馆编：《清嘉庆朝刑科题本社会史料辑刊》第1册，第243页。
⑤ 南开大学历史学院暨中国社会史研究中心、中国第一历史档案馆编：《清嘉庆朝刑科题本社会史料辑刊》第1册，第250页。
⑥ 南开大学历史学院暨中国社会史研究中心、中国第一历史档案馆编：《清嘉庆朝刑科题本社会史料辑刊》第1册，第315页。
⑦ 南开大学历史学院暨中国社会史研究中心、中国第一历史档案馆编：《清嘉庆朝刑科题本社会史料辑刊》第1册，第322页。
⑧ 南开大学历史学院暨中国社会史研究中心、中国第一历史档案馆编：《清嘉庆朝刑科题本社会史料辑刊》第1册，第384页。

德觉主出卖。适哥子走来听见，不许小的售卖，小的说止卖自己一股，叫哥子不要拦阻，哥子不依，就用右手扭住小的胸衣，要去投族理论，小的不肯同去，程明德上前劝解，小的向程明德告诉苦情，原说如此穷苦外人也应顾恤，何况弟兄，原想感动哥子应许分卖的意思。那知哥子愈加生气，定要拉投族长，把小的胸衣拉住倒走，被门槛一绊哥子仰跌倒地，小的一同带跌仆压哥子身上……不料哥子跌压内损，到初十日午后就死了。"①三法司判决："吴加有合依弟殴胞兄死者斩律，拟斩立决。"皇帝改为"吴加有改为应斩，著监候，秋后处决"。②这一事例中兄弟关系是在宗族中展开的，因"公业"产生矛盾，请族长解决纠纷，都说明此点。

另一起案件也类似。嘉庆十九年（1814 年）温州府泰顺县民胡期旦致伤胞弟胡期位身死及胡陈氏自缢身死案，据胡期旦供："与三弟胡期位分居各爨，向没嫌隙。小的家有四房，轮收祭田，坐落水碓头，向系小的耕种还租。"嘉庆十六年，因收租胡期位因与胞兄胡期旦争割田稻，被胡期旦推跌致伤身死。其妻胡陈氏亦被胡期旦之子胡东受殴逼，气愤自缢身死。此案涉及胡东受殴逼期亲服婶胡陈氏自缢身死，并胡期旦致伤胞弟胡期位身死。法官认为"胡东受系陈氏期亲服侄，自应按律问拟，胡东受除殴伤期亲叔母轻罪不议外，合依卑幼因事逼迫期亲尊长致死者绞律，拟绞监候，秋后处决。胡期位系胡期旦胞弟，胡期旦合依殴期亲弟至死者，照本律满徒加一等例，杖一百流二千里"③。这个案子也是发生在四房轮收祭田上，既是家庭问题，也是宗族问题。

殴伤期亲叔的案例也有。嘉庆十九年嘉兴府嘉兴县民李二观因索分地价误伤胞叔李文山身死案，结果是："李二观合依侄殴叔至死者斩律，拟斩立决。"④

3. 同族、族人与族众

宗族成员自认为是同族关系。嘉庆十五年（1810 年）衢州府龙游县民徐阿

① 南开大学历史学院暨中国社会史研究中心、中国第一历史档案馆编：《清嘉庆朝刑科题本社会史料辑刊》第 1 册，第 60—61 页。

② 南开大学历史学院暨中国社会史研究中心、中国第一历史档案馆编：《清嘉庆朝刑科题本社会史料辑刊》第 1 册，第 61 页。

③ 南开大学历史学院暨中国社会史研究中心、中国第一历史档案馆编：《清嘉庆朝刑科题本社会史料辑刊》第 1 册，第 276—277 页。

④ 南开大学历史学院暨中国社会史研究中心、中国第一历史档案馆编：《清嘉庆朝刑科题本社会史料辑刊》第 1 册，第 273 页。

顺因承佃土地纠纷殴毙同村人祝秋苟案，据徐阿顺供："祝秋苟的同母异父兄弟徐上九三是小的同族，佃种祀田三亩。"①嘉庆二十四年，绍兴府余姚县民邵偕良因割公共学田稻谷被邵成秀殴毙案，邵文瀛供称："邵偕良是小的父亲，与邵田氏、邵成秀都是同族无服。邵田氏家有四房公共义学田十亩零，先曾并卖与有分的邵陈氏为业，后因邵田氏要多分田价，控县断令赎回归公。因田价没有交齐，田仍邵陈氏租给邵成秀佃种。"②这里引出一个概念"有分"，即作为"同族"对公共义学田享有一定的权利。

"有分"的观念，还有其他事例。嘉庆七年绍兴府诸暨县民赵家庭因口角打死小功服叔案，"赵西川把赵锦川拉住问他因何私砍坟荫，赵锦川说是有分公山，大家砍得"③。族人对于族中安葬祖坟的公山"有分"。嘉庆十一年温州府平阳县余维月供："余嘉芽开店得利，他店基本是祖遗公共，与小的都各有分。"④

绍兴府嘉庆九年嵊县民邢加汶因口角打死无服族叔案的口供，更加反映了同族的观念。据邢加和、邢加连同供："小的们与邢加汶、邢孙兆们都是同族，有公共坟山一片，添养松木，恐日后族人私砍，二月初四日在小的邢加和家设酒立议公禁，邢加汶、邢孙兆都来吃酒。"⑤邢氏认可的同族，也称作"族人"，对于"公共坟山"他们"设酒立议公禁"。对于这起案件的官府审判意见也值得注意："查邢孙兆系邢加汶无服族叔，应同凡论，邢加汶合依同姓服尽亲属相殴至死以凡论、斗杀者绞律，拟绞监候，秋后处决。"⑥出了五服的"无服"关系，仍是叔侄关系，尽管法律"依同姓服尽亲属相殴至死以凡论"，与平民之间相殴致死判决相同，但是也承认这种"同姓服尽亲属"关系，当然这

---

① 南开大学历史学院暨中国社会史研究中心、中国第一历史档案馆编：《清嘉庆朝刑科题本社会史料辑刊》第 2 册，第 618 页。

② 南开大学历史学院暨中国社会史研究中心、中国第一历史档案馆编：《清嘉庆朝刑科题本社会史料辑刊》第 1 册，第 397 页。

③ 南开大学历史学院暨中国社会史研究中心、中国第一历史档案馆编：《清嘉庆朝刑科题本社会史料辑刊》第 1 册，第 40 页。

④ 南开藏抄件，土地债务类，第 4920 包。

⑤ 南开大学历史学院暨中国社会史研究中心、中国第一历史档案馆编：《清嘉庆朝刑科题本社会史料辑刊》第 1 册，第 61 页。

⑥ 南开大学历史学院暨中国社会史研究中心、中国第一历史档案馆编：《清嘉庆朝刑科题本社会史料辑刊》第 1 册，第 62 页。

种关系有别于服内亲属关系。法律上，族内关系依照尊卑长幼关系处理。

"族人"用语的事例还有杭州府海宁县，"有杨五族人杨汝明，与乾隆十二年（1747 年），将田四亩卖与郑鲁山为业"①。再有宁波府奉化县民江伦爵殴死差役宋云案。据监生江家受供："嘉庆十三年七月里，族人江梅芳们兴修社庙，因监生捐钱十千文未付，同族叔江伦爵把监生运回租谷五担截留作抵。监生气忿，就说他们平（凭）空截谷，赴县具控。经族长江配高调处，呈县息销。"②"族人"的事务经族长调处，显然是宗族内部发生的。

将同族作为"族人"的观念，也可以同时使用"族众"表达，如台州府宁海县民黄怀有因禁止砍伐公地树木纠纷殴伤小功堂弟黄怀智身死案，据黄怀有供：已死黄怀智是小功堂弟，"嘉庆十六年二月初十日上午，小的与堂兄黄怀江，族人黄怀修、黄元清们因公共的土名门前坛沙地恐被水冲，邀黄元杰在祖堂屋内公议，把地边种的树木存留捍卫，不许族众砍伐"③。"族人"在祖堂屋内公议"族众"之事，是从同族观念出发的。

再如，绍兴府诸暨县民陈宁来等因田租之争殴毙陈之聘案，据陈宁来供："陈之聘是无服族弟，同村居住，素好无隙嫌。小的族内有公共祀田二亩零，坐落郭姓房屋旁。嘉庆二十三年十二月间，郭姓因要造屋，情愿出田十四亩向小的们掉换。经陈良伦、陈之新公同议明换给，将田分给族众佃种。陈之聘、陈良伦们分种田八亩五分，父亲与陈之新们分种田五亩五分。二十四年五月二十五日，投明族众议租。"④该事例中的"无服"关系属于"族内"，公共祀田分给族众佃种，由族众议租。官府判词则说："此案陈宁来因无服族弟陈之聘与伊父陈虔榛并族人陈之新等议交公共田租起衅争殴……陈宁来合依同姓服尽亲属相殴至死以凡论，共殴人致死，下手致命伤重者绞监候律，拟绞监候，秋后处决。"该抚疏称："陈之新、陈宁秀与陈之聘均无服制，应各照余人律，杖

---

① 中国第一历史档案馆、中国社会科学院历史研究所编：《清代土地占有关系与佃农抗租斗争》上，第427 页。

② 南开大学历史学院暨中国社会史研究中心、中国第一历史档案馆编：《清嘉庆朝刑科题本社会史料辑刊》第 3 册，第 1736 页。

③ 南开大学历史学院暨中国社会史研究中心、中国第一历史档案馆编：《清嘉庆朝刑科题本社会史料辑刊》第 1 册，第 192 页。

④ 南开大学历史学院暨中国社会史研究中心、中国第一历史档案馆编：《清嘉庆朝刑科题本社会史料辑刊》第 1 册，第 396 页。

一百。无干省释。祀田仍饬令该族议明租资，照旧分种。"①将该案作为宗族事务处置，使用了"族人"的用语，祀田租资令"该族议明"。

单独出现"族众"的事例还有。一是处州府缙云县民人陈连儿推跌俞章氏受伤身死一案，嘉庆二年（1797 年）三月初八日，陈得通、陈连儿等到坟拜扫，见坟旁山地开垦种作，问是陈得通将地卖与俞四明管业，他们恐有碍祖坟，叫他备价赎回，陈得通回复没钱，族长陈三多等"议令族众出钱公赎，大家应允"②。族众服从族中公议。二是嘉庆七年绍兴府嵊县民人陈阿谨等共殴陈祥陇身死一案，"据陈允怀投称：伊父陈祥陇因欲砍卖祖坟山上树木，经六年，值祭之，陈培因邀同族众写贴禁单，初九日早，伊父前往争吵，被陈培因纠同陈阿谨等殴伤身死"③。族众参与族中祖坟山上树木保护禁单的书写张贴工作。三是嘉庆二十四年绍兴府诸暨县民楼性葵因欠租混赖被族人楼元武殴毙案，据楼元武供："小的家有公共祠堂一所，置有祀田，向系族众佃种还租，是楼治典、楼候柏在祠经管账务。"④族众耕种族中祀田，向祠堂交租。

上述 12 例，分布在杭州、衢州、绍兴、宁波、温州、台州、处州 7 府，其中绍兴府较多（6 例），发生在绍兴府的事例分布在余姚、嵊县（2 例）、诸暨（3 例）3 县。

三、宗族组织：祠堂、族长与房分

宗族共同体不仅是习俗、观念与亲属制度上的，也是组织化的，祠堂族长以房分为基础，管理族人。

1. 祠堂

祠堂是祭祖的场所。衢州府常山县江姓有出租祀田的事例，乾隆四十四年

---

① 南开大学历史学院暨中国社会史研究中心、中国第一历史档案馆编：《清嘉庆朝刑科题本社会史料辑刊》第 1 册，第 396 页。
② 南开藏抄件，土地债务类，第 3086 包。
③ 南开藏抄件，土地债务类，第 4661 包。
④ 南开大学历史学院暨中国社会史研究中心、中国第一历史档案馆编：《清嘉庆朝刑科题本社会史料辑刊》第 1 册，第 405 页。

（1779 年）"十一月十六日族人在祠祭祖"①。宁波府奉化县民张显刚掷伤张显帼身死案，张显帼是张显刚无服族弟，张显刚支祖有祭田五亩，各房轮值收租办祭，余钱按丁派分。嘉庆十一年（1806 年）十二月十四日，张显刚值祭，"张显帼们到祠拜祖散祚后"②，张显刚与张名锦、张南山结算祠账，张显帼先要分钱回去。张显刚不允争闹，被张显刚用碗掷伤身死。这两例都是在宗族祠堂祭拜祖先。

宗族祭祖以祭祀田产作为经济保障，宗族祠堂管理祀田成为重要事务，祠堂处理宗族内部因祭祖田产等引起的纠纷。绍兴府诸暨县民楼（玘）美殴伤无服族兄楼可久身死一案，余思田有祀田三十亩零，托楼（玘）美经手转租，楼可久等向来租种三亩五分，每年交租钱六千四百文。嘉庆二十三年三月间，余思田有急用，要楼（玘）美一总拿出租钱，把田都租给他，任凭自种转租。楼（玘）美当交钱六十五千文把田租下。八月十三日，楼可久弟兄同到楼（玘）美店内仍要租种那三亩五分，楼（玘）美说要自种。楼可久们不依，被劝散。楼（玘）美因胞兄楼林美在田工作，前往告知，"同到宗祠投族理论"③。诸暨县民楼性葵因欠租混赖被族人楼元武殴毙案，据楼元武供："小的家有公共祠堂一所，置有祀田，向系族众佃种还租，是楼治典、楼候柏在祠经管账务。楼性葵承种祀田一亩五分、地一亩五分，议明每年田还租谷三石、地租钱七百文。十九年起至今六年，欠租不还。二十四年七月十三日，楼治典、楼候柏在祠收租。"④可知该族祀田归祠堂管理，有专人在祠堂经管账务，在祠收租。这两例都发生在绍兴府诸暨县楼姓宗族。嘉庆六年金华府浦江县民人徐贤万戳伤徐厚尧身死一案，该族"有祖祭田四十亩，向系七房分种，每年交谷一半归公办祭完粮，各房长轮年在祠收管"⑤。各房房长在祠堂收管祭田收入，办理祭祖事务。

宗族祠堂也被用于族人的住宿等需求。台州府黄岩县民人胡显址戳伤茅高

---

①　中国第一历史档案馆、中国社会科学院历史研究所编：《清代地租剥削形态》下，第 461 页。

②　南开藏抄件，土地债务类，第 5034 包。

③　南开大学历史学院暨中国社会史研究中心、中国第一历史档案馆编：《清嘉庆朝刑科题本社会史料辑刊》第 1 册，第 373 页。

④　南开大学历史学院暨中国社会史研究中心、中国第一历史档案馆编：《清嘉庆朝刑科题本社会史料辑刊》第 1 册，第 405 页。

⑤　南开藏抄件，土地债务类，第 4644 包。

能身死一案，嘉庆五年（1800 年）三月间，胡显址住屋塌倒，"借住宗祠，五月内，被族弟胡显江控，蒙案下饬差押逐"①。

此外，严州府遂安县民汪岁初等因拔豆误会致死邻人毛赐贤案，乾隆五十六年（1791 年）间，"汪姓因修祠乏费，经族长汪之河将山地一半得价押与汪必凤管业"②。该族有修祠的计划。

宗族祠堂，绍兴府诸暨县民楼（玘）美的事例中称作"宗祠"，还有"公堂""祖堂"的用语。绍兴府嵊县民人陈阿瑾等共殴陈祥陇身死原谋陈培因在监病故一案，"六年五月初间陈祥陇又要盗砍祖坟树木，在各处寻觅买主。经本年值祭的陈培因查知，初八日邀同族众在陈成宇家写立禁单，黏贴祖堂门首"③。祖堂应是该族祠堂。绍兴府会稽县民人王十九等共殴缌麻服侄王得贤身死一案，据王十九供：嘉庆十一年轮该王得贤值祭，"正月二十六日，王得贤祭祖，胞伯同在公堂散胙"④。祭祖散胙的"公堂"当是宗族祠堂。

以上 9 例发生在衢州、宁波、绍兴、金华、台州、严州、绍兴 7 府，可见宗族设置祠堂祭祖、管理祭祀祖先的田产具有一定的普遍性，其中绍兴府诸暨、嵊、会稽 3 县各 1 例，可见该府祠堂较为盛行。

2. 族长

族长具有解决族内纠纷的责任，地方官认可族长的这种权责。绍兴府余姚县乾隆三年胡姓宗族内部因土地典赎争控，经"族长胡圣臣等将胡新宝先典后退，及虎廷玉不交找价情由供覆在卷"⑤。族长的处置成为官府断案的依据。金华府东阳县"乾隆二十六年，邵亨全欠租一石九斗五升，邵亨（镢）投明族长理讨"⑥。

杭州府昌化县民吴加有因卖公山打死胞兄案，吴家有土名木竹坪山场一处，原是兄弟俩未分公业。嘉庆九年二月初九日早饭后，有邻居程明德到吴加

①　南开藏抄件，土地债务类，第 4629 包。
②　南开大学历史学院暨中国社会史研究中心、中国第一历史档案馆编：《清嘉庆朝刑科题本社会史料辑刊》第 2 册，第 569 页。
③　南开藏抄件，土地债务类，第 4671 包。
④　南开藏抄件，土地债务类，第 4936 包。
⑤　中国第一历史档案馆、中国社会科学院历史研究所编：《清代土地占有关系与佃农抗租斗争》上，第 233 页。
⑥　中国第一历史档案馆、中国社会科学院历史研究所编：《清代土地占有关系与佃农抗租斗争》下，第 655 页。

有家闲谈，吴加有因贫苦难度，要将其名下应分公山一股，托程明德觅主出卖。适哥哥吴发成走来听见，不许售卖，吴加有说只卖自己一股，叫哥哥不要拦阻，哥哥不依，就用右手扭住其弟胸衣，要去"投族理论"，弟弟不肯同去，哥哥"定要拉投族长"①，被门槛绊倒，跌压内损而死。可知，吴氏有族长，可以为族人解决纠纷。宁波府奉化县民江伦爵殴死差役宋云案，涉案监生江家受供称："嘉庆十三年七月里，族人江梅芳们兴修社庙，因监生捐钱十千文未付，同族叔江伦爵把监生运回租谷五担截留作抵。监生气忿，就说他们平空截谷，赴县具控。经族长江配高调处，呈县息销。"②可见族长"调处"族人矛盾，得到县官的肯定。

族长具有管理祀田的职责。乾隆四十四年（1779年）衢州府常山县江姓出租祀田的事例，"据地保童文盛呈报：伊族有祀田二十七亩，族人江树祥思欲承种。族长江加增同伊胞兄江兆元令出顶钱存祠，方许承种"③。族长对于族人承种族中祀田规定了预交押租的条件。嘉庆十五年（1810年），衢州府江山县民郑彩阳因祀产租谷纠纷砍死无服族侄郑五喜案，三法司同意浙江巡抚的意见："郑彩阳历年垫纳银米，令该房族照数偿还。其独收租谷追出：分给办祭。田契给还，饬交族长收执。"④官府认为族长应保管该族祀田的田契，亦即承认族长的管理权。

宗族往往拥有公共山地，族长也具有管理的责任。严州府遂安县民汪岁初等因拔豆误会致死邻人毛赐贤案，汪岁初与毛赐贤邻村居住，毛赐贤之父"有土名黄荆坞山地共一亩二分六厘，与汪姓祀产合业，各管六分三厘，向给汪必凤佃种纳租，并未分界。乾隆五十六年间，汪姓因修祠乏费，经族长汪之河将山地一半得价押与汪必凤管业"⑤。看来族长具有处置祀产的权利。处州府缙

①　南开大学历史学院暨中国社会史研究中心、中国第一历史档案馆编：《清嘉庆朝刑科题本社会史料辑刊》第1册，第60—61页。
②　南开大学历史学院暨中国社会史研究中心、中国第一历史档案馆编：《清嘉庆朝刑科题本社会史料辑刊》第3册，第1736页。
③　中国第一历史档案馆、中国社会科学院历史研究所编：《清代地租剥削形态》下，第460页。
④　南开大学历史学院暨中国社会史研究中心、中国第一历史档案馆编：《清嘉庆朝刑科题本社会史料辑刊》第1册，第176页。
⑤　南开大学历史学院暨中国社会史研究中心、中国第一历史档案馆编：《清嘉庆朝刑科题本社会史料辑刊》第2册，第569页。

云县陈连儿因族亲地亩事推跌俞章氏致死一案，陈姓族内有公共山地七亩，与祖坟界址毗连。嘉庆二年（1797年）三月初八日，陈姓族人到坟拜扫，见坟旁山地开垦种作，问是陈得通将地卖与俞四明管业，族人恐有碍祖坟，叫他备价赎回，陈得通回复没钱，"陈三多议令族众出钱公赎，大家应允"①。这个陈三多，年四十九岁，是陈姓族长。这是族长处理族产公共山地的事例。

以上7个有关族长事例，分布在杭州、绍兴、宁波、衢州、严州、处州6府，具有一定的普遍性。

3. 房分

宗族的基础是分房结构。前述衢州府江山县郑姓的事例，出现"房族"的用语，实际上是指宗族的分房或房长、族长。如果说该事例的"房族"属于官府用语，民间的事例也有。处州府龙泉县民方启浩因争山场事致死无服族侄孙案，方启浩"故族方帼选于康熙五十三年向周允相转买吴鼎成土名茶坞山一片，葬有曾祖方尚潮坟冢，方成发们祖上于雍正年间向吴惟彪买得茶坞山一片，山界毗连。乾隆五十年间，有房族方富孙要在这山内葬母"②。

还有"亲房"的用语。绍兴府嵊县民人陈阿瑾等共殴陈祥陇身死原谋陈培因在监病故一案，"据尸子陈允怀供：已死陈祥陇是小的父亲，嘉庆五年父亲把公共祭田八亩，租与程彦化佃种后，是亲房陈士林赎回的"③。"亲房"似是亲戚的意思。

宗族分房，会设有房长，如金华府浦江县徐姓"有祖祭田四十亩，向系七房分种，每年交谷一半归公办祭完粮，各房长轮年在祠收管"④。各房房长在祠堂收管祭田收入，办理祭祖事务。

分房可以是在世兄弟间进行。乾隆二十八年（1763年）台州府仙居县彭炳龙等将族内莹田重佃收有顶佃钱文的事例，彭炳龙等兄弟3人有"三房公众莹田十亩，又公山一片"⑤。嘉庆十八年绍兴府诸暨县民周帼玉因担保钱殴伤大功服兄致死案，周帼玉"与周维成、周维静们三房每年清明轮流值年派钱祭

---

①　南开藏抄件，土地债务类，第3086包。

②　中国第一历史档案馆、中国社会科学院历史研究所编：《清代地租剥削形态》上，第67页。

③　南开藏抄件，土地债务类，第4661包。

④　南开藏抄件，土地债务类，第4644包。

⑤　中国第一历史档案馆、中国社会科学院历史研究所编：《清代地租剥削形态》下，第438页。

祖"①。嘉庆十九年（1814 年）温州府泰顺县民胡期旦致伤胞弟胡期位身死及胡陈氏自缢身死案，胡期旦"家有四房，轮收祭田"②。

　　兄弟分房的结构延续下去，对于后代而言，就成为祖先以来的房派。衢州府江山县民郑彩阳因祀产租谷纠纷砍死无服族侄郑五喜案，乾隆二十四年（1759 年），郑彩阳的"父亲在日把己业郑淑仪名下山田一亩二分一厘零卖给族内作为始祖祀产，每年收租谷一石二斗，各房轮流值祭"③。这是父辈以来各房轮祭，还有祖辈以来的事例，嘉庆二十年，绍兴府诸暨县民翁周远砍伤无服叔祖翁庭三身死案，翁周远"祖上派分五房，长幼两房已绝，遗有两户坟地钱粮共一钱二分零，无人完纳。有公地柏树两株，每年采摘柏子卖钱完粮"。官府认为"绝户钱粮既系公地柏树收花抵完，应令各房轮年收花完纳，以杜争端"。④事实上该族分为 3 个房派，官府认可房派轮管公共坟地。处州府龙泉县民金华振等共殴张炳华身死案，嘉庆十九年冬间，"张火荣修理祖茔，垫用钱八百文。族众公议各房分摊"⑤。这也应该指的是较大的房派。

　　宗族分房的事例往往语焉不详，我们只知道分房而已。嘉庆二十四年，绍兴府余姚县民邵偕良因割公共学田稻谷被邵成秀殴毙案，"邵田氏家有四房公共义学田十亩零，先曾并卖与有分的邵陈氏为业，后因邵田氏要多分田价，控县断令赎回归公"⑥。

　　上述涉及宗族分房问题的事例共计 11 个，分布在衢州（2 个）、处州（2 个）、绍兴（4 个）、金华、台州、温州 6 府。

①　南开大学历史学院暨中国社会史研究中心、中国第一历史档案馆编：《清嘉庆朝刑科题本社会史料辑刊》第 1 册，第 242 页。
②　南开大学历史学院暨中国社会史研究中心、中国第一历史档案馆编：《清嘉庆朝刑科题本社会史料辑刊》第 1 册，第 276 页。
③　南开大学历史学院暨中国社会史研究中心、中国第一历史档案馆编：《清嘉庆朝刑科题本社会史料辑刊》第 1 册，第 176 页。
④　南开大学历史学院暨中国社会史研究中心、中国第一历史档案馆编：《清嘉庆朝刑科题本社会史料辑刊》第 1 册，第 282 页。
⑤　南开大学历史学院暨中国社会史研究中心、中国第一历史档案馆编：《清嘉庆朝刑科题本社会史料辑刊》第 1 册，第 295 页。
⑥　南开大学历史学院暨中国社会史研究中心、中国第一历史档案馆编：《清嘉庆朝刑科题本社会史料辑刊》第 1 册，第 397 页。

四、宗族经济：祭田与坟山

祭祖作为宗族的重要事务，往往设置祭田作为保障。祖坟埋藏祖先，坟山也有树木，成为宗族经济的一部分。

1. 坟山

浙江族姓往往有公共山场作为祖坟，故又称坟山。山场种植树木，亦是公产，族人有卖山场或者盗砍树木，产生纠纷。族姓为了维护公共利益，也有订立公约的。

绍兴府的事例最为丰富。该府诸暨县赵姓有公共资字号公山，安葬祖坟，四周种植荫木。嘉庆七年（1802 年）因族人在山上盗砍松树，发生命案。①诸暨周姓，祖上派分五房，长幼两房已绝，遗有两户坟地钱粮共一钱二分零，无人完纳。有公地柏树两株，每年采摘柏子卖钱完粮。②嵊县邢姓，有公共坟山，嘉庆九年因添养松木，恐派下子孙私砍，在邢加和家设酒立议公禁。③余姚县吴姓，山场原栽种松木养做柴薪，是四房公产。嘉庆十三年，吴化南因山上松树长大，可以修理宗祠，余钱分用，把山树契拼与徐兆禄砍斫，议价钱四十二千文，并不通知吴沅魁的弟兄列名上契。④

杭州府昌化县吴姓，有木竹坪山场一处，因族人图卖公山发生纠纷。⑤

严州府桐庐县邱姓，族内公山一处，留养杉木。⑥

金华府兰溪县盛姓，有祖遗土名遮豹坞荒山一处，原是公共祖业的，有里

---

① 南开大学历史学院暨中国社会史研究中心、中国第一历史档案馆编：《清嘉庆朝刑科题本社会史料辑刊》第 1 册，第 39—40 页。
② 南开大学历史学院暨中国社会史研究中心、中国第一历史档案馆编：《清嘉庆朝刑科题本社会史料辑刊》第 1 册，第 282 页。
③ 南开大学历史学院暨中国社会史研究中心、中国第一历史档案馆编：《清嘉庆朝刑科题本社会史料辑刊》第 1 册，第 61 页。
④ 南开藏抄件，土地债务类，第 5095 包。
⑤ 南开大学历史学院暨中国社会史研究中心、中国第一历史档案馆编：《清嘉庆朝刑科题本社会史料辑刊》第 1 册，第 60 页。
⑥ 南开大学历史学院暨中国社会史研究中心、中国第一历史档案馆编：《清嘉庆朝刑科题本社会史料辑刊》第 3 册，第 1785 页。

山二亩，从前是盛泳芬垦种松苗，仍在祖户公同完粮。[①]

衢州府江山县吴姓，深蓬山原是族中公地，葬有祖坟。嘉庆十九年（1814年），吴庭仓把山地一亩盗卖给姜继淳为业。[②]同县詹姓，祖遗公山一片，租给周其效故父周进金栽种苎麻茶柏等树，每年租钱六钱五分。[③]

台州宁海黄姓，议禁公地树木不许族众砍伐，致相争殴。[④]

处州府缙云县陈姓，族内有公共山地七亩，坐落黄连坑地方，与祖坟界址毗连。[⑤]

以上七府的事例表明，浙江宗族拥有公共山地比较普遍。特别是山场的树木经营，容易引起纠纷。从另一个角度看，拥有共同经济，也是宗族维系亲密关系的基础之一。

2. 祭田

以上所引刑科题本中，多有涉及宗族祭田的。祭田，亦称祀田、尝田。清代宗族祭田的管理，一般由子孙各房轮流掌管，但也有祭产是设人专管的。笔者曾依据《清代地租剥削形态》收录的 29 件有关族田的刑科题本档案，论述乾隆时期宗族轮管祭产的普遍性（表 3）。[⑥]

表 3 乾隆朝刑科题本档案中所见清代族田形态简表

序号	所在地区	管理形式	承佃关系	租税形式及数量	名称数量	出处
1	贵州修文		平民异姓		公土 6 股	2 号
2	广东揭阳		平民异姓	每年租谷 8 石	祭田 4 亩	10 号
3	广东归善	五房轮收办祭	平民异姓	每年输租谷 15 石，租银 4 两 8 钱	尝田 5 石	14 号
4	广东东莞		无服族弟	四六分租，佃人得六，田主得四	尝田 2 丘，计 3 亩零	27 号
5	广西博白		异姓	租谷 6 石，要 7 石	公田 4 石	36 号
6	江西新喻		同族（族祠）	每年租谷 6 石	4 亩 5 分	50 号

---

① 南开藏抄件，土地债务类，第 500 包。

② 南开大学历史学院暨中国社会史研究中心、中国第一历史档案馆编：《清嘉庆朝刑科题本社会史料辑刊》第 1 册，第 262 页。

③ 南开藏抄件，土地债务类，第 4980 包。

④ 南开大学历史学院暨中国社会史研究中心、中国第一历史档案馆编：《清嘉庆朝刑科题本社会史料辑刊》第 1 册，第 192 页。

⑤ 南开藏抄件，土地债务类，第 3086 包。

⑥ 常建华：《宗族志》，第 345—347 页。按：此处在原表上增加了序号、出处，纠正了原表中错误，并有个别改动。

续表

序号	所在地区	管理形式	承佃关系	租税形式及数量	名称数量	出处
7	广东琼山		同姓不同宗	每年租米 1 石 3 斗可折钱交纳	尝田 6 丘、鱼塘一口、园地一片	46 号
8	湖南酃县	族长们轮流收租，办祭公用	异姓	每年租银 1 两，租谷 8 石	山场 4 亩	52 号
9	广东保昌		异姓	每年租谷 5 石，按照收成丰歉折算交收	尝田 2 亩 2 分	54 号
10	福建同安	轮流的祭产	隔八代的无服族叔祖	每年纳芝麻 6 升折钱收取	公地 1 丘	56 号
11	江西会昌		异姓	租谷 21 石	公堂祭田 80 石	76 号
12	福建连城		异姓	租谷 66 桶	公共尝田	78 号
13	云南阿迷州	八支轮管收租	异姓	每年完租谷 2 石 4 斗	祖遗公地	80 号
14	广东河源		异姓	每年租谷分早晚两季，照时价折钱交收	尝田种 3 石零	254 号
15	广西藤县		异姓	每年到田分割	公共祭田	123 号
16	广东新宁		异姓	每年租谷 22 石，以五年为满	尝田 8 亩 6 分	126 号
17	广东东莞		异姓	租银 70 两	尝田 75 亩，后冲陷 5 亩	140 号
18	福建安溪		异姓	每年租银 8 钱	山场种茶杉	147 号
19	广东番禺	祭产	同姓	租银预收	会银田 2 亩 6 分	161 号
20	江西上饶	三房轮流收租供祭	同族	每年谷租 13 石	祀田 18 石	197 号
21	湖南长沙	轮流管祭	异姓		祀田 7 斗 5 升	215 号
22	浙江仙居		异姓	每年租谷 20 石、麦租 1 石	三房公众茔田 10 亩、公山一片	220 号
23	浙江常山		族人	每年收租 27 石为祭费	祀田 27 亩	230 号
24	安徽英山	由两人专管	族侄		公共庄地	238 号
25	福建仙游	三房轮收办祭	异姓	每年租谷 2 石 2 斗	公共祭田 1 分	294 号
26	广东潮阳		异姓	每年租谷 12 石 4 斗 2 升	族内公共祭田 5 亩	301 号
27	浙江浦江		族内		公田	323 号
28	福建浦城		异姓	额租 3 担 2 桶	祭田	333 号
29	福建诏安	轮流收租办祭	同族		祖遗公共尝田 4 斗种	366 号

　　根据表 3：29 件族田事例中，广东 10 例，福建 6 例，江西 3 例，浙江 3 例，广西 2 例，湖南 2 例，安徽、云冈、贵州各 1 例。表中明确管理方式的 9 件，9 件中只有一例是由二人专管，另外 8 例均是轮管，轮管在数量上占

压倒多数。①

不仅如此，我们还可以了解到宗族祭田的经营形态。宋以后族田的经营基本继承了招佃外姓的方式，但也出现了族人承种族田的情况，此种情形在清代逐渐增加。"29件有关乾隆时代族田案例中，异姓租种族田为19例，约占三分之二，同姓租种者为10例，约占三分之一。表明异姓租种族田仍是基本经营方式，但同姓租种族田也占有相当高的比例。同姓租种族田广东3例，江西、福建、浙江各2例，安徽1例。除浙江1例只注明'公田'，不知其性质外，安徽1例为公共庄地，因系'坟堂收割'当为祭产，广东1例为银会田，亦为祭产，其他7例均为尝田，而全国义田最为集中的江苏，上述29仵事例中一件也未发现。这似可说明同姓租种族田的事例主要发生在粤、闽、赣、浙，而在江苏则保留了宋以来异姓租种义田的传统。在同族耕种的场合下，有4例载明佃种者与土地所有者的亲属关系：即广东东莞刘氏尝田佃耕者是所有者的无服族弟，广东琼州张氏尝田承佃者与所有者同姓不同宗；福建同安林氏承佃者是所有者相隔八代的无服族叔祖；安徽英山萧氏族田所有者是承佃者的族叔。安徽英山萧氏事例中未说明主佃双方是否出服，其他三例均载明是出了服的族人，表明这些族田佃与同族耕种，其范围是出服族人，而不是服内的族人。由此可以进一步作出两种推断：至清代乾隆时期，祭田由只许异姓佃种而发展到较多地允许出服族人耕种了。或者说，如果祭田的使用范围局限在服内族人的话，可以将其出租给不享受该族田的无服族人。……族人佃种族内土地，往往是族人将田卖与族祠然后佃回耕种。如乾隆时江西新喻县傅别八将田卖与族祠后佃回耕种。族人佃耕本族之田，其经营情况与当时普遍存在于异姓之间的租佃制形态是一致的。比如租地要交押租，乾隆时期浙江常山县江树祥想种族内祀田，族长江加增'怕他欠租，不肯给他佃种'，要江树祥'先拿出顶钱二十七千文存祠，方许佃种'。江树祥不给，彼此口角相殴。可见，并未因他们同是族人而有所优惠。设置族田的目的是保证族田的收入。"②

下面，笔者将继续对嘉庆朝刑科题本中的浙江祭田资料进行考察，先列表，再作统计与分析（表4）。

---

① 常建华：《宗族志》，第347页。
② 常建华：《宗族志》，第351—352页。

表 4　嘉庆朝刑科题本中所见浙江族田形态简表

序号	所在地区	管理形式	承佃关系	租税形式及数量	名称数量	出处
1	金华永康		同族		公共祀田 1 亩 2 分	144 页
2	衢州江山	五家值祭	同族	田粮 1 钱 2 分 5 厘 6 毫、秋米 6 合 2 勺	山田 1 亩 2 分 1 厘零始祖祀产	176 页
3	温州泰顺	四房每年轮收	同族		祭田	276 页
4	绍兴诸暨		异姓	每年租钱 6 400 文	祀田 30 亩零，出租 3 亩 5 分	373 页
5	绍兴嵊县	轮流收租值祭	异姓		祭田 9 亩零	383 页
6	绍兴诸暨		同族		公共祀田 2 亩零	395 页
7	绍兴余姚		同族		四房公共义学田 10 亩零	397 页
8	绍兴诸暨		族众佃种	佃种田 1 亩五分、地 1 亩 5 分，议明每年还租谷 3 石、地租钱 700 文	祠堂祀田	404 页
9	金华金华		同族	六股分派	公共基地一块，相连秩田一丘，共计 6 分 7 厘 2 毫	586 页
10	衢州龙游		同族		祀田 3 亩	618 页
11	绍兴山阴		异姓		祭田	875 页
12	宁波奉化	轮值	同族		祀田	5056 包
13	宁波奉化	各房轮值收租办祭，余钱按丁派分	同族		祭田 5 亩	5034 包
14	绍兴嵊县	轮流值祭	异姓		祭田 8 亩，又祖坟山一处，培养松木成林	4661 包
15	金华浦江	各房长轮年在祠收管	向系七房分种	每年交谷一半归公办祭完粮	祖祭田 40 亩	4644 包
16	金华金华	轮管值祭			山地一片	5126 包
17	金华义乌	兄弟轮流收管			祀田	5135 包
18	温州平阳		异姓		公共祭田 6 亩	5004 包
19	杭州江山	收租办祭	同族（堂侄）	每年租谷 8 石	祀田 25 亩	3190 包
20	绍兴会稽	值年办祭	同族（胞伯）		公共祭田 5 分	4936 包

注：表中出处一栏，前 11 例注页数，出自《清嘉庆朝刑科题本社会史料辑刊》一书，后 9 例注包数，出自南开藏抄件，土地债务类

表 4 中 20 个浙江宗族祭田事例，其中金华府 5 例，衢州府 2 例，温州府 2 例，绍兴府 8 例，宁波府 2 例，杭州府 1 例，这六府中以绍兴、金华二府的事例最多。祭田的管理，有明确记载的 11 例，除第 19 例记载不清楚之外，其余 10 例都是轮管值祭。祭田的经营，有记载的 18 例，其中同族耕种 13 例，外姓租种 5 例。同族耕种占据比例较大，承接了乾隆朝祭田经营以同姓为主的情形。祭田的数量一般是几亩，比较少，祭田多者三四十亩，其中四十亩 1 例、三十亩 1 例，二十五亩 1 例，其余都在十亩以下。

3. 派钱

有的宗族祭祖采取向族人分派钱款的形式。嘉庆十八年（1813 年），浙江诸暨县民周帼玉因担保钱殴伤大功服兄致死案中，据周帼玉供："小的与周维成、周维静们三房每年清明轮流值年派钱祭祖。嘉庆十八年三月初五日清明，轮该周维静办祭，小的家应出钱一百三十五文，因乏现钱，央周维静暂时垫用。"①

五、余　论

日本社会学者有贺喜左卫门对于中国宗族提出过自己的理解。他说："所谓宗族……并不单纯表明宗谱关系，多数情况是亲族各家聚集而成的生活共同体。由于这种家族联合源于紧密的日常生活关系，成立于同个聚居地区，因此可以说是与原宗族保持父系亲属关系的家族的一定聚居集团。……然而宗族还包含脱离生活关系的宗谱意义。具有同宗宗谱的家族即便分散居住到其他地方，它的宗族宗谱关系一般不会立即切断，不过随着时间的推移，当它在新的土地上扎下根来后，就渐渐与原宗族断了关系。……即便宗族宗谱明确，但宗族的集团生活并不与其共存却是事实。……在只要宗族宗谱连续就称为同族的地方，必须限定它是同一生活共同体。由于单纯的宗族宗谱连续已不能作为现实的生活共同体存在，因此，必须了解宗族的概念有两重意思。一是宗族宗谱上的意义，另一个意义是聚居的生活共同体。"②上田信教授的研究，揭示出宋元和明清宗族同一性质的的巨大差异，这种差异由于宗祠、祭祀、族产等问题的时代变迁更加明显。特别是同族联合在 16 世纪的明朝后期以后，突然在地区社会中具有了重大意义。③钟翀教授的前揭专著也探索了"近世型宗族"的

---

① 南开大学历史学院暨中国社会史研究中心、中国第一历史档案馆编：《清嘉庆朝刑科题本社会史料辑刊》第 1 册，第 242 页。

② ［日］有贺喜左卫门：《关于亲族称呼本质的考察——以汉族亲族称呼为例》，转引自［日］上田信：《地域与宗族——浙江省山区》，见刘俊文主编：《日本中青年学者论中国史》（宋元明清卷），第 603—604 页。

③ ［日］上田信：《地域与宗族——浙江省山区》，见刘俊文主编：《日本中青年学者论中国史》（宋元明清卷），第 605 页。

源流与发展脉络。他认为："公元 900～1399 年间发生的宗族，构成了今日北江盆地宗族社会的主体，对该地宗族的发生、宗族社会的形成而言，这是至为关键的一个时期……进入 18 世纪以后，在北江盆地，宗族秩序已然确立，该地的宗族社会已经非常稳固。"①

本文则进一步提供了 18、19 世纪之际浙江聚居宗族作为生活共同体的基本形态。刑科题本出现的浙江宗族多是同村或是附近聚居，属于各家聚集而成的生活共同体。笔者的事例出现于浙江的大部分府州，尤其集中于绍兴、金华、衢州各府，与上田信、钟翀所讨论的地区一致，可见这些地区应是宗族生长发育比较繁盛的区域。上田信、钟翀的研究主要依据宗谱，笔者使用的文献则是刑科题本，是宗族因土地债务发生纠纷产生的资料。刑科题本的宗族纠纷史料，显示出宗族的内部矛盾以及与宗族外部的矛盾。笔者的考察得知，宗族的内部矛盾既有租佃制产生的阶级矛盾，也有人口压力下争取生存资源的社会矛盾以及族人之间的利益之争。宗族族产租佃外姓产生的矛盾，是社会矛盾与阶级矛盾的另一种体现。日本著名历史学家仁井田陞创立的同族共同体理论认为："在唐末变革期中，实力增大的地主=官僚阶层，以缓和同族（宗族）内部发生的地主与佃户雇农等下层农民之间的阶级矛盾为目的，为了保障他们的再生产，设置了共有地（义田等族田），最终谋求维持和稳定'新型的大地主体制'。"②这一说法针对的对象主要是苏州的范氏义庄。就清中叶浙江而言，族产主要用于祭祖，用于救济的义田属于个别，尚未形成"新型的大地主体制"。宗族共有经济虽然存在，但不发达，宗族共同体可以房分等血缘分衍形式存在，也可以组织化为祠堂族长的族权形式，聚族而居的宗族共同体在浙江是普遍存在的社会群体。宗族的矛盾也往往是互助过程中产生的，温情与纷争的纠结，就是宗族生活本身。

至于浙江的杭州、嘉兴、湖州三府，反映宗族案件的刑科题本笔者只发现杭州府的两个事例。一是江山县生员朱秀三家有祀田二十五亩，收租办祭，向来租给堂侄朱健斋耕种，因他欠了两石租谷不还，遂于乾隆六十年（1795 年）十二月间另各召祝岳、祝谷雨租种。③二是嘉庆九年（1804 年）昌化县民吴氏

① 钟翀：《北江盆地——宗族、聚落的形态与发生史研究》，第 152 页。
② ［日］井上徹：《中国的宗族与国家礼制：从宗法主义角度所作的分析》，钱杭译，钱圣音校，第 3—4 页。
③ 南开藏抄件，土地债务类，第 3190 包。

有族长可以为族人解决纠纷的事例。①嘉兴、湖州二府没有事例。而浙江其他府州如宁波、绍兴、金华、衢州、温州、处州、台州以及严州八府均有宗族事例。杭州府宗族祭产与族长的存在，说明杭州府宗族的存在且不如浙江其他地区兴盛。杭州以及浙江的宗族形态自然不是苏州义庄型的宗族，与苏南地区不太一样。至于"江南无宗族"论，恐怕不太适合清中叶的杭州府以及浙江地区。

附注：本文在会议发表后，远藤隆俊教授提醒笔者重视日本学界的宗族共同体理论，笔者增加了有关论述，在此表示谢意！

---

① 南开大学历史学院暨中国社会史研究中心、中国第一历史档案馆编：《清嘉庆朝刑科题本社会史料辑刊》第 1 册，第 60—61 页。

徽州宗族组织在个人日常生活中的管理及其意义

——以徽州胡廷卿账簿为核心[*]

董乾坤[**]

在传统社会乡村社会中存在着以各种目的而设立的社会组织,它们大多以"祀""会"命名,这一现象也引起了学界的注意并加以研究。在有关徽州祀、会的研究中,日本学者涩谷裕子较早地对会进行了初步的探讨。[①]随后,刘淼利用厦门大学历史系收藏的《徽州会社综录》中祁门县善和里的程氏相关记载对此加以研究。在将各种祀、会进行分类的基础上,重点探讨了"会祭"与宗族组织之间的关系。[②]周晓光利用相关文书,对整个徽州府的祀、会进行了全面探讨,主要讨论了徽州府众存祀会与众存祀产之间、众存祀会与宗族组织之间的异同,以及祀会组织和宗族祭祀组织之间的相互关系。[③]除此之外,也有

---

[*] 本文为国家社会科学基金一般项目"晚清徽州塾师的生活实态研究"(项目编号:17BZS117)阶段性研究成果。

[**] 董乾坤,安徽大学历史系讲师。

[①] [日]涩谷裕子:《明清徽州农村的会组织》,载周绍泉、赵华富主编:《'95 国际徽学学术讨论会论文集》,合肥:安徽大学出版社,1997 年。

[②] 刘淼:《清代徽州的"会"与"会祭"——以祁门善和里程氏为中心》,《江淮论坛》1995 年第 4 期。

[③] 周晓光:《明清徽州民间的众存祀会》,《安徽师范大学学报(人文社会科学版)》2010 年第 2 期。

学者对某一类祀会进行专项研究。[1]上述学者的研究从不同侧面揭示了各种祀、会在传统社会中的作用与特点，但是有关祀、会与民众日常生活之间的关系以及在日常生活中的意义则殊少涉及。本文即利用晚清民国时期的胡廷卿账簿对此问题加以探讨，谬误之处，祈请方家指正。

一、胡廷卿账簿简介

本文所要讨论的胡廷卿为徽州府祁门县南乡人，有关胡廷卿的情况，在民国时所编撰的《贵溪胡氏支谱》里有对其较为详细的记载，兹录如下：

> 兆祥，名品福，字廷卿，号和轩，邑增生。曾修合族宗谱，倡办本村养正国民小学校，精通医学。民国癸亥年（1923 年），寿登八秩暨泮水重游，县长徐公赠"泮水耆英"匾额。生道光廿五年（1845 年）十月十二申时，殁民国十三年（1924 年）二月三十申时。原娶郑氏，未婚而卒。继娶汪氏，生道光廿七年（1847 年）六月二十卯时，殁光绪廿九年（1903 年）十月十五卯时。[2]

由此可以确定胡廷卿生活于晚清民国之间，他是一名生员，且在地方社会中是一位颇有影响的人物。当太平军于同治二年（1863 年）最后一次被祁门军民驱逐出祁门时，胡廷卿 19 岁（虚岁，以下同）。同治七年，24 岁的他参与了本门宗族出拼本都（即十二都）七保白石坑东培山山业分单[3]，可以看作其介

---

① 如对钱会的研究，可参见徐畅：《"合会"论述》，《近代史研究》1998 年第 2 期；胡中生：《钱会与近代徽州社会》，《史学月刊》2006 年第 9 期；胡中生：《融资与互助：民间钱会功能研究——以徽州为中心》，《中国社会经济史研究》2011 年第 1 期。再如对神会的研究，可参见陶明选：《明清以来徽州会社的祭祀与信仰问题》，《兰台世界》（下半月）2013 年第 12 期；童旭：《神明之下的结合：论清代民间的神会——以徽州"神会"文书为线索》，《安徽大学学报（哲学社会科学版）》2015 年第 5 期。有关其他区域的研究还有章毅：《祀神与借贷：清代浙南定光会研究——以石仓〈定光古佛寿诞会簿〉为中心》，《史林》2011 年第 6 期；章毅、李婉琨：《受限制的市场化：近代浙南五谷会研究》，《社会科学》2013 年第 9 期。

② 胡承祚编纂：《贵溪胡氏支谱·愿公派下图七时慎派下》，民国十三年（1924 年）刻本，第 80a、b 页，现藏于贵溪胡恒乐先生家中，承蒙惠允使用，特此致谢。

③ 刘伯山主编：《徽州文书》第二辑第 1 册，桂林：广西师范大学出版社，2006 年，第 331 页。

入家族事务的开始。光绪七年（1881 年）其父胡昌陞去世，作为长子，他正式
接手家务①，他于该年的六月份开始记账，本文所利用的核心资料即是他从此
时直至民国四年（1915 年）持续记载的系列账簿。

这些账簿被《徽州千年契约文书》影印出版，使学界得以识见。对于这批
账簿，学界此前已有利用，但皆未涉及生活空间的讨论。②胡廷卿账簿种类较
多，综合起来，可分为流水簿、各项誊清簿、茶叶簿、祀会簿以及粮局兑则五
类，其中流水簿是胡廷卿账簿的主体部分。③笔者在此所要探讨是与胡廷卿的
生活密切相关的各类组织，它们因各种原因而被胡廷卿在账簿中多次记录，每
记录一次，即说明胡廷卿与这些组织之间产生了一次联系，而这些联系必然会
给胡廷卿的日常生活带来一定的影响。

二、胡廷卿生活空间中的社会组织考实

在胡廷卿的账簿中，有诸多有关其管理宗族内各种祀、会的记载。他自
己曾将自光绪十五年至民国五年所管理�的宗族组织情况做过统计，而光绪
十五年之前的情况则未单独列出，下面，笔者即根据胡廷卿账簿中的其他记
载对其加以补充。

在胡廷卿账簿的流水簿中，每年都有关于本年的账务总结，"总结"中所
记录的人物和组织则是一些数目较大、次数较多的账务，其中即有关于祀、会
的情况。不过，笔者发现有些组织的账目虽然被其记载，但并非其管理，如有

---

① 胡承祚编纂：《贵溪胡氏支谱·愿公派下图七时慎派下》，第 80b—81a 页。
② 中国地理学会历史地理专业委员会《历史地理》编辑委员会编：《新近发现的徽商"路程"原件五种
笺证》，《历史地理》第 16 辑，上海：上海人民出版社，2000 年；王裕明：《晚清上海德安押当票
探析》，《安徽史学》2003 年第 6 期；邹怡：《产权视角下的徽州茶农经济》，卞利主编：《徽
学》（第五卷），合肥：安徽大学出版社，2008 年；邹怡：《徽州六县的茶叶栽培与茶叶分布》，
中国地理学会历史地理专业委员会《历史地理》编辑委员会编：《历史地理》第 26 辑，上海：上海
人民出版社，2010 年；王玉坤：《清末徽州塾师胡廷卿的乡居生活考察——以〈祁门胡廷卿家用收
支账簿〉为中心》，《贵州师范学院学报》2015 年第 5 期；王玉坤：《近代徽州塾师胡廷卿的家庭
生计》，《安庆师范学院学报（社会科学版）》2015 年第 3 期。
③ 周绍泉、王钰欣主编：《徽州千年契约文书》（清·民国编）第 14—18 卷，石家庄：花山文艺出版
社，1993 年。

关常丰粮局的记载即是如此。他在光绪七至十六年（1881—1890 年）以及光绪二十四年共计 11 年中都有对常丰粮局的记载，但是光绪十二年的首人则是仁和堂，而据后面他对所管理各种祀、会的统计中，光绪十五年他仅管理庆余粮局，也未管理常丰粮局。剔除这些情况之外，再结合胡廷卿自己所统计的记载，笔者将其自光绪八年至光绪十五年、光绪十七年、光绪十九年至民国五年共计 33 年所管理的祀、会组织列成下表（表 1）。

表 1　光绪八年至民国五年（光绪十六、十八年缺）胡廷卿所管祀、会组织列表

年份	记载	页码/页	卷数/卷
光绪八年	壬午年，管年头酌办	66	14
	壬年（光绪八年）陛祀	80	14
	常丰粮局（润记顶管）	92	14
光绪九年	常丰粮局	179	14
光绪十年	德祀	185	14
光绪十一年	常丰粮局	242	14
光绪十二年	未见记载	—	—
光绪十三年	管年头，加烛口斤	481	14
	常丰粮局	482	14
光绪十四年	常丰粮局	67	15
光绪十五年	庆余粮局	10	18
光绪十七年	久公祀	10	18
光绪十九年	杞年公祀	10	18
光绪二十年	德祀，懋祀	10	18
光绪二十一年	贞一会、普济会、排年会	10	18
光绪二十二年	宗祀、长新会、酌会、普济会、机祀、祈求会、尚义	10	18
光绪二十三年	五福会、普济会、社会	10	18
光绪二十四年	五福会、燦亭祀	10	18
光绪二十五年	常丰粮局、庆余粮局、尚义、懋祀、义田祀	10	18
光绪二十六年	善祀（代隆公祀俊廷管）、德祀、机祀、地王会、常丰粮局	10	18
光绪二十七年	善祀（轮本祀）、神主会、常丰粮局	10	18
光绪二十八年	排年会、宅祀（二者代隆公祀三人拈阄管）、神主会、常丰粮局、观音会、添丁会	10	18
光绪二十九年	神主会、庆余粮局、长新会、久公祀（顶与良管）	10	18
光绪三十年	神主会、文祀	11	18
光绪三十一年	神主会、贞一会、社会	11	18
光绪三十二年	各祀、会均不管。惟五福会是我与金生、记德三人承代隆公祀管。至本年腊月，我与玉开各贴记德洋一元，归记德一人管。社会，八月初四做秋社，因上年收过谷	11	18
光绪三十三年	丁未、戊申两年，俱不管头	11	18

续表

年份	记载	页码/页	卷数/卷
光绪三十四年	丁未、戊申两年，俱不管头	11	18
宣统元年	杞年公祀（佛子管）、懋祀（我管）	11	18
宣统二年	长新会（佛子管）、机祀（我管）	11	18
宣统三年	未管头	11	18
民国元年	佛子管尚义	11	18
民国二、三年	与茂管善祀	11	18
民国四年	佛子管久公祀、德祀，三年收谷	11	18
民国五年	管德祀，久公祀。四年秋收谷	11	18

资料来源：周绍泉、王钰欣主编：《徽州千年契约文书》（清·民国编），石家庄：花山文艺出版，1993 年

从表 1 我们可以看出，胡廷卿所管理的社会组织是随着年龄的增长而不断增加的，光绪八年（1882 年），他 38 岁，此时他尚在距家 45 华里①的溶口坐馆教书，因此，该年作为长子的他不得不负责起以其父亲胡昌陞名义而设立的陞祀事务，而将管理常丰粮局的事情交给了他的二弟宇福。"兆润，名宇福，字泽卿，生道光廿八年（1848 年）六月十九未时，殁光绪丙申六月初六日。"②因此可以确定，这里的润记即是指胡兆润，这一指称是一种习惯，在账簿中多以某人名字的最后一个字再加上"记"字，表示一个单位，如胡廷卿本名胡兆祥，他多次以"祥记"来指称自己。随后的几年他管理的组织呈上升趋势，至光绪二十二年时，他管理的组织多达 7 个，这是他管理组织最多的一个年份，该年他 52 岁，正是在经验上和体力上都最适合的年龄。随后，数目逐渐下降，尤其是光绪三十年以后，由于家庭的变故和年龄的衰老他在光绪三十二至三十四年以及宣统三年（1911 年）四年中都没有当管头。宣统三年不当管头的原因，笔者推测跟他的长孙承启生病去世有关。"承启，名望育，生光绪辛丑二月十五申时，殁宣统辛亥十一月初三子时。"③

通过对表 1 中所记载的祀、会组织进行统计，可以发现胡廷卿在 33 年中所管理过的组织有 27 个之多。算上未被他管理过的，可以想象在一个规模并不大的山村里，竟然有如此之多的各类祀、会组织存在，它们在民众的日常生活定然有着重要的意义。当然，不同的组织对不同的人群或个人的作用是不同

---

① 1 华里=500 米。

② 胡承祚编纂：《祁门贵溪胡氏支谱·愿公派下图七时慎派下》，第 82a、b 页。

③ 胡承祚编纂：《祁门贵溪胡氏支谱·愿公派下图七时慎派下》，第 80a 页。

的。如果我们再对他所管理每一个组织的次数加以统计则会发现，对于不同的组织，他管理的次数是不同的，有的高达 9 次，有的仅有 1 次（表 2），表中的统计数字表明不同类型的祀、会组织跟胡廷卿的关系并不一样，在 27 个组织中，常丰粮局被记录的次数高达 9 次，显示了两者之间的关系。当然，被管理的次数多少，并不能如实地反映组织与胡廷卿之间的关系程度，如表中的义田祀，胡廷卿仅当过头人一次，但在实际生活中，被胡廷卿记录的次数却超过了常丰粮局，它被账簿记录的次数高达 451 次，是所有联系对象中的第二位，而常丰粮局仅有 137 次。因此，要真正了解各个组织在胡廷卿日常生活中的意义，还需要对它们与胡廷卿产生联系的频度加以统计分析（表 3）。

表 2　胡廷卿对祀、会管理次数统计表　　　　　　　单位：次

祀、会名称	次数	祀、会名称	次数	祀、会名称	次数
常丰粮局	9	尚义	3	酌会	1
德祀	5	五福会	3	祈求会	1
神主会	5	社会	3	燦亭祀	1
久公祀	4	善祀	3	地王会	1
庆余粮局	3	杞年公祀	2	宅祀	1
懋祀	3	贞一会	2	观音会	1
普济会	3	排年会	2	添丁会	1
长新会	3	宗祀	1	文祀	1
机祀	3	义田祀	1	陞祀	1

据笔者对账簿中所有组织的记载，它们之间产生的次数如表 3 所示。

表 3　胡廷卿与各类祀、会组织联系次数统计表　　　　　单位：次

社会组织	次数	社会组织	次数	社会组织	次数	社会组织	次数
义田米局（祠、祀）	451	贞一会	20	文会	9	璧祀	1
庆余粮局	179	三元会	19	隆公祀	6	闾阳文约	1
常丰粮局	137	宗祠	19	采成祀	5	俸祀	1
尚义	116	社会	18	正祀	5	关帝会（长新会）	1
善祀	60	懋祀	17	积谷局	4	汉秀祀	1
杞年公祀	57	普济会	17	添丁会	4	禁山局	1
德祀	37	（周）文祀	17	文约	4	龙祀	1
燦亭祀	33	兴文祀	16	庠祀	3	起祀	1
五福会	30	宅公祀	16	灶司（君）会	3	三排年会	1
久公祀	28	敬石祀	14	谱局	3	庸祀	1
神主会	23	长新会	14	祈求会	2	赈济局	1
粮局	21	地王会	12	陞祀	2		
排年会	20	机祀	12	安祀	1		

表 3 中共计各类组织 50 个，超出了胡廷卿所管理组织的数目，说明在其管理的组织之外，尚有诸多的各种祀、会。值得说明的是，表 3 中的"粮局"和"本门粮局"，笔者推测就是常丰粮局，但由于缺少直接的证据，笔者暂时先分开统计。另外，表中的"阊阳文约"，限于资料，不知是否就是另外的"文约"，暂时存疑。比对表 2 和表 3 则会发现，胡廷卿所管理过的祀、会组织大多联系的比较多，这与常理相符。

三、社会组织的构成与管理

上述与胡廷卿有联系的各类社会组织，由于建立的目的不同而性质不同，按此标准，笔者将上面 50 个祀、会组织分成以下几类，列成表 4。

表 4　胡廷卿所联系社会组织分类表

性质	社会组织
祭祖兼经济	义田米局（祀）
祭祖	尚义祀、善祀、杞年公祀、德祀、燦亭祀、久公祀、宗祠、懋祀、（周）文祀、宅公祀、敬石祀、机祀、隆公祀、采成祀、正祀、陞祀、汉秀（琇）祀
教育	兴文祀、文会、文约、阊阳文约
经济	庆余粮局、常丰粮局、粮局、积谷局、禁山局、赈济局
纳税	排年会、三排年会
宗教	五福会、神主会、贞一会、三元会、社会、普济会、地王会、添丁会、祈求会、灶司（君）会、关帝会（长新会）
宗族事务	谱局
未知	长新会、庠祀、安祀、璧祀、俸祀、龙祀、起祀、庸祀

从表中我们可以发现能够确定性质的祀、会共有七类，其中具有祭祖性质的最多，计有 17 个，它们多以"某某祀"命名，其人员组成即是其派下子孙。其次是具有民间宗教性质的各种会有 11 个，它们以不同的地方神灵为祭祀对象，起到保护地方民众的作用，多为合村共享。其他具有经济性质的有 6 个，它们所涵盖的民众范围不一，但其作用一致，或是购买粮食以调剂丰歉，或是保护山林树木偷盗砍伐以长养山林，对民众的生活具有重要意义。而具有教育和纳税功能的各种组织，主要是为了应对科举与国家征税机关所组成的组织。此外，由于编修族谱而在县城一本祠内临时成立的谱局，因胡廷卿的参与

而被记录，但这种联系并不常见。当然，尚有七个组织因资料限制无法确定其性质，但笔者相信它们亦属于上述七个类别之中。[①]

那么这些组织又是如何组织与管理的呢？要想弄清所有组织的来龙去脉，限于资料目前尚无法做到，下面，笔者即选择有代表性且有资料可依的部分组织加以探讨。

首先我们来看兼有祭祖与经济功能的义田米局（祀）。"义田"之名来自何处，目前尚不清楚。从"义田祀"的名称来看，它应该是一个以祭祀胡义田为目的而形成的祭祀组织，从目前所获得的资料看，最早出现"义田"之名的是在乾隆六十年（1795 年）所签订的一份契约中，具体如下：

乾隆六十年四月十二都三图十排[②]章严之、胡义田等立出议租田约

立出议租约人十二都三图十排年会，仝业胡义田、胡谷诒、胡鸿顺、胡荣则共有东都四保成字三百五十四号土名茅山下，共计田廿九坵，共计原租七十九秤。今因谷收不便，是以业主眼仝相商出议与黄祥友名下前去耕种，递年议作七五收，毋问荒熟，硬文实租五十九秤零五斤。秋收之日送至上门交纳，不致短少斤两。倘遇大旱之年，接田主到田谷明鉴讫。自议之后，两无反悔。今恐无凭，立此出议租约存照。

今将业主各得原租数开后：

三图十排年会分得原租二十九秤零六斤十一两，今议七五收递年硬交二十二秤。

胡义田并谷诒共分得原租十四秤十三斤五两，今议七五收递年硬交十一秤。

胡鸿顺分得原租二十三秤，今议七五收递年硬交十七秤零五斤。

胡荣则分得原租十二秤，今议七五收递年硬交九秤。

乾隆六十年四月廿五日　立出议租约人：三图十排年会，经手章严之（画押）

　　　　　　　　　　　　　　　　　　胡义田（画押）

---

① 刘淼曾根据祁门县善和里的各类祀、会分成五类，详细可参见刘淼：《清代徽州的"会"与"会祭"——以祁门善和里程氏为中心》，《江淮论坛》1995 年第 4 期，第 76 页。

② 注：原书标题此处有误。

胡谷诒（画押）

胡鸿顺（画押）

胡荣则（画押）

中见　　胡丽友（画押）

胡均诒（画押）

代笔　　胡若君（画押）①

这则租约是十二都三图十排年会以及胡义田等人将共同拥有的田产出租给黄祥友时而签订的一份契约，从该租约的内容上看，出租的田产拥有者除三图十排年会是一个社会组织外，其余皆为个人。似乎表明这里的胡义田与我们所讨论的"义田米局（祀）"有某种联系，但是笔者通过对胡氏全部族谱的查阅，并未找到胡义田这个人，不仅如此，即使是其他参与签订租约的人物亦未找到。且租约中的三图，笔者在胡廷卿的账簿中也未发现，其账簿中记载的只有一、二两图，由此说明这份契约与胡廷卿甚至贵溪胡氏的关系不大，甚至其与贵溪胡氏的关系亦属可疑，有待再考。能够确定与本文所讨论的"义田"有关系的是道光十七年（1837年）所签订的一份承佃契约，为了说明问题，笔者亦将全文照录如下：

清道光十七年三月余来兴等立承佃田约

立承佃约人余来兴仝侄神保、有元、光凤、神子等，今承到贵溪胡一本、义田祀名下本都九保余字二百十六号土名井坵，计田一坵，照册计四百廿九步一。四至悉照依本保鳞册计。田租利尽系二祀全业。今身等自愿承去耕种，无问荒熟，递年秋收之日硬交租利共三十六秤整，送至胡一本堂交纳，不得短少斤两。如有短少，听凭照册起业，另召耕种。身等毋得霸占异言。今欲有凭，立此承约存照。

　　　　再批：约内改"该"字一个，添"凭"字一个，又照。

道光十七年三月十八日　　　　　　　　立承佃约人：余来兴（画押）

神保（画押）

---

①　刘伯山主编：《徽州文书》第二辑第1册，第231页。

有元（画押）

光凤（画押）

书：神子（画押）①

该份契约表明义田祀与一本祠共同拥有田产，前面已提及一本祠是贵溪村共有的一个总祠堂，义田祀既然与一本祠共同拥有田产，似乎说明这是一个全村的共有组织，且拥有自己的田产，其收入用于该组织的日常活动开销。这种全村共有性，从其管理的方式中亦能找到证据。据胡廷卿记载，我们可以确定9个年份该组织的首人，其具体见表5。

表 5 义田米局（祠、祀）部分年份首人一览表

年份	记录	页码/页	卷数/卷
光绪十一年	义田祀（首家慎徽）	240	14
光绪十二年	义田米局（仁和首家）	397	14
光绪十四年	义田米局（报本首人）	63	15
光绪十五年	义田米局（首家立本）	140	15
光绪十六年	义田米局（首家中和）	236	15
光绪二十五年	义田米局（中和首人）	32	17
光绪二十五年	义田祀（胡廷卿等人管理）	10	18
光绪二十六年	义田祠（六人管：廷卿、浩卿、四盛、记得、鉴三）	414	16
光绪三十二年	义田米局（报本首人）	153	18

资料来源：周绍良、王钰欣主编：《徽州千年契约书》（清·民国编），石家庄：花山文艺出版社，1993 年

表 5 中义田米局（祀）的首人分别是慎徽堂、仁和堂、报本堂、中和堂等各个支派，至清代贵溪村内形成了 11 个支派，既然义田米局（祀）是由几个支派轮流管理，那么它全村共有的性质应该是可以确定的。从光绪二十五年（1899 年）来看，义田米局和义田祀在同一年是由不同的人来管理，此可说明二者又是不同的组织。但是从其他记载来看，胡廷卿自己在有关所管祀、会总结中的记载又不准确，从表 5 中可以看出，在光绪二十六年，他明确记载了该年他和其他 5 人一起作为义田祠的头人。不仅如此，在《光绪二十六年胡氏祠会收支总登》中，他亦明确记载光绪二十六年所管的各类祀会为："管德祀、义田、机祀、懋祀、常丰粮局、地王会。"②以上两项记载与胡廷卿后面誊录的总结不同，皆是当年所作的记录，可靠性更强。除此之外，其他的记载亦为这

---

① 刘伯山主编：《徽州文书》第二辑第 1 册，第 249 页。

② 周绍泉、王钰欣主编：《徽州千年契约文书》（清·民国编）第 17 卷《光绪二十六年祁门胡氏祠会〈收支总登〉》，第 205 页。

次的管理提供了线索。在《光绪二十七年至三十年采售茶总登》中有如下记载：

> 义田米局（五月初二日三人拈阄管理）
> 五月
> 初六起，一阄，浩卿。
> 十一起，二阄，廷卿。
> 十六起，三阄，春华。①

上面这则记载，位于光绪二十七年（1901年）采售茶总登的首页，次页才是光绪二十七年的茶叶采摘记录。因此这则记载应是光绪二十六年的记录，在该年，义田米局（祀、祠）应轮到胡廷卿所在的积善堂管理，因此积善堂派下的三大房各派两人共计六人负责。由此可以看出义田米局与义田祀应是联系在一起的，胡廷卿在账簿中大多以"义田"二字指称该组织，只有少数才明确指出义田米局或义田祀（祠），因此，笔者以为"义田"应该并非人名，而是一种兼有祭祀和经济功能的混合型组织。这一组织以全村部分共有土地的收入作为祭祀一本祠中众祖先的资金，并将多余粮食加以储存，从而具有粮食救济与调剂的社会组织功能。他们以全村为单位，每年轮流作首，对其加以管理，各首人的管理时限是从前一年的六月份至第二年的六月份结束。

除去义田米局（祀、祠）外，这种全村共有的祭祀、经济组织尚有宅公祀（为祭祀始迁祖胡宅而设）、汉秀（琇）祀（为祭祀胡汉、胡惟琇而设），由于资料原因，暂时从略。除此之外，村中亦有各个支祠所设立的组织，表4中所列的德祀、久公祀、懋祀、善祀、燦亭祀、敬石祀等，皆是如此。它们多以其派下子孙为组织成员，以该人名下部分田产作为经济基础，利用其收入来源在清明或其他节日时对先祖举行扫墓、挂坟以及祭祖等活动，但有时在某些活动中又不限于本派子孙，甚至包括其他姓氏的组织或个人，如燦亭祀即是如此。

燦亭祀，是以胡廷卿的曾祖父胡燦亭名义而设立的祭祀组织，据载："思诚，谱名邦绮，原考名邦英，字代三，号燦亭。增广生。生于乾隆甲戌七月十

---

① 周绍泉、王钰欣主编：《徽州千年契约文书》（清・民国编）第 17 卷《光绪二十七年祁门胡廷卿立〈采售茶总登〉》，第 211 页。

九酉时，殁于嘉庆丁卯四月初一未时。娶汪氏。"①胡思诚共有三子，他生于乾隆十九年（1754 年），殁于嘉庆十二年（1807 年），年仅五十三岁。他去世后，其三子即以其名义设立了燦亭祀。一般而言，以其名义而设立的祭祀组织，其内部活动应该全部是以其三子的后代为主体的，但是在一份签订于道光十九年（1839 年）的拚山契约则表明并非如此：

清道光十九年六月祁南胡燦亭祀秩下经手胡上机等立出拚山契抄白

　　立出拚契祁南胡燦亭祀原有买受三四都一保吕字二百三十三并三十四号土名大深坑，又新买汪亨乞兄弟二百三十五号土名周家坞，均系本祀买全，共计山四十六亩有零。新立四至：东降、西田、南汪宽公墓山地、北汪姓众荒山，四至之内在山杉木拣提顶大树一千根。立契出拚与黟邑程如川宝号名下前去做造，客饶出水，三面议定时值拚价官洋一百零五元。又净典钱二十千文。其树听客人拣提放印，是本记雇工包斫，照印记交数上堆，均毋异说。但有来历不明及内外人声说等情，出拚人承管，不干受拚人之事。今欲有凭，立此拚契人存照。

　　当收押契光洋　　　　　　　　　　　　　　　　　　　　　　　印
　　道光十九年六月廿五日　　　　　　　　立出拚人：胡燦亭祀
　　　　　　　　　　　　　　　　　　　秩下经手：胡上机
　　　　　　　　　　　　　　　　　　　　　　　　昌际
　　　　　　　　　　　　　　　　　　　　　　王锦廷
　　　　　　　　　　　　　　　　　　　　　　胡昌佃

　　再批：契内光并净典钱，比日收讫②

　　这是一份燦亭祀名下两块山地拚出去的契约，经手人胡上机和胡昌际皆为胡思诚的后代，上机是其第三子，昌际是其长子上瑨的长子，但是奇怪的是却没有次子上瑗的后代。更令人不解的是，胡相忠是胡相久的长兄，胡思诚是相久公派下，而胡昌佃则属相忠公派下，这与燦亭祀不相符合。而最让人费解的是经手人中竟然出现了王锦廷这个人，此人既不属于相久公派下，亦不属于贵

---

① 胡承祚编纂：《贵溪胡氏支谱·愿公派下图六志敏派下》，第40a、b 页。
② 刘伯山主编：《徽州文书》第二辑第 1 册，第 252 页。

溪胡氏，却出现在经手人名单内，其中缘由不得而知。笔者推测出现这一现象的原因可能跟该地的所有权是合资众股有关，抑或是思诚次子上瑗将其中的股权转移所致。但无论如何，这提醒我们在面对民间土地的所有权或股份时，要仔细区分其中所有人的身份。

对于管理的内容，应该跟组织的性质有关，性质不同，其组织活动亦有异。下面，笔者以善祀为例，加以说明。善祀，在胡廷卿的账簿中，出现了60次（不计账簿总结部分），可见与其联系较为密切。其中在光绪二十四年（1898年）的一则记载中，又称其为"宝善祀"，该记载为："（光绪二十四年）七月初一，共收租利谷四百十二秤十九斤半，内粮局谷二百五十秤零十八斤半，宝善祀谷一百六十二秤零一斤。"①显然，这里的"宝善祀"，即是善祀的全称。宝善祀，又名"宝善祠"，是胡廷卿祖父胡上机所创设。光绪二十六年六月，胡廷卿开始从胡俊廷手中接过善祀的管理权，他首先对善祀的各种器皿作了清点，其具体如下：

> 善祀器皿：
> 庚年六月初四，俊廷交我收。已于初一祠堂内照簿点过，故未复点。
> 另有簿一本，契匣二个，箱三只，众锁一把，仍二把，本家锁；契匣锁匙二个，在云智家；花轿房门众锁一把；庚子年新置账箱一只。
> 家中所收零物列后，以便查检：
> 双壶八把；十壶樽一把；铜盆一个；铜香炉二个；大锣五面，内三面好，二面破；云锣二面；大钹二付；小锣二面；小钹一付；大青二枝；小青一支，又旧一支；笛二枝；边鼓（新、旧）共二面，打钻一枝；小花鼓一面，伶人用；战鼓一面；号筒一枝。
> 辛丑查，俱在。②

光绪二十七年，胡廷卿再次对部分器皿的具体数目进行了清单，应该是准备交接而用，具体如下：

---

① 周绍泉、王钰欣主编：《徽州千年契约文书》（清·民国编）第17卷《光绪二十九年祁门胡廷卿立〈各项誊清〉》，第392页。

② 周绍泉、王钰欣主编：《徽州千年契约文书》（清·民国编）第17卷《光绪二十六年祁门胡氏祠会〈收支总登〉》，第206页。

辛丑年，廷卿所点善祀器皿：

大红呢椅褥四个；大红呢桌围四个；内大红哔叽桌围四个；大红笔记椅褥四个；大红羽毛椅褥四个；献巾一条；八仙彩一付；百寿彩一付；羽毛彩一付；大红哔叽长彩一付，敬石助；大红哔叽彩一付，隆祀助；旧哔叽彩一付，门口挂；旧又哔叽彩一付；大红哔叽桌套一付；青花桌毡一个；青布包袱一个；大红羽毛一块；刻丝桌围二个；刻丝椅褥四个；石青椅褥六个；石青桌围二个，又旧缎桌帏一个，破；旧破白绫椅褥二个；红光二件，有包袱；五彩阵帆一个；孝堂一付；龙皮一张；皮裙一个；金字对联一付。

契匣在应麒，铁锁匙家收，加铁锁一把。①

从上面的两份器皿列单中我们可以发现，对善祀管理的交接是在祠堂内进行的，祠堂作为乡村民众的公共空间，已为学界普遍认同。从其物品名单上可以看出作为首人所要解决的问题，首先是要记录善祀内的各种账务，而历年账簿则置入专门的账箱内保存；其次是要负责收藏保管善祀历年因各种事务所签订的契约，这些契约亦由专门的契箱保存。这些箱子上的钥匙是由多人保管，从光绪二十六年（1900年）的记载来看，当年管理善祀的还有胡云智。胡云智是胡思诚长子上瑶的重孙，低胡廷卿一辈，但由于其是思诚派下的长房，其年龄与胡廷卿应该相仿。那么，作为首人，在日常生活中具体要负责哪些事务呢？由于光绪二十七年的账簿缺乏，因此笔者仅将光绪二十六年的管理账目列表如下（表6）。

表6　光绪二十六年胡廷卿管理善祀事务表

月	日	收/支	对象	类别	数目	单位	内容	页码/页	卷数/卷
暑月	初五	支	善祀	钱	625	文	禁牌办夜饭，俊廷手	72	17
暑月	初五	支	善祀	钱	284	文	上午禁牌伙食	72	17
暑月	初五	支	善祀	钱	40	文	算账，夜一六支四枝	72	17
暑月	二十八	支	善祀	钱	500	文	善祀交宗祀大渡派	77	17
巧月	中元	支	善祀	钱	100	文	度孤施力	82	17
桂月	初七	支	善祀	大钱	100	文	买油条，又平酒1斤，采演器械点心	85	17
桂月	十二	支	善祀	大钱	800	文	中秋龙灯、香	86	17

---

① 周绍泉、王钰欣主编：《徽州千年契约文书》（清·民国编）第17卷《光绪二十六年祁门胡氏祠会〈收支总登〉》，第207页。

续表

月	日	收/支	对象	类别	数目	单位	内容	页码/页	卷数/卷
闰八月	初二	收	善祀	英洋	0.15	元	买洋青布五匹（57）余洋	93	17
闰八月	二十	支	善祀	大钱	220	文	善祀谷箩，付德竹匠，讫	96	17
闰八月	二十二	收	善祀	英洋	34	元	柳根手，（四盛）开匣，复封	96	17
菊月	初一	支	善祀	钱	600	文	贺开祥酌	97	17
菊月	十五	收	善祀	谷米	2.5	升	讨谷米	99	17
菊月	十九	支	善祀	钱	450	文	买箱1只，内户米12升1祁同	99	17
菊月	二十五	收	善祀	英洋	2	元	讨汪姓贵溪坳、大路坵租谷英洋（共9人）	100	17
十月	初七	支	善祀	英洋	3	元	付修内署派	102	17
十月	十五	收	善祀	神主筹	2	枝	上赐公、昌进公，存，归首人收	104	17
十月	二十	收	善祀	钱	200	文	税大红钱200，朱家	106	17
十一月	十二	收	善祀	钱	240	文	秋坑谷钱，阳开手	110	17
十一月	十三	支	善祀	户米	10	升	付本村赈济局给逃荒德化县人，周林手，借义田来米	110	17
十一月	二十一	收	善祀	钱	100	文	□百福税大红衫钱	111	17
十二月	初一	收	善祀	谷	2	秤	分来，存仓	113	17
十二月	初三	收	善祀	早谷	20	秤	分来	113	17
十二月	初八	支	善祀	钱	50	文	善祀光太接八	114	17
十二月	十七	收	善祀	米	4	升	（汪南冲）米	117	17
十二月	二十四	支	善祀	钱	100	文	图差送烛	121	17
十二月	二十七	收	善祀	钱	1	元	大充坞山租钱850，找出钱150文	123	17

资料来源：周绍泉、王钰欣编：《徽州千年契约文书》（清·民国编），石家庄：花山文艺出版社，1993年

从表 6 中我们可以看出，作为首人，胡廷卿对善祀管理的事务十分广泛，从善祀购买日常用品，到收谷季节讨要佃户的租米开销；从中元度孤到县政府为修内署的摊派，以及胡开祥结婚以善祀名义送去的贺酌钱，都在其中。其中八月初七购买了油条和平酒，是为了开销演习器械而产生的花费。这一行为其实是太平天国运动期间，地方军事化的一种延续。前已述及，太平军对祁门县造成了很大的破坏，为此，祁门地方民众为了抵抗太平军，在时任县令唐治的倡导下兴办地方团练。其间虽然被曾国藩取缔过，但曾国藩离开祁门后，鉴于当时的形势，地方团练再次兴起。其中胡廷卿所在的南乡，以平里为中心创办了一心局，贵溪人胡元龙成了领导人之一。光绪年间，太平天国虽然已被平定，但民团组织依然存在，他们会在一年中的某个日期操演军械。胡廷卿所记载的这次即是如此。"支英洋一元八角，（光绪二十七年）八月廿八本门团丁出队，计九名。"①由此可知，胡廷卿这一支派，在本次操练中共出团丁九名，为

① 周绍泉、王钰欣主编：《徽州千年契约文书》（清·民国编）第 17 卷《光绪二十六年祁门胡氏祠会〈收支总登〉》，第 145 页。

此，善祀出资购买洋青布 5 匹为团丁置办衣物，关于此，账簿中亦有具体记载：

> 八月廿八出队
>
> 本门派团丁九名，记春（打鼓），社（背鼓）。
>
> 善祀，洋青布五匹，包头六个，内三匹做包头；裹脚帮六个，一匹做脚帮。
>
> 积海，一匹，未收。收回。
>
> 记德，一，未收，收回。
>
> 田根，一，收回。
>
> 地生，一，收回。
>
> 茂开，一，收回。
>
> 中林，一，收回。
>
> 九，一，收回。
>
> 众作英洋二元正（整），售与记德、积海。①

据此可知，购买的五匹洋青布用于做团丁的包头和脚帮，但是团丁们皆未收，从而将收回的布匹由众商议，以英洋 2 元的价格卖于本门的记德和积海二人。团丁的遗存可以看作太平天国对地方社会的影响之一。

除去以祭祖之名而形成的组织外，亦有为振兴教育而设立的组织，兴文祀即是其中的代表。前已述及，贵溪村自明代以后，科举不兴，清代以后，不仅贵溪胡氏，整个祁门县亦是如此。在前面所引资料外，敏德公祀秩下子孙于同治七年（1868 年）签订的一份合同，更能说明情况：

> 立合同文约胡敏德公祀秩下三大房人昌億、上发、昌铀等，缘先祖元璧公扦葬十四都五保周家山，地呼莲花形，递年清明标挂，观看坟茔损坏，树木枯槁，屡年兴唱修整，只因秩下丁繁盛，在家在外，人心不齐。又兼本利山赶因迟缓，今至本年正月初二日，合族商议，又将极乐园志敏

---

① 周绍泉、王钰欣主编：《徽州千年契约文书》（清·民国编）第 17 卷《光绪二十六年祁门胡氏祠会〈收支总登〉》，第 208 页。

公祖茔，地呼虎形。但先人传世，后来其地必须省棺折立墓门，其本祀槽门原先人所造，已有八十余年，合门至今未有利盛之家，又无声大之名。秩下眼全集议，齐心踊跃，立此合同文据。邀全三大房绅耆房长人等，仔细斟酌，择吉应将两处祖茔并合……①

显然，八十余年来，敏德公秩下子孙一直"未有利盛之家，又无声大之名"，因此合门集众商议将积善堂支祖元璧公与本门支祖敏德公坟茔合作一处。由此可见贵溪科举的衰落状况。正是在此情形下，胡上机创设了合村兴文祀，而且他亲自撰写了每年祭祀时的祭文：

兴文祀祭众位神主章□（胡上机作）

惟声名之，此系莫大，文风气俗之攸关，端资士习。当年探花夺锦，未尝乏人。迩日俗敝教和，原非无故，然风化苟多因循，无恒心者由无恒产。幸今兹率多鼓励，有大志者必有大成，捐输恐后，乃体乃祖之忱，咸发争先，同培后人之本。是以因其后而答其先，规孝劝善，立其主而馨其祀。典重报功，不惟有余补不足，诸子弟一旦同心，即此因旧而培新。各先君九原瞑目，将见人文蔚起裕后，正所以光前岁祀。惟隆承先绪兼为启后。爰备酒醴，用伸奠献，伏冀祖考来格来尝！

尚　飨！②

从这篇祭文我们可以看出，兴文祀的成立亦是为振兴本村文风而设立，胡上机等人希望通过成立该祀，通过对列祖列宗的祭祀，祈祷先祖保佑子孙能在科举上取得成功。兴文祀成立后，亦有自己的田产以获得收入，这体现在每年缴税的份额上。前已述及，贵溪村与徽州其他乡村相似，在应对国家农业税上，是采取共同分担的对策。兴文祀所拥有的田产亦在其中，在光绪十四年（1888 年）的一份兑则由单中，兴文祀的田产分别属于二图四甲和一图七甲，二者夏、秋两季分别所应缴纳的税则为银一两二钱三分九、二钱九分三。由此

---

① 《同治七年正月胡敏德公祀秩下三大房人等立合同文约》，载刘伯山主编：《徽州文书》第一辑第 6 册，桂林：广西师范大学出版社，2005 年，第 219 页。

② 见《贵溪胡氏祀、会科仪书》（标题为笔者所拟），现藏于贵溪村胡松龄先生处，承蒙惠允使用，特此致谢。

可见，兴文祀所拥有田产上的收入为贵溪村教育的发展提供了经济支持。

四、社会组织在日常生活中的意义

　　贵溪村中如此众多的祀、会组织，必然对村中的生活带来一定的影响，它们在各个方面为胡氏族人提供帮助或者带来影响。不同的组织带来的影响亦是不同。下面，笔者即结合其他资料对其中的几个组织加以探讨。

　　首先来看义田米局（祠、祀）。义田作为与胡廷卿联系次数最为频繁的组织，他在民众中的作用显然是十分重要的。下面，笔者即将其在生活中所起的作用，按照每个方面选择几条记录列成表7加以说明。

表7　义田米局（祠、祀）在生活中所起作用记录表

年	月	日	收/支	人物	种类	款目	单位	事由	页码/页	卷数/卷
光绪七年	暑月	廿二	收	常丰粮局	钱	1 000	文	借来，义田来	4	14
光绪八年	暑月	十三	支	义田	洋	1	元	换钱1 240文	32	14
光绪十年	暑月	初三	收	义田	米	4	升	买来，30扣	138	14
光绪十年	七月	十二	支	义田	洋	1	元	买米，1 280扣	139	14
光绪十二年	八月	初一	收	常丰粮局	洋	2	元	借来。义田来，克三手。还	359	14
光绪十二年	三月	初二	支	义田	米	2	石	付给，计211升	330	14
光绪十二年	三月	十二	支	义田	米	208	升	付给，计2石	330	14
光绪十二年	四月	初一	收	义田	洋	25	元	售米钱，1 200扣钱30千文	341	14
光绪十二年	四月	初一	收	义田	钱	184	文	售米钱，讫	341	14
光绪十三年	五月	初十	收	义田	洋	7	元	兑粮	435	14
光绪十三年	五月	初十	收	义田	钱	1 200	文	兑粮	435	14
光绪二十二年	四月	初八	收	地生弟	俸本洋	1	元	扣米38升正，照义田米价32，本洋价1 230	198	16
光绪二十六年	腊月	满日	收	义田	米	39	升	分米	124	17
光绪二十六年	十月	十三	支	赈济局	户米	10	升	善祀付给逃荒德化县人，周林手。借义田来米	110	17
光绪二十七年	六月	初一		德祀				结账，照义田三月初一价，40扣米钱18 484	170	17

资料来源：周绍良、王钰欣主编：《徽州千年契约文书》（清·民国编），石家庄：花山文艺出版社，1993年

　　表7中的15条记载，涵盖了义田米局（祠、祀）在实际生活中所扮演的五种角色，其一是货币、大米的借贷机构。当个人或组织在生活中因各种原因而暂时缺钱或米时，义田米局（祠、祀）就会为其提供货币或大米的出借服务，以缓解困境，同时亦为村民提供换钱服务，表7中的常丰粮局、善祀等即是如此。其二是价格机制。前已述及，在贵溪村中形成了自己的价格机制，这个机制就是义田米局（祠、祀）。村民在生活中账务结算时，时常会涉及钱、

米之间或洋、钱之间的换算价格，这时为了公平起见，他们会以义田米局相关价格标准作为参照，这无疑为解决债务上的问题提供了方便。其三是大米的买卖机构。在胡廷卿的生活中，每当他收获的大米数量暂时超出其消费数量时，他一般会将大米出售给义田米局，然后待缺少粮食时，再向其进行购买，这一行为是胡廷卿与义田米局产生联系的主要原因。其四是纳税机构。由于义田祠名下拥有公共的土地，因此，在每年纳税之际，它都会作为一个纳税单位而交纳税则。表 7 中光绪十三年（1887 年）的数额即是将该年银折算成洋、钱的数量，可以看出它拥有的土地较多，与它的全村共有性质是相符合的。其五是作为一个祭祀组织。跟其他祀、会组织一样，它的管理是村中轮流进行的，作为头人，在负责该年该组织的各种活动的同时，也会获得该组织田地上的收益。表 7 中光绪二十六年胡廷卿分得了 39 升大米，就是因为他作为该年六个头人之一才有资格获得。当然，由于义田米局（祠、祀）是一个全村共有的组织，因此每个人甚至每个支派获得的机会都较少。

　　由此看来，村落中的祀、会组织其实在民众生活中扮演着不同的角色。当然，不同的组织，其所起的作用并不相同，并非所有组织都有如义田这样全面的功能，如庆余粮局、兴文祀这样的组织，其作用较为单一。其实，即便是同一个组织，它的各部分功能在乡村民众的作用亦是大小不一。笔者即按照义田上面五种功能，将胡廷卿账簿中的相关记载作一统计（表 8、图 1）。

表 8　义田米局（祠、祀）分类统计次数表　　　　　　单位：次

类别	次数	类别	次数
大米的买卖机构	313	祭祀组织	18
货币、大米的借贷机构	30	纳税机构	2
价格机制	28	未知	60

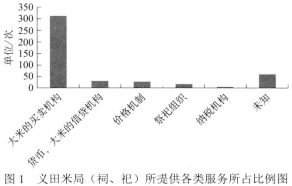

图 1　义田米局（祠、祀）所提供各类服务所占比例图

从表 8 和图 1 可以看出，义田米局（祠、祀）作为大米的买卖机构，货币、大米的借贷机构、价格机制三种经济功能在胡廷卿的生活中占据主要地位，而作为祭祀组织和纳税机构的角色则极少。当然，纳税行为每年都会发生，只是由于胡廷卿作为首人的次数不多，被记录的次数也很少。不过它对比例的数值影响应该不大。由此，笔者认为，存在于徽州乡村众多的各种祀、会组织，那些与民众生活联系最为密切的还是它们的经济功能，这一状况既与徽州特有的山多地少相关，亦与他的经商传统关系密切。

五、余　论

既有研究对祀（祠）会组织的组成、运作、规模、功能皆已做了大量的研究，然而，往者的研究多是就某一项组织本身作专项研究，对其实际的社会影响以及如何影响很少做深入的探讨。以往学者在论及乡村社会中某些公共组织的性质、功能时，多在"国家与社会"的框架下强调这类组织的自治功能、国家代理机构的角色。[①]不过，随着对社会系统论的批判，这一预设的二元对立二分法逐渐被学界舍弃，代之而起的则是"制度与生活"这一分析模式。"'制度与生活'试图通过对具体事件发生过程的条分缕析来厘清正式制度的起源、操作的逻辑，在实践中同其他正式制度以及不同生活需求和逻辑的相互渗透，从而一方面看到一个国家或者社会中制度变迁的方向和逻辑，另一方面看到生活的需求、民情是如何变动的，从而洞察中国社会维系和变动的基本机制和逻辑。"[②]这里的"生活"即是"指社会人的日常生活，既包括各种权宜性生产的利益、权力和权利诉求及生活策略和技术，又指涉相对例行化的民情和习惯法"[③]。其意在表明，在分析社会中的某些组织和事件时，不能概念化、先验化，而是应该将之置入当时、当地、当事人的具体环境中加以探讨，这一点与

---

① 参见郑卫东：《"国家与社会"框架下的中国乡村研究综述》，《中国农村观察》2005 年第 21 期。
② 肖瑛：《从"国家与社会"到"制度与生活"：中国社会变迁研究的视角转换》，《中国社会科学》2014 年第 9 期，第 103—104 页。
③ 肖瑛：《从"国家与社会"到"制度与生活"：中国社会变迁研究的视角转换》，《中国社会科学》2014 年第 9 期，第 88 页。

近年来史学界所提倡的日常生活史主旨相同。[①]本文即是在这一视角下对徽州地方组织研究的一次尝试。

本文中,笔者通过对胡廷卿账簿中所有有关祀、会记载进行了统计,对各种祀、会组织进行了分类,分析了部分组织的性质、范围以及组织与管理方式,并通过对与其联系最多的义田米局(祠、祀)专门讨论后,笔者认为,在徽州社会中由于各种原因而设立的各种组织,其性质不一,功能各异,对民众所产生的影响亦不相同。其中某些看似是宗族的组织,但经过仔细辨析后,其范围在实际活动中并不限于派下子孙,甚至会涉及外姓、外村人,这是一个应该引起注意的现象。同时,在祀、会的各种功能中,经济功能依然是占据主导地位。虽然由于账簿的经济性质,对数据的统计会有影响,但笔者相信这一影响不会从根本上改变结论,这一点应该与徽州悠久的商业传统和数量众多的商人有关。此外,透过胡廷卿长达二十多年的记载,从中可以看出一个乡村具有功名身份的低级士绅是如何借助组织与他的宗族、民众发生联系的,而这些组织在他的日常生活中又在哪些方面发挥着功能。

---

① 有关日常生活史在理论上的论述,可参见常建华:《从社会生活到日常生活——中国社会史研究再出发》,《人民日报》(理论版)2011 年 3 月 31 日,第 7 版;常建华:《日常生活与社会文化史——"新文化史"观照下的中国社会文化史研究》,《史学理论研究》2012 年第 1 期;常建华:《历史人类学应从日常生活史出发》,《青海民族研究》2013 年第 4 期。

清代宗族情感的诉求与表达

——以苏州文化世族为例

弓嘉羽　徐茂明*

20 世纪 80 年代以来江南家族史研究不断深入，除了传统关于家族结构与功能、家族经济、家族文化等方面的研究外，日常生活也逐步进入江南家族史的研究视野。"日常生活史是以个人的家庭、天然共同体等直接环境为基本寓所，旨在维持个体生存和再生产的日常消费活动、日常交往活动和日常观念活动的总称，它是一个以重复性思维和重复性实践为基本存在方式，凭借传统、习惯、经验以及血缘和天然情感等文化因素而加以维系的自在的类本质对象化领域。"①因此，通过分析族人日常生活，以揭示家庭和家族情感关系，可以成为家族史研究的一个新视角。目前已有学者借鉴家庭社会学，从家庭关系、家庭职能、家庭管理等几个角度综合分析家庭伦理与情感，代表性成果有陈宝良的系列论文《正侧之别：明代家庭生活伦理中之妻妾关系》《明代妇女的家庭角色及其地位》《明代妇女的情感表达及其性情生活》②、熊秉真的《建构的感

---

　* 弓嘉羽，上海大学历史系博士研究生；徐茂明，上海师范大学历史系教授。

① 衣俊卿：《现代化与日常生活批判——人自身现代化的文化透视》，北京：人民出版社，2005 年，第 31 页。

② 陈宝良：《正侧之别：明代家庭生活伦理中之妻妾关系》，《中国史研究》2008 年第 3 期；《明代妇女的家庭角色及其地位》，《福建论坛（人文社会科学版）》2009 年第 7 期；《明代妇女的情感表达及其性情生活》，《福建论坛（人文社会科学版）》2007 年第 10 期。

情：明清家庭的母子关系》①、廖宜方的《唐代的母子关系初探》②、徐秀芳的
《宋代士族妇女的婚姻生活——以人际关系为中心》③、林丝婷的《妇道：明清
士人家庭生活中的主妇角色》④等。这些研究对象主要集中于范围较小、关系
最密切的直系家庭，而不包括家庭之外同宗共祖的族人。有鉴于此，本文试图
以清代苏州文化世族为对象，以族谱文献为核心史料，来分析其宗族情感的诉
求与表达，以求获得对苏州文化世族更加全面、丰富的认识。

一、情与礼的纠葛：宗族情感诉求的历史

传统宗族制度能够长时间延续，除了外在的政治、经济、文化因素外，
还与内在的宗族情感诉求相关联，然而，这种宗族情感的诉求经历了艰难的
历程。

周朝宗族制度最重要的特征之一就是等级性，该时期宗族情感表达体现出
强烈的尊卑嫡庶之别。儒家的核心思想是"仁"与"礼"，孔子解释说："克己
复礼为仁。一日克己复礼，天下归仁焉"，可见在孔子的思想中，仁者爱人的
情感诉求首先是要求自己严格按照礼仪来约束自己，所谓"为仁由己，而由人
乎哉？"⑤讲的就是这个道理。据《礼记·曾子问》载：

> 子游问曰："丧慈母如母，礼欤？"孔子曰："非礼也。古者，男子外
> 有傅，内有慈母，君命所使教子也，何服之有？昔者，鲁昭公少丧其母，
> 有慈母良，及其死也，公弗忍也，欲丧之，有司以闻，曰：'古之礼，慈
> 母无服，今也君为之服，是逆古之礼而乱国法也，若终行之，则有司将书
> 之以遗后世，无乃不可乎！'公曰：'古者天子练冠以燕居。'公弗忍也，

① 熊秉真：《建构的感情：明清家庭的母子关系》，见卢建荣主编：《性别、政治与集体心态：中国新
　　文化史》，台北：麦田出版社，2001 年。
② 廖宜方：《唐代的母子关系初探》，台湾大学硕士学位论文，1988 年。
③ 徐秀芳：《宋代士族妇女的婚姻生活——以人际关系为中心》，台湾师范大学博士学位论文，
　　1989 年。
④ 林丝婷：《妇道：明清士人家庭生活中的主妇角色》，台湾暨南国际大学硕士学位论文，2012 年。
⑤ 杨伯峻译注：《论语译注》，北京：中华书局，1980 年，第 123 页。

遂练冠以丧慈母。丧慈母，自鲁昭公始也。"①

可以看出，鲁昭公与慈母（庶母）感情深厚，庶母死后昭公欲为其服丧，这本是符合人之常情的正常情感诉求，但遭到了有司极力反对，理由就是为庶母戴孝不符合古礼，违礼即是乱国法，可见当时贵族社会在处理"情"与"礼"的关系所持有的基本原则，即"礼"大于"情"。

到了魏晋隋唐时期，宗族庶民化趋势不断加强，周代贵族宗族体制独尊的地位已然被打破。从颜之推的《颜氏家训》可以看出，此时人们强调的是家族内部的"仁爱精神"。颜之推安排自己身后之事时，曾反复要求丧葬用品一切从简，"至如蜡弩牙、玉豚、锡人之属，必须停用，粮罂明器，故不得营，碑志旒旐，弥在言外"，他认为子女尽孝寄托哀思的情感只要表达到位即可，不必迂守旧礼，所以，"若报罔极之德，霜露之悲，有时斋供，及七月半盂兰盆，望于汝也"②。

宋代宗族多以尊祖、敬宗、收族为主要宗族情感诉求，而"别先祖、定婚姻、明贵贱"等政治因素进一步淡化。北宋理学家张载（1020—1077 年）说："管摄天下人心，收宗族，厚风俗，使人不忘本，须是明谱系、世族与立宗子法"，否则"骨肉无统，虽至亲，恩亦薄"。③程颐（1033—1107 年）继承了张载的宗法思想，主张"宗子继承制"，但与张载不同，程颐认为须从日常实践中凝聚族人，联络感情，这就需要族人定期相聚、互相沟通以使归属感内化于心。据《二程集》："凡人家法，须令每有族人远来，则为一会以合族，虽无事，亦当每月一为之。古人有花树韦家宗会法，可取也。然族人每有吉凶嫁娶之类，更须相与为礼，使骨肉之意常相通。骨肉日疏者，只为不相见，情不相接尔。"④他呼吁家族成员要时常相聚，凡族中喜丧婚庆之事更要倾力相助，唯其如此，骨肉之情才不至于疏远。范仲淹、欧阳修、苏洵等人则通过具体实践活动来敬宗收族，譬如北宋年间范氏义庄便成为后世士大夫追崇和模仿的对象。

---

① （汉）郑玄注，（唐）孔颖达疏：《礼记注疏》卷 18《曾子问》，《景印文渊阁四库全书》第 115 册，上海：上海古籍出版社，2003 年，第 395 页。

② （北齐）颜之推著，檀作文译注：《颜氏家训》，北京：中华书局，2007 年，第 329 页。

③ （宋）张载著，章锡琛点校：《张载集》，北京：中华书局，1978 年，第 258 页。

④ （宋）程颢、程颐著，王孝鱼点校：《二程集》第 1 册，北京：中华书局，1981 年，第 7 页。

明清时期的宗族组织建设进一步完善，无论官方还是学者，关于宗族的理论都是在程颐祭祀先祖的主张和朱熹《家礼》祠堂制度设计的基础上不断发展和完善起来的。宗族总体发展特点是通过建祠堂、修族谱、定族规、设族学、选族长、置族田等一套完整的措施使宗族组织化、制度化。在这种状态下，完备详尽的宗族制度进一步巩固了宗族情感。洪武初年，官方首次肯定了民间报本追远的情感诉求："至若庶人，得奉其祖父母、父母之祀，已有著令，而其时享于寝之礼大概略同于品官焉。"[1]至嘉靖十五年（1536 年），兵部尚书夏言（1482—1548 年）借皇帝"尊祖敬宗""奉先思孝"的急切心理，将原本由皇帝独享的祭祀始祖的特权推恩到民间，从而使社会民众祀祖祭宗的强烈情感诉求获得了合法化，推动了其后宗族组织的大发展。

明清时期士人还主张用培养孝心来加强血缘亲情意识。宋濂（1310—1381 年）说："人心感物而动，不能无欲，其端亦甚微，不有孝友之人出为表式，则沦胥以成风，而彝伦斁矣"[2]。以孝为出发点施于双亲并扩及兄弟、妻子、乡邻、朋友等诸多人际关系之中，既可以实现"圣人缘情以制礼"[3]的理想，又能形成亲亲尊尊、上下一体的社会秩序，即所谓"以圣人之道，必察乎物理，诚其念虑以正其心，然后推之修身，身既修矣，然后推之齐家，家既可齐，而不优（忧）于为国与天下者，无有也"[4]。宗族和睦有利于移风易俗，稳定社会，明清时期的宗族组织已成为一种普及的世俗化社会组织，学者将民间祭祖的朴素情感与社会秩序、国家治理相衔接，形成一种重要的社会制度。特别是当家族发展到"赤县神州值数千年未有之钜劫奇变"[5]的晚清时期，宗族组织越来越世俗化，更加关注凝聚族人血缘关系，促进族人情感，正如苏州彭文杰在《彭氏宗谱》中所言："夫宗谱之作，不独使后人动水木本源之思，存尊祖敬宗之念，亦欲使览者仰溯先人积德累行之厚，而勉为继述，体尊祖敬宗之旨，则永思敦睦也。一体所分，散为宗族，惟谱足以聚之；一脉所传，情

---

① （元）徐一夔：《明集礼》卷 6《品官家庙》，《景印文渊阁四库全书》史部，第 649 册，第 172 页。

② 罗月霞主编：《宋濂全集》，杭州：浙江古籍出版社，1999 年，第 1567 页。

③ （宋）程颐、程颢著，王孝鱼点校：《二程集》第 1 册，第 87 页。

④ （明）方孝孺：《逊志斋集》卷 1《家人箴十五首》，《景印文渊阁四库全书》集部，第 1235 册，台北：商务印书馆，1986 年影印本，第 67 页。

⑤ 陈寅恪：《王观堂先生挽词并序》，《陈寅恪诗集》，北京：清华大学出版社，1992 年，第 11 页。

有隔阂，惟谱足以通之。"①

二、清代苏州文化世族的情感诉求

　　族谱谱序往往介绍族姓起源、宗族迁徙流转以及族谱本身修撰之缘起与经过等内容，正文则包括了谱系、事迹（族人行状与传记）、族规等。族人借助于书写和阅读族谱，从而确认自己与祖先和其他族人之血缘关系，形成对祖先的集体认同，再通过各种定期仪式化的宗族活动，培育形成族人具有内聚力的情感诉求，这种情感诉求就是宗族情感诉求。具体而言，这种宗族情感诉求体现在三个方面。

　　1. "水源木本"——子孙对祖先的敬畏与恋慕

　　几乎所有族谱都申明"万物本乎天，人本乎祖"②，即子孙与祖先的关系如同"枝叶之附于根干，手足之系于身首"③，强调后世子孙无论如何功成名就，都离不开祖先和宗族的庇护，是谓"本深则末茂，源洁则流长"④。乾隆二十四年（1759 年）《平川潘氏家乘》曰："有谱，则水源木本之义，触目警心，万人一体，千里一堂，百世一族，疏者可亲，涣者可萃，人皆敬宗收族，谁非孝子顺孙？无谱，则源不明，亲疏莫辨，问其支世则惛惛然，生不知何年，葬不知何地，娶不知何氏，甚至并其名号而失之。"⑤ 嘉庆六年（1801 年）长洲彭氏《续修宗谱后序》称："览之者无不存水源木本之思，动尊祖敬宗之念，谱之为功钜矣！"⑥杨荣《李氏族谱续》也说："宗族有谱，实伦理风俗之所关，而仁人君子所宜重者也，苟不之修，则服尽情尽，不相视如途人者几希，乌知夫水源木本之义者乎？"⑦换言之，子孙忘本就是不敬祖

---

① 彭文杰修：《彭氏宗谱》卷首《辑修宗谱序》，民国十一年（1922 年）衣言庄刻本，第 1 页 a。
② （汉）郑玄注，（唐）孔颖达疏：《礼记注疏》卷 26《郊特牲》，《景印文渊阁四库全书》经部，第 115 册，第 538 页。
③ （宋）司马光《家范》卷 1《治家》，《景印文渊阁四库全书》子部，第 696 册，第 664 页。
④ 彭文杰修：《彭氏宗谱》卷首《辑修宗谱序》，第 1 页 a。
⑤ 潘有忠：《家乘小引》，引自陈建华、王鹤鸣主编：《中国家谱资料选编·序跋卷》（上），上海：上海古籍出版社，2013 年，第 466 页。
⑥ 彭文杰修：《彭氏宗谱》卷首《续修宗谱后序》，第 9 页 a。
⑦ 杨荣：《文敏集》卷 15《李氏族谱序》，《景印文渊阁四库全书》集部，第 1240 册，第 229 页。

先，就会受到相应惩罚，故而后代总是对祖先心怀敬畏，唯恐骨肉相争以负祖先之厚望。对此，乾隆五十八年（1793 年）吴县蔡焯在《重修东蔡宗谱跋》中论道：

> 揆之吾祖之心，忍任其弃遗者乎，此则秉笔者之遗恨也。所期入斯谱者，万勿以支派疏远而视同秦越，惟以祖宗为念，原其始则一人耳，何疏之有？亦何远之有？噫！风之不古也，以至亲之人漠不相关，何况于疏远？习以为然，遂忘其所自，将少陵长、众欺寡、小加大之事何所不有，甚而至于春秋祭祀诚敬荡然。所以欲期风俗之厚者，莫此敦伦睦族为要图，欲敦伦睦族，莫此修辑宗谱为急务。此区区之隐衷，诚奉命于先君子，而佩服弗谖者也。……自今以往，果能父戒其子，兄勉其弟，易薄归厚，去浮存沉，亲其亲，长其长，无异先君子夙昔与族人往来相聚之愫，则疏可复亲，反始之意亦可快然共睹。①

蔡焯认为后世子孙虽然世系疏远，但毕竟血脉相连，切不可因年代久远而漠不相闻，他呼吁同族之人当"以祖宗为念"，重新恢复家族和睦。可见，基于"水源木本"为特征的宗族情感十分重要，子孙必须心怀诚敬才能不辜负先灵期待。

这种诚敬还体现于对家谱编修原则的严格把控，即力求"绝不远引旁附，所以征信"②，否则他们认为会诬谤祖先，使全族名誉受损，乾隆七年彭氏《增修宗谱序》就指出："扳援名族，摭取近似，牵合附会，汎然罗列，以夸耀世俗，而不必其根源之昭晰，是诬其祖也。"③第十一世孙彭正乾修谱时申明："不敢妄有所摭取，以蹈于诬罔，要期于征信，使后之人仰世德则益懋敬承，考宗支则永思敦睦。"④类似的申明还有洞泾吴氏："谱之所以辑，岂为夸门阀、侈家势，实欲集先猷以示后人，使继起者列名是籍，上承乃祖父以及先圣

---

① 蔡焯：《重修东蔡宗谱跋》，引自陈建华、王鹤鸣主编：《中国家谱资料选编·序跋卷》（上），第516 页。
② 彭文杰修：《彭氏宗谱》卷首《续修宗谱序》，第4 页 a。
③ 彭文杰修：《彭氏宗谱》卷首《增修宗谱序》，第8 页 a。
④ 彭文杰修：《彭氏宗谱》卷首《增修宗谱序》，第8 页 b。

先贤，思何以克绍箕裘，无忝于旧家之后裔。"① 所以唯有经过漫长、细心的搜集访求，精心编校的族谱才是真实可靠的。谱修成之后的精心珍藏与保护也是体现文化世族敬畏祖先、重视血缘亲情的重要表现，如康熙四十二年（1703年）彭定求说："梓既竣，命儿曹藏板于家庙，务以时检校，无使阙焉。"②这样做不仅可避免因年岁久远文献无征，还能使子孙观览是谱，"咸知服先畴而食旧德，其渊源洵有自"，进而"绵先世之泽，廓前人之绪，彰令闻于既往，嗣休声于来兹"。③有的家族甚至在谱例中明确告诫子孙谱成之后务必珍藏，如"宗谱成帙，必择家长贤达给与藏之，倘有不虞，则先收拾随身，以防毁失"④，万一不慎污损族谱，还要追究保管者的责任，东桥张氏宗族《家规·戒例》规定："掌守《宗谱》，务宜藏之敬谨。毋为童稚点污，虫鼠毁伤。倘或不谨，万一倏虞，咎在典守者之责。"⑤

2. "清芬余泽"——祖先对子孙的规训与庇护

编修家谱不仅要"使先德愈以彰显，宗派愈以分明"⑥，同时包含了祖先训诫子孙恪守家风、期盼后世繁衍光大门楣的情感诉求，因此谱序常常借彰显祖先遗德来感化子孙趋善避恶。明人杨士奇《西昌梁氏续谱序》指出："夫所谓故家者，必其先文行有诸躬，功利及于人，声誉有闻于时，子孙克嗣于后，而岂徒富贵之云哉！"他眼中的世家大族并非指那些大富大贵之豪门大户，而是能否通过文化德行显称于当世，他说："果若其故家，而后人有不能心其先之心，蹈其先之行，徒哓然自矜，吾所从出异也，君子犹不与也。君子所尚者，前有道以肇之，后有道以绍之，而非徒以贵且富也。"⑦他在《康氏族谱序》中也强调以文化"世"其家的观点："夫善继必自学始，究知礼义之博，

---

① （清）吴艾生等纂修：《吴氏支谱》卷首《原序》，光绪八年（1882年）刻本，第2页b。

② 彭文杰修：《彭氏宗谱》卷首《续修宗谱序》，第4页b。

③ （清）汪体椿纂修：《吴趋汪氏支谱》卷首《吴趋宗谱序》，光绪二十三年（1897年）木活字本，第2页b。

④ 王氏合修：《王氏族谱》卷2《谱例》，民国二年（1913年）木活字本，第2页a。

⑤ （清）张士岳等修，张正学纂：《东桥张氏宗谱》，引自陈建华、王鹤鸣主编：《中国家谱资料选编·家规族约卷》（上），第447页。

⑥ （清）汪体椿纂修：《吴趋汪氏支谱》卷首《吴趋汪氏支谱序》，第1页a。

⑦ （明）杨士奇：《东里文集》卷5《西昌梁氏续谱序》，《景印文渊阁四库全书》集部，第1238册，第62页。

致乎躬践之实，使德备于身，施于家而为孝友。"①杨士奇认为，世家大族因为文化昌盛，声名远扬，促使子孙产生了对祖先的认同感，并进而激励他们奋发向上：

> 夫世家大族，其声明文物之盛，历时变故，而子孙孙子卒能继继，愈引弗替，虽本于忠厚之泽，亦繇谱牒之著有以启之矣。彼其见先世积德累仁，蜚华腾茂，赫赫炳耀乎前，而顾己有未能焉者，必将惕然思起，而继之以不辱于后，此为人子孙苟有志乎善者所同情焉。②

清代苏州文化世族之谱序同样表达了后世子孙秉承先绪遗德，光大宗族门楣的期盼。《唯亭顾氏家谱》云："夫谱之设，非独明本支、别宗派也，盖将使后之读者知某也贤，某也才，某也贵，某也贱，某也读父书，某也荒先业，即所以自镜之具也。呜呼，可不儆欤！"③　《皋庑吴氏家乘》云："使后之览者知水源木本之由来，祖功宗德之所在，以扩充其敦睦之心也"④，"为后来者，能思先世忠孝勤俭，笃厚其庆，则其光显前烈，启迪后人，又岂不有补于世云"⑤。当然，宗族情感不仅有温柔和煦的一面，也有"苛刻""严酷"，甚至不近人情的一面。洞泾《吴氏支谱·续增凡例》强调："不孝子孙玷辱家声者，只附载其名号，有无子嗣，其生卒年月，概不并书，将谱例出族除名者，刻方圈代之。"⑥

谱序强调以"征信"为宗旨，对宗族发展过程中的人才升降、丁口兴衰尽可能做到照实直书，使子孙对"祖宗之嘉言懿行，传信勿疑"。由族谱建构起

---

① （明）杨士奇：《东里文集》卷6《康氏族谱序》，《景印文渊阁四库全书》集部，第1238册，第72页。

② （明）杨士奇：《东里续集》卷12《荷山刘氏族谱后序》，《景印文渊阁四库全书》集部，第1238册，第518页。

③ （清）顾来章等纂修：《重修唯亭顾氏家谱》卷首《原序》，光绪二十九年（1903年）刻本，第1页1 b。

④ （清）吴大赠纂修：《皋庑吴氏家乘》卷2《增订家乘族谱自记》，光绪七年（1881年）刻本，第1页a。

⑤ （清）汪体椿纂修：《吴趋汪氏支谱》卷首《宋汪氏族谱序》，光绪二十三年（1897年）木活字本，第2页a。

⑥ （清）吴艾生等纂修：《吴氏支谱》卷首《续增凡例》，第3页a。

来的历史记忆，使得族人"触目警心，奉若圭臬，不敢稍有逾越者"①。苏州彭文杰在《辑修宗谱序》中说："人善则门荣，人恶则门贱。著作家箴，仰见先人垂戒后人之苦心深且切矣，诚以我今日之荣贱，即前人善恶之果实，我今日之善恶，即后人荣贱之左券。"② 世族家谱的族规更是评定族人言行的准则，在家族中具有至高无上的权威，违反规约的族人都会受到族众的谴责甚至严厉的惩罚：

> 如族中有不孝、不弟、不睦、不安生理、不训子孙等过恶，许主奉同各房长相与面之，面谕不从，移会阖族齐集宗祠内，拜禀祖宗，罚住本名下应给之米一年。罚支半年以后，如能省改，许房长移会主奉，照旧开支。倘罚后仍前后不悛，同诣祠内，以夏楚戒饬。戒饬之后怙恶如故，主奉乃率合族从实申告官府断理。③

3."恩爱流凑"——族人间的亲爱与信赖

编修家谱并非易事，除了经常会面临经费短缺、资料匮乏、人力不足等客观困难外，族人意见分歧也是制约修谱的重要因素，但正是在克服这些困难的曲折过程中，同宗共祖的族人逐渐凝聚起来，族人之间彼此信赖的情感得到认可与强化。

清末苏州洞泾吴氏在续修家谱之前，有的族人"生居同里而雁序茫然"，有的族人"迹泊他邦，则鱼书杳矣"。面对这种尴尬的局面，纂修者虽"惧且悲"，但是族长吴鹏等人坚持联络族中各房，"旁搜博采，互证参观，考其同异"，"就正族之长老扩所未闻"，"毫无挂漏然后惬"④，如果没有族长吴鹏等人强烈的宗族情感与责任感，吴氏族谱能否修成，亦未可知。

太平天国战争曾让许多吴门世家遭受重创，族人死伤无算，家资化为乌有。在战后秩序重建的过程中，一些家族重辑家谱、整修宗祠，以求重新聚集散轶族众、恢复宗族组织。唯亭顾氏即为其中的积极实践者，同治二年

① 彭文杰修：《彭氏宗谱》卷1《辑修宗谱序》，第1页b。
② 彭文杰修：《彭氏宗谱》卷1《辑修宗谱序》，第1页b。
③ （清）申祖璠修：《申氏世谱》，引自陈建华、王鹤鸣主编：《中国家谱资料选编·家规族约卷》（上），第344页。
④ （清）吴艾生等纂修：《吴氏支谱》卷首《原序》，第1页a。

（1863 年）《唯亭顾氏宗谱序》云：

> 同治癸亥，合肥李少荃宫保年中克复苏垣，余偕潘玉泉观察进城，各归里第，越三日，士英叔来东北乡之张家浜，备述醉欧十叔死事状，并出示家谱抄本全帙，且云："师旅饥馑之后，吾家死者甚多，当陆续探访增入，以作他日修谱初稿。"余既悲十叔死事之惨，复感九叔本原之笃，乃命大儿厚焜谨储此本，俟偕堂弟翼基，族弟来章、绍申，族姪培庆，族姪孙光昌等相与校对兼采访。①

顾氏宗族艰辛的修谱历程和强烈的修谱情感诉求表明：敦宗睦族莫重于修谱，因为修谱工作量巨大需要众人分工协调，修谱道路漫长艰辛需要众人齐心协力，只有"自少积累，使友爱出于至诚，不敢纤毫疑问，乃能愈久愈笃"②。

三、清代苏州文化世族的情感表达

费孝通曾将中国人通过亲疏远近不同而构成的人际关系模式称为"差序格局"。③尽管学术界对于差序格局理论的认识各有不同，但遵循五服九族制度的族人在情感表达上确实呈现出明显的差序格局特征。宗族情感的深浅与五服九族形成的亲疏远近呈正相关的关系，即核心家庭的成员关系最密切，情感最深厚，以此为核心，服制越远，情感越淡，五服之外亲情几乎断绝。从清代苏州文化世族的日常生活与情感表达方式看，作为私人生活领域的家庭，是情感表达最深切最真挚的领域，而介于"公私领域之间"的宗族情谊虽然无法与核心家庭亲密情感相提并论，但全体宗族成员对源于同宗共祖血缘亲情的诉求，也会强化族人间的情感认同，特别是当宗族借助于族谱、祠堂、义庄等物化的宗族象征而得以表达、维系和强化宗族情感诉求的时候，甚至也不乏一些宗族情感深厚、将族人视同家人的例子。然而，无论是宗族情感还是家庭情感，其表

---

① （清）顾来章等纂修：《重修唯亭顾氏家谱》，《唯亭顾氏宗谱序》，第 7 页 a。
② （清）叶德辉等纂修：《吴中叶氏族谱》卷 2《石林家训》，宣统三年（1911 年）东洞庭迻公宗祠木活字本，第 9 页 b。
③ 费孝通：《乡土中国》，北京：生活·读书·新知三联书店，1985 年，第 23 页。

达的基本原则都是遵循儒家礼的规范。

1. 以礼制情——宗族情感表达的等级性

奠基于儒学理论基础之上的宗族制度，其宗族情感之表达无疑必须恪守儒学之核心思想，这主要体现于"仁"与"礼"两个方面。正如《中庸》所云："仁者人也，亲亲为大；义者宜也，尊贤为大；亲亲之杀，尊贤之等，礼所生也。"所谓"仁"，按照朱熹的解释，强调的是人身"自然便有恻怛慈爱之意"①，这种每个人天生具有的"恻怛慈爱"首先表现为有着血亲关系之间的"亲亲"，而"亲亲之杀"则是说，根据血缘远近而形成的"亲亲"（情感）的等级。宗法规定的五服九族制度实际上正是根据这一儒家"亲亲之杀"原则而确定的"礼"，这种等级森严的"礼"也是维系传统家族秩序的制度保障。

宋代理学家程颐有云："治家者，在妻孥情爱之间，慈过则无严，恩胜则掩义，故家之患，常在礼法不足而渎慢生也。长失尊严，少忘恭顺，而家不乱者，未之有也，故必有威严则能终吉。保家之终，在有孚威如二者而已。"②朱熹在《家礼》序中指出："凡礼有本有文，自其施于家者言之，则名分之守、爱敬之实，其本也，冠婚丧祭仪章度数者，其文也。"③从中不难看出，宋代理学家们制定各种家礼的根本宗旨，是在家族中构建一整套"名分"严正的等级观念，在这一等级观念体系中呈现人与人之间的"爱敬"之情感，易言之，由儒家，特别是宋代理学们所建立的家礼情感表达，是有着严格的等级性的。这种宗族情感的等级性，随着明中叶以后宗族制度的普及而影响广泛。清代康熙年间吴县金氏"家训"开篇就申明："叙亲疏，定尊卑，收涣散，敦雍族，非有谱焉以列之，不可也，故君子重之，不修谱者谓之不孝。"④晚清冯桂芬在《序万氏宗谱》中亦强调说："谱既成，族之人莫不晓然于支派之源，昭穆之辨，长幼尊卑之序，亲疏远近之分。"⑤

---

① 《中庸》第十九章，见（宋）朱熹：《四书章句集注》，北京：中华书局，1983 年，第 28 页。

② （宋）程颐、程颢著，王孝鱼点校：《二程集》第 1 册，第 888 页。

③ （宋）朱熹：《晦庵集》卷 75《家礼》序，引自"中国基本古籍库"，《晦庵先生朱文公文集》，四部丛刊景明嘉靖本，第 1722 页。

④ （清）金孝植纂修：《吴县橘社金氏桐溪公家训十五条》，引自陈建华、王鹤鸣主编：《中国家谱资料选编·家规族约卷》（上），第 49 页。

⑤ （清）冯桂芬：《序万氏宗谱》，引自陈建华、王鹤鸣主编：《中国家谱资料选编·家规族约卷》（上），第 759 页。

宗族内部的等级性在供奉祖先牌位上表现最为明显，所谓"主奉之设，所以提纲挈领，敬宗收族，其责任最为重大"①，清代苏州彭氏《庄祭条规》规定："东西两楹祔祀神位，应依世次，供奉同辈则叙齿，如系卑幼先经祔祀，后有辈尊年长者入祀，应将卑幼者神位移下，以免有紊次序。"②大阜潘氏"凡祭祀主祭一人，东西分献，每案一人鸣赞，一人引赞，二人读祝文，一人司香帛爵，每案二人，叙班二人，各司其事，毋稍紊越，其余陪祭子姓，长幼序立，叙班者先为排定"③。诸如此类，记载不一而足。

2. 礼缘情出——宗族情感的世俗性

尽管家族组织有严格的等级性礼法制度约束着族人的情感表达，但儒家同时也强调"礼"制要符合人性本身的需求。子曰："道不远人，人之为道而远人，不可以为道。"朱熹解释说："道者，率性而已，固众人之所能知能行者也故常不远于人。若为道者，厌其卑近以为不足为，而反务为高远难行之事，则非所以为道矣。"④明中期以后，反对理学教条强调"知行合一""致良知"的阳明心学成为主流的儒家学说之一，王阳明的弟子泰州学派创始人王艮更是强调"百姓日用即道"，与此同时，民间家族组织迅速发展，阳明学为家族情感的世俗表达提供了理论支撑。

从明清时期苏州地区文化世族的家族制度看，除了教化、训诫的礼制约束功能外，更多的还是对族人生活（包括赡生、葬死、祭先、婚嫁、教育）的赈恤与扶持，通过切实的物质帮助，达到"敦亲睦族"的目的。晚清苏州大族潘氏松鳞义庄规定："义庄之设，奉祖父遗命，所以专祭祀而恤宗族也"；"凡主政公支下子姓贫乏者，量加赒赠。"⑤《吴县范氏续申义庄规矩、宗禁》规定："吴县亲旧义田，除完课祭祀外，一应公用于其中酌出三分之二，余粒尽数给族。"⑥贝氏留余义庄规定："凡食庄米之男女族人，六十岁以上冬支布棉袄裤

---

① （清）申祖璠修：《苏州申氏义庄规条》，引自陈建华、王鹤鸣主编：《中国家谱资料选编·家规族约卷》（上），第344页。

② 彭文杰修：《彭氏宗谱》卷12《庄祭条规》，第3页b。

③ （清）潘观保纂修：《大阜潘氏支谱》卷21《松鳞庄祭祀条规》，光绪十三年（1887年）刻本，第3页b。

④ （宋）朱熹：《四书章句集注》，第23页。

⑤ （清）潘观保纂修：《大阜潘氏支谱》卷21《松鳞庄规条》，第1页a。

⑥ （清）范安瑶等纂修：《吴县范氏规矩、宗禁》，引自陈建华、王鹤鸣主编：《中国家谱资料选编·家规族约卷》（上），第1页。

各一件，三年一换，夏日加支粗夏布帐一顶，五年一换。"① 陈氏宗族规定："丧不能葬者，给钱八千文，未成丁者减半"，"无力营葬地者，则有前所置之吴邑狮山南课子浜族葬所之坟地，在凡愿葬此地者，报明后即可举办其费由庄给发。"②

宗族赈恤族人的范围十分广泛，不仅有幼孤独子、寡妇、年老贫而无依者、废疾者，有些家族还包括出了五服的族人。吴江王师晋在《资敬堂家训》中告诫子孙："居家保守先业，持己以俭，待人以宽，时存悲悯之心，目击老幼残疾穷民无告，皆当救援。至于亲族之孤寒者，更宜格外扶持。如遇年荒，米珠薪桂，穷人难以存活，当仗义疏财，人我一体为念。"③ 苏州望族潘曾沂曾"择里中贫家子弟可造者，助以脩脯，使其就近入塾读书"④。这些文化世族已经将儒家之"仁"推及血缘家族之外的地缘性乡里之中。

3. 族谱、祠堂、义庄——宗族情感的物化象征

在宗族繁衍的过程中，苏州文化世族不断分房、迁徙、散居，宗族离散和宗族观念淡漠势必会影响宗族整体的凝聚力，导致宗族无所统属、族人关系生疏、感情淡漠，许多世家大族对此深为担忧："我族子姓日见繁盛，而散居各处，每岁除祭扫到者晤面外，几终年无聚话之时，长此以往，将来势必明系同宗，会见后非详叙先世不能知其先辈"⑤，"若不再为续修，寿之梨枣，日积月累，一经散轶，无论先人数十年之苦心，顿归涸灭，即一传再传，竟有一本之人视同陌路者矣！"⑥ 故编纂族谱、葺修祠堂、捐设义庄等相关宗族活动成为宗族表达敦亲睦族之情的重要方式。

族谱清晰地记载了同宗共祖、血脉相连的一族之世系渊源、人物生平、规约条例等情况，编纂族谱也就变成世家大族"序宗派、联族属、理相因"⑦的首要形式。苏州文化世族一般比较重视续修家谱，大多数定为 30 年大修一

---

① 《吴中贝氏家谱》卷 2《留余义庄祭祀规条一十三则》，民国九年（1920 年）石印本。
② （清）陈宗浩纂修：《陈氏世谱》卷 6《宗祠规例》，光绪十四年（1888 年）刻本，第 3 页 a。
③ （清）王师晋：《资敬堂家训》，楼含松主编：《中国历代家训集成》第 11 册，杭州：浙江古籍出版社，2017 年，第 6588 页。
④ 潘曾沂自撰，潘仪凤续修：《小浮山人年谱》，《北京图书馆藏珍本年谱丛刊》第 145 册，北京：北京图书馆出版社，1999 年，第 467 页。
⑤ 《吴中贝氏家谱》卷首《世系》，民国九年（1920 年）石印本。
⑥ （清）陈宗浩纂修：《陈氏世谱》卷首《刊修宗谱序言》，光绪十四年（1888 年）刻本，第 14 页 a。
⑦ 潘裕博纂修：《大阜潘氏支谱·序》，1992 年电脑排印本，第 10 页。

次，每次续修族谱都要召集全族众议，耗费大量人力、物力、财力，如长洲彭氏自万历二十三年（1595 年）纂修算起，经历顺治七年（1650 年）二修，康熙四十二年（1703 年）三修，乾隆七年（1742 年）倡议四续，乾隆三十一年（1766 年）五修，嘉庆六年（1801 年）六修，道光九年（1829 年）七修，至光绪六年（1880 年）八修其谱，民国十一年（1922 年）又复行续补，共计八次修谱。在 327 年间，纂修八次，平均 40 年编修一次。娄关蒋氏宗族议定"以二十年为率，协力续梓"①，后经八次编修族谱，最初始于清康熙七年（1668 年）开始修谱，其后又于康熙四十五年（1706 年）、雍正七年（1729 年）、乾隆二十四年（1759 年）、乾隆三十七年（1772 年）、嘉庆八年（1803 年）、道光二十七年（1847 年）、光绪三十一年（1905 年）七次续修谱牒，前后共历经237 年，平均 29 年续修一次。还有吴县陈氏在清代七次修谱，分别于乾隆五年（1740 年）、乾隆四十五年（1780 年）、乾隆五十二年（1787 年）、嘉庆九年（1804 年）、道光三年（1823 年）、道光二十五年（1845 年）、光绪十四年（1888 年）纂修，平均 21 年就要重修一次。根据现存族谱文献来看，几乎每次族谱续修活动都充满艰辛，顺治八年（1651 年）大阜潘氏谱成之时，潘虎臣慨叹修谱之艰："呜呼，事会之难，其若此欤？前之人弗克举，及举之，而弗克竟其志，兹幸微祖宗之灵，宛若数百年未竟之事有待而成，谓非一家之旷典也哉！"②只要勇于克服各种障碍，最终都能圆满完成。工程浩繁的修谱工作往往曲折艰辛，且牵涉面甚广，宗族内部不同支派、不同房属皆参与其中，甚至祖孙几代分工协作。文化世族锲而不舍地续修族谱，其目的到底何在？皋庑吴氏宗谱解释说：

> 吾谓族既盛，则谱不可不作。谱既作，则修不可不勤。今是谱也，前人作之，后人再三修之，可谓勤矣。吾于修谱之勤，而获五善焉：不忘先祖，一也；存前人之编次，而不以意删改之，二也；增订旧谱体例，务臻详备，三也；子孙日论撰先祖之美，则慕为善之乐，四也；后人日讲明昭穆之序，则生孝弟之心，五也。信乎至德之诒泽长，而吴氏之族其昌且炽

---

① （清）蒋德骈等纂修：《娄关蒋氏本支录右编》卷首《嘉庆癸亥六修娄关本支分司名氏》，光绪三十一年（1905 年）刻本，第 37 页 a。

② 潘裕博纂修：《大阜潘氏支谱·纪事》，1992 年电脑排印本，第 1527—1528 页。

者，故未有艾也。①

从这段所论修谱宗旨可以看出，修谱主要是为了"不忘先祖""慕为善之乐""生孝弟之心"，以此强化同宗共祖的宗族情感。儒家认为："孝弟也者，其为仁之本欤！"而孝悌之心正是处理宗族内部尊卑长幼关系的准则，通过孝悌来敬其亲、爱其亲，此之谓"亲亲而仁民，仁民而爱物"②。

祠堂是族人祭祀祖先的宗族空间。族人定期到宗祠祭祀祖先，一方面是为了表达"不忘先祖"之情，另一方面不断强化族人"源出一本"的宗族意识，从而在情感上达到聚族、收族的目的，恰如康熙二十九年（1690 年）唯亭顾思容所言："长幼毕至，尊卑有序，子孙之精神聚，而祖考之精神亦聚，有不雍雍而联属者乎？其以私而废公者有罚，以幼而凌长者有罚，且可以考德而问业，可以奖贤而励不肖，如是而孝悌之心可以油然而生矣，其有一本而致为途人者哉！"③苏州文化世族子孙对祖先往往怀有追慕敬畏的心理，加上诗书传家的儒家礼教的规训，促使其中不少人孜孜以求地努力创建并维护祠堂的延续，如道光二十九年（1849 年）唯亭雅园顾公祠堂因"祠堂墙门及租房坍塌"，五世孙顾元凯"捐资重造，连油漆共计洋二百四十元"；七年后祠堂仰止斋将要坍塌，世骏、来章、翼基兄弟三人"捐资重造，共计洋六十元"；太平天国战火又导致顾氏祠堂"尽为瓦砾"，玉松公遂决定重新"移建新祠于城内因果巷"，同时"仍将旧祠图刻入谱中"，在重建祠堂的过程中，顾氏族人幸运地在碎石瓦砾之中，寻获当年彭定求所撰"雅园祠堂记"刻石一方，将其移置新祠飨堂后，玉松公感叹道："金石文字历劫不磨，亦先人呵护之灵也！"④

义庄族田是与祠堂相配套的宗族族产，族田往往可以分为祭田、义田和义学田等类别⑤，但凡举行宗族祭祀、救助贫困、承担族人教育、补助丧葬以及其他宗族活动的开支皆来源于族田收入。因此，义庄族田实质上是祠堂内宗族活动得以运作与维系的物质基础。田产数量增加有赖于族人慷慨捐赠，同治八年（1869 年）潘遵祁在《谱桂义泽记》中称赞其侄慷慨捐助宗族的功德：

---

① （清）吴大㴭纂修：《皋庑吴氏家乘》卷 2《增订家乘族谱自记》，光绪七年（1881 年）刻本，第 1 页 b。
② （宋）程颢、程颐著，王孝鱼点校：《二程集》第 1 册，第 352 页。
③ （清）顾来章等纂修：《重修唯亭顾氏家谱》卷 5《致沙村兄议立家庙札》，第 33 页 b。
④ （清）顾来章等纂修：《重修唯亭顾氏家谱》卷 13《吏部考功司员外雅园顾公祠堂碑》，第 2 页 b。
⑤ 惠清楼：《清代宗族经济关系探略》，《南开学报（哲学社会科学版）》2017 年第 5 期。

计伯先后所捐，凡恤族白金二千七百余两，助葬七百余两，助修庄祠二千两，助刻谱三百两，又加以读书田二百亩，其有助于义泽而锡类于同族者，功德甚巨。①

建立义庄族田救济族中贫困，是苏州文化世族敬宗收族较为普遍的做法。除大阜潘氏之外，苏州其他文化世族的族田规模亦相当可观，现据部分资料列表如下（表1）。

表1 苏州文化世族义庄田产举例　　　　　　　　　　单位：亩

序号	时间	地区	义庄名称	捐输人	亩数
1	同治年间	吴县城西	申文定公义庄	申潽	1394
2	乾隆二十六年	吴县枫桥	临海义庄	黄鸿	600
3	嘉庆初年	吴县洞庭东山	翁氏义庄	翁新熙	520
4	乾隆五十四年	吴县小日晖桥南	萧江义庄	江凇	660
5	同治年间	吴县桃花坞	吴氏义庄	吴邦勋	290
6	道光二十五年	吴县砂皮巷	资敬义庄	程桢	2400
7	道光二十九年	吴县县衙前	耕荫义庄	汪为仁	1000
8	光绪二十二年	吴县黄鹂坊巷	陈氏义庄	陈宗浩	1093
9	光绪三十三年	吴县砂皮巷	张氏衡平义庄	张茂镛	528
10	光绪三年	吴县护龙街	顾氏春荫义庄	顾文彬	2408
11	乾隆十一年	长洲县因果巷	浔阳义庄	陶篠	1000
12	乾隆五年	长洲县闻德桥西	袁氏义庄	袁庭栋妻	700
13	乾隆四十四年	长洲县上津桥	周氏义庄	周怀仁	200
14	乾隆四十八年	长洲县相城镇	陆氏义庄	陆肇域	500
15	道光七年	长洲县山塘	汪氏义庄	汪士锺	1068
16	同治九年	长洲县半十九都	朱氏义庄	朱恩熙	524
17	同治十年	长洲县祥符寺巷	翁氏义庄	翁荣义	502
18	同治十一年	长洲县西花桥巷	王氏怀新义庄	王师晋	1250
19	同治十二年	长洲县相城镇	张氏松荫义庄	张荫楷	1001
20	同治十二年	长洲县东十三都	沈氏义庄	沈凤威	1002
21	同治十三年	长洲县旧学前	周氏宋荫义庄	周元怀	532
22	光绪五年	长洲县十梓街	吴崇德义庄	吴大根	762
23	光绪七年	长洲县因果巷	顾氏颂文义庄	顾来章	1000
24	光绪七年	长洲县相城镇	张氏崇本义庄	张毓庆	1021
25	光绪十四年	长洲县西花桥巷	杭氏义庄	杭安福	1010
26	光绪初年	长洲县刘家浜	程氏成训义庄	程廷桓	不详
27	光绪十八年	长洲县相城镇	俞氏缵安义庄	俞文霭	505
28	光绪十九年	长洲县迎春坊	张氏义庄	张履谦	2003
29	光绪二十二年	长洲县葑门	吴氏承志义庄	吴大培	1014

① 潘裕博纂修：《大阜潘氏支谱》，《谱桂义泽记》，1992年电脑排印本，第1573页。

续表

序号	朝代	地区	义庄名称	捐输人	亩数
30	光绪二十七年	长洲县十梓街	严氏慎远义庄	严兆淦	1089
31	光绪二十八年	长洲县大郫桥巷	钱氏竹荫义庄	钱福年	1018
32	宣统元年	长洲县古市巷	钱氏闻韶义庄	钱立贤	1036
33	光绪五年	长洲县乔司空巷	徐氏石麟义庄	徐佩荃	509
34	未详	长洲县	吴氏承荫义庄	吴凤清	511
35	顺治五年	元和县齐门小栈	吴氏继志义庄	吴好古	600
36	康熙年间	元和县甪直	娄关蒋氏义庄	蒋之逵	300
37	乾隆二十四年	元和县虎丘山塘	唐氏义庄	唐文栋	600
38	嘉庆九年	元和县混堂巷	潘氏荣阳义庄	潘文起	1243
39	道光五年	元和县悬桥巷	张氏义庄	张慤祖	1001
40	道光十年	元和县葑门内盛家带	徐氏梓荫义庄	徐长庆	1091
41	光绪二十九年	元和县葑门内盛家带	徐氏梓荫义庄	徐芬	494
42	道光十五年	元和县悬桥巷	潘氏送麟义庄	潘遵祁	1004
43	道光十七年	元和县百狮子桥	王氏义庄	王有庆	1012
44	道光十八年	元和县悬桥巷	丁氏济阳义庄	丁锦心	2000
45	咸丰四年	元和县悬桥巷	丁氏济阳义庄	丁士良	301
46	道光二十二年	元和县平江路	汪氏诵芬义庄	汪景纯	1008
47	道光年间	元和县娄门大街	韩氏义庄	韩叙堂	1800
48	道光三十年	元和县钮家巷	陈氏义庄	陈骏	1053
49	不详	元和县胡厢使巷	蒋氏义庄	蒋兆烈	1029
50	咸丰年间	元和县衮绣纺	陆氏义庄	陆宗澄	未详
51	同治十一年	元和县甪直镇	王氏义庄	王朝庆	614
52	不详	元和县甪直镇	严氏义庄	清节母陆氏	538
53	同治十二年	元和县曹胡徐巷	张氏荫余义庄	张永嘉	1000
54	同治十二年	元和县甪直镇	沈氏义庄	沈国琛	754
55	同治十二年	元和县甪直镇	殷氏义庄	殷柄初	558
56	同治十三年	元和县徐家巷	陆氏余庆义庄	陆迺普	1003
57	光绪四年	元和县十泉街	彭氏义庄	彭祖贤	1634
58	光绪二十年	元和县朱长巷	顾氏辅宜义庄	殷廷贤	590
59	光绪二十五年	元和县混堂巷	杨氏宏农义庄	杨廷荣	1004
60	光绪二十五年	元和县城东水门桥	潘氏天池义庄	潘绍骝	2055
61	宣统元年	元和县南石子街	徐氏春晖义庄	旌表孝女徐淑英	1010

资料来源：李根源、曹允源：《民国吴县志》卷 31《公署四·义庄》，《中国地方志集成·江苏府县志辑》，南京：江苏古籍出版社，1991 年，第 466—474 页

表 1 共列义庄 61 个，除去田产数不详的 2 个义庄，其中拥有田产大于或等于 1000 亩的义庄数高达 34 个，占被统计总数的 55.7%，这 34 家义庄中田产在 1000—1500 亩的又有 27 个，占被统计总数的 44.3%。另外，田产不到 1000 亩的 25 家义庄中，有 20 家田产在 500—1000 亩，占被统计总数的 32.8%。清代苏州大族义庄

数量可观的族田，是族人享受"阴雨之膏黍苗，秋水之灌河伯"①的物质保障。另外值得注意的是，在这 61 家义庄当中，有 3 家捐田者的社会身份比较特殊，她们分别是寡妇、节母和旌表孝女。这说明传统社会，如果在男性缺席的历史场景下，维系宗族正常运转的关键角色无人扮演，那么被礼教要求恪守三从四德的女性，就客观上担负起凝聚族人、培养宗族情感的责任。这时，女性成了宗族成员关系的联结，确保了宗族情感的维系。

　　一族之内，各户难免有贫富差距，基于同出一源的宗族情感，富户常常对族中贫苦孤寡之人施予必要救济，这种怜悯互恤的宗族情感，便是通过上述义庄来表达的。尽管明中叶以后苏州的家庭结构趋于小型化，淡漠的宗族观念也使得义庄发展受到严重制约②，但这并不影响人们对其在情感表达方面所发挥作用的评价，因为在文化世族的努力之下，特别是晚清"庚申之乱"后，许多家族积极重建或创建义庄，形成了明清时期苏州义庄建设的一个高潮。冯尔康指出："清人继宋、明以后，对发展宗族共有经济颇感兴趣……宗族上层分子有意识地以办义庄等宗族公有经济，来联络族人，企图达到收族的目的"③；再者，义庄"虽是以血缘关系为基础，以敬宗收族为宗旨，但各宗族严格的管理规条同时体现了一种契约型的人际关系，权利和义务、济贫与教化总是紧密联系"④，这说明，作为制度化规范的宗族义庄取得了一种规范性、强制性的权力，促使其能够对族人作经常性的赡养扶助，也从侧面为宗族更广泛而长久地表达"敦亲睦族"之情提供了强有力的制度保障。

　　关于义庄的功能，冯桂芬曾设想："一姓即立一庄，为荐飨、合食、治事之地，庄制分立养老室、恤嫠室、育婴室，凡族之寡孤独入焉。读书室无力从师者入焉，养疴室笃疾者入焉。又立严教室，不肖子弟入焉。"⑤由此可知，赒急扶困和助学教化是苏州文化世族借助义庄表达宗族情感的两项主要内容。首先，有的义庄的捐资者和组织者都强调是仿效北宋范仲淹设义庄之制，但在强调"一本之谊"、救济扶助族人的同时，也考虑到过度的救济很可能招致族人

---

① （清）彭绍升：《二林居集》卷 10《彭氏润族田记》，《续修四库全书》集部，第 1461 册，上海：上海古籍出版社，2002 年影印本，第 380 页。
② 详见徐茂明：《明清时期苏州的宗族观念与文化世族》，《史林》2010 年第 6 期。
③ 冯尔康：《清代宗族制的特点》，《社会科学阵线》1990 年第 3 期。
④ 徐茂明：《江南士绅与江南社会（1368—1911 年）》，北京：商务印书馆，2004 年，第 141 页。
⑤ （清）冯桂芬：《校邠庐抗议·复宗法议》，《续修四库全书》子部，第 952 册，第 529 页。

的不思进取，所以皋庑吴氏义庄规定："凡成丁男口自十七岁至五十岁止，理宜勤力营生，非孤寡老疾可比，虽处极贫例不给发。"①有的还规定了贫苦女性族人的救济"至出嫁日停止"②，但是有的宗族也会念及一本之情，对于部分嫁出去的贫困族女仍然给予适当救助，如"许字而久未出嫁或已嫁而无所归依者，应推一本之谊略加体恤月给钱三百文"③。除了赒急族中鳏寡孤独者，另外一大内容则是关于族中子弟读书教育的资助。捐资助学不仅对读书应举的子弟加以奖励，对于习业谋生的子弟也同样奖励，苏州彭氏规定："读书不成者，习业亦足以谋生，凡子姓无力者，始习业，由支总报明助钱四千文，备置铺陈。"④重视子弟教育是清代苏州文化世族区别于一般宗族组织的特征，他们通过族众集资或依靠义庄资产来创办族塾义学。大多数义学主要负责族中子弟的启蒙教学任务，但也不排除一些世家大族针对不同程度的孩子分授不同的内容。无论义学所授内容为何，苏州文化世族创办族塾义学的一个主要目的就是通过礼乐诗书来达到敦亲睦族。⑤

在清代整体苏州宗族观念淡漠的环境下，苏州文化世族通过定期重新编纂族谱、葺修祠堂、捐设义庄、创立族学等宗族活动，从不同途径表达对敦亲睦族的情感诉求。

四、结　语

宋明以来家族制度的发展与儒学发展相一致，儒家思想之核心观念"礼"与"仁"亦融合于宗族制度的设计理念中，正如朱熹《家礼》序所说："凡礼有本有文，自其施于家者言之，则名分之守、爱敬之实，其本也，冠婚丧祭仪章度数者，其文也。"家族组织除了要建立一套符合等级礼制的"名分"外，还要实现人性中的"爱敬"之情，这种"爱敬"之情，即族人作为宗族共同体成员应该培育的集体情感，具体而言就是借助编修族谱、祠堂祭祀、义庄救济

---

① （清）吴大赝纂修：《皋庑吴氏家乘》卷10《义庄记》，第3页 a。.
② 彭文杰修：《彭氏宗谱》卷12《庄规》，第20页 a。
③ （清）吴大赝纂修：《皋庑吴氏家乘》卷10《义庄记》，第3页 a。
④ 彭文杰修：《彭氏宗谱》卷12《复旧规》，第23页 a。
⑤ 王善军：《宋代宗族和宗族制度研究》，石家庄：河北教育出版社，1999年，第116页。

等宗族活动来表达宗族情感。宗族情感表达的原则是根据血缘亲疏建立五服九族制，因此情感表达也具有亲疏远近的等级性特征，如苏州彭文杰所云："亲亲而仁民，仁民而爱物，此大学之次第也。先亲后疏，循次而行，毋或踰越。"①这种情感的等级性特征也正是费孝通所指出的中国社会结构之"差序格局"。尽管宗族情感表达要受到"礼"约束，但在日常生活中，"礼"往往也会顺遂自然，越"礼"而任"情"，形成"族人"亲如"家人"的现象，这也正是积极创建并维护宗族组织的士人所乐见的结果。

---

① 彭文杰修：《彭氏宗谱》卷 10《皇清敕授承德郎候选布政司理问貤赠资政大夫顺天府府尹加二级显考仲山府君行述》，第 48 页 b。

"忠厚王家"

——苏州莫釐王氏的家训家风

吴建华[*]

在对王鏊及其家族的研究中[①]，笔者发现家风对于这个永葆长青的家族的延续起着十分重要的作用。付庆芬对此做过较好的研讨，认为忠厚传家、气节相尚和亦官亦商是其家风，笔者觉得仍有必要进一步检讨。[②]

苏州东山莫釐王氏在南宋初年自汴京（今河南省开封市）扈从宋室南迁，历经 900 年，人口繁衍，南宋与元时期业农经商，默默无闻，明清时期进一步发展成为苏州科举世家、文化望族，近代以来又及时转型为科技名门。历经改朝换代，世事沧桑，莫釐王氏人口生生不息，曾经繁衍大约 1.3 万人，各种各样类型的人才兴旺发达，而秉持忠厚本性、善于治生、重教读书、提高人口文化素质、培养人才、恪守优良的家教家训，传承优秀家风，却是一致不衰的法宝。

---

* 吴建华，苏州大学历史学系教授。

① 笔者研讨王鏊及其家族历经多年，部分成果最早曾以论文《王鏊家族的人口增长与人文发展》参加"亚洲第九届暨首届海峡两岸族谱"学术研讨会（江苏扬州，1996 年 8 月 27—29 日）。以后以东山王氏家族为对象的学术研究主要有张建华：《从江南科举世家到近代科技名门——苏州莫釐王氏家族研究》，苏州大学硕士学位论文，2009 年；刘娟：《家族文化对家族教育的塑造——以洞庭东山王氏家族为中心的考察》，河北大学硕士学位论文，2016 年。至于对王鏊的研究也在增加，于此恕不列举。

② 付庆芬：《江苏太湖洞庭东山王氏家运不衰原因探析》，《北京电子科技学院学报》2010 年第1 期。

一、莫釐王氏家族发展与人才兴盛

1. 家族发展

莫釐王氏的始迁祖是被奉为第一世的百三、百八，在南宋高宗建炎年间（1127—1130 年）随宋室自汴京南渡长江，隐居浩渺太湖之中的洞庭东山。不过，除了这个排行，没有任何可知的信息记载。第二世千七将军。千七将军生三子：万六将军、万七、万八。"万六将军字大志，娶蔡氏五娘。"家谱对先世从此开始有了比较明确的记载。这说明莫釐王氏对于家族先世的记忆，最初三代的事迹所知甚少，不过可以肯定的是，这支王氏由父子两代武将开基东山，延续下来。万八生一子胜五。胜五，字兴宗，生二子：福十一、福十二。福十二顺，字仲达，生二子：廷玉、廷宝。廷宝生二子：彦祥、彦祺。

第七世彦祥，字伯英，赘洞庭陆巷陆子敬为婿，妻陆素贞，生五子，后来复姓归宗。他率子居巷口，戮力治生，家业大饶，由此发家，其居地人称王巷。这五子是：

昇，字惟善，东宅支。他在明宣德时任福建长乐县主簿，开始了莫釐王氏定居东山之后的官宦之途。生一子琮，即孟方支，为大房。

礼，字惟德，生二子，传长子，即克美支，传二代止。

敏，字惟贞，赘蒋湾叶氏。他是洞庭大商人。后来东山人、明代苏州首位状元施槃为他作传。他生二子，传长子，即希振支，传三代止。

逵，字惟道，北宅支，生三子：璋，即公荣支，传四代止；琪，即以润支；琬即光化支。

谨，字惟能，南宅支，生二子，传长子，即友泽支。

莫釐王氏到清乾隆时续修家谱，千七将军以下各支，仅记伯英一支了，伯英以上其他各支后系，本来遍载各支完备，人口众多，却都已无从查考。

即便伯英五子的后裔，二房、三房传数代而止，只有大房东宅孟方支，四房北宅的以润支、光化支，五房南宅友泽支，共四支的子孙传衍，很多族人后代也已失传。所以，莫釐王氏家谱共分为孟方支、以润支、光化支、友泽支、辑遗支五大支派。

王彦祥，即伯英，是明代名臣王鏊的曾祖。其第四子王逵，字惟道，即王鏊祖父。王逵第三子王琬，即王鏊之父，形成光化支，生四子，后代最盛，下又分七小支，其中长子王铭，即安隐支。次子王鏊，生四子分四支：延喆，即尚宝支；延素，即思南支；延陵，即中书支；延昭，即卓峰支。三子王铨，即中隐支，传一代止。四子王镠，即进之支，无后。

至民国二十六年（1937 年）王季烈修谱成，莫釐王氏曾经繁衍了 9700 多人，蔚为大观。2014 年王守青续谱成，于间隔 77 年之后，上谱人数在 2500 人左右。

莫釐王氏从始居洞庭王巷，其后徙居城中、徙居他乡，如今分布全国乃至世界各地。国内以苏州本地居多，北京、上海、南京、杭州、徐州、甘肃，新疆及港澳台等地都有，海外有美国、加拿大、新加坡、澳大利亚、法国、比利时等国家。

2. 人才兴盛

随着莫釐王氏家族延续，人口增长，其家族人才也逐渐兴旺起来。据笔者统计，从第八至第二十四世（1373—1931 年），莫釐王氏共有 17 代。

伯英后裔的这三大支派，以王鏊所在的四房光化支人口最为繁盛，有男性人口 1997 人，其中获得生员以上功名者 287 人，获取官职者 119 人，两项合计，占同期房支男性人口的 20.33%；

大房孟方支男性人口 1405 人，其中获得生员以上功名者 65 人，获得官职者 46 人，两者合计，占同期房支男性人口的 7.9%；

四房以润支男性人口 1065 人，其中获得生员以上功名者 85 人，获得官职者 160 人，两者合计，占同期房支男性人口的 23%。

合计以上三个支派男性人口共 4467 人，其中取得生员以上功名者 437人，占 9.78%，即近 10 个男性人口中有 1 人入学成为秀才以上的文人学士；取得实际官职和或只有空衔或捐得官位与空名官衔者多达 325 人，占 7.28%。

当然，这三个支派的人口增长与人文发展、人才的数量很不平衡。光化支在功名人才，尤其是进士、举人的高功名上，占绝对优势，共有进士 11 人，文举人 24 人，庶吉士 3 人，合计为同期本房支男性人口的 14.37%。而且，他们的仕宦多为实职，占 5.96%。

以润支以低功名的秀才为多，比例也很高；文武举人有 3 名；他们以洞庭商人的雄厚财力，捐取空头官职者最多，占 15.02%。

此外，还有两支，即五房友泽支有 2 名候补官职者；拾遗支有 4 名监生，1 名候补官职者，均为捐得，各与其本支男性人口相比，比重微乎其微。

近代新学、留学一开，王氏家族人口马上转向，截止到 1931 年修谱，共有 10 人留学美国、日本等国，取得学士、硕士学位，其中光化支有 8 人，孟方支、以润支各有 1 人。①

莫釐王氏从王鏊祖父王逵（惟道）有心教子读书，引导家族转向，走上了科举仕途，科举人才则从王琬在明天顺年间（1457—1464 年）成为贡生起步，直到晚清（1905 年）废除科举，开启了长运近 450 年的辉煌征程，赢得了巨大成功。莫釐王氏科目榜上，明清共有进士 12 人，其中武进士 1 人，洋进士 1 人；举人 26 人，其中武举人 2 人，洋举人 2 人，召试举人 1 人；副榜 2 人。

明代是莫釐王氏科举的良好发端期，录得进士 2 人：成化十一年（1475 年）乙未科王鏊、万历十七年（1589 年）己丑科王禹声，举人 3 人（成化王鏊、万历王禹声，万历武举人王祚新），副榜 1 人（万历王国宠），共 4 人。依据广为流传的说法，王鏊由乡试解元、会试会元，最后被考官三元商辂抑为一甲进士第三名探花，因而与"三元"这一中国科举桂冠的明珠擦肩而过，终身引以为憾。尽管如此，这已为天下翘楚，够使莫釐王家门庭光耀，从此更换从南宋以来长达 300 多年默默无闻，一味与耕夫、贩夫为伍的门风了。

清代莫釐王氏对考试熟透了，科举大发，共录取副榜 1 人，举人 23 人，内武举人 1 人，洋举人 2 人，进士 10 人，内武进士 1 人，洋进士 1 人。这些进士是康熙四十二年（1703 年）癸未科王元位、康熙五十一年壬辰科会试中式第 77 名王世琛、乾隆十九年（1754 年）甲戌科会试中式第 194 名王关伯、道光三年（1823 年）癸未科王仁熙、咸丰九年（1859 年）己未科王咏春、光绪六年（1880 年）庚辰科会试中式第 86 名王颂蔚、光绪十八年壬辰科会试中式第 26 名王仁俊、光绪三十年甲辰科会试中式第 130 名王季烈，还有光绪二年丙子科武进士王淑岱，宣统二年（1910 年）游学毕业考试最优等，奖给医科进士王桢。

清代莫釐王氏进士分别出现在康熙、乾隆、道光、咸丰、光绪朝。光绪朝

---

① 参见吴建华：《明清江南人口社会史研究》，北京：群言出版社，2005 年，第 389—391 页。

人数最多。会试的名次，在总共 114 次、每届录取进士 300 名左右的酷烈考试竞争选拔之中，王世琛、王颂蔚和王仁俊的名次都靠前。尤其是王仁俊，名次颖异，被选为翰林院庶吉士是理所当然的。特别值得一提的是，经过长达 237 年的翘首期盼，王鏊八世孙王世琛殿试状元，弥补了王鏊被取探花的家族世代缺憾。王颂蔚、王季烈父子进士，也是科举佳话。另外，王家武进士到光绪朝也出了，堪称家族进士文武双全，人才全面。

宣统时，游学归来的王桢以考试最优等而获赏"洋进士"。莫釐王氏族人近代留学欧美与日本，进入名校学习的不少，学成归来，报效祖国。光绪三十一年（1905 年），科举正式停废，凡是留洋归来的学子经过中央组织的考试，按等级奖赏举人、进士头衔，即所谓的洋举人、洋进士。光绪三十二年王季点、宣统元年（1909 年）王颂贤，因游学毕业考试优等，都奖给工科举人。他俩和宣统二年赏给洋进士的王桢一样，具备真才实学。王氏这一游学人才的优异，似乎预示着中国在实行 1300 年以文学为主、公开考试竞争录取人才的科举之后，进入以理科为主，在世界范围求学考试录取人才的新时代，而莫釐王氏也是率先实现这种转型、与时俱进的佼佼者，并且涌现出一个科技人才群体，不少人位列现当代世界科技的前列。

王芑孙学问渊雅，学术声望极高，成为召试举人。他在乾隆五十三年（1788 年），经乾隆帝于天津召试，是一等第二名，赐举人。这属于清帝特殊考试选拔人才的方式。

莫釐王氏的贡生，不包括援例捐纳的例贡，明代有 4 人，清代有 7 人，共11 人。其中治《诗经》有王朝用、王铨，治《易经》有王有怀、王永佐，治《尚书》有王灌。

王世云，在清雍正年间，由元和县学举为孝廉方正。

从隋至清，历朝政府通过科举正途选拔人才做官治理国家，科举功名与仕途相连。虽说取得功名不一定就得做官从政，但不少士子确实走上士大夫通途，由此显身发家，光宗耀祖，获得政治地位和社会名望，并且将科举仕途作为子孙传家长盛不衰的通衢，以此成为科举文化世家永葆崇高的社会威望。莫釐王氏就是如此，由普通平民子弟之家，通过勤学肯苦，走科举仕宦的正途而获得成功，最终跻身于苏州地方和国家文化世家，人才兴旺长达 450 多年，成为天下翘望的名门望族。

在 1937 年的《莫釐王氏家谱·仕宦总目》里，共有 116 人出仕，其中明 12 人，清 104 人。除了候补的 8 人，其余均有实职。应该说，莫釐王氏成员步上仕途并不早。明代中期，王鏊伯父和父亲才开始入官，以后则代代有人踏上仕途，这个洞庭商人世家于是成为苏州著名的官宦世家。

莫釐王氏明清的仕途，论官职名声之盛，则在明代中期王鏊官居一品，入内阁成为大学士的时候，而论官员人数之众则在清代。清代莫釐王氏子孙从政，大多数属于县级及县以下的下级官员，少数人跻身中级，如主事、郎中、知府、盐运使，只有王仁宝曾官至浙江提刑按察使司按察使，为省级大员，其官职之高，在家族里仅次于明代王鏊。总的看，明清时期这一官宦世家的仕途极为兴盛。

莫釐王氏子孙担任的官职绝大部分是文职，也有几位武官，如王淑岱，安徽和州守备；王嘉福，云骑尉，江苏仪征城守府。

莫釐王氏出仕途径有的是科举正途，由贡生、举人、进士等；有的走捐纳异途，不过这种情况不列于"科第"当中。此外，有军功，却不多，如王熙恩，云骑尉，奉天复州吏目。有荫庇，王鏊四个儿子中三个：长子王延喆，吴县学庠生，以父荫入官，由中书舍人任大理寺右寺副；三子王延陵，荫中书舍人；次子王延素，由荫生出仕。

莫釐王氏科第的高低、出身的正途异途，与做官大小不完全一致。王鏊以探花入内阁，而状元王世琛止于山东学政。有一点则是基本一致的，即如此众多的科举仕宦人才，恪守莫釐王氏基本家教家训，呈现的人格特性和精神风貌。

莫釐王氏的人才及其作为十分耀眼，不仅表现在上述科举仕途方面，而且表现在文学艺术与文化等方面。明清以来，莫釐王氏涌现出了一批文学艺术名家。

文学上，如王鏊对"台阁体"有所创新，又是影响明清科举几百年的八股文大家；王瀚、王学伊兄弟等人在精神上、物质上、学术上都支持了金圣叹的文学评点活动；王希廉、周绮夫妇评点《红楼梦》，影响深远；著名诗人王芑孙，其子王嘉禄是"吴中词派"主将。

书画艺术上，书法名家有王鏊、王芑孙等；书画暨鉴藏名家，如清王武、当代王己千。王己千与张大千成为海外中国画家的代表，影响国际中国画的鉴藏、拍卖定价体系。擅长书画的更多，如王延陵、王铨、王世琛、王仲纯，并有女性，如王兰贞、王蕴贞。

王季烈大大推进昆曲理论研究，与俞粟庐、吴梅并称为近代昆曲三大家。其子王守泰继承发展了他的昆曲研究。

莫釐王氏注重著述，留下文字繁多，至少几十人有著作传世。像王鏊以"穷阁老"好读书，留下《震泽纪闻》《震泽长语》《震泽集》等名著，主修的《姑苏志》是地方志名志。王芑孙官止华亭教谕，却有《渊雅堂全集》等20多种著作。王仁俊曾任知府、京师大学堂教习等官，而家庭寒素，酷爱书籍碑版，辑佚著作达30余种。王颂蔚擅长版本目录学、金石考证，是明史专家。

莫釐王氏喜欢藏书刻书。藏书家至少有王鏊、王延喆、王世琛、王申荀、王芑孙、王希廉、王金增、王鎏、王颂蔚、王季烈、王季点、王季常。莫釐王氏"三槐堂"刻书名声卓著，如王延喆仿刻宋版《史记》，竟能乱真，传为刻书佳话。

废科举以来的100余年，莫釐王氏子孙在自然科学、工程技术、医学、教育、文化等领域，成为教授、研究员、高级工程师等杰出科学家、医学家、教育家之类的卓越人才。不少人同时担任一些重要职位。还有的爱国奉献，投身正义和革命事业，坚决与外敌以及邪恶腐败势力做斗争。他们为国家强大、民族振兴、文化教育发展繁荣，贡献巨大，在海内外赢得盛誉。

莫釐王氏对于中国及世界近现代物理、化学、工程技术等科技方面的贡献很大，涌现出了一大批国内外一流的专家学者，甚至是科技泰斗。例如，王季烈的物理、化学翻译，首次用"物理学"取代"格致"一词，翻译编写中国第一本大学水平的教科书——《物理学》，编写中学物理教材，被普遍采用；王季同的"王氏代数"、电机工程；王季点的化学；王季绪、王守则、王守泰、王守融的机械工程；王守竞、王明贞的物理学；王淑贞的妇产科学；王守武、王守觉兄弟是中国科学院院士、中国半导体工业创始人。

莫釐王氏与苏州很多世家通婚，还与山西灵石何氏、浙江绍兴俞氏等名门联姻，从先天遗传和后天家教环境上确保后代高素养人才持续不断。其姻亲的子孙也名流学者辈出，如著名科学家何怡贞与葛庭燧院士夫妇，何泽慧院士与钱三强院士夫妇，何泽涌、何泽瑛、俞启忠、陆学善院士等。

　　莫釐王氏重教兴学，世代重视子孙的教育与读书，到近现代则及时积极投身苏州新式教育事业。王颂蔚妻王谢长达和女儿们一起献身办学，推动了苏州教育近代化。

　　王谢长达与友人于 1906 年创办苏州振华女校，意在"振兴中华"。其长女王季昭（留美归国），以及四女王季山都曾在振华女校任教。三女王季玉，留美硕士，1917 年接管校务，誉满东南，以"我已嫁给了振华"，终身未婚。1953 年，振华女校交给政府接办，至今仍是名校。振华女校培养了大批德才兼备的学生，有杨绛、何泽慧、彭子冈、王淑贞等。费孝通是该校唯一的男生。王谢长达的幼女王季常于 1933 年创办苏州私立安定初级商科职业中学，解放后移交人民政府管理，改名苏州工业专科学校，后改为苏州第十一中学。

　　莫釐王氏在明清时期积极经营商业贸易，出现富商巨贾，如明初王惟贞、晚清上海大买办商人王宪臣，进而成为洞庭商帮的主要家族。近现当代很多裔孙活跃于海内外金融贸易、工商实业界，不少人是在国内外大学毕业后创业成功的，如王叔蕃，清厦门招商局总办。其子季埕，曾任东莱银行上海分行经理，上海申大布厂、天香味精厂董事长。季埕子守勤，某保险公司总经理。守勤长子义本，上海大元纺织公司副经理、副厂长。现今季埕三兄弟的子孙有 11 人在美国、澳大利亚、加拿大等国从事金融贸易。王叔蕃另一后裔王守恒，留美硕士，投资创建上海中孚染料厂，是中国民族染料工业创始人之一，后任中孚兴业化学制造公司总经理、总工程师。王守竞长子王义炤，美国国际纸业集团副总裁，热心家族慈善，资助家乡教育。

　　莫釐王氏有优秀革命儿女，如王季彦、王季凤、王韫之三姐妹的丈夫与儿女，共有 12 人加入中共地下党与新四军，其中 5 位是革命烈士。"革命妈妈"王季凤，其丈夫朱穰丞留法勤工俭学，于 1932 年在巴黎参加中国共产党，后在苏联死于冤案，已平反。她早期参加进步戏剧活动。20 世纪 30 年代，上海学委秘密机关设在她家，她曾掩护学委领导吴学谦等人。吴学谦认她做干娘，便于工作。她教育三个子女成才、走上了革命道路。①

---

① 参见孙中旺、王开征：《苏州王氏望族（下）——名德硕彦、代代相继的东山王氏》，载张学群等编著：《苏州名门望族》，扬州：广陵书社，2006 年，第 197—217 页；孙中旺：《王氏：宰相门第教授之家》，载杨维忠、薛利华主编：《东山大族》，扬州：广陵书社，2008 年，第 151—178 页。

二、莫釐王氏家谱编修与家训家风传承

1. 家谱编修

莫釐王氏家谱从明迄今总共经过一创六修，作为家族信史，对于家规家教形成、家风传承起到不可替代的作用。

明景泰年间（1450—1456 年），东山王氏景德始辑宗支图。弘治九年（1496 年），王琬在儿子王鏊的帮助下，经历 17 年之久，首次篆刻《王氏家谱》。王鏊为子孙拟定了 32 字的世数排行诗，一字为一世："延有国祚，斯显奕世。伯仲希仁，叔季守义。民彦思忠，元良允治。太平万年，臣子素志。""有"原作"祐"，为避明孝宗朱祐樘的名讳而改。"太平"原作"大明"，明亡清兴而改。莫釐王氏家谱从此屡续不辍。目前可见的王氏总谱有清乾隆谱、道光谱各 22 卷，宣统谱 30 卷，民国谱 24 卷，今修谱。

由于中华王氏地望有太原、琅琊等 21 家，不详自己所出何望，王鏊父子创始总谱，取名《王氏家谱》。乾隆、道光、宣统谱都称为《太原家谱》。乾隆时王塗辑录谱略 6 卷，改用居住地名谱，称为《洞庭王氏谱略》。宣统谱封面用《太原家谱》为名，内页又名《洞庭王氏家谱》。民国王季烈修谱，鉴于王氏居住洞庭东山，不在洞庭西山，为免混淆，直接以洞庭东山的主峰莫釐作为标识，称为《莫釐王氏家谱》，最为贴切，也就不去模糊遥接太原王氏了。谱名取用的变化反映莫釐王氏实事求是的修谱态度，以及做事的求真精神与踏实作风。

2014 年，王守青先生等孜孜矻矻，历经 10 年，第六次续修家谱竣工。他们认为这对于凝聚族人，传承几百年优良家风，激励子孙上进贡献，具有重大作用。

历久不懈修纂的莫釐王氏家谱记录着族人将近 900 年的真实生活与创业发展过程，尽管没有家规、家训专卷，但从明代王琬、王鏊父子创谱迄今修谱，可以看到他们认真探讨自己的家教、家风。以此，莫釐王氏不等于没有家训传承和家风特色。相反，在其家谱收录的文字和子孙的作为里集中体现了家训、家风的传承。

2. 家训、家风传承

许汝棻在 1937 年序王季烈修纂《莫釐王氏家谱》，提到该族人才的几种类型，彪炳千秋，反映莫釐王氏家教熏陶，家风养成，留给当时人们最为深刻的印象。

> 盖始迁于赵宋之南扈，而光大于有明之文恪。自此而后，劲直如承天，忠义如知我、如道树，渊雅如惕夫，忠节如听夫，经济如亮生，名德硕人，累叶不绝。此在通都大邑，得其一二，已足增史乘之光，而乃类聚于君宗，此如日月光曜在天，固无待于称赞，而后始知为不可跻及。至其簪缨之辐辏，轩冕之纷繁，俗所引为荣者，则又不足夸已。[①]

文中所言莫釐王氏的人才及其几种人格类型有以下几类。

第一类，文恪王鏊，光大了王家门楣，辅助君国。"致君泽民，则自知致身有道，而柱下（指老子道家——笔者注）为工之说不足以惑之也。"

王鏊（1450—1524 年），字济之，号守溪。明宪宗成化十一年（1475年）探花进士及第。自编修历官吏部右侍郎。明武宗正德元年（1506 年），入内阁，进户部尚书、文渊阁大学士。加少傅，改武英殿大学士。因太监刘瑾专权，正德四年致仕。明世宗嘉靖三年（1524 年）卒于里第，加赠太傅，谥文恪。

王鏊自幼聪颖，通过科举入仕，辅弼君王，成为一代贤明辅臣。他为人正直，为官清廉，经学通明，文章名满天下，是杰出思想家、文学家。他在明代政坛、中国文化史上都占有重要地位，当然也是莫釐王氏口诵相传的先祖，苏州地方杰出乡贤。明代大才子唐伯虎赞誉他"海内文章第一，山中宰相无双"。当今江苏省苏州市吴中区东山镇政府在其改居建有王鏊纪念馆，以资敬仰。

第二类，劲直如承天王禹声。万历时官居湖广承天知府，不畏强暴，上书直陈，痛斥宦官税使陈奉害民，因而落职归家。"高风亮节，则自知行己之不可无耻，而同流悦众之说不足以惑之也。"

第三类，忠义如知我王希（公晋）、道树王学伊（公似）两兄弟，忠节如听夫王翼孙。"大义凛然，则自知忠孝为立身之根本，而蔑弃伦常之说不足以

---

① 《许汝棻序》（1937 年），王季烈修纂：民国《莫釐王氏家谱》卷首，第 1 页。

惑之也。"

第四类，渊雅如惕夫王芑孙。深邃实学。"学殖斐然，则自知诗书为淑身之府，而狃侮圣贤之说不足以惑之也。"

第五类，经济如亮生王鎏。上《钱币刍言》，针对清代时局，主张改革钱币，整饬金融，扭转财政危机，力求经世致用。"详明章制，则自知致力于当世之务，而典章刍狗之说不足以惑之也。"①

王鏊在修谱时总结了自宋以来自己王家繁衍昌大的历程。在自汴京南迁洞庭东山之后，之所以王氏子孙由武转商，虽未读书，默默无闻，却能世代相传，必能日益昌大，正是因为依赖于家族门风的形成与弘扬光大，即山人指为的"忠厚王家"。这"忠厚"二字，吃亏在眼前、在表面、在社会俗眼之见，而得益却在长远、在实处、在质地、在超越常人俗见。

修谱除了让族人知根知底，莫忘祖宗根本，避免子孙族人散佚，以便团结在祖宗的旗号之下，同心同德，服务社会，度过安逸与有益的人生，更是为了通过总结记载累世积累、逐步形成、不断继承与弘扬的姓氏家风族范，即概括家族文化精神，传承优秀的姓氏家族文化，利于社会精神文明建设。这既是王鏊主张的修谱与家族团结、开展家族活动的理性归宿，又是王鏊认为自己"忠厚王家"的特色形成、王氏得以绵延昌大的真正"心法"，子孙足以继承永葆。所谓以"忠厚"积德，福佑子孙，其实王鏊是有所保留的。但不可否认，那将蕴含一种有利于子孙和谐发展的客观环境，却是毋庸置疑的常识。因此，在家谱序中，王鏊明确要求子孙"世守之"。

　　於戏！王为巨姓，自百八以来，虽未闻有甚显焉者，而世以忠厚相承，山人指为忠厚王家，识者谓其后将大也。其果然乎？吾庶几见之。而忠厚一脉绵绵延延，则王氏相传之心法也，要不可泯焉。吾子孙其尚世守之！②

晚年王鏊反省、补写了他的家世和先人事迹，作为对于原修家谱中先世不

① 上引均见《许汝棻序》（1937年），王季烈修纂：民国《莫釐王氏家谱》卷首，第2—3页。
② （明）王鏊：《震泽先生集》卷10《王氏家谱序》，（明）王鏊著，吴建华点校：《王鏊集》，上海：上海古籍出版社，2013年，第195页。

足的补充。到他父子出仕，他鼎甲翰林、官居一品、封及三代、荫子不断之时，王氏实现由农耕之家、洞庭商人家族转为科举之家、书香气息洋溢于农商门庭，大约历经了11代，真正实现了自强、自大的目标。

"王氏家洞庭，世以忠厚相承，盖十有一世矣，而未有显者。乃今发于不肖孙。"他既无比荣耀，功成名就，踌躇满志，同时又诚惶诚恐："鏊之不肖，何以及此？"因此知道感恩，归因于"圣恩"及祖德。"今老矣，惧终无以报，因具列褒封之等于丽牲，以识其荣且遇，又以著圣恩所及皆先德之遗，而非不肖之所能致也。"①对此，民国时裔孙王季烈称"此固归美先人，以自谦之辞"②，实在也是家门品性的显露。

在《公荣公墓志铭》中王鏊进一步指出："洞庭俗尚孅（同"纤"，细小——笔者注），王氏独以宽仁为家法，缓于赴时，暗于射利，而慎于保身。人谓之木钝，终不变。世以此为法，家亦以此大。"③

洞庭东山向来山多地少，人烟稠密，因此山人子弟从小被迫外出经商成俗，民风普遍崇尚细小，喜欢斤斤计较蝇头小利，而王氏唯独讲究"宽仁"家法，竟然被人视作"木钝"，却始终不变，不与民风趋同，当然不会永久只是一个庸庸碌碌的商人之家了，必当伟人奋起，超群脱俗，家族兴旺。这就是"忠厚"传家久的"家法"。

王季烈在民国谱序对于先祖"忠厚"懿训，结合先人实践，再细加阐述。他认为，后世对王鏊之所以推重没有异词，原因在于他"正色立朝，难进易退"等大节凛然，起初不是"以鼎甲宰相为重"的④，也不是常人所能做得到的。

王鏊从读书开始就一身正气，心存大志，被目为"天下士"；及第居官绝不交结权贵，清修《明史》讲，当时朝中他就是"正人"。他关心国计民生，运用书生博古通今的特长，不辞辛劳，对于边防、科举等要政提出有论有据、积极创新有效的对策；对皇帝也敢于直面直言进谏。针对太监刘瑾权势熏天，

① （明）王鏊：《震泽先生集》卷23《先世事略》，（明）王鏊著，吴建华点校：《王鏊集》，第336页。万历《王文恪公文集》"略"字后有一"附"字。
② 王季烈修纂：《莫釐王氏家谱序》（1931年），民国《莫釐王氏家谱》卷1《序例》，第2页。
③ （明）王鏊：《震泽先生集》补遗《公荣公墓志铭》，（明）王鏊著，吴建华点校：《王鏊集》，第527页。
④ 王季烈修纂：《莫釐王氏家谱序》（1931年），民国《莫釐王氏家谱》卷1《序例》，第2页。

大肆迫害朝中正人君子，他不顾个人安危，与韩文诸大臣联名，请诛刘瑾等"八党"。入内阁后主持正义，护持大礼，刚直不阿，多方维护正直大臣，直到实在无力作为，便一而再，再而三，三次上疏，坚辞高官厚禄，弃之如敝履，宁愿急流勇退，归于林泉之下，绝不唯唯诺诺，趋炎附势，苟且贪图荣华富贵。同时期的焦芳，稍后的严嵩，名位不是不与王鏊相等，为何会被人唾骂不绝，遗臭万年！就因为立朝贪图一己私利，专门祸国殃民。

王季烈提到他自幼侍奉父亲王颂蔚之侧，深刻铭记他的家风教诲，听他每举光化公（王琬）任知县时爱民如子，召集流亡，却得罪了上官。

王琬，字朝用，以字行，号静乐。21岁为吴县学庠生。天顺间以岁贡入太学。授湖广襄阳府光化县知县。恰遇王鏊探花及第，从此家居不仕，以高寿终老。

王季烈说其父还提到十一世承天公（王禹声）为民请命，阻抑宦官气焰，直声如天；九世道树公于明亡隐居，保持忠节，并训勉说："文恪公之荣遇乃累世积德，及光化公为宰官，活流民数万人，而后食其报，非后人所能强及。人必以济物利民为怀，具刚正不阿之气，如光化公、文恪公、承天公之存心，而后可以入仕途。至于读书砥行，退修于家，乃子弟人人所宜自勉，非为功名富贵计也。"这是读书不为功名富贵，做官先存天下苍生之心，才可以无畏无惧，难进易退呵！

王季烈殷殷告诫，像元末明初"衰世仕途污浊，直道无往不黜，诡遇始可求荣"，引用光化公说："元明之交，法网峻密，子弟稍秀者辄致通显，而亦旋罹于祸，以覆其宗。此堪为今之子弟求仕者戒！"所以期望族人："食德服畴，仁让忠厚，以绵先泽于无穷，毋求一时之煊赫。"

同时，王季烈又提出"治生"，历数莫釐王氏世代践行的传家之道。

> 管子云："仓廪实则知礼节，衣食足则知荣辱"，与孟子所言无恒产因无恒心，意正相同。我十七世祖伯英公率其五子戮力治生，家业大昌，于是惟道公好学重礼，以紫阳《小学》、浦江《家规》训其子弟，不惟家门以内秩然有序，且化及一乡焉。先十世伯祖景雍公抚我九世祖道树公，就所遗千金计岁积息，十数年后得现帑十倍，然后归之，遂使道树公学行有成。八世族祖文起公后兰水、兰坡、静轩诸公亦皆善于治生，故得捐资巨

万以立云津堂义庄，此一支之孤寡与嫁娶丧葬无力者至今赖之。我五世祖南涯公、高祖清川公皆勤以致富，好行其德，故能荫及后人。

王颂蔚曾明确训示王季烈说：

> 祖父遗产传之子孙者不可多，多则子孙有依赖之心，图安乐而不思自振，然亦不可无，无则终日营营于衣食，存苟且之心，昧远大之见。我之得以致力朴学，不为帖括所役者，亦赖先人遗有薄产，足资饘粥，不必皇皇以谋食耳。

王季烈列举历史名人诸葛亮等素来重视子孙生计，指出：

> 古来贤哲未尝不为子孙留心生计，使之有所凭藉也。欲裕生计，须善治生。治生之道非一，而其要不外乎勤、俭二字。勤以开源，俭以节流，则生计自裕矣。

对于莫釐王氏恪守的"忠厚"之道，与此治生的"勤俭"之道的关系怎样？是冲突的，还是一致的？"勤俭"了就不宽厚？"忠厚"了就不善于"治生"？王季烈阐释说：

> 或疑俭与忠厚相妨。是不知俭为薄于自奉，非待人刻薄也。
> 又疑忠厚者每短于治生。是不知忠厚之义，乃精明不失浑厚之谓，非糊涂易受人绐之谓也。

王季烈衷心地说：

> 愿族人子弟读书、治生，二者并重。守勤俭之风，行忠厚之事。富者学兰水、兰坡、静轩诸公，立义庄，赡族人，以敦一本之谊；贫者学伯英公及惟贞、惟能诸公，振起精神，戮力治生，终有兴家之望。①

---

① 上引均见王季烈修纂：《莫釐王氏家谱序》（1931 年），民国《莫釐王氏家谱》卷 1《序例》，第 1—3 页。

可见，莫釐王氏世代家传两大法宝：

其一，以"忠厚"为本。忠为忠实，忠诚老实；厚为厚道，宽容宽厚，讲求仁爱。忠厚就是忠实厚道。以"忠厚"为本，即以立人品为先。此为立德为上，做人根本，属于儒家学说的主流教诲，却又为世人所轻忽。而它一旦作为子孙的自觉意识，内化于心性之中，就将成为家人的天性，家族的优秀遗传基因成为家风门范特性。作为一种高质地素养，一种优良气质，一种优秀精神面貌，它必然呈现于为人处世之中，呈现于谋生职业之中，呈现于读书治学与为官从政之中。

其二，以治生为基。求生是人类生存本能，不知治生则不得生存，不善于治生则不得好好生存。这不仅与"忠厚"的基本品行家风不冲突，而且与治生的勤俭之法完全一致。

此外，莫釐王氏发展兴旺史表明，由武转商转文，成功实现家族转型，变换门风；提高人口素质，世代保持文化名门家声；培养人才，培养有知识、有技能、高素质的各行各业顶级人才，持续壮大家声，依靠的都是重教读书，这是兴旺家族的工具。作为提高家族人口文化素养的头等大事就是莫忘子弟重教读书。读书不为功名，不为做官。获取功名利禄，只是读书之后的小事。中国传统文化"三不朽"的立功、立言，仅是读书的事功，必须以立德为先，在"忠厚"的本质里了，才能保证立功、立言的辉煌成功。

1935年，已经经商五世、在上海取得事业巨大成功的王俊臣（王惟道之后）手订《玉润堂家训》，作为自己分支子孙恪守的经验，共有四条：力学，"尽我之力，以学一业，业成藉以糊口，藉以赡家"，但应不务虚名，学成一项切实有用之学；持身，即讲究"我身之操守与保养"；承家，不仅继承资产，还要继承先人言行，包括"吾东山王氏，世有忠厚王家之称"，近世兰水、兰坡等不惜巨资设立义庄，祖父母汉槎王希（熙）鸿与叶夫人兴办善举公益之事；应世，即"待人接物"，应该"以诚信待人，以正直取友，以谨慎处事，以谦让涉世"。①这是莫釐王氏子孙第一次提出完整的成文家训，强调在民国新

① 王季烈修纂：民国《莫釐王氏家谱》卷23《杂文》，第73—75页。王俊臣与兄宪臣身体力行，兴办家族公益事业。宪臣设立东山祠堂，俊臣设立苏城王氏家祠，事见《王氏苏城家祠记》（1934年），载王国平、唐力行主编：《明清以来苏州社会史碑刻集》，苏州：苏州大学出版社，1998年，第527—528页，他并将此《玉润堂家训》刊碑立于祠堂之内。

时代秉承世代相传的忠厚和治生的家风，重点仍在德行修养、养家养生以及由此而生的应世待人方面。

忠厚是内质，治生的精神根基；治生是根基，立身持家、重教读书的物质基础；重教读书是外在工具，忠厚待人处事、治生生存的不二法门。忠厚治生，忠厚读书；治生忠厚，治生读书；读书忠厚，读书治生，这三者互相促进，融会贯通，进退自如，良性循环，生生不息，历久不替，成为莫釐王氏900年传承与兴盛的优良家教家风。

忠厚、治生、重教读书，这三者融会贯通良性循环的结果，形成了王季烈概括的莫釐王氏家规、待人处世细则：

> 吾家自始即以忠厚见目于乡里，及惟道公而降，虽官宦相仍，而所以训诫子孙者益归于朴实，俭约以自守，退让以接人。无小大男妇必训以治生，无高明沈潜必戒以逾分。务重躬行，不尚理论，匪言是训，惟身是则。境有穷通而教无差异，人有代谢而行无殊分。故自吾而往者得黾黾勉勉，以免于罪戾。①

"忠厚"必然导向"朴实"，崇尚务实，不尚虚华，踏实做人，认真做事。许汝棻的谱序进一步揭示了王季烈所言这些家规的具体作用：

> 训以俭约，则心降而骄除；训以退让，则忿平而虑定；训以治生，则奢侈之念以息；训以守分，则侥幸之心自绝。事重实行，则跬步必谨；力戒空言，则浮辩不作。②

原来，家规的最大功能究底要落实为家人心性修养、行为指导准则。

总之，忠厚在我，治生在我，重教读书在我。首先，以主动奋发自为，做好人，做好事，求生存，求发展远大，其次，有钱、有能力了，主动为他人做好事，这就是个人、家族与社会和谐共处，良性相生，互利多赢，最好的存在与发展状态。

2014 年，王守青先生完成续修家谱后，进行总结与弘扬莫釐王氏传统的家

---

① 《许汝棻序》（1937 年），王季烈修纂：民国《莫釐王氏家谱》卷首，第 1—2 页。
② 《许汝棻序》（1937 年），王季烈修纂：民国《莫釐王氏家谱》卷首，第 3 页。

风、家训工作，从家谱文字及先祖行为概括出家风、家训、家教、家规，做成单页，还印制成 3 尺宽幅宣纸条幅，一起分发王氏各家，便于悬挂，日日记诵。

　　家风：好学、重礼，勤俭、忠厚。
　　家训：勤以立身，俭以处家，诚以待人，信以交友。
　　家教家规：
　　童年以祖鏊为偶，少年勉学立志，成年以实涉世。
　　远离黄毒赌，切戒烟酒网瘾。
　　择偶重家风，轻财富；重朴实勤劳，轻外表美貌。
　　从政勤政爱民，以俭养廉。经商以德为重，忌唯利是图。
　　做人以奉献为荣，具才能为华，有知识为富，知廉耻为贵。
　　处世心胸开阔有他人，助人为乐不图报。身后财富不能不留，不能
多留。
　　传承积金积玉不如积书教子，宽田宽地莫若宽厚待人。
　　百善孝为先，家风世代传。家训心头记，家声永不堕。

　　这些内容涉及个人一生各个阶段立身处世的准则及职业道德的底线，既是对莫鏊王氏数百年传统优良家训、家教、家风简明扼要、通俗易懂的概括和传承，又与时俱进，有适应新时代发展的成分。

　　莫鏊王氏家规、家教不仅说得到，而且做得到，言行一致，身体力行，切实体现。王鏊就是立家规、严家教，教子严厉的典范。家谱宝藏他现存的 19 通诫子书，尤其是训诫长子尚宝公王延喆的，"语极严切"。家书主要内容有五：一是严厉诫子守法度，做好人。谨守法度，检点言行，千万不能依仗官宦显赫权势，吃喝嫖赌，胡作非为，引来身家灾祸，是王鏊一再告诫王延喆及其家族人的要义。二是千叮万嘱，诫子务必管好家人下人，切勿生事害家。三是谆谆劝导，诫子勤奋读书。四是诫子服官之道，体现王鏊为官理念：官位无论大小，只要尽心尽责，问心无愧，乐在其中，果若为官难受，不如放下。五是诫子养生有方，注重健康。①

---

　　①　详见吴建华：《明代王鏊诫子书浅析》，唐力行主编：《江南社会历史评论》第七期，北京：商务印书馆，2015 年。

王季烈在 1915 年跋王鏊家书中道出其父王颂蔚极为重视自己家世传承、代有闻人的秘诀，看出文恪公诒谋良训，惠及子孙，形成立身处世优良家风的重大价值。

王颂蔚要子弟多读读文恪训诫王延喆的家书，反复体会，防微杜渐。因为大凡"世禄之家鲜克由礼，一再传后，寖以衰微"。世家不能永葆，大多因为父兄入仕，鞅掌（职事繁忙——笔者注）终日，子弟不能自教，又有趋承的人导引他们为非作歹。自王鏊以来的王氏家声十几代不坠，全靠文恪公"诒谋之善"，为子孙妥善谋划，使子孙安乐。因之，王颂蔚不希望子孙再出仕，只求他们"束身自好，无异寒素，可矣"。

王鏊严厉诫子家书，王季烈认为，"特以明代风气，世家以宫室、产业、玩好、声乐相尚，而公（王延喆）少时开敏习事，欲恢拓门户，多所兴殖，以致乡里侧目"。由此"知文恪公虽位居首相（只是辅相——笔者注），而其训迪子弟，比寒素为尤严。虽小德出入，不稍宽假。是以数百年来，我家代有闻人，义方之训，足使子孙进德，有如此者"。此一册家书，乃是王氏"世世子孙所当奉为律身之则、训子之规"的传家宝。①

王季烈也撰就《螾庐诫子篇》，强调其父亲训诫的"穷通得失，听之于天，不宜强求，惟此清白家风必须谨守，尤将俭以养廉一语，时时提撕"，还体现在治生自给，不务浮荣干进，勤俭、养生，从严教督聪俊子弟，适时婚配、传延子孙等方面。②

当今莫釐王氏，在传统兴学崇教家风影响之下，设立了三个奖学基金，不仅奖励本族优秀子弟，而且惠及故里东山与苏州市第十中学的优秀学子。

2011 年，在苏州市第十中学，由王义焀出资、王守青和市十中承办"王守竞、王明贞奖学基金"，每学年奖励高中三个年级十八名优秀学生，共计两万元。

2013 年，由中国科学院院士王守觉出资，在东山莫釐中学设立"王守觉院士希望奖学金"，每年奖励初二、初三年级男女生各两名优秀学生。

2015 年，由王义焀等族亲共同出资，设立"莫釐王氏·王义焀兴族兴学

---

① 上引均见王季烈修纂：《文恪公家书跋》，民国《莫釐王氏家谱》卷 23《杂文》，第 21—22 页。
② 王季烈修纂：《螾庐诫子篇》，民国《莫釐王氏家谱》卷 23《杂文》，第 81—82 页。

基金会",每年奖励升入小学、高中、大学和学习优秀的不发达地区农村王氏学子。

莫鳌王家秉持忠厚家风,勤俭治生,待人接物,通过书包翻身、书包持家。无论已成功未成功的、富贵贫寒的族人都要牢记这点。成功、富贵的以此持家,未成功、贫寒的以此起家,成功、富贵的更要支持帮助未成功、贫寒的族人。当然,若力所能及,可以继续扩大范围,回报家乡乃至整个社会。

清代以来华北府县家谱中的家训
与家族日常生活[*]

于秀萍^{**}

  "家训"一般指家族对子孙立身处世、持家治业的教诲。历史上，许多大家族通过制定族规家训等道德手段来调节族内关系，维护家族的稳定。这些家训往往被收录在家谱中，发挥着"修身""齐家"的重要作用，是中国传统文化不可或缺的组成部分。以往人们关注家训，多强调家训的伦理教育意义及价值，相关研究较多，不再一一列举。其实不管是社会上层大家族的家训，还是普通老百姓家族家训，都有一个共同的特点，就是内容涉及族人日常生活的方方面面，是最贴近族人日常生活的文本或口头记载，具有不一般的史料价值，对学界研究日常生活史意义重大。

  近些年来，日常生活史研究逐渐引起国内史学界的关注，出现一些探讨性著述，尤其南开大学常建华教授的研究引人注目。① 另外，一些关于历史上日

---

 * 本文为国家社会科学基金重大招标项目"明清华北地区府县历史文化研究与专题数据库建设"（项目编号：13&ZD091）阶段性成果。

 ** 于秀萍，河北黄骅人，沧州师范学院历史学院教授，主要研究方向为明清区域社会史。

 ① 常建华：《日常生活与社会文化史——"新文化史"观照下的中国社会文化史研究》，《史学理论研究》2012 年第 1 期；常建华：《明代日常生活史研究的回顾与展望》，《史学集刊》2014 年第 3 期；常建华：《他山之石：国外和台湾地区日常生活史研究的启示》，《安徽大学学报（哲学社会科学版）》2015 年第 1 期；常建华：《清中叶山西的日常生活——以 118 件嘉庆朝刑科题本为基本资料》，《史学集刊》2016 年第 4 期；常建华主编：《中国社会历史评论》第 15 卷，天津：天津古籍出版社，2014 年；常建华：《中国日常生活史读本》，北京：北京大学出版社，2017 年。

常生活研究的综述文章，如张传勇的《从习以为常发现历史："中国日常生活史的多样性"国际学术研讨会综述》《置日常生活于社会空间——"中国史上的日常生活与地方社会"学术研讨会综述》，许三春的《"日常生活史视野下中国的生命与健康"国际学术研讨会纪要》，张瑞的《日常生活史视野下中国生命与健康国际学术研讨会综述》，王静的《深入日常生活研究　推动学术共同体形成——"中国史上的日常生活与民生问题"会议述评》，胡悦晗、谢永栋的《中国日常生活史研究述评》，余新忠、郝晓丽的《在具象而个性的日常生活中发现历史——清代日常生活史研究述评》等，概括介绍了日常生活史的研究趋向①，此不一一赘述。本文主要依据华北家谱中的家训资料，从日常生活的角度来了解除了教戒族人懂规矩，民生教育、保持平和的心态也是家训育人的重要组成部分。这些与家族、国家的"教忠教孝"思想教育同出一理，也是为了形成秩序意识，以加强统治。

一、清代以来华北家训中的民生问题

"民生"是指民众的生计、生活，如《左传·宣公十二年》就记载："民生在勤，勤则不匮。"孙中山在其《民生主义》中也提出："民生就是人民的生活，社会的生存，国民的生计，群众的生命。"故民生问题关系重大，历来受到学人关注，而家族的民生教育也不应忽视。在传统社会，家训中的"民生问题"首先表现为对"从业"的选择。

1. 耕读传家、书香门第

耕读传家、书香门第是华北家族家训中体现最明确的人生"从业"选择与

---

① 张传勇：《从习以为常发现历史："中国日常生活史的多样性"国际学术研讨会综述》，《民俗研究》2012年第2期；张传勇：《置日常生活于社会空间——"中国史上的日常生活与地方社会"学术研讨会综述》，《中国社会历史评论》2014年第15卷；许三春：《"日常生活史视野下中国的生命与健康"国际学术研讨会纪要》，《中华医史杂志》2012年第5期；张瑞：《日常生活史视野下中国生命与健康国际学术研讨会综述》，《中国史研究动态》2013年第2期；王静：《深入日常生活研究　推动学术共同体形成——"中国史上的日常生活与民生问题"会议述评》，《城市史研究》2015年第1期；胡悦晗、谢永栋：《中国日常生活史研究述评》，《史林》2010年第5期；余新忠、郝晓丽：《在具象而个性的日常生活中发现历史——清代日常生活史研究述评》，《中国社会科学评价》2017年第2期。

追求，这一点在各姓家谱中多有体现，如山西清徐《罗氏家谱·序》记："（罗氏）自古清白传家，惟耕与读"，这篇序言写于大明万历十二年（1584 年）。再如沧州《郑氏家谱》序言后附七言诗一首："来自山西五百年，自姓繁衍一脉延，忠厚传家绍世远，半读诗书半耕田"①，这篇序言作于清朝末年。这两篇序言体现了明清以来华北家族的价值关怀。而家族的家训族规中对此还有很多更明确的规定，如"丰润毕氏毕公裔家训"：

> 勤事业，凡四民各有其业，吾家族贻世业大都唯读书与耕两端而已，凡子弟资性可教者，父兄宜延明师教之，先读孝经，次读经传子史，无论拾取青紫而义理融通，开心豁目，即在人前言劝亦自不俗，可免马牛襟裾之诮。其质鲁难进者即督事农业，夙兴夜寐勿令游手坐食成懒惰之习，生燕僻之心。庶几上者获稽古之力，次之亦不失为有恒产而有恒心者矣。②

毕氏家族对子弟的培养是有区分的，"资性可教者"使其读书，或"拾取青紫"、求取功名，或"开心豁目"、免劳役之苦；"质鲁难进者即督事农业"，使其不致游手好闲、坐吃山空。还有"沧州郑氏庭训"：

> 勤事业，凡我子弟当各有其业，年到学急令其入学以求上，不然即令其事农，巩固国本，亦为良弟子也，万不可听其暴弃致成无赖，有辱父母，遗污祖先。③

以上的家训中体现的是家族的教导与期待，也再现了传统社会家族发展的原生态，即各家族多以耕读两端为资生手段，"诗书继世长"是其最认可的理念。家训中提到的"四民"，是指士、农、工、商，是中国古代对平民职业的分类。明末清初学者顾炎武在其《日知录》中曾说："士农工商谓之四民，其说始于管子"，即春秋时期齐国宰相管仲最先订下"士农工商"的次序，一直沿用至今。《汉书·食货志上》："士、农、工、商，四民有业：学以居位曰士，辟土殖谷曰农，作巧成器曰工，通财鬻货曰商。"在实际生活当中，士农

---

① 沧州《郑氏族谱》《郑庄子家谱三次重修序》，清宣统辛亥年（1911 年）抄本。
② 丰润《毕氏宗谱》《毕公裔家训》，民国十九年（1930 年）排印本。
③ 沧州《郑氏族谱》《庭训》，清咸丰十一年（1861 年）重修本。

工商除了职业之别之外，还包括身份的不同与等级，故家族对于族人"学以致士"或从事农业寄予厚望，如直隶东光《姜氏宗训》称：

读　书

天下惟读书最高，天下事惟读书最乐。知其高则不自卑，知其乐则不外慕。读书贵体会，圣人教人本旨要在躬行实践，勿务博综，勿矜敏捷。

力　耕

守身安分莫若为农。故力田孝悌可以应举，躬耕读书可称高士。盖人心不古，机械日出，伪巧日生，商贾皆染其习，惟农能守故如常，用力南田（亩），淳庞坦易，不琢天良，存心积德，莫善于此。况耕三余一，耕九余三，仰事府（抚）育免于饥寒，是为力畴食德也。故圣世以重农贵谷为天下本务。吾族力耕者，待之当与士并，所以示劝也。①

东光姜氏教育子弟读书重视实践，强调知行合一，倡导"力耕者"与"士"并重，这一点与明清士大夫的提倡是一致的，这种理念通过家训的宣传教育，渗透进族人的日常生活，形成族人固定的思维模式与心态。可见，家族家训的制定符合刘志琴教授提出的"世俗理性"的概念②，体现了华北家族管理的存在。为了让族人读书、务农，"永保家声"，家族家训中还列举了许多"职业规范"，如"交河马连坦李氏家训"规定：

一不许充当衙役，犯者公举。
一不许学剃头修脚。
一不许做戏子当吹手。③

因为"衙役""剃头修脚"者、"戏子"在家族看来都是低贱的行当，事关

---

① 东光《姜氏族谱》《姜氏宗训》，清康熙六十年（1721年）刻本。
② 刘志琴：《社会文化史的视野》，周积明、宋德金主编：《中国社会史论》，武汉：湖北教育出版社，2000年，第104页。
③ 交河马连坦《李氏族谱》《李氏谱例家训》，民国八年（1919年）七修本。

家族名声，明令族人不许从事这些行业。他们认为只有"四民"才应该是"国之良民"，如"南皮侯氏家规"规定：

> 一、当务正业：人须各占一业，读书为上。农次之，工贾又次之，若游手好闲便走入非僻，去如嫖如赌破家犯律，皆游手之所必至也。
>
> 一、勿令子孙当书办衙役：衙役贱役，玷污先人，固不可为，若书办往时多以生员下等者充之，本官相待有礼。近则颐指气使，奔走如下仆，无心小过横加重朴。况一踏公门，所友鲜端人，所闻鲜善语，既易坏心术，复易染侈滥也，吾族历明代至今从未有此，故尤所当戒。①

如果不遵家训，相关族人要在祠堂接受审判，或被逐出家谱，如"故城祕氏族谱·凡例"类似祕氏的族规：

> 一士农工商皆系本业，后世有审身隶卒甘为人后者，许族人执谱逐之。
>
> 一族情宜敦后世有争财产讦讼者执谱诣祠攻之。
>
> 一尺布斗粟皆先人辛苦所留遗，后世有赌博流落破家荡产者，许族人执谱诣祠攻之。②

"执谱逐之""诣祠攻之"也体现了家族的司法功能。但正如上文所言，更多的华北家族还是采取较为缓和的态度，提前对族人发出警戒，不许族人"争讼""偷盗""嫖赌烟酒""游惰奢靡"，认为族人有"专业"，便不会生出"非僻之心"而"永安世业"。可见，除了对"耕读传家、书香门第"的期许，家训还是一种"防患于未然"的教导，对于族人立业成家具有引导作用。这样的家训体现了家族对于族人日常生活的干预，体现了"凡事预则立，不预则废"的传统人生智慧。

2. 家训对家族日常生活的细节规定

家训中除了包含一个家族对族人从业的期盼，某种程度上还是家族日常生活的实录，反映某个时代人们的集体心态，如河北"南皮陈氏族谱再修序"是

---

① 直隶南皮《侯氏族谱》《家规十条》（旧八条，为明清制定的家规），民国七年（1918 年）重修石印本。

② 故城县《祕氏族谱》《凡例》，清宣统二年（1910 年）重修本。

一篇作于道光十三年（1833 年）的序言，在家谱中起着家训的作用，其中表达的"五盼"对族人具有普遍的教育意义：

> 稿竣之时，欢聚一堂，值斯良机，另赘数语，以摅吾望。居其一者，吾盼五世同堂；居其二者，吾盼三子勤俭乐善，忠厚做人，诗书传家，耕读继业，父慈子孝以度日，兄友弟恭以养家；居其三者，吾盼子孙兴旺发达，千秋万代福寿安康，树大根深，枝繁叶茂，暨成陈氏望族之期盼，亦慰诸世先祖之厚望也；居其四者，吾盼后昆贤者继而倍（辈）出，济济保国安家以为志，忠孝双全而为先，以扬吾陈氏家族之荣耀也；居其五者，吾盼后世贤哲深解吾意，族谱适时继吾而续，流传百世为吾族而增辉添彩。①

这五个盼愿，可以说从宏观上折射出了当时华北大家族生活的全部内容。而日常生活史还有更微观的关注，常建华教授认为"日常生活"一般理解为人类为维持生存反复出现的行为，如衣食住行、人际交往、信仰行为等②，徐实甫纂修山西《五台马邑徐氏宗谱》收录的家训很符合这个定义：

> 孝弟二字乃人生之根本，经书言之详矣。凡有血气者，皆以此至情至性，而况于人乎？业于家乘内专条开载，深切著明，毋庸再行讲论。今将居家、居官、做人、保身浅近之事，约略书示于后。
>
> 当食而食
>
> 早饭以巳正为度，晚饭以酉初为度。
>
> 当寝而寝
>
> 朱子《家训》云："既昏便息。"古诗云："日入而息。"至迟以亥初为度。内外门户必亲自检点，小心火烛。
>
> 进署须勤
>
> 做官之道曰清、曰慎、曰勤。既学习行走，岂可怠玩从事？不但上司同寅不能刮目相待，即书吏、皂役亦知其为备员无用之人，意存轻慢矣。尚有何趣味乎？

---

① 河北南皮《陈氏族谱》《陈氏族谱再修序》，清光绪二十六年（1900 年）抄本。
② 常建华：《明代日常生活史研究的回顾与展望》，《史学集刊》2014 年第 3 期，第 95—110 页。

用工须密

读书则开卷有益，写字则下笔有神，作诗则韵语清新。人生在世，总须存一争强好胜之心。若贪图安逸，系恋妻奴，则气质溷惰，志趣卑陋，尚复何能上进？徒做酒囊饭袋，为世间一蛀虫耳。

敬惜字纸

文昌帝君蕉窗十则内，惟敬惜字纸一条尤为急务。尝见留心敬惜者，随时随地检点搜罗，不使污秽抛弃。其子孙必登科第，历历可数。否则漠不关心，一任糟蹋，尚何望读书上进乎？

斟酌交游

交友宜近三益，毋近三损。所谓入芝兰之室，勿入鲍鱼之市（肆）也。京师为天下人海，熏（莸）莠不一，总须择有益者交之，有损者远之，自不致比之匪人矣。

省俭用度

居家宜量入为出。一月有一月盘算，一年有一年盘算，总留有余，毋致不足。浪费二字，最宜切戒。如衣食只需敷衍，不必求华美肥甘。至于珠玉珍玩，尤系无用之物，饥不可以为食，寒不可以为衣，亟应摒除，毋得糜（靡）滥。

周济贫穷

昔人云"常觉胸中生意满，须知世上苦人多"。见苦人须加温恤，有求必应，量力为之。仍须由亲以及疏，由近以及远，以别等差，不得漫无区分。做人之道在是，阴骘之道亦在是矣。

慎言语

言语最为要紧。是以圣门有言语一科，应分上、中、下三等。与上官言，与同寅言，与属下言，均须一一留神。昔人云："逢人且说三分话，未可全抛一片心。"此中见景生情，随机应辨（变），诚要务也。

节饮食

酒能乱性。官场中往往以性耽曲蘖罢斥，且湿热流注，易起风痰。于保身之道，尤为至要。至于食之一字　更宜谨慎。古人云："病从口入"。又云："莫吃饱。"彼养生之道也，岂可放饭流啜哉？①

---

① （清）徐实甫纂修：山西《五台马邑徐氏宗谱》《五台马邑徐氏家训》（十条），1929 年石印本。

家训对这些"浅近之事"的记载，正反映了家谱对于日常生活史研究的意义不容小觑。另外，许多家族家谱中的《庭训》《治家规范》多为族尊、族老从家族管理实践中所得，故更接近日常生活，如孟村大徐市《张氏家谱·庭训》：

> 文通公曰：为人当以孝弟为主，故孝弟二字是吾人之安身立命大关头。
>
> 文福公曰：吾人所恃以养生者，惟田园耳，子弟诵读之余，当使其身亲畎亩，庶知稼穑之艰难。
>
> 计恩公曰：祭祀要虔诚，夫妻要和美，用度要节俭，立身要正大，兄弟要尽让，官粮要早完，言语要谨慎，凡事要思量。
>
> 计登公曰：勿藏阴心，勿动恶念，勿扬人短，勿设雌黄，勿造歌谣，勿毁圣贤，勿记仇不释，勿嫉人之技能，勿某（谋）人之财产，勿唆人之争讼。
>
> 可畏公曰：凡祭典（奠）祖茔务须亲到，诚敬追远，洁理祭品，树株墙垣按时修理，不可疏忽从事，自取罪于先祖也。
>
> 大经公曰：为学必须勤苦，求光阴分寸惜不留。又曰子弟读书当择严师益友，不可自满，满则招损，书云满招损谦受益，旨哉斯言。
>
> 旺吉公曰：世间兄弟多有为家产构讼者，讼久不已势必终归于尽，何其厚待他人而薄待骨肉也，倒行逆施莫过于此，清夜自思亦可以知返矣。
>
> 显谋公曰：敬天地礼神明，奉祖先守法律，孝双亲重师尊，爱兄弟信友朋，睦宗族和乡里，别夫妇教子孙，是千古不易格言。
>
> 洪道公曰：居家务勤俭，处乡须和睦，兄弟当怡怡，夫妻无反目。又曰思君子之九思，畏圣人之三畏。①

因为是"治家规范"，所以要处理夫妻之道、子女教育、为人处世之道等日常起居诸多方面的问题，包括所有做人的分寸与道理，家族家训堪称一部部"家庭日用百科全书"。山西于氏《治家规范》后还特别注明"以上四十二条，皆我亲身阅历，件件有著，凡我后人，勿谓其迂远而忽之也"。说明这个传承下来的"于氏家训"是实实在在的家族实践，是族人"亲身阅历"的感悟与总

---

① 孟村大徐市《张氏家谱》《庭训》，清宣统二年（1910年）抄本。

结。早在宋代，朱熹以《家礼》重订日用伦常和礼节制度，目的就是想为中国家族确立一套理想的生活方式，即长幼有序、贵贱有等，人们言行举止均从规矩，冠婚丧祭皆由定式，以此达到家族和社会的至治。朱熹通过对居家日常生活约束的强调，进一步将礼仪庶民化，后世地方乡绅多以此为理想，实现自己"修齐治平"的人生抱负。又王楷苏等纂修山西《洪洞薄村十里王氏族谱》，收录"乐壮公垂训"，记载：

> 一不许拖欠钱粮
> 二不许结交匪类
> 三不许违禁举放
> 四不许花酒赌博
> 五不许傲慢亲长
> 六不许贷保寄物
> 七不许骑奢淫荡
> 八不许踵袭异教
> 九不许荒芜田宅
> 十不许斗争词讼
> 凡我子孙着实遵守，如违此训，以不孝论。①

以上家训中的诸多"不许"，很明显地反映了家族日常的另一个方面的存在。家训是一种倡导，有人遵行，是其日常行为的展示；有人逆行，以此为切入点看家族日常生活就要反过来，故家训中"禁止"的条目应该是日常生活中存在的问题。再如山西《裴氏世谱》中有《河东裴氏家戒》，其中列举的溺婴问题、忘本崇洋问题、加入帮派等问题，也是家族对于存在的社会问题的治理。

> 毋重男轻女：天生蒸民，本为平等，无分男女贵贱，是以父母长辈，不可有重男轻女之观念。教育、生活、男女一律平等，吾姓女子不得以之嫁人为妾，或溺女婴，抛弃女婴之事。

---

① （清）王楷苏等纂修：山西《洪洞薄村十里王氏族谱》《祖训》，清嘉庆二年（1797年）刻本。

毋忘本崇洋：近世以还，崇洋泛滥。须知身家国民族为其一体，而不可或分者，亦即人之大本。吾家子孙，不可有忘本崇洋思想行动，如在某种不得已之情况下，而入外国籍，亦须保持吾华固有之优良风尚习惯、语言、文字及祖宗之渊源。

毋入帮派：黑社会分子，为害人群，苟入其中，等于陷阱，任其驱使，为非作恶，积所痛恨，法网难容。吾家子孙，对此视同蛇蝎虎狼，应予远之，免遭祸害。①

华北家谱中的这些家训规定事无巨细，展现了时人的价值关怀，折射出社会的舆论导向与主流意识。家训中社会风俗教化的内容多，与士绅的乡约教化运动分不开。但与精英文化相比，"日常生活"在主流文化中的存在状况更为复杂，它更是一种被主流文化规定的世俗文化。随着家谱的续修，内容不断叠加，家训经历针对现实问题而不断被充实、修正的时代过程，印证顾颉刚先生所说"历史是层累的造成的"的道理，让后人既看到社会生活观念的持久性，也会看到随着时代变化而出现的变通。

二、"积善之家，必有余庆"的理念与践行

明清以来华北家族获得较大的发展，对于其发展、进步的原因，家谱中往往有自己的揣测，并多归结于与其族人积德行善有关，这就是"积善之家，必有余庆"的理念。这一理念往往会出现在家谱的许多地方，而且族长、族老会在日常生活中反复要求，并且宣讲一些相关的故事，教导族人一定要积德行善，直至这种说教内化为族人的价值认同和行为习惯。这些和独立成文的家训的作用是一致的，故解析之。《易经》上讲："积善之家，必有余庆。积不善之家，必有余殃。"这其中包含的是一种因果报应的观念。所谓一切皆由因果、因缘而来，善因善果，恶因恶果，随人自取，"祸福无门，唯人自召"，怨不得人。学界关注善行的学者不少，尤其以包筠雅的《功过格——明清社会的道德

① 山西《裴氏世谱·河东裴氏家戒》，清嘉庆十五年（1810 年）刊本。

秩序》①、酒井忠夫的《中国善书研究》（增补版）②、夫马进的《中国善会善堂史研究》③为代表，而本文主要依据家谱中的家训资料，了解家族对"积善"的需要。

"积善余庆"的家族教导会在家谱中被频频说起，如清咸丰时山西平定《潘氏合谱》，专列《潘氏家话》，宣传"善念福生""日行一善，积善成德"。

> 行善之说。人皆谓惟富贵然后气力可行，抑知富贵者乃积善之报。若必待富贵而后行善，富贵何日可得？善事何日可为？惟于不富不贵、无力无财之时，虽未能行大善事，但存一点善心，则无往不善。即就日每常行之中而言，如睦宗族、和乡里、成人美事、解人困危，又如启蛰不杀、方长不折，若此不为，是真当面错过。要知行善即是积德，德厚方能载福。昔贤云：吾本薄福人，宜行厚德事；吾本薄德人，宜行惜福事。是言也，吾辈当悟之，果能行善，福禄遂生矣。④

潘氏认为惜福厚德、积德行善能够为日后家族发达、个人富贵奠定基础，这个家话，就是家训，这样的说教贯穿在族人的"日每常行之中"，对族人的影响很大。再如东光《马氏家乘》中，记载了一个"积善之家必有美报"的传说，即"金马撞门"的故事，这也是一个马氏家族的发家史，相比其他家族单纯对"乐善好施"的规定，它其中包含的元素好像更多一些。

> 根深者末以茂，积厚者流乃光，天道福善理有固然，缅怀祖德信不诬矣，坊幼时闻先大父培初公述先世递传之言曰：我马氏自迁东邑，始占籍于城南永寿屯，即今所谓大屯也，旋北迤西移其居为马氏村，即今所谓马家老庄也。建茔于村北宣惠河之曲，已葬数墓尚未如法，时有随漕南人来茔内潜抉地埋物而去。初尚不知其所埋何物，及耕得盛骨灰器，乃知前此

① ［美］包筠雅：《功过格——明清社会的道德秩序》，林正贞、张林译，赵世瑜校，杭州：浙江人民出版社，1999 年。
② ［日］酒井忠夫：《中国善书研究》（增补版），刘岳兵、何英莺译，南京：江苏人民出版社，2010 年。
③ ［日］夫马进：《中国善会善堂史研究》，伍跃、杨文信、张学锋译，北京：商务印书馆，2005 年。
④ （清）潘祖耀等纂修：山西平定《潘氏合谱·潘氏家话》，清咸丰七年（1857 年）刻本。

之为私葬也。众议毁之，我先人乃收存其器于净室，岁时代为供奉，俟其次年复来，延之家以实告，交还本主，南人自惭，以不弃其骨灰为幸，遇善人且感且谢，并指示随河曲行穴之法，以报德焉。我先人居此村以陶以稼，惟贫是安，夜闻撞门声甚急，问之不应，及开门出视乃马一匹，负金若干，直入院落挥之不去，我先人为守至平明，禀诸官，官为限期以待觅主，期满终无寻觅者，又禀诸官，官以为殆天赐也，金与马命领给而归，厥后马竟自去不知所向，我先人神其事，为立马神庙于村首，至今犹存。当时邑绅吏部尚书廖僖靖公纪为女相攸，无可其意者，闻我先人存心行事而善之，以为有盛德者必有美报，乃许配我五世祖，即以廖氏村为聘资，由是家道浸昌，自六世祖以来科第联绵，簪缨络绎，皆食祖德之报云。

十六代孙春坊 谨识①

　　这是一则收录在家谱中的传说，而且也被族人口耳相传至今。北京大学赵世瑜教授认为，传说显然是民众记忆历史的工具之一，但由于传说往往经历了许多世代，因此不断叠加了不同时代的讲述者记忆的历史，它也就成为一段"长时段"的历史文本。②这个马氏家族故事中熔铸了"明初移民""南人盗葬""金马撞门""廖纪嫁女"等情节，其中有明初移民、运河风水、马神庙、贵人相助、科第连绵等诸多历史人文因素，这些作为家族族谱中存留的一种历史记忆，应该是马氏家族在取得科举成功后的一种追述，是马氏对其成功因素在时空、地缘等方面寻找原因时所做出的努力，强调"积善所致"的痕迹很明显。

　　清代以来，这种行善积功的家族实践记忆非常多，如天津石家大院是一处有"华北第一宅"之称的晚清民居建筑群，至今已有 130 多年的历史，家族清楚地流传着其发家史：清嘉庆四年（1799 年），乾隆宠臣和珅获罪赐死，有一侍女携珠宝出逃，被石万程停泊在通州的粮船收留。由此，石家财富骤增，到石万程之子石献廷时期，石家一改累代单传而人丁兴旺，家大业大。石献廷就把石家财产分给四个儿子，各立堂门，长门福善堂，二门正廉堂，三门天锡堂，四门尊美堂。其中以四门尊美堂治家有方，财丁兴旺。当年石元仕因保护杨柳青有功，受到太后的封赏，并被赐"乐善好施"匾，可是"善"字上少了

---

① 东光《马氏家乘·序》，清光绪二十四年（1898 年）活字本。
② 赵世瑜：《小历史与大历史》，北京：生活·读书·新知三联书店，2006 年，第 114 页。

一点，原来是因为慈禧太后认为自己才是十全十美的大善人，石元仕比她还差一点，所以石家大院"乐善好施"匾上的"善"字少了一点。可见，"行善得福报"是清代从上到下普遍信服的观念。尊美堂不但挂着"乐善好施"的牌匾，还收藏有许多扇骨、扇面，"扇"与"善"谐音，收集扇子，成为行善心态的另一种表达。

这样的文本各具特色，还需要一一解析，如《代州冯氏族谱》记载："冯盛，成化时人，家甚贫。早起拾金一橐，置诸箧，密访遗金者，踰年始至。盛详加询问，物色皆符，因启箧畀之，原数二百，毫厘不爽。客顾解半酧之，固却不受。厥后子孙显贵，累叶簪缨，人以为厚德之报云。"①这条记载还被收录进了清乾隆四十九年（1784 年）所修的《直隶代州志》。所以，是因为冯盛的显贵后人，他的事迹得以书于史志？还是因为冯盛拾金不昧，因"厚德"获"美报"，子孙显贵？就成了一个问题，但家谱中还是用"积善之家，必有余庆"的宣传盖过了人们对于这个故事真实性的追究。

家谱是民间史料，折射出的应该是时人一种习惯的思维方式，一种普遍的关注与心态。这样，对于家族的功名福禄，别人无须艳羡，这些都是祖上行善积德所致，当代人积善又会为本族后人积福。所以，从某种程度上来说，人们对"积善"已经到了信仰的程度，而且注重日常践行。同时，家族还会在族规中不断强调"族中行善"，告诫族人要和睦族群，"族人有困难当竭力援救解决，维系一脉相传之义气，不可如越人之视肥瘦莫不相关也"②，如山西《五台马邑徐氏家训》（十条）中有"周济贫穷"条：

> 昔人云"常觉胸中生意满，须知世上苦人多"。见苦人须加温恤，有求必应，量力为之。仍须由亲以及疏，由近以及远，以别等差，不得漫无区分。做人之道在是，阴骘之道亦在是矣。③

家谱中的行善强调"由近以及远，以别等差"，而且有家族条例的保障执行。家族士绅的善行有时真就成了家族的依靠，如故城《祕氏族谱》"创建先

---

①　沈光祚：《金泉公暨配李孺人墓志铭》，《代州冯氏族谱》卷 2《志传上》，民国二十二年（1933年）铅印本。

②　沧州梁口村《郑氏族谱·庭训》，清咸丰十一年（1861 年）二修谱。

③　（清）徐实甫纂修：山西《五台马邑徐氏宗谱》《五台马邑徐氏家训》（十条），1929 年石印本。

仪之公祠堂记":凤盖公,一生好善乐施,敦宗睦姻,当明中叶徭役烦重,充里胥者累及身家,甚至有逃家破产者,公忧之,施地若干亩,择族之长厚者主之,俾族人轮年播种,给里胥雇值之费,迄今族人赖之。①这些家族士绅长时间、不间断地扶助贫弱族人,直至他们独立,最终强大,又鼓励其再凭借自己的力量去参加族内和当地的慈善事业,这样形成一个良性的循环。可见,在清代基层社会,家族借助积德行善的信仰,干预本族内部与地方社会的资源再分配,努力构建着一个和谐的社会。

总之,中华传统文化中的"积善余庆""舍得"等观念,培养的是一种处理日常事务的心态,是会在历史变动面前保持的一种平和的心态。这种心态的习得有一个靠家训浸润的培养过程。

三、结　语

一般说来,中国传统社会是以家族为本位的伦理道德型的社会,特别是宋代以后,民众在"尊祖、敬宗"思想引导下,民间社会大规模开展家族建设活动,重视家谱的纂修,尤其家谱中的族规家训,可看作族人规范化的日常生活,为我们研究民间社会的日常生活史提供了可贵的资料。

家训是培养族人规矩意识的文本与口述资料,其在多大程度上能够折射出古人的日常生活,即家训的效果是否明显,这和当时家族的执行力有很大关系。明清以来,专制主义中央集权高度发达,"家国同构"的传统体制复制着这种政治特质,家族对于族人日常生活的管理细致入微,如天津《徐氏家谱·凡例》载"谱列家训,所以守先人之良规也。自吾族祖徙居天津,支派蕃滋,益当恪守家法,勿替家声。谨于幼时习闻祖父遗训,编录十二条,为后人法守"②。再如定宜庄先生写作《老北京人的口述历史》一书,参访八旗蒙古正蓝旗戴氏后人戴鑫英时,戴鑫英就强调"从随龙入关,这么久的年代,家里没有犯乱的。对孩子教育就是要规矩,要忠厚老实,孝顺父母,疼兄爱弟,曲己度人,不得触犯法律,犯法的不做,犯忌的不听不看。天天就听这个,听得

---

① 故城《祕氏族谱》,清宣统二年(1910年)重修本。
② 天津《徐氏家谱·凡例》,清光绪十三年(1887年)寿岂堂铅印本。

耳朵都长茧子了。所以家里世代没有不良嗜好，什么吃喝嫖赌，没有，也没有触犯法律的。旗人家庭就强调这个：安分守己。这四个字，家庭就能维持，能长久，能扎得住根，站得住脚，整个来说就是在社会上能生存下来"①。正是因为家训的伦理教育意义明显，尤其大家族的执行力较强，家训的规定也就约等于族人的日常生活了。

另外，家训对族人的民生教育，对其保持平稳心态的教育，对族人的意义更不一般。深受教育的族人思想上规规矩矩，言行处世无不打上家训的烙印。他们在一遍一遍熟悉家训的过程中，学习生存之道、生产之道。这是一种日常化的教育，反映时人的某种教育理念和价值观，其历史意义值得关注。所以，某种程度上来说，普通老百姓对家训的遵循和地方精英对秩序的维护与管理，有异曲同工之效，只是因为老百姓人数的庞大，反而掩盖了其贡献的辉煌。

虽说依据家训资料来解析时人的日常生活，未免单薄，但家训这种文本，包含族人对家族的认同，也说明对百姓生活的引导与规范是非常有必要的，也应该是国家治政一个很重要的体现。所以，本文从解析华北家谱中的家训资料入手，发现清代以来华北民众的日常生活史，具有一定的研究价值。

① 定宜庄：《老北京人的口述历史》，北京：中国社会科学出版社，2009年，第374—375页。

从宗祠古戏台看明清时期温州宗族戏曲观演的日常

——以永嘉县为例*

王春红**

一、导　　语

　　古戏台是中国传统戏曲展演的有型空间，也是古代戏曲文化留存至今的实物见证。在中国留存至今的古戏台中，因其所处位置不同，亦分为不同类型。其中有两类在温州保留比较典型，一是神庙戏台，一是祠堂戏台，本文仅就祠堂戏台稍作探究。

　　关于祠堂戏台的出现和地域分布，学界已有研究，如薛林平指出："中国传统祠堂剧场分布最明显的特点是：南方祠堂剧场的数量远远超过北方，特别是浙江、湖南、江西等地，祠堂剧场非常普及，占同地区所有传统剧场的一半以上。而北方文物大省山西现存的约 3000 座传统剧场中，仅有 6 座是祠堂剧场，所占比重甚小。"①薛林平进一步指出浙江祠堂剧场的占比，"在浙江现存

　　* 本文为 2019 年度浙江省哲学社会科学规划项目"戏曲学视域下的明清温州地域社会与文化研究"（项目编号：19NDJC191YB）阶段性成果。
　　** 王春红，河北枣强人，浙江工贸职业技术学院副教授，历史学博士，主要从事北朝隋唐史及温州地域文化研究。
　　① 薛林平：《中国传统剧场建筑》，北京：中国建筑工业出版社，2009 年，第 278 页。

的传统戏场中，祠堂戏场占了一半以上。如《嵊州古戏台调查》一文中，统计了嵊州现存的 108 座戏场，其中祠堂戏场为 68 座，占 62%。另外，宁海县现存的祠堂戏场，应不少于 50 座，占总数的一半以上"①。关于温州祠堂剧场②，也就是祠堂古戏台的留存情况，据温州市第三次全国文物普查成果《温州古戏台》一书介绍："温州现存古戏台处于宗祠中的占据绝大多数，有 314 处，约占总数的 58%。"③温州祠堂古戏台的留存、占比，与浙江省的整体情况相一致。温州超过半数的古戏台位于祠堂中，说明戏曲与宗族之间的关系非常紧密，具有一定的研究空间和价值。所以，本文以温州永嘉县祠堂古戏台为例，试着分析明清时期温州宗族戏曲观演的日常。

　　选取永嘉县作为例子，是因为在温州今天行政建制所属 11 个县市区中，永嘉县历史悠久，宗族文化典型，保留有大量古村落、古祠堂，在温州地区具有代表性，这在《温州古戏台》一书中得到印证。该书共调查永嘉县古戏台 39 座，其中 34 座位于祠堂中。

　　地方文献中多有关于永嘉县祠堂演戏、戏台建设情况的记载，略举如下。在永嘉县岩头镇渠口村光绪年间《重修渠川叶氏大宗祠碑记》中记载："族人致祭，岁时伏腊，团结一堂，演剧开场，以古为鉴。仲忠孝节义之心，枨触而油然以生。"④《温州古戏台》记载永嘉县芙蓉村陈氏大宗祠的演戏情况："（宗祠）在古代为村内陈姓族人供奉神主、祖宗牌位和聚会议事的公共场所。每年农历二月初二起，村里举行祭祖活动，有做戏三天三夜、舞鱼灯等习俗。"⑤浯溪富氏道光二十三年（1843 年）《重建祠堂记》记载："第前祠之创，迄今癸卯已经六十年矣，渐就崩颓。时敦书、敦伦、必盛诸公偕族众日坚、日基、日耀、日新、汝珊、日宗辈重建享堂，更翼两庑，再作大门及中道，演剧台一座，工告功竣。"⑥蓬溪谢氏光绪二十三年（1897 年）《蓬溪诸祠堂记》记载："初，大厅圮而基存，故演戏与焰宵化灯必于此处，惟五月十三在关帝庙演

---

① 薛林平：《浙江传统祠堂戏场建筑研究》，《华中建筑》2008 年第 6 期，第 115 页。
② 学界所言祠堂剧场，一般是指一个包括戏台在内的观演空间。本文的剧场等同于戏台。
③ 崔卫胜主编：《温州古戏台》，杭州：浙江古籍出版社，2013 年，第 5 页。
④ 薛林平：《中国传统剧场建筑》，第 277 页。
⑤ 崔卫胜主编：《温州古戏台》，第 119 页。
⑥ 吴明哲编：《温州历代碑刻二集》（下），上海：上海社会科学院出版社，2006 年，第 864 页。

戏。道光初年，众修大宗，建前进并建戏台，始在大宗演戏。"①

本文以永嘉县现存的古戏台为载体，通过对戏台位置、形制、规模、装饰等相关数据信息的统计、分析，试图展现明清时期温州宗族戏曲观演的日常情况。

二、永嘉县古戏台数据信息统计、分析

本部分将《温州古戏台》一书中关于永嘉县祠堂古戏台的相关基本信息②以列表的方式进行统计、分析，因为要统计的内容较多，所以分三个表格。第一个表格主要统计古戏台名称、修建时间、地点、戏台与祠堂整体建筑及与正厅的关系、所属祠堂的院落结构和面积。第二个表格主要统计祠堂两侧的厢廊（房）情况、屋顶外部有无灰塑、台版中间是否可拆卸通行、内部屋顶结构、戏台有无彩绘和雕刻。第三个表格主要统计古戏台的建筑材料、戏台是否前凸、有无副台、几开间、几面观、形状、朝向、是否分前后台及后台与门厅的关系（表1、表2、表3）。

表1　永嘉县祠堂古戏台相关数据信息统计表

古戏台名称	修建时间	地点	与所属建筑、正厅的关系	祠堂院落结构	院落面积/平方米
芙蓉陈氏大宗祠戏台	明代	岩头镇	门厅内，面对正厅	门厅、两厢廊、正厅	1984.30
廊二孝思祠戏台	明孝宗弘治元年	花坦乡	门厅内，面对正厅	山门、两厢廊、正厅、影壁	1160
上村永嘉郡祠戏台	明中期	碧莲镇	门厅内，面对正厅	门台、门厅、两厢廊、正厅	2000
邵园邵氏宗庙戏台	明代	碧莲镇	门厅内，面对正厅	照壁、门厅、两厢廊、正厅	1032.92
九房张氏大宗祠戏台（现为路亭）	清代	大若岩镇			

---

①　吴明哲编：《温州历代碑刻二集》（上），第222页。

②　本文录入表格中的关于永嘉县古戏台的各项数据信息，是基于温州市第三次全国文物普查的成果《温州古戏台》一书。在该书中，部分信息或者因为戏台年久失修、损坏，已无从查证；或者因为普查时记录信息、拍摄图片的角度不同，所以在《温州古戏台》一书中难以涵盖本文所需要统计的每一座古戏台的每一项信息，为了统计的客观、准确，本文仅将确切的可知信息录入表格中，再结合本人的实地调研，依次进行分析。

续表

古戏台名称	修建时间	地点	与所属建筑、正厅的关系	祠堂院落结构	院落面积/平方米
下方叶氏大宗祠戏台	清康熙年间	渠口乡	祠内中厅明间后檐，面对正厅	照壁、前厅、中厅、两厢廊、正厅	1298
岩头东宗祠（金氏宗祠）戏台		岩头镇	门厅内，面对正厅	门厅、两厢廊、正厅	979.17
六岙福星祠戏台	清晚期	桥下镇	门厅内，面对正厅	门厅、两厢廊、正厅	652.50
北溪杨氏宗祠戏台	清道光年间	大岙	门厅内，面对正厅	门厅、两厢廊、正厅	478.80
茶二赵氏大宗祠戏台	清乾隆十五年	西溪乡	门厅内，面对正厅	门厅、两厢廊、正厅	690.06
槎川郑氏宗祠戏台	清代	山坑乡	门厅内，面对正厅	门厅、两厢廊、正厅	415.70
陈平陈氏祠堂戏台	清代	鲤溪乡	后厅明间后檐，面对正厅	正厅、两厢廊、后厅	342.35
澄田陈氏宗祠戏台	清代	碧莲镇	门厅内，面对正厅	门厅、两厢廊、正厅	476
福佑鲍公戏台	清代	鲤溪乡	门厅内，面对正厅	门厅、两厢廊、正厅	592.90
鹤泉吴氏宗祠戏台	清代	鹤盛乡	门厅内，面对正厅	门厅、两厢廊、正厅	562.77
苍坡李氏大宗祠戏台	明代	岩头镇	祠内，面对正厅	门厅、两厢廊、正厅	591.40
山里宅章氏宗祠戏台	清代	巽宅镇	门厅内，面对正厅	照壁、门厅、两厢廊、正厅	522
石垟郑氏宗祠戏台	清嘉庆五年	巽宅镇	门厅内，面对正厅	门厅、两厢廊、正厅	585.30
塘上徐氏大宗祠戏台	清光绪三十四年	徐岙乡	门厅内，面对正厅	门厅、两厢廊、正厅	381.40
水头垟张氏大宗祠戏台	清代	巽宅镇	门厅内，面对正厅	门厅、两厢廊、正厅	360.60
桐州陈氏宗祠戏台	清早期	大若岩镇	门厅内，面对正厅	门厅、两厢廊、正厅	851.40
六龙李氏大宗祠戏台	清末	西溪乡	门厅内，面对正厅	门厅、两厢廊、正厅	871.70
包岙陈氏宗祠戏台	清代	枫林镇	门厅内，面对正厅	门厅、两厢廊、正厅	599.13
岭根路上郑氏宗祠戏台	明代	五尺乡	门厅内，面对正厅	门厅、两厢廊、正厅	1001.64
东山下杨氏宗祠戏台	清代	上塘镇	门厅内，面对正厅	门厅、两厢廊、正厅	567.10
岩龙季氏大宗祠戏台	清代	潘坑乡	门厅内，面对正厅	山门、门台、两厢廊、正厅	650
下一村陈氏大宗祠戏台	清代	巽宅镇	门厅内，门厅明间后檐，面对正厅	门厅、两厢廊、正厅	846.40
下庄李氏宗祠戏台	清代	西溪乡	门厅内，面对正厅	门厅、两厢廊、正厅	370.62
小茅垟周氏宗祠戏台	清代	五尺乡	门厅内，面对正厅	门台、正厅	422.50
岩山钱氏宗祠戏台	清代	茗岙乡	门厅内，面对正厅	门厅、两厢廊、正厅	465.76
岩上谢氏宗祠戏台	清晚期	鹤盛乡	门厅内，面对正厅	门厅、两厢廊、正厅	446.52
银泉陈氏宗祠戏台	清代	大若岩镇	门厅内，面对正厅	门厅、两厢廊、正厅	764.70
张大屋老宗祠戏台	清代	岩头镇	门厅内，面对正厅	门厅、两厢廊、正厅	690.20
朱坑朱氏大宗祠戏台	1927 年	徐岙乡	门厅内，面对正厅	门厅、两厢廊、正厅	458.10

关于永嘉县 34 座祠堂古戏台表 1 数据信息的统计、分析如下。

（1）修建时间：34 座祠堂古戏台的修建时间从明代开始至 1927 年，其中 6 座修建于明代，26 座修建于清代，1 座修建于 1927 年，1 座不知修建年代。

分析：从统计结果可以看出，永嘉县祠堂古戏台主要修建于清代，说明清代时宗祠演戏活动盛行。这与全国祠堂戏台的盛行时间基本一致，据薛林平研究："祠堂剧场主要盛行于明末、清代和民国时期。明嘉靖年间，皇帝下诏'许民间皆联宗立庙'，于是各族纷纷建立祠堂，祠堂建筑得到迅猛的发展，成为重要的建筑类型。由于当时祠堂中演戏非常流行，所以，祠堂中建造剧场也成为大势所趋。就地域而言，南方的宗祠剧场远远超过北方。"①

（2）古戏台与祠堂整体建筑的关系：33 座位于祠堂整体建筑内，1 座拆建为路亭。

分析：从统计结果可以看出，古戏台是祠堂整体建筑不可分割的一部分，而且基本都位于祠堂内部。这与当时全国其他地域祠堂中古戏台的位置一致，如徽州祠堂古戏台的位置，"徽州祠堂……戏台位于祠堂内前部，与享堂相对，与祠堂大门紧密相连"②。

（3）古戏台在祠堂中所处的具体位置：30 座紧邻门厅，1 座紧邻中厅，1 座紧邻后厅，1 座仅记在祠内。

分析：说明古戏台在祠堂中并不是一个独立的单体建筑，而是要依附于其他建筑，也就是与厅，主要是门厅结合，位于门厅明间后檐。这与上引徽州祠堂古戏台的情况一致，薛林平在研究中也指出："祠堂戏场的格局，主要有两种。一种是戏台位于门厅的明间或第二进的明间，其特点是戏台居于门厅或其他建筑之中，并没有自身的屋顶。……另外一种戏场格局是，戏台向内凸出于门厅，伸向庭院内。这种形式的祠堂戏场更为多见。"③永嘉县祠堂古戏台基本都是与门厅连接，位于门厅明间后檐，并凸出于院内，可以说是薛林平所概括两种祠堂格局的结合体。

（4）与正厅的关系：33 座面对正厅，1 座拆建为路亭。

分析：祠堂古戏台面对正厅，说明演戏祭祖、娱祖的目的非常明确。

（5）所属祠堂的院落结构：27 座属于门厅、两厢廊、正厅组成的两进式合院结构，1 座由门台、正厅组成，1 座由正厅、两厢廊、后厅组成，1 座由照壁、前厅、中厅、两厢廊、正厅组成。

---

① 薛林平：《中国传统剧场建筑》，第 4 页。
② 陈琪：《藏在宗祠里的徽州古戏台》，《中国文化遗产》2013 年第 5 期，第 43 页。
③ 薛林平：《浙江传统祠堂戏场建筑研究》，《华中建筑》2008 年第 6 期，第 121 页。

　　分析：永嘉县祠堂的院落基本为两进式合院结构，相对而言，这一院落结构比较简单。因为据薛林平研究，"中国传统祠堂的格局有其基本形式。按照中国传统文化中视'死'如'生'的思想，祠堂就是祖先的住宅，所以祠堂的格局一般也是'前堂后寝'，坐北朝南，中轴线上从前到后依次是门厅、戏台、下堂（或称正厅、拜厅）、上堂（寝厅）等"[①]。与薛林平描述的中国传统祠堂的三进式合院结构格局相比，永嘉县祠堂的院落结构确实简单一些。薛林平也研究过永嘉县祠堂的院落结构，指出："浙江永嘉县岩龙村季氏祠堂规模较小，一进院落，面宽五间，中轴线上有大门、戏台、祭厅，大门内为戏台，戏台面向祭亭。"[②]究其原因：①与永嘉县"七山二水一分田"的地理形势有关，多山地、丘陵、河流的永嘉县，可以有效利用的土地资源有限，所以没有现实空间可以建造大面积的祠堂院落。②与当地土薄水浅的地域物产能力有关，没有经济实力建造大规模的祠堂院落。

　　（6）所属祠堂的院落面积：34 座祠堂的院落面积在 342.35 平方米—2000平方米，其中 500 平方米以下的 11 座，500—1000 平方米的 16 座，1000—1500 平方米的 4 座，1500—2000 平方米的 2 座。平均每座约 730.66 平方米，27 座面积在 1000 平方米以下，说明祠堂的院落面积确实不大。

表 2　永嘉县祠堂古戏台厢廊（房）相关数据信息统计表

古戏台名称	两侧厢廊（房）情况	屋顶外部有无灰塑	台版中间是否可拆卸通行	内部屋顶结构	彩绘、雕刻
芙蓉陈氏大宗祠戏台	一层厢廊	有		平棋天花	无彩绘、有雕刻
廊二孝思祠戏台	一层厢廊	无	是	平棋天花	有彩绘、雕刻
上村永嘉郡祠戏台	二层厢廊	有	是	平棋天花	因油漆覆盖，看不出有无彩绘；有雕刻，雕刻图案中嵌有蓝色琉璃
邵园邵氏宗庙戏台	一层厢廊	有	是	藻井	有彩绘、雕刻，雕刻图案中嵌有蓝色琉璃
九房张氏大宗祠戏台（现为路亭）		无		藻井	多彩绘、有雕刻
下方叶氏大宗祠戏台	一层厢廊	无		藻井	多彩绘、有雕刻

① 薛林平：《中国传统剧场建筑》，第 278 页。
② 薛林平：《中国传统剧场建筑》，第 279 页。

续表

古戏台名称	两侧厢廊（房）情况	屋顶外部有无灰塑	台版中间是否可拆卸通行	内部屋顶结构	彩绘、雕刻
岩头东宗祠（金氏宗祠）戏台	一层厢廊	有		藻井	无彩绘、有雕刻，雕刻图案中嵌有蓝色琉璃
六岙福星祠戏台	一层厢廊	有		藻井	有彩绘、雕刻
北溪杨氏宗祠戏台	一层厢廊	有		藻井	多彩绘、有雕刻
茶二赵氏大宗祠戏台	二层厢廊			藻井	有彩绘、雕刻
槎川郑氏宗祠戏台	二层厢廊	无	是	藻井	无彩绘、有雕刻
陈平陈氏祠堂戏台				平祺天花	无彩绘、有雕刻
澄田陈氏宗祠戏台	二层厢廊	无		藻井	有彩绘、雕刻
福佑鲍公祠戏台	一边一层厢廊，一边一层厢房	无		藻井	无彩绘、有雕刻
鹤泉吴氏宗祠戏台	一层厢廊	无		平祺天花	无彩绘、有雕刻
苍坡李氏大宗祠戏台	一层厢廊	无		平祺天花	无彩绘、有雕刻
山里宅章氏宗祠戏台	一层厢廊	无		藻井	无彩绘、有雕刻，雕刻图案中嵌有蓝色琉璃
石垟郑氏宗祠戏台	一层厢廊	无		平祺天花	有彩绘、雕刻
塘上徐氏大宗祠戏台	二层厢廊	无		藻井	多彩绘、有雕刻
水头垟张氏大宗祠戏台		无		平祺天花	有彩绘、雕刻
桐州陈氏宗祠戏台	二层厢廊	有		藻井	有彩绘、雕刻，雕刻图案中嵌有蓝色琉璃
六龙李氏大宗祠戏台	二层厢廊	有		藻井	通体彩绘、有雕刻
包岙陈氏大宗祠戏台	一层厢廊	有		平祺天花	有彩绘、雕刻
岭根路上郑氏宗祠戏台	一层厢廊	有		平祺天花	有彩绘、雕刻
东山下杨氏宗祠戏台	一层厢廊	有		平祺天花	多彩绘、有雕刻
岩龙季氏大宗祠戏台	一层厢廊	无		藻井	无彩绘、有雕刻
下一村陈氏大宗祠戏台	一层厢廊	无		藻井	无彩绘、有雕刻
下庄李氏宗祠戏台	二层厢廊	无		藻井	多彩绘、有雕刻
小茅垟周氏宗祠戏台		无		平祺天花	无彩绘、有雕刻
岩山钱氏宗祠戏台	二层厢廊	无		藻井	有彩绘、雕刻
岩上谢氏宗祠戏台	一层厢廊	无		平祺天花	无彩绘、有雕刻
银泉陈氏宗祠戏台	一层厢廊	有		平祺天花	多彩绘、有雕刻
张大屋老宗祠戏台	一层厢廊	无		藻井	多彩绘、有雕刻
朱坑朱氏大宗祠戏台	二层厢廊	无		平祺天花	有彩绘、雕刻

关于永嘉县34座祠堂古戏台表2数据信息的统计、分析如下。

（1）祠堂院落两侧厢廊（房）情况：其中19座院落两侧有一层厢廊，10座院落两侧有二层厢廊，1座院落为一边一层厢廊、一边一层厢房，4座不详。

分析：永嘉县祠堂院落的两侧基本以厢廊为主，少见厢房，而且多为一层厢廊。说明：①因为温州一年四季温暖湿润，所以有厢廊可以遮风雨看戏就可以了，不需要建造厢房。②当时在祠堂中观戏的人数量不会太多，不需要建二层厢廊就可以满足观戏群众的空间需求。③当时在祠堂中看戏时并不一定单独为妇女和儿童设置位于二层的观戏空间。④与整座祠堂的院落结构、面积及当地的地域物产能力有关。在整座祠堂建筑结构简单、面积不大，且财力有限的情况下，是不会建二层厢廊的。

（2）古戏台屋顶外部有无灰塑：34 座古戏台中，12 座屋顶有灰塑，20 座没有，2 座不详。

分析：12 座屋顶有灰塑的古戏台，是塑在屋脊中间、两端、檐角处，塑的是简洁的戏曲人物、神仙、瑞兽等。另外 20 座则是素脊素檐，朴实无塑。说明这些古戏台在屋顶的外部装饰上并不过于讲究，而是追求简约朴实无华。

（3）古戏台台版的中间是否可以拆卸通行：4 座可以。

分析：在永嘉县 34 座祠堂古戏台中，仅有 4 座的台版可以从中间拆掉通行。其他祠堂，在宗族有祭祀等活动时，从戏台两侧绕行，这与笔者的实地调研结果相符。这些戏台台版中间不能拆卸通行者，一些没有正门，仅有侧门通行出入；一些有正门，从正门进来，或者看到的是一道墙，不能直接看到戏台，要从两侧绕过去，才能看到戏台；有的可以直接看到戏台分割前后台的隔板。笔者推测这些戏台中间台版不能拆卸通行的原因，也许是整个祠堂的建筑结构、面积本就简单、不大，所以在戏台修建时也简单些，不必要修建可拆卸的活动式戏台了。

（4）古戏台内部屋顶结构：19 座为藻井，15 座为平祺天花。

分析：在 34 座永嘉县祠堂古戏台中，内部屋顶 19 座为藻井，15 座为平祺天花。这个比例与学界已有研究不太一致，如车文明指出："南方明代戏台中已有设藻井者，但还不普遍。清代戏台设藻井的现象非常普遍，江浙一带的伸出式戏台几乎全部如此。"①薛林平指出："藻井是南方传统戏台中最重要的顶棚形式。根据笔者的调查，如江西乐平、安徽徽州、浙江一带现存的传统戏台，就主要采用藻井的形式。"②与车文明、薛林平的研究相比，永嘉县 34 座

---

① 车文明：《20 世纪戏曲文物的发现与曲学研究》，北京：文化艺术出版社，2001 年，第 46 页。
② 薛林平：《中国传统戏台中的藻井装饰艺术》，《装饰》2008 年第 11 期，第 117 页。

戏台中 15 座为平祺天花的比例，确实不太一样。笔者推测，可能修建平祺天花无论从工艺的复杂程度、花费的时间、费用等，都要节省。这与上文分析的永嘉县祠堂院落结构简单、面积较小是受财力限制的原因一致。此外，修建平祺天花对屋顶的挑高要求低于藻井，低矮的屋顶挑高设计适合多台风天气的温州地区。这与永嘉当地大多数建筑多是低矮的屋顶挑高设计相一致。

（5）古戏台通体彩绘、雕刻情况：34 座祠堂戏台中，1 座通体彩绘、有雕刻，8 座多彩绘、有雕刻，13 座有彩绘、雕刻，11 座无彩绘、有雕刻，1 座由于油漆覆盖，看不出有无彩绘，但有雕刻。另外，其中 5 座的雕刻中嵌有蓝色琉璃。

分析：总体看 34 座永嘉祠堂古戏台的彩绘情况，1 座通体彩绘、8 座多彩绘、13 座有彩绘、11 座无彩绘、1 座无法看出彩绘情况。彩绘内容主要为中国传统文化中的戏曲人物、历史故事、各类吉祥纹样等，但也有一些与温州地域文化的结合，如永嘉北溪杨氏宗祠戏台的彩绘图案中，将诸葛亮三顾茅庐的茅庐院墙画成块石垒砌的样子，这与永嘉古村落中传统民居的屋墙、院墙的垒砌方式一样，是温州地域文化在建筑方面的体现，但比例较小。

雕刻情况：34 座祠堂古戏台都有雕刻。与彩绘相比，可以看出永嘉县祠堂古戏台在建造装饰方面更重视雕刻。这与笔者进行的实地调研情况相符，一些古戏台确实仅进行雕刻，不施彩绘，而且所施的雕刻也是简单的浅雕一些纹饰、人物等，很少见到透雕、精雕的案例。雕刻的位置也是局部雕刻，如牛腿、雀替及在主要部件交叉处。这与浙江省明清祠堂古戏台的整体雕刻情况不太一样，如薛林平指出："和其他类型建筑相比，戏台特别注重修饰，这很大程度上是由其功能特点所决定的。戏场作为娱乐性的公共建筑，追求华丽是自然的。浙江现存的祠堂戏台，更是非常注重雕饰。雕饰的重点部位有梁、桁、屋顶、牛腿、藻井、斗栱、望柱、龙戗等，几乎无处不雕。雕刻内容也非常广泛，主要有虫鸟花草、飞禽走兽、人物典故。雕刻手法上，则有透雕、浮雕、浑雕等。"[1]张凯指出："浙江古戏台的装饰主要体现在木雕和彩绘上，木雕以浅浮雕、高浮雕和透雕为主，集中体现在露明的斗栱、垫板、檀、替木、雀替

---

[1]　薛林平：《浙江传统祠堂戏场建筑研究》，《华中建筑》2008 年第 6 期，第 123 页。

等构件上。"①王荣法指出："（嵊州）祠庙戏台雕刻艺术较突出。雕饰部件主要有梁、桁、枋、椽、牛腿、挂落、雀替、额垫板、藻井、斗栱、龙戗等。可以说无处不雕，有构件就有雕刻。雕刻题材广泛，主要有人物典故、虫鸟花草、飞禽走兽、史话博古等。雕刻手法上有浑雕、透雕、浮雕，或三者浑于一体，且雕刻得都较精致。"②

永嘉县祠堂古戏台部分有彩绘，虽全部有雕刻，但为局部雕刻、浅雕的原因，笔者推测：①与祠堂的院落结构和面积、戏台的面积等整体环境有关，在整体环境追求简洁、轻盈、素朴的情况下，不太可能进行精雕细琢、大面积彩绘。②如上文的分析，与当地的地域物产能力有关。③与永嘉县的地域文化特色有关。因为温州属于三面环山、一面向海的与世隔绝之地，是自成一体的文化小气候类型，所以祠堂古戏台的建筑有自己的风格和特色。

此外，在 5 座古戏台的雕刻中嵌有少量的圆形蓝色琉璃。总观上表雕刻图案中嵌有蓝色琉璃戏台的建造年代，1 座为清早期，1 座为清代，1 座为明中期，1 座为明代，1 座不明建造时间。说明至少从明代中期开始，永嘉县已有在戏台雕刻图案中嵌入蓝色琉璃作为装饰的传统。但镶嵌面积不是很大，属于画龙点睛的作用。

表3　永嘉县祠堂古戏台的建筑材料相关数据信息统计表

古戏台名称	建筑材料	是否前凸	有无副台	几开间	几面观	戏台形状	戏台朝向	是否分前后台	后台与门厅的关系
芙蓉陈氏大宗祠戏台	木结构	是	一侧有	1	3	方形平面	坐东朝西	分	用木质踏步和门厅连接
廊二孝思祠戏台	木结构	是	一侧有	1	3	方形平面	坐东朝西	分	用木质踏步和门厅连接
上村永嘉郡祠戏台	木结构	是	一侧有	1	3	方形平面	坐南朝北	分	用木质踏步和门厅连接
邵园邵氏宗庙戏台	木结构	是	一侧有	1	3	方形平面	坐南朝北	分	用木质踏步和门厅连接
九房张氏大宗祠戏台（现为路亭）	木结构					方形平面	坐北朝南		
下方叶氏大宗祠戏台	木结构	是	无	1	3	方形平面	坐西南朝东北	分	
岩头东宗祠（金氏宗祠）戏台	木结构	是	无	1	3	方形平面	坐东北朝西南	分	用木质踏步和门厅连接
六岙福星祠戏台	木结构	是	无	1	3	方形平面	坐西北朝东南	分	用木质踏步和门厅连接

---

①　张凯：《历史衍变下的浙江古戏台演出空间研究》，《美术教育研究》2015 年第 19 期，第 31 页。

②　王荣法：《嵊州古戏台调查》，《东方博物》2006 年第 1 期，第 102 页。

续表

古戏台名称	建筑材料	是否前凸	有无副台	几开间	几面观	戏台形状	戏台朝向	是否分前后台	后台与门厅的关系
北溪杨氏宗祠戏台	木结构	是	无	1	3	方形平面	坐北朝南		
茶二赵氏大宗祠戏台	木结构	是	无	1	3	方形平面	坐南朝北	分	用木质踏步和门厅连接
槎川郑氏宗祠戏台	木结构	是	无	1	3	方形平面	坐南朝北	分	
陈平陈氏祠堂戏台	木结构					方形平面	坐西南朝东北	分	
澄田陈氏宗祠戏台	木结构	是	无	1	3	方形平面	坐西南朝东北		
福佑鲍公祠戏台	木结构	是	无	1	3	方形平面	坐南朝北	分	用木质踏步和门厅连接
鹤泉吴氏宗祠戏台	木结构	是	无	1	3	方形平面	坐东南朝西北	分	用木质踏步和门厅连接
苍坡李氏大宗祠戏台	木结构	是	无	1	3	方形平面	坐西朝东	分	用木质踏步和门厅连接
山里宅章氏宗祠戏台	木结构	是	无	1	3	方形平面	坐北朝南	分	
石垟郑氏祠戏台	木结构	是	无	1	3	方形平面	坐南朝北	分	
塘上徐氏大宗祠戏台	木结构	是	无	1	3	方形平面	坐西朝东	分	用木质踏步和门厅连接
水头垟张氏大宗祠戏台	木结构					方形平面	坐西北朝东南	分	用木质踏步和门厅连接
桐州陈氏宗祠戏台	木结构	是	无	1	3	方形平面	坐南朝北	分	用水泥台阶和门厅连接
六龙李氏大宗祠戏台	木结构	是	两侧有	1	3	方形平面	坐东北朝西南		
包岙陈氏宗祠戏台	木结构	是	两侧有	1	3	方形平面	坐西朝东	分	
岭根路上郑氏宗祠戏台	木结构	是	无	1	3	方形平面	坐东南朝西北	分	用木质踏步和门厅连接
东山下杨氏宗祠戏台	木结构	是	无	1	3	方形平面	坐西北朝东南		
岩龙季氏大宗祠戏台	木结构	是	无	1	3	方形平面	坐南朝北	分	用木质踏步和门厅连接
下一村陈氏大宗祠戏台	木结构	是	两侧有	1	3	方形平面	坐南朝北	分	用木质踏步和门厅连接
下庄李氏宗祠戏台	木结构	否	无	1	3	方形平面	坐西朝东	分	用木质踏步和门厅连接
小茅垟周氏宗祠戏台	木结构	是	无	1	3	方形平面	坐南朝北	分	
岩山钱氏宗祠戏台	木结构	是	无	1	3	方形平面	坐西南朝东北	分	用木质踏步和门厅连接
岩上谢氏宗祠戏台	木结构	是	无	1	3	方形平面	坐北朝南偏西	分	用木质台阶和门厅连接
银泉陈氏宗祠戏台	木结构	是	两侧有	1	3	方形平面	坐东南朝西北	分	用木质踏步和门厅连接
张大屋老宗祠戏台	木结构	是	无	1	3	方形平面	坐东朝西		用木质踏步和门厅连接
朱坑朱氏大宗祠戏台	木结构	是	无	1	3	方形平面	坐南朝北	分	用木质踏步和门厅连接

关于永嘉县 34 座祠堂古戏台表 3 数据信息的统计、分析如下。

（1）古戏台的建筑材料：34 座戏台的建筑材料，除了柱础一般为石头的、屋顶覆瓦和灰塑外，戏台通体结构为木结构。

分析：关于浙江祠堂戏台的建筑材料，据薛林平研究指出："浙江祠堂戏台的台基一般用架空的形式。下面用短柱支撑台栅，上面再铺设木板。……这一点和北方戏台多用砖砌和石砌台基不同。台沿前面一般有高出台面的望柱，多雕面对面的狮子，有避邪之意。檐柱多用石柱，也有用木柱者，上下通造，支撑屋顶。由于南方潮湿多雨，所以石柱有其优势。"[①]与薛林平的研究结论不同，永嘉县祠堂古戏台通体木构，材料多为杉木，据调研访谈得知，当地采用的这种杉木具有价格便宜、防腐烂、不易扭曲变形等特点。

（2）古戏台是否前凸于院中：30 座前凸，1 座没有前凸，1 座不详。

分析：在 34 座永嘉县祠堂古戏台中，有 30 座前凸，伸出于院落中，其中的原因，与整体院落结构、面积有关。在祠堂整体院落规模不大的情况下，天井的面积也比较小，如果将戏台整体修建于门厅中，就会扩大门厅向院内的出檐长度，同时相应减小了天井的面积，这样使整个院落会因为天井窄小显得笨拙、阴暗、沉闷，影响采光、通风等，戏台的光线也会受影响变得暗淡，还缩小了群众观演的空间。所以，将戏台前凸于院落中，增加了院落天井的面积，使天井空间宽敞、明亮，通风采光性能好，尤其对于多雨潮湿的温州地域，更为适合。此外，因为向前凸出，也可以使观众从三面进行观看，增加了可观群众的数量。

（3）古戏台两侧有无副台：4 座两侧有副台，4 座一侧有副台，23 座没有副台，3 座不详。

分析：在永嘉县 34 座祠堂古戏台中，大多没有副台，说明戏曲的伴奏者在后台，也就是戏台分前后。

（4）戏台几开间、几面观、形状：31 座为 1 开间，3 座不详；31 座 3 面观，3 座不详；34 座台面为方形平面。

分析：一开间的结构，说明戏台的面积不会很大。《温州古戏台》一书记载了永嘉县两座祠堂戏台的面积情况：1 座为 24.60 平方米。1 座戏台面阔 4.67

① 薛林平：《浙江传统祠堂戏场建筑研究》，《华中建筑》2008 年第 6 期，第 121 页。

米，进深 4.48 米，可以得知这座戏台面积为 20.92 平方米，所以说当时戏台面积确实不大。车文明也指出，浙江祠堂戏台的建筑面积在 30 平方米左右。[①]说明当时祠堂戏台上演的温州传统戏曲的剧目较为简单，演出场景不会很大，同时在台表演的人数不会太多，而且演出时没有大型的打斗、动作戏。田仲一成研究指出："以宗祠为中心的宗族演剧，与社庙演剧相比，舞台狭小，上演时间最多限定在一天到两天。因而，通常，不能上演长达 40 出的整本传奇戏曲，大体只能选择观众喜欢的数种'出'（片断）来上演。人们也把这种片断演出称为'折子戏'。"[②]车文明指出："这样的格局，除了江南一带地少人多以及小桥流水式的建筑风格外，主要还是演出需要所决定。由宋元南戏发展而成的传奇艺术到晚明时期已经非常成熟了，而其代表性地域就是江南一带。……入清以后，脚色规模虽有所发展，但基本上没有超出'江湖十二脚色'。……前台为 30 平米左右的戏台完全可以满足演出需要。……此外，折子戏的兴盛也是重要因素。折子戏一般以演出唱、做好的单元为主，而不追求场面宏大。"[③]

三面观，说明人们可以从不同的角度观戏，或者说尽量扩大能够观演群众的数量。这与前面分析的，祠堂整个院落面积不大、大多两侧仅有一层厢廊，戏台向前凸出于院落中等因素紧密相关。如果戏台一面观，就像前面对戏台是否前凸的分析，整个观演空间会变得沉闷、狭小。对于三面观问题，也有学者认为主要出于气候考虑，如曹飞指出："刘文峰先生数十年来四处奔波，掌握了大量的中国古代戏台的第一手资料，对中国古代戏台颇有研究……刘先生认为：南方多三面观戏台，北方多一面观戏台，主要是气候的原因。"[④]

（5）古戏台的朝向：本文将永嘉县 34 座古戏台的朝向按四面八方共分为九个朝向进行统计，结果为：3 座坐北朝南、1 座坐北朝南偏西、2 座坐东北朝西南、3 座坐东朝西、3 座坐东南朝西北、11 座坐南朝北、4 座坐西南朝东

---

① "在南方，尤其是江浙一带，神庙剧场（包括会馆剧场、宗祠剧场）山门戏台前台基本为伸出式，面阔进深各一间，一般在 5—6 米，小者 4 米多见方，大者 6 米多见方，建筑面积 30 平方米左右，显得小巧玲珑。"车文明：《中国古代戏台规制与传统戏曲演出规模》，《戏剧艺术》2011 年第 1 期，第 14 页。

② ［日］田仲一成：《明清的戏曲——江南宗族社会的表象》，云贵彬、王文勋译，北京：北京广播学院出版社，2004 年，第 229 页。

③ 车文明：《中国古代戏台规制与传统戏曲演出规模》，《戏剧艺术》2011 年第 1 期，第 14—15 页。

④ 曹飞：《关于中国古代戏台主流的辨析——对〈中国大百科全书·戏曲曲艺卷〉有关论断的思考》，《戏剧艺术》2007 年第 4 期，第 90 页。

北、4 座坐西朝东、3 座坐西北朝东南。

分析：永嘉县古戏台的朝向可谓九个朝向都有，其中 11 座坐南朝北，占据总体 34 座的 32%，因为戏台与正厅相对，所以说明正厅坐北朝南的占总数的 32%，与中国传统建筑讲究坐北朝南的惯例相符。其他几个朝向，数量差不多，说明温州在修建祠堂时并不严格遵照坐北朝南的惯例，而是因地制宜。因为温州此处中国东南沿海，多山地、丘陵、溪流地形，修建房屋时要顺应地形、地势、河流流向等因素，是综合考虑的结果，所以才会出现上述永嘉县古戏台的朝向，四面八方，面面俱有的情况。

（6）是否分前后台：29 座分前后台。

分析：如上面的统计，永嘉县祠堂古戏台中 23 座没有副台。为了满足戏曲演出的需要，所以 29 座分前后台，也就是戏曲演出的伴奏等都放在后台完成。

（7）后台与门厅的关系：20 座用木质踏步和门厅连接，1 座用水泥台阶和门厅连接，11 座不详。

分析：这与前面分析的古戏台多与门厅紧密相连，位于门厅明间后檐的结论相符。《温州古戏台》一书也指出："戏台后台用上下木质踏步连接演出时供演员换装用的门厅二层以及厢房看台。"①

三、结　束　语

通过上述以永嘉县为例，对 34 座祠堂古戏台的相关数据信息进行统计、分析，发现明清时期温州祠堂古戏台具有同时期全国，尤其是江南祠堂古戏台的一些共有特征，如主要修建时间在清朝，说明清朝时宗祠演戏活动盛行；戏台是祠堂整体建筑的一部分，基本位于祠堂内部，依附于门厅，面对正厅等。但同时也具有温州地域的独有特征，如祠堂整体结构基本为两进式合院，比较简单，院落面积不大；两侧多为一层厢廊；无论屋顶外部灰塑，还是内部彩绘、雕刻，追求简约朴实无华；戏台朝向，四面八方，面面俱有等。既与温州

---

① 崔卫胜主编：《温州古戏台》，第 207 页。

的地形、地势、地域物产能力、气候条件等客观外在条件紧密相关，又与当时戏曲演出的剧目、场面复杂程度等戏曲本身的因素相关，如车文明指出："总之，戏台建筑首先要满足演出的需要，其次，也要适应地域、时代建筑风格的规范以及建筑审美的追求，最后，还要考虑财力、物力的支撑以及技术发展水平的制约。"①

　　总体来说，以永嘉县为代表的温州古戏台，作为一个地域性个案，可以展现明清时期温州宗族在祠堂戏台上观演戏曲的日常信息，对全国的祠堂古戏台研究具有一定的参考价值。

参 考 文 献

车文明：《中国古代戏台规制与传统戏曲演出规模》，《戏剧艺术》2011 年第 1 期。

葛佳平：《明清江南戏台与乡村公共生活研究》，《美术教育研究》2013 年第 15 期。

汪燕鸣：《浙江古戏演出与古戏台》，《东南文化》1993 年第 6 期。

吴卫光：《中国古建筑的天花、藻井技术与艺术》，《美术学报》2003 年第 2 期。

薛林平：《中国传统剧场建筑》，北京：中国建筑工业出版社，2009 年。

薛林平：《中国传统戏台中的藻井装饰艺术》，《装饰》2008 年第 11 期。

中国艺术研究院戏曲研究所《戏曲研究》编辑部编，《戏曲研究》第 57 辑，北京：中国戏剧出版社，2001 年。

周贻白：《中国剧场史》，北京：中国戏剧出版社，2016 年。

---

① 车文明：《中国古代戏台规制与传统戏曲演出规模》，《戏剧艺术》2011 年第 1 期，第 15 页。

附录一　士族社会史研究范式重建及其理论意义

夏　炎[*]

一、士族社会史研究的"边缘化"

在士族研究的历程中，我们必须承认一个事实，即"士族政治"一直是处于"显学"地位的研究课题。时至今日，虽然士族研究出现了诸如谱系书写、家族网络等新的研究路径，但依然是在政治史框架下进行的局部更新。士族政治史的研究取向是中古特定文本叙述下的产物，不仅由士族本身参与政治的历史特性决定，同时，士族与政治的互动研究亦可实现学者探寻中古历史发展脉络的特定诉求。诸如古代史的时代区分论争、"六朝贵族制"、"寄生官僚"、"皇权政治"和"门阀政治"，甚至从士族的整体性研究到个案研究，士族政治始终是一个绕不开的话题。

曹文柱等在对二十世纪魏晋南北朝史研究进行回顾时，将士族研究归入政治史专题之下，认为门阀政治、南朝低等士族和寒门庶族地位的上升等是比较重要的政治大事（曹文柱、李传军：《二十世纪魏晋南北朝史研究》，《历史研究》2002 年第 5 期）。很显然，将士族与政治挂钩已是学界通则。笔者翻阅了近 20 年发表在《中国史研究动态》上的关于魏晋南北朝史年度综述的系列文

＊　夏炎，南开大学历史学院教授，南开大学中国社会史研究中心研究员。

章，作者一般亦将士族研究论著归入"政治"专题，同时亦发现一些比较混乱的现象，即士族研究偶尔亦被归于"社会""社会史""社会生活"的专题下，有时还会单独辟出"家族""宗族""士族""士族士人"等专题容纳相关论著，似乎离开了政治，士族研究便变得"居无定所，随处漂泊"。很显然，在学者的心目中，士族政治史是"中心"，而士族社会史沦为"边缘"。

历史研究本无"中心"与"边缘"之分，社会史研究亦仅仅是试图从一个视角对历史形象进行诠释的路径。人为的研究方向的偏向并不利于学术研究的良性发展。实际上，士族社会史研究从来不排斥政治史的研究框架与结论，相反，士族政治的成熟研究成果恰恰可以作为社会史研究的重要的知识背景。

然而，士族研究是一个容量极大的多面话题，并非仅仅依靠政治史路径便能够完成历史建构的任务。如果我们回顾一下 20 世纪初的相关学术史，士族研究的较早登场应当是在社会史领域。1911 年，张亮采生前的旧稿《中国风俗史》出版，该书是较早系统地论述古代风俗史的专著，也是社会史研究的肇始之作。其将魏晋南北朝归入浮靡时代（浊乱时代），分十三节叙述风俗类目，有清议、流品、门第、氏族及名字、仕宦、名节、清谈、佛老、鲜卑语、美术、婚娶、丧葬、言语等。很显然，清议、门第、氏族及名字、清谈、婚娶等专题均与士族相关，但作者在叙述时并不突出其政治性，而是强调一时代之风俗，揭示时代特征。在随后的 30 年间，学界相继涌现出一批以"文化史"冠名的论著，魏晋南北朝士族的历史形象也逐渐出现在这些文化通史性的论著中。文化史中的士族叙述，其政治性亦并不突出，而其社会性却是重要主题。在这一学术风潮的影响下，1948 年，上海开明书店出版发行了吕思勉的《两晋南北朝史》，该书前述政治脉络，后分专题讨论。其中，第十七章《晋南北朝社会组织》、第十八章《晋南北朝社会等级》均与士族社会史内容相关，从叙述意识上，明显具有社会史的意味。

中华人民共和国成立后，中国史学界以马克思主义为指导，大多史家运用历史唯物主义观点对魏晋南北朝史的重大问题，如社会性质、土地制度、阶级结构、农民战争、民族关系等进行了集中探讨，成果丰硕。士族虽然以"地主"身份跻身于研究热点之中，但与之相关的社会史研究则基本被忽视。

随着 20 世纪 80 年代文化史研究的兴起，中国社会史研究以崭新的面貌得到复兴。然而就在社会史复兴的大背景下，中国士族研究的主流方向却依然是政治史。陈爽总结了 20 世纪 80 年代以来中国大陆地区六朝士族研究状况，他认为："许多论文侧重于家族的仕宦升降和政治地位，而对家族的经济状况、宗族结构、家族习俗、宗教信仰等方面则较少涉及……一些研究却背离了社会史对于社会的全景描述和理解，重新落入了以婚宦论士族的窠臼。"（陈爽：《近 20 年中国大陆地区六朝士族研究概观》，《中国史学》第 11 卷，2001 年）

学界似乎存在一种倾向，认为除了政治、军事、经济、民族、思想、文化之外的一切论题都可以不加区分地装进"社会史"的"大筐"中，社会史俨然成了"边缘"课题的"收容所"。同时，一些论题虽然被冠以"社会"二字，如目前流行于学界的政治社会史、地域社会史等，实际上均是作为整体史的社会概念，而非作为专门史的社会史研究的范畴。这些都是对社会史理解的误区。社会史研究有其自身独特的范式与路径，并不是研究"社会"就是社会史。冯尔康曾经对社会史下了一个明确的定义："（社会史）研究历史上社会结构与日常社会生活及其所反映的社会意识的运动体系，它以社会群体、社会组织、社会等级、阶级、社区、人口的社会构成，以及上述成分所形成的社会结构及其变动，构成社会结构的人群的日常生活行为、变化及其观念，产生变化的自然环境与社会环境的因素为研究范畴，揭示其在历史上的发展变化及其在历史进程中的作用和地位。"（冯尔康：《中国社会史概论》，北京：高等教育出版社，2004 年）可见，作为一门专门史的社会史应当具有三个重要面相，即社会结构、日常社会生活与社会意识，而作为历史上社会结构中特定人群的中古士族，当然是社会史的重要研究对象。然而，在强烈的政治史问题意识的导向下，士族政治研究逐渐抢占了研究的话语权。同时，一些本应该具有社会史研究意义的话题，如婚姻、思想等亦纷纷向政治性靠拢，时至今日，士族社会史研究的"边缘化"倾向还是比较明显的。

二、关于重建士族社会史研究的范式

实际上，就在 20 世纪中国士族社会史研究消沉的同时，海外学界则出现了一些具有士族社会史意味的研究论著，如日本宫川尚志对晋代的贵族社会与佛教、六朝士大夫的佛教信仰、女性的宗教生活进行了社会史的考察（《六朝史研究·宗教篇》，平樂寺書店，1964 年）。中嶋隆藏对于信奉佛教的士大夫生活有重要考察（《六朝思想の研究：士大夫と仏教思想》，平樂寺書店，1985年）。森三樹三郎、吉川忠夫着意挖掘六朝士大夫的精神生活诸面相（森三樹三郎：《六朝士大夫の精神》，同朋舍，1986 年；吉川忠夫：《六朝精神史研究》，同朋舍，1984 年；吉川忠夫：《六朝精神史研究》，王启发译，南京：江苏人民出版社，2012 年）。守屋美都雄则通过个案考察了太原王氏的经济生活与精神生活（《六朝門閥の一研究：太原王氏系譜考》，日本出版協同，1951年）。20 世纪 70 年代，谷川道雄的《中国中世社会与共同体》一书提出"豪族共同体论"，注重分析使贵族势力得以形成的内部结构，可视为日本学界从社会史的视角讨论士族问题的经典之作（《中国中世社会与共同体》，马彪译，北京：中华书局，2002 年）。欧美学界的中古士族研究路径虽效法日本，但同于20 世纪 70 年代出版的伊沛霞的《早期中华帝国的贵族家庭——博陵崔氏个案研究》则另辟蹊径，是西方学界在纯社会史视域下探讨中古士族个案研究的典范（《早期中华帝国的贵族家庭——博陵崔氏个案研究》，范兆飞译，上海：上海古籍出版社，2011 年）。

进入 21 世纪以来，中国士族研究中逐渐出现了脱离政治性的家族、家庭、婚姻、丧葬、女性、信仰等课题，一些论著具有一定的社会史范式引导意义，其研究论题，不仅包含士族的社会结构与社会意识，同时亦触及社会生活层面。

在海内外相关研究的基础上，本文提出的士族社会史研究范式重建，旨在通过对不同时间、空间、族群、生态背景下的士族人群日常生活方式的历史解读，建构全新的士族史学术诠释体系。其核心学术理路是在以往社会结构与社会意识研究的基础上，着重探讨士族日常生活的历史诸面相，以"人"的生存方式为核心，重建特定历史时期士族的社会生活图景。常建华认为复兴后的社会史研究具有四个特色，第一是还历史以血肉的社会生活研究（《中国社会史研究十年》，《历史研究》1997 年第 1 期）。这里，我们不妨借用这一描述方式，将探讨士族日常生活的士族社会史研究范式称为"还士族以血肉"，以突出新时代下士族社会史的研究特色。

士族日常生活史研究，试图通过微观与宏观、个案与整体的研究视角，长时段、多空间的探讨模式，全方位、多维度的研究范畴，对魏晋南北朝时期士族日常生活的相关问题进行综合探讨。诸如日常生活的时空背景、日常消费生活、家族与家庭日常生活、日常生活中的生命历程、日常工作生活、日常交往生活、日常精神生活、日常文化生活、日常娱乐生活以及日常聚落生活等均可成为士族社会史的研究对象，在此基础上，对士族日常生活的表现、特征、变迁及原因进行全面的叙述和深入的探讨。

在过去的一个世纪里，中外学界对于魏晋南北朝史的研究业已取得了丰硕的研究成果。当前，在对有限史料解读的基础上，挖掘新的问题意识与探索新的研究路径，是魏晋南北朝史研究可持续发展的动力。在此种情势下，士族日常生活史的再次引入，无疑对魏晋南北朝的重新发现具有重要的学术意义。

对魏晋南北朝士族问题进行全新的社会史考察，可以生动地再现士族阶层的多个面相，进一步把握魏晋南北朝特定的时代特征与时空特色，从而揭示出士族阶层与社会变迁之间的互动关系。与此同时，通过对士族社会所折射出的生活方式及其社会变迁的考察，还可以使我们更深入地观察与认识这一时期的社会形态与性质、文化及思想的观念积累和进步。总之，从日常生活史视角对士族的多面相进行考察，深入观察魏晋南北朝士族社会生活风貌，对于从全新的视角对传统课题进行再认识，构建全新的魏晋南北朝历史思维模式与解读体系，具有一定学术理路设计的合理性。

当然，涉及士族日常生活的史料稀少而零散，其研究的困难程度是显而易见的。为此，广泛占有史料，从中发现士族生活的信息，当是一项琐碎而繁难的工作。同时，这种基于零散史料而形成的历史分析与认识，往往被冠以"碎片化"而遭到诟病，这也是社会史被"边缘化"的重要原因之一。我们对上述困难应当有清醒的认识，须在具体的研究过程中努力加以克服。士族日常生活史研究的目标不应当仅限于还原历史上士族阶层的生活面相，而是应当有更深一层的理论关怀，更重要的是要触及社会历史发展变迁的重大问题，探讨人的行为在社会发展过程中的意义。关于士族日常生活史范式的理论建构问题应当是相关研究的重要驱动力，而对于研究需求比较特殊的魏晋南北朝时期而言，则应当在借鉴中外相关理论的基础上，摸索出一条与之相适应的士族社会史研究新路径。

（原刊于《中国史研究动态》2017 年第 1 期，有改动）

附录二 "日常生活视野下的中国宗族史" 学术研讨会概述

梁　轩*

2017 年 11 月 10—13 日，"日常生活视野下的中国宗族史"学术研讨会于南开大学津南校区举行，本次会议由南开大学中国社会史研究中心举办，来自中国、日本、韩国三国多所院校的四十余位学者出席了会议，会议以先秦两汉魏晋家族、中古家族和近世家族为时段，以明清徽州宗族社会、明清南方宗族、明清以来的华北宗族为区域，从"日常生活史"的视野对中国宗族史进行了深入的讨论。

（1）商周秦汉的家族。早期宗族由氏族组织演变而来，其在贵族亲族中最为发达。陈絜从金文中常见的"小子"材料入手讨论商周的亲族组织结构，指出"小子室家"属于贵族中的实体组织，而"亚族"只是与大宗有血缘关系的亲族。杜靖对历代宗族实践中使用频率较高的"祖""宗""龛"等词汇进行语言学分析，探讨历史上宗族实践过程中的稳定性与连贯性。闫爱民从戚氏的得姓、"戚"地名向东南的蔓延，探讨战国秦汉戚氏族群的职业、迁徙及家族传统，并对汉高祖与定陶戚氏联姻及戚夫人的夺嗣提出新见解。凌文超利用走马楼吴简户籍簿，对孙吴临湘侯国乡里的姓氏结构进行量化分析，指出该地区呈现出"多姓均势杂居一里"状态，其与以往学界对东汉后期宗族聚居状况的认知不同。

———————————

* 梁轩，南开大学历史学院博士生。

（2）中古时期的家族。张旭华以日常生活视野重新审视宗族、乡党舆论与中正品评的关系，认为注重乡论而非考试是世家大族操纵中正选官制度的关键。岭南宗族与宗族文化有着鲜明特色。王承文就唐代流放和左降官制度探讨北方家族移民岭南的历史，以及中原士族文化对日后岭南社会文化产生的影响。女性在以男性为主的宗族中所处的角色是学者关注的问题之一。李志生从唐代崔暟家族中的几位女性的生活际遇，讨论她们在家族日常生活中所展现出的"主体性"与"能动性"。李晓敏围绕角色、空间与情感展开对唐代世俗女性的研究，特别重视女性的信仰归宿与生活常态。此外，朱林芳由"金谷游宴"考察魏晋士族的游宴生活。张葳从北朝隋唐源氏家族的受姓及郡望变化分析胡姓士族汉化过程中的复杂性。胡耀飞和谢宇荣基于墓志中所见姓氏的统计探究唐代世家大族的分布和人口数量。

（3）宋以来的近世家族。宋以来是宗族由贵族转向平民化的发展时代，"欧谱"与"苏谱"又是后世私家族谱的编纂所加以效仿的谱例。贺喜左卫门围绕《欧阳氏谱图》的纂修与流变，探讨宋代以来欧阳氏宗族的建构与实体化问题。远藤隆俊以苏州范氏为例，从男性成员的人口推移、房分构成、婚姻妻妾、生育继嗣等方面，考察宋代模范宗族的日常活动及社会机能。与宋人相比，辽人的宗族活动多少带有氏族的遗风。王善军对辽代汉人、契丹人、渤海人和奚人的家族字辈与排行称谓进行研究，指出当时亲属连名现象比较多见，由于各族间日常生活呈现的趋同性，汉人普遍的"行第之称"在契丹人中也相当流行。此外，孙继对宋代举子的宦游与家族关系的影响、高建国对宋代麟府路的大族与地方社会都做了细致的讨论。

钱杭以山东《莱芜吕氏族谱》和元代山西沁县的族谱资料作对比，探讨近世以来宗族的分"门"与联宗现象，以及"门"和"门型"系谱与房支的关系。章毅以汪王庙为中心，考察徽州汪王神从地域神到祖先神的蜕变过程，由此揭示元明时期地方神的宗族化现象。秦博从明代两京皇陵主祭人选身份的演变，讨论皇家祖先祭祀礼仪的变化。申红星关注明清动乱岁月豫北宗族组织的活动。惠清楼从族谱、档案资料研究清代族众对族产的依存关系。安光镐从清人方东树的视角，解析世家大族郡望制度与观念的兴衰演变。

（4）明清徽州宗族社会与生活。明清时期徽州宗族组织发达，宗族文化遗存甚多。阿风将徽州古文书与族谱、文集和正史相对比，探讨不同史料所展示出徽州地方普通人物的典型形象。卞利则以新发现的祁门谢氏宗族与湛若水交往文书为中心，考察在明代社会变迁背景下祁门谢氏宗族与湛若水心学在徽州传播的关系。刘道胜从明清文书和地方文献入手，研究房、联房、轮房与徽州宗族的生活实态。另外，董乾坤、宋杰、王玉坤分别以徽州胡廷卿账簿、《珰溪家谱补戚篇》、徽州宗谱中所载族规家法为范本，讨论日常生活中个人与宗族间的关系、家谱纂修中庶母与妾的入谱以及近代徽州族规家法的编修演变的趋势。

（5）明清南方宗族及其他。常建华以乾嘉时期刑科题本为基本资料，从宗族共同体、宗族经济、宗族组织三方面探讨清代中叶浙江宗族的生活形态。井上徹以科举官僚制为指标，探讨明代两广交界地带瑶族的儒家化问题。吴建华以苏州莫釐"忠厚王家"为中心，探讨家风家训对家族延续的意义。弓嘉羽、徐茂明以苏州文化世族为例，探讨日常生活中五服九族制度的差序格局对宗族情感表达的影响。王春红在永嘉县祠堂古戏台文物的普查数据基础上展现温州宗族祠堂戏曲观演的活动。

（6）明清以来的华北宗族。吴欣从区域社会史视角，研究明清时期鲁西运河区域的宗族活动。韩朝建以 19 世纪莱芜芹村吕氏宗族为线索，考察绅商结合的宗族特性及其带来的变化。丁慧倩对明清直隶穆斯林人群的修谱行为进行了研究。于秀萍解析清代以来华北府县家谱中的家训资料，以展现华北民众的日常生活。罗艳春通过对葛沽药王碑刻的解读，讨论雍正年间天津政区调整的过程、动因、成效与意义。

（原刊于《中国史研究动态》2018 年第 3 期，有改动）